PSICOLOGÍA DE LOS ENEATIPOS

ENEATIPO 6
COBARDES, DESAFIANTES Y FANÁTICOS

Claudio Naranjo
y su equipo de colaboradores

PSICOLOGÍA DE LOS ENEATIPOS

ENEATIPO 6
COBARDES, DESAFIANTES Y FANÁTICOS

Las formas del Miedo

Ediciones La Llave

Primera edición: septiembre de 2017
Segunda edición: enero de 2018
Tercera edición: junio de 2019
Cuarta edición: febrero de 2021
Quinta edición: diciembre de 2021

Coordinadora de la colección: Maria Grazia Cecchini
Edición: Óscar Fontrodona

Fundación Claudio Naranjo
Santjoanistes, 17, local 2
08006 Barcelona
Tel. +34 933092356
Fax +34 934141710
www.edicioneslallave.com
info@edicioneslallave.com
www.fundacionclaudionaranjo.com
info@fundacionclaudionaranjo.com

ISBN: 978-84-16145-40-9
DL nº: B 18433-2017
Impreso en Estilo Estugraf

ÍNDICE

PRESENTACIÓN, POR CLAUDIO NARANJO

No recuerdo cuándo exactamente, pero seguramente más de veinte años atrás concebí el libro que con este segundo volumen, de nueve, comienza a tomar cuerpo.

No sería un libro escrito por mí, pero sí uno que encarnase y desarrollase mi comprensión de los veintisiete caracteres reconocidos por la aplicación del eneagrama a la personalidad que aprendí durante los años 1969-1970 (en forma más implícita que explícita) de Oscar Ichazo y he venido desarrollando desde entonces.

La concepción del libro ha sido la de presentar cada uno de los caracteres a través de:

1. Un capítulo teórico (cuyo conjunto bien podría considerarse un tratado acerca de la psicología de los eneatipos) con una estructura que formulé mucho tiempo atrás y propuse desarrollar a una serie de discípulos, en colaboración a su vez con otros voluntarios.
2. Una autobiografía escrita por otro de entre mis discípulos, del que pudiera decirse que ha hecho un rico camino de transformación, y que estuviese dispuesto a producir un documento que implicase una confesión pública, en vista de la sinceridad que un relato biográfico implicaría ante su familia y sus

conocidos. La utilidad de tal ejercicio de «transparencia» a través de la publicación de la propia autobiografía es algo que había llegado a creer en vista de experiencias previas, por lo que lo propuse en tal espíritu, y efectivamente constituyó una experiencia rica para los participantes.

Naturalmente, la presentación de los diversos caracteres a través de estas dos modalidades complementarias —la del ensayo psicológico y aquella de la narración— les hablará a los dos hemisferios cerebrales («científico» y «humanístico») de los lectores.

Seguramente los veintisiete capítulos que integrarán el «tratado de psicología de los eneatipos» interesarán especialmente a los psicólogos académicos, y es de esperar que el conjunto de las 27 biografías ejemplares interese a todo lector que quiera encontrar entre ellas a su hermano o hermana psicoespiritual; pues ayuda mucho a la toma de conciencia de nosotros mismos el encuentro con el proceso de autoconocimiento de una persona que se nos parece mucho y ha sabido tener el coraje y la humildad de ir descubriendo su sombra y poner su «descenso a los infiernos» en palabras.

Lentamente maduró el proyecto de esta obra en nueve tomos (cada uno de ellos dedicado a los tres eneatipos correspondientes a una de las nueve pasiones reconocidas por el protoanálisis de Ichazo) hasta que David Barba me propuso que fijásemos las fechas de publicación de los volúmenes en cuestión. Este paso implicaría un trabajo de edición más activo que el que yo habría venido ofreciéndoles a mis colaboradores o el que se habían dado hasta entonces los coautores mismos, por lo que invité para participar en esta tarea a Grazia Cecchini, que desde entonces ha mantenido una estrecha correspondencia con ellos en vista del perfeccionamiento de los textos.

Habiendo sobrepasado yo mismo los ochenta y cuatro años de edad, no puedo dejar de sentir que la terminación de este trabajo va coincidiendo con el de mi vida, y ello le da a esta tarea un cierto sentido de «misión cumplida».

Curiosamente nunca me sentí, durante mis primeros años de enseñanza de esta materia, como uno con un deber de desarrollarla o siquiera con un mérito particular, y solo ante la comercialización del eneagrama y la charlatanería de los imitadores de mi temprano trabajo en Berkeley (originadores de la comunidad o movimiento internacional del eneagrama) comencé a tomar consciencia de mi propio mérito en haber ofrecido un trabajo más serio y de más poder transformador. Solo recientemente, sin embargo, con la visión retrospectiva de decenios, he llegado a sentir que, tal como Ichazo me predecía, caería en mis manos la tarea de ser un mediador de este conocimiento para el mundo occidental de nuestro tiempo. Espero que el haber puesto todas estas comprensiones por escrito constituya más una ayuda que un impedimento a su comprensión profunda, pues muchas veces he pensado que tenía razón el dios egipcio Thoth al imaginar que el don de la escritura transformaría a los humanos en meros repetidores de palabras, alejándolos de la sabiduría. Imagino que en este caso mis lectores futuros se dividirán entre los que aprovechen nuestro esfuerzo para su propia transformación y aquellos que prefieran dedicarse a su enriquecimiento académico, cultural y material.

Solo me falta agradecerles a todos los que han contribuido a este segundo volumen tanto sus esfuerzos como su tolerancia de mis críticas, y desearles que el éxito de lo que han producido les traiga la satisfacción de servir al proceso masivo de autoconocimiento que está caracterizando a nuestra generación. Especialmente le agradezco a Grazia su relevo como editora en un momento de la vida en que mi actividad de enseñanza y mis otros libros inconclusos me reclaman, y también a David Barba, de La Llave, sin cuyo estímulo seguramente habría seguido postergando la terminación de estos 9 volúmenes hasta que fuese demasiado tarde para contar con mi supervisión.

PRÓLOGO AL SEGUNDO VOLUMEN, POR CLAUDIO NARANJO

Celebro que aparezca ya el segundo tomo de los nueve que concebí muchos años atrás como parte de la colección *Eneatipos en transformación* y que David Barba ha preferido llamar *Psicología de los eneatipos*. Se lo he concedido, en vista de que este título sugiere un tratado —y, efectivamente, el trabajo que han hecho mis colaboradores lo es.

Ya que el «miedo» no me parece un nombre muy acertado para lo que es, en propiedad, una explicación ilustrada de ciertos caracteres en los que la angustia subyace a conductas y maneras de pensar bastante diferentes y específicas, he preferido que el título de este volumen sea *Cobardes, desafiantes y fanáticos*, relegando *Las formas del miedo* al subtítulo.

Así como la vanidad no aparece entre los pecados capitales como una entidad independiente del orgullo (*superbia*), por más que abunde la alusión gráfica a ella a través de una mujer que se mira al espejo, tampoco el miedo figura entre la lista de los siete consagrados desde los tiempos del papa Gregorio el Grande, por más que la relativa invisibilidad de este vicio en el discurso religioso se haya visto en cierto modo compensada por la prominencia del miedo entre las explicaciones de la neurosis en la cultura psicoterapéutica. Como he explicado más de una vez, ya Evagrio Póntico hablaba de ocho pecados o «errores», en tanto que Oscar Ichazo, en su presentación del eneagrama de las pasiones, atribuía este conocimiento a un origen babilonio. Sea como sea, no será del todo nuevo a los buenos terapeutas y psicólogos clínicos lo que se dice en este volumen, ya que tanto la personalidad evitativa como el carácter contrafóbico son bien conocidos, y Theodore Millon describió el E6 social de nuestro repertorio como un híbrido entre el carácter obsesivo y el paranoide.

Comprende el presente tomo, como cada uno de los restantes, una presentación teórica o general de cada uno de los tres subtipos en que puede manifestarse la pasión a la que se dedica el libro en su conjunto (en este caso, el miedo o, más exactamente, la angustia), y también una autobiografía ilustrativa del correspondiente tipo de personalidad, escrita por alguien cuyo nivel de autoconocimiento y grado de maduración la haga potencialmente útil a los lectores que se vean reflejados en ella. A través de esta yuxtaposición de ensayos discursivos y científicos y narraciones autobiográficas, entonces, podrá describirse cada uno de los libros de esta serie como un documento que les hable a los dos hemisferios cerebrales de sus lectores.

Como ya he explicado en *27 personajes en busca del ser* y en el volumen anterior de esta serie (*Vanidad*), mi participación en la obra no ha consistido tanto en la de un escritor o la de un editor, sino en la de uno que a través de un proceso educativo y terapéutico laborioso y prolongado ha llevado a sus actuales colaboradores a la comprensión del carácter que ahora comparten, de modo que lo que escriben no solo es eco de lo que alguna vez expuse de manera oral, sino algo personalmente vivido.

También ha sido parte de mi tarea el seleccionar a los coordinadores de los capítulos, que requieren no solo de una comprensión personal sino de la observación de otros con un tipo de carácter semejante; y parte implícita de mi contribución, el interrogatorio sistemático de grupos de personas de cada uno de los 27 tipos de personalidad en los programas SAT y en los simposios sobre los eneatipos celebrados en diferentes lugares, que han generado algo así como una cultura oral sobre los caracteres que han compartido los participantes de ellos y que también ha nutrido a quienes ahora escriben.

Por último, he participado en este libro seleccionando e incentivando a quienes han dado testimonio de sus vidas a que lo hicieran con una veracidad poco común más allá de la situación íntima de la psicoterapia; y creo que ha sido un factor que me ha ayudado a lograrlo el que siempre he sentido que cada vida merece una novela, y creído que mostrarse desnudo ante el mundo entero es un acto de gran poder sanador.

Quien no esté enterado de la pasión que ha despertado durante los últimos decenios el conocimiento de los «eneatipos» (tipos de ego que se distinguen a través de la aplicación del eneagrama a la personalidad), podrá preguntarse si se justifica gastar tanta tinta u horas de lectura en un tema que seguramente podría ofrecerse al público de manera más sucinta; y para ellos diré que no solo el primer tomo (sobre la Vanidad) se ha vendido tanto o más que aquellos libros en los que he pretendido arreglar el mundo, sino que los miles de personas que han asistido a través de los años a mis cursos y a los de mis colaboradores acerca de las formas de la personalidad, se han sentido profundamente tocadas por el conjunto de informaciones que en estos se transmiten, lo que contribuye a que esté convencido de que este nuevo cuerpo de conocimientos está constituyendo una nueva entrada en la cultura de lo que alguna vez se conoció como el dogma cristiano de los pecados capitales. Y dado que el mundo va rodando tan mal, y es tan patente que tras su compleja problemática siguen estando la vanidad del éxito por encima de la colaboración con la vida, el miedo a la autenticidad por encima del coraje de ser (así como la mente excesivamente conformista de los perezosos, la soberbia de los ambiciosos, la envidia, la codicia, etc.), tal vez esta sutil y nueva comprensión que van alcanzando las personas acerca de sus defectos sea relevante no solo a su crecimiento espiritual y su bienestar personal, sino a que el mundo se vuelva un poco menos autodestructivo.

La psicología de los eneatipos, originada en lo que enseñó Oscar Ichazo bajo el nombre de protoanálisis, ha contribuido al desarrollo psicoespiritual de muchos desde que comencé a incluirla en mis programas en los años setenta, y espero que esta exposición verbal de lo comprendido a través de una experiencia grupal de transformación de unos pocos, sirva ahora como estímulo para que la comunidad de los lectores pueda acelerar su proceso de autoconocimiento transformador.

Espero también que el público no solo lea este segundo volumen de *Psicología de los eneatipos* con interés, sino que con provecho, y que el reconocimiento de las tres «máscaras» de la angustia —la de los tímidos y dependientes, la de los obsesivos esclavos del deber y la de los agresivos «contrafóbicos» para quienes la mejor defensa es el ataque— sirva no solo al desenmascaramiento interior del proceso terapéutico, sino que al paulatino desenmascaramiento del mundo que va teniendo lugar gracias a las artes y las humanidades.

A MODO DE INTRODUCCIÓN

CONTRASTES PRINCIPALES ENTRE LOS SUBTIPOS DEL E6: CONSERVACIÓN, SEXUAL Y SOCIAL

Parece paradójico que un ser humano pueda encontrar en el miedo la pasión neurótica con que defenderse del vacío existencial y espiritual al que se enfrenta en el momento de su caída en la Tierra. Pero podemos comprenderlo si entendemos el miedo como su única referencia para orientarse en el mundo interior y exterior. Como un viajero que entra en un territorio desconocido sin acompañamiento ni mapa, lo único que puede hacer es desarrollar una atención extrema y excesiva a cualquier ruido, a todas las sombras, al mínimo movimiento, porque lo prioritario es salvaguardar la vida y seguir adelante.

Así, el miedo se convierte en un guía que te dice constantemente: «¡Cuidado! Ahí hay un peligro. Aquí hay un perseguidor. Allí, un posible enemigo... ¡Controla! No te fíes ni de lo que ves. Mira bien... Si te equivocas, estás liquidado». Así se orienta y así construye una falsa y estructura rígida para defenderse. Así se vuelve cobarde.

Los tres subtipos del Seis, el conservación (pasión: *calor*), el social (*deber*) y el sexual (*fuerza*) comparten la vivencia de continua amenaza y alerta, y un sentimiento de no ser dignos ni suficientes, que conlleva pensamientos perseguidores contra sí mismos.

Como en todos los caracteres del área mental del eneagrama, el mecanismo nuclear de defensa es la escisión, que produce una *desconexión entre el sentir, el pensar y el instinto*. El Seis no expresa las emociones, corta con el área motriz de la acción e invierte su energía en el pensamiento. Este último se estructura rígidamente en la búsqueda de las causas que hayan producido el sufrimiento, y de una acción que no tenga consecuencias fatales.

El *sentido de culpa* está siempre presente. Mientras en el subtipo *calor* es paralizante y se convierte en automachaque, los subtipos social y contrafóbico más bien proyectan la culpa afuera, lo cual los convierte en caracteres autoritarios y acusatorios. El social se convierte en un moralista y el sexual (o contrafóbico) agrede a ese otro que es «culpable».

Al final, el monstruo es el castigo por parte de un superyó castrante. Ha sido expulsado del paraíso, no se cree digno de ser amado, ha perdido la fe en el amor.

Los tres subtipos comparten el mecanismo de defensa de la introyección del agresor para poder controlarlo mejor, porque si piensa como él puede prever sus movimientos. Lo cual lleva a identificarse con el agresor (función paterna/patriarcal), aprendiendo a vivir con un enemigo dentro que pretende su bien: un superyó implacable, su compañero.

La creencia profunda es la de ser malo, con una lucha imposible por sentirse bueno. La distorsión cognitiva nuclear (*fijación*) es el *rechazo de sí*, que se manifiesta en la autoacusación, más representada por el subtipo conservación, y en la acusación al otro, más significada en el sexual. Este monstruo interior es calmado por el mecanismo de defensa de la proyección (típico del E6): el mundo es malo y amenazante; los otros siempre crean alianzas contra él, en cualquiera puede ocultarse un enemigo.

Al no haber tenido un vínculo confiable y seguro, evita el contacto íntimo y desconfía de todo el mundo. El subtipo calor busca confiar en figuras fuertes y protectoras, y los otros dos creen que su parte racional lo puede entender todo, evitando así la inseguridad. El sexual une a esto un cultivo de la fuerza física, una coraza fuerte con la que defenderse de todos los enemigos.

El encorsetamiento y acartonamiento evidencia falta de espontaneidad y de naturalidad. El E6 calor queda con un cuerpo débil y torpe (que a veces lo confunde con un E9). El E6 social revela su defensa con una rigidez mental y física que lo acerca al E1. El subtipo sexual se muestra más plantado en la tierra, con una cierta insensibilidad física que lo hace confundir con un E8.

Funciones psíquicas

El subtipo conservación es el más emocional, aunque sus sentimientos se expresen únicamente a través de una mayor sensibilidad, la búsqueda del contacto físico para sentirse en una relación protectora, y una sonrisa dirigida a desarmar el otro. Es el más dulce de los tres pero su dulzura no corresponde a una ternura profunda.

El contrafóbico es el más activo, pero sus acciones son reactivas, mientras posterga patológicamente las que lo ponen a prueba en su valor real (y no en el fanfarrón que manifiesta). La acción impulsiva le ayuda a tomar las decisiones que postergaría por miedo.

El subtipo social es el más intelectual. Se estanca en sus decisiones retorciéndose en sus evaluaciones y análisis, y es el más disciplinado, ordenado y obsesivo, y también el más ideológico y fanático.

Los tres se paralizan en pensamientos evaluativos y analíticos, entre mil conexiones de causa-efecto y mucho miedo a tomar decisiones.

Ansiedad

Común a los tres subtipos es la presencia de *ansiedad.* El E6 sexual la usa como reserva energética para realizar su desafío, con el que niega la *impotencia* y con ella, el sentimiento de inferioridad que él asocia a la fragilidad. Rechaza y huye de todo lo que suene a debilidad, enfermedad o dependencia. Por eso se niega la necesidad de pedir ayuda o de ser protegido; de seguridad, cuidado o atención. Menosprecia a las personas que muestran su vulnerabilidad.

Motivado por el afán de sentirse fuerte, este subtipo contrafóbico se expone al peligro y alimenta una notable *megalomanía,* donde sustituye la sensación de debilidad del ego por la grandiosidad de un ideal o de una autoridad externa.

El subtipo social, por su parte, trata de contener la ansiedad a través de la obsesividad y el perfeccionismo, y se apoya en una ideología potente para negar su propio sentimiento de impotencia: *el grupo hace la fuerza.*

Así como en su infancia buscó familias sustitutivas, en su juventud y vida adulta el Seis social milita en organizaciones políticas o sindicales, o pertenece a grupos que busquen la espiritualidad o valores superiores, movido por su idealismo. Oscila entre la seguridad que le da pertenecer a algo más grande que él, a una familia simbólica, y la desconfianza, crítica y exigencia. Suele cambiar de grupo cuando se desencanta, porque no le llena, hasta que encuentra otro en el que vuelve a proyectar su ideal.

En realidad se entrega a una causa porque busca un sistema de normas como apoyo para salvarse. Indeciso a la hora de elegir a las personas a las que dar autoridad, escoge la autoridad impersonal de un sistema o grupo, como sustituto de los padres, pues en el fondo quiere competir con la autoridad paterna, desplazando su lealtad o fidelidad a una autoridad mayor e ilusoria.

El eneatipo Seis conservación tiende a relacionarse en grupos pequeños y le cuesta mucho moverse solo. Le es difícil establecer intimidad con personas nuevas; se siente inseguro, vulnerable, poca cosa. Tiende a tener pocos pero muy buenos amigos y busca relaciones muy cercanas, de tú a tú. En los grupos se pierde, se diluye, a veces casi desaparece.

Este subtipo conservacional contacta de lleno con la falta de confianza en su capacidad y con la necesidad de contar con los demás, manifiesta abiertamente el sentimiento de impotencia y busca una salida en la unión afectiva con el «otro potente».

Desconfianza e inhibición de la acción

En todos los subtipos del Seis, la *desconfianza* impregna la relación con los otros, con el mundo e incluso consigo mismo. Sospechan de las verdaderas motivaciones propias y ajenas. Las ideas persecutorias retroalimentan la creencia en un mundo peligroso y en la necesidad de ejercitarse constantemente para combatirlo y controlarlo. Es común la ideología del *complot.*

El subtipo sexual pretende controlar sintiéndose autónomo e independiente. El Seis conservación vive, en cambio, con la esperanza de encontrar a una persona que lo proteja y en quien confiar plenamente. El E6 social combate la desconfianza alimentando una confianza en su propia preparación.

Otra característica común a los subtipos del Seis es una marcada inhibición de la *acción* por miedo a cometer el *error fatal que lo destruirá todo*. En el E6 sexual, esta inhibición es menos paralizante y él se muestra más concreto y resolutivo ante los problemas.

Su opuesto es el E6 conservación, invadido por la parálisis. Le cuesta tomar decisiones, pospone. Excesivamente precavido, tiende a la comprobación compulsiva para cerciorarse de que todo está bien, con una duda perenne que le bloquea la acción. De ahí que sea una persona de orientación teórica, que vive en la abstracción buscando verdades absolutas, certezas.

El Seis social se entrega también a lo abstracto pero con una obediencia ideológica, legalista, llevado por su personalidad mixta paranoide-compulsiva y su carácter autoritario, rígido y cumplidor, con un juez implacable dentro. Se caracteriza por la pedantería, acciones tediosas y una mayor sustitución de la acción por el pensamiento, si bien el sentido del deber lo vuelve más eficiente que los otros dos subtipos.

Agresividad

El contrafóbico, en cuanto subtipo sexual, «elige» el camino del *deseo* que, dominado por el miedo, no se expresa libre y espontáneamente sino a través de la *agresividad*. Piensa que el otro es un usurpador y que él está en su derecho a atacarlo y tomar lo que legítimamente le corresponde.

Su miedo es al castigo, lo cual le lleva a mostrarse hipervigilante, y desafiante, arrogante y tenso, con dificultad para relajarse.

Es un perro ladrador que se defiende atacando. Esto le «energiza» pero no le deja descansar pues siempre está enganchado, desde la susceptibilidad, a maquinaciones infinitas, ávido de significados ocultos. Ataca para esconder su miedo, que le avergüenza. Usa su fuerza para tapar la sensación de indignidad que le produce la posibilidad de que se vea su miedo.

En los tres subtipos, la mirada inquisitorial a sí mismo vierte una y otra vez un juicio de no idoneidad, así que haga lo que haga, un Seis nunca tendrá la plena certeza de hacerlo bien; siempre rondará un «pero», un «tal vez».

Ante la culpa, el Seis sexual se pone a la defensiva, autojustificándose y proyectando a su enemigo interno en los demás, a los que critica arrogándose el derecho de juzgarlos. Una vez que ha separado el bien del mal, proyecta este afuera para cultivar la ilusión de presentarse siempre como bueno y justo, pues en su interior siente que esconde un monstruo. Justifica intelectualmente la existencia de este monstruo por haber sido maltratado, incomprendido, abusado. Debe pues protegerse de la humanidad, que es mala, lo cual la da pie a emprender cruzadas contra la injusticia social.

El E6 conservacional es el que menos expresa la agresividad, y más, el miedo a recibirla. Mientras que en el contrafóbico la agresividad es el carburante para lanzarse a la acción, en el conservación la agresividad es «pasiva» y puede expresarse solo a través de *acting out* explosivos tras el estrés acumulado. Es *el lobo con piel de cordero.* El contrafóbico, *el cordero con piel de lobo.*

En cuanto al subtipo social, canaliza su agresividad a través de la crítica y el juicio. La crítica invoca las reglas no respetadas por los demás, o la incapacidad ajena, y la expresa en términos impersonales, que revelan su miedo —común a los subtipos— a confrontar directamente al otro.

Los tres blanden esa arma de doble filo que es la ironía. Son esos comentarios graciosos, tal vez corrosivos, ese juego intelectual de concatenar frases ingeniosas que lleva a la complicidad entre quienes lo emplean. Pueden ir cargados de un veneno sibilino destinado a cortar cabezas, ya sea criticando a la autoridad o —más el sexual y el social— ridiculizando a los débiles. Suponen una válvula de escape: el goce de la risa, un pequeño placer en medio de la batalla. No sin la posterior sensación de culpa si han sido demasiado hirientes.

Miedo a confrontar

El E6 conservación muestra una sumisión afectuosa, de osito de peluche: «Yo no te agredo, soy inofensivo; a cambio, tú no me agredas, quiéreme». No tolera el conflicto, tiene mucha dificultad para confrontar, sobre todo de tú a tú y en temas personales. Y cuando después de mucho tragar, estalla, el miedo, la culpa y la vergüenza posteriores son enormes pues vive que las consecuencias pueden ser terribles.

Si el estallido ha sido con un ser querido, lo vive como que ya no le va a querer nunca más. Se rompe el ideal del vínculo amoroso, con lo que le invade una gran ansiedad, que solo se mitiga cuando se restablece la armonía. Aunque tampoco se fía mucho de que este restablecimiento sea real. De hecho, vive esa pérdida como definitiva, como si ya no hubiera posibilidad de restablecer lo que había; e incluso cuando las aguas vuelven a su cauce, el sentimiento íntimo es que ya no es igual; el ideal no se recupera.

El E6 social es el más racional, con su acúmulo de sabiduría. Si no consigue ser admirado intelectualmente, siente un gran vacío, dolor y angustia. No le «quieren»: se hunde. Sus relaciones están presididas por el control; teme ser espontáneo por si no sea «correcto» o «acertado» y le dejen entonces de querer. Se reprime y va así cargándose de rabia contenida en su corsé. Sabe perfectamente el daño que puede hacer si habla, pues su estrategia de control le hace ver el punto débil del otro.

Le teme al conflicto y a la confrontación, que puede significar descontrol y emociones, perder el «amor» o la admiración. La quiebra de la normalidad a que puede llevar el conflicto amenaza con suponer una ruptura del ideal, del equilibrio construido, que sería para él definitiva. Todas las referencias sobre las que había «edificado» su mundo se tambalean y el miedo y la culpa se descontrolan. Ya no es perfecto, el otro le ve sus errores. A él, que se mostraba servicial, sumiso, cumplidor de su deber...

La estrategia relacional del Seis sexual es la huida hacia adelante. «Yo no me disfrazo de siervo dócil [como el E6 calor]. Yo no me escapo volviéndome un maestro o un cumplidor digno de admiración [como el E6 deber]. Yo, directamente, no siento miedo. No hay nada que se interponga entre lo que quiero y yo. Admírame por ser así, quiéreme porque yo no dudo, yo soy valiente.» Sus conductas heroicas a veces resultan parecidas a las del eneatipo Ocho, o son provocadoras de envidia o ira por su chulería, por la seguridad que muestra y por los logros, a veces con gran proyección social, que consigue.

Ahora bien, el eneatipo Seis sexual en las distancias cortas no confronta. Se contiene, se muestra comprensivo en vez de manifestar su enfado, tragando y envenenándose por dentro, mientras se acentúa su sensación de omnipotencia y su papel de salvador. En las distancias largas, como siente que no hay tanto peligro, sí que se permite sacar más su perro ladrador.

En sus relaciones, ya sean de pareja, amistad, laborales o familiares, al principio el E6 sexual se muestra disponible para el otro en todo momento, siendo facilitador, ayudador, conciliador… Luego va apareciendo su demanda desde la manipulación, o la necesidad imperiosa de controlar la situación.

Inicialmente se puede mostrar proactivo, ocurrente y seductor, pero está alerta para percibir si hay confianza o no, porque si siente que no es una situación segurizante se retrae, y se mantiene en las buenas maneras aunque enseña un poco más los dientes.

Cuida y defiende mucho a sus amigos, que son parte del sentido de su vida. También busca estar solo para descansar y no tener que estar alerta, manteniendo el tipo.

Autoridad y paternalismo

Todos los subtipos del Miedo «tienen un tema» con la *autoridad*, estrechamente vinculada con la sumisión o humillación infantiles y con el miedo a la castración. El E6 controla a la autoridad poniendo a prueba su coherencia, en una evaluación constante de que los hechos se correspondan con las palabras.

El E6 sexual se distingue en que es abiertamente *intimidatorio y autoritario*, en perenne conflicto entre el deseo de mandar y el miedo a emerger. Le resulta difícil el manejo de la autoridad, oscilando entre la condescendencia y la rigidez normativa. Pues ahí está la voz de su padre, que le dice: «Tú no vales», lo cual se une a la lealtad inconsciente de no superarle.

La autoridad representa el miedo al castigo, y en su relación con ella, en especial si es duradera e íntima, puede reactivarse la ambivalencia entre dulzura/obediencia y —cuando se siente dominado— *paranoia/ataque/desafío*.

Es muy protector con sus subordinados —hijos, alumnos—, rol que le devuelve una sensación de fuerza y de hacer de «jefe».

También el Seis social puede parecer autoritario y seguro de sí pero, antes que desempeñar él mismo un rol de autoridad, prefiere reconocer la autoridad en las reglas, conformándose a ellas hasta el punto de convertirse en su *fanático defensor*. Claudio Naranjo define a este carácter como «prusiano». Prefiere entregarse a la ideología como punto de referencia impersonal: lo importante es hacer las cosas «como es debido». Es el subtipo más disciplinado, con normas interiorizadas como si no hubiese límite alguno entre el yo y el superyó.

Aunque pueden llegar a ser líderes, los E6 sociales se mueven muy bien en el papel de segundones, haciendo el trabajo gris para que el otro se luzca. Un ejemplo es el «negro» que escribe los discursos que otro leerá en público.

Este subtipo social es muy autoexigente y autocrítico, y toda la sumisión que muestra con el superior la transforma en exigencia y desprecio hacia los que siente más débiles. Puede llegar a ser clasista con los de abajo. Toda la autorrepresión para mantenerse moralmente recto, toda esa rabia contenida la descarga con los que siente que son menos fuertes que él. Sintiéndose superior, se muestra inflexible, soberbio, implacable.

Pero necesita el reconocimiento de la autoridad para permitirse ser agresivo. A veces, se «cansa» de ser sumiso y le corta la cabeza al que encarna la autoridad para sentirse valioso. Pero lo hace más desde una crítica intelectual, o utilizando la ironía y la chanza, que desde el enfrentamiento abierto y descarnado, pues siempre ronda el miedo al castigo, a ser apartado, a no ser querido.

Frente a la autoridad, el E6 conservación se comporta al revés que el E6 social: entabla una relación personal y se adhiere a aquel que puede jugar el papel de protector y de guía. Al no confiar en su propio poder, busca una autoridad en la que apoyarse para poder asumir riesgos, decisiones. La idealiza y se muestra complaciente con ella, pero si siente que le falla, la demoniza. Y se mantiene a distancia pues, aunque desea acercarse, tiene miedo a ser ignorado o rechazado.

En esta ambivalencia ante la autoridad, sobre todo paterna, en que se mueven los E6, los tres subtipos ejercen diferentes formas de «paternalismo» y de buscar al «padre».

El paternalismo del Seis conservación es el más maternal, «femenino», amoroso, cuidadoso y cuidador.

Se sitúa, asimismo, como un hijo desprotegido que busca calor y amparo.

El E6 social tiene una gran necesidad de aceptación, de que los demás le perdonen. No acepta la imperfección y menos aún, la suya. Se ha comido a su padre y su mensaje de: «Tienes que ser como yo». Por eso su paternalismo es más frío, más teórico y cercano a lo intelectual que a lo afectivo.

Se proyecta en la imagen del maestro y guía que quiere ser un buen padre con sus discípulos y darles lo que su padre no le dio a él. Él sabe lo que es bueno para ellos, cuál es su camino. Pero desde la distancia, desde lo formal, lo correcto, pues le amputaron la expresión de la emoción y, si se mete en esos berenjenales, su inseguridad aumenta. Él se ofrece como padre a los necesitados de autoridad.

En el otro polo, se sitúa más como admirador o discípulo que como hijo.

El paternalismo del Seis sexual es el más patriarcal: es el padre proveedor que cubre las necesidades materiales de la prole y la protege con su superioridad masculina.

Por contra, como hijo quiere demostrar a su padre que no le necesita. Es autónomo y, a veces, hasta retador.

Amor

Los tres subtipos tienen miedo a sentir, a amar, porque eso puede suponer el descontrol, la fusión con el otro y perderse en él, el caos, la agresión, la violencia... Y si conlleva pérdida de imagen, vergüenza, inseguridad y, sobre todo, culpa, entonces ya no lo pueden asumir.

Con referencia a las tres dimensiones del amor según Claudio Naranjo, todo el E6 reprime el amor erótico. La sexualidad siempre conlleva entregarse en manos de un otro «peligroso» para la propia integridad física y psíquica. Abandonarse a Eros significa además descontrol de las emociones y de los instintos, supone entrar en la locura que tanto le asustó de niño y que no le ha dejado de asustar.

El eneatipo sexual es el que más quiere cultivar el erotismo pero separa el sexo del amor, haciéndose valiente en la búsqueda de relaciones sexuales, pero bien lejos de entregarse a la ternura y a la intimidad. El subtipo conservación convierte el Eros en calor maternal, enfriando así la pasión sexual y convirtiendo a la pareja en una madre/padre protectora e inocua.

Los tres subtipos comparten una mayor facilidad en cultivar el amor admirativo: la idealización de un padre que no han tenido y de valores que prometen ser buenos e inatacables, la búsqueda de un Dios Padre que les apruebe y les dé permiso para estar en este mundo. El E6 social representa más esa búsqueda de ser admirado, por su fidelidad y coherencia moral.

El amor compasivo parece el que más busca el Seis, dentro de su miedo a entregarse a brazos amorosos. El de conservación expresa más su amor maternal, con la finalidad de recibirlo. Pero ninguno de los tres subtipos desarrolla fácilmente una compasión profunda, al estar preocupados sobre todo de castigar a los culpables de los males del mundo.

Todas las personas que se reconocen en el carácter del Miedo reconocen que sólo a través de una sanación del amor compasivo pueden entrar en la entrega erótica, así como limpiar el amor admirativo, dejando de criticar y de controlar a la autoridad.

Sexualidad

El contrafóbico demuestra más *superficialidad* que los otros dos subtipos, a través de comportamientos promiscuos que contradicen la moral social. Estas conductas podrían asemejarle al E2 sexual, pero su falta de sensualidad contrasta con la facilidad con que el E2 expresa el erotismo.

Siempre condenado a dar la talla, la sexualidad de este subtipo suele ser fálica, impulsiva. Le cuesta la entrega a un otro que siempre es un potencial enemigo. Liberar el erotismo significa dejar espacio a la ternura, mostrar el lado débil y la vergüenza de sentir miedo. Este dilema lo resuelve disociando el sexo del sentimiento de amor e intimidad.

La inhibición del deseo y del impulso sexual es más evidente en el subtipo de conservación que, a diferencia del sexual, el cual busca la autonomía, se somete a los deseos del otro con gran *abnegación.*

Para el E6 conservación, lo puramente sexual es secundario. El contacto de piel, con el cuerpo, es más una búsqueda de cuidado mutuo, de intimidad, de protección, de cariño, que una búsqueda del clímax, del placer. Su interés es mantenerse en un rol filial y el único deseo que se permite es la búsqueda de calor, incluso a nivel de contacto físico.

Esta actitud y el no desconectar la cabeza no contribuyen a un pleno goce físico de la sexualidad. A veces se acerca a la otra persona asexuándose: «Solo quiero ser tu amigo, no tengo otras intenciones, no quiero tener sexo contigo».

Es coincidente en los tres subgrupos, aunque en menor medida en el contrafóbico, la dificultad para dejarse llevar y disfrutar plenamente del placer sexual, porque la cabeza está siempre por medio y anda más pendiente de dar la talla, de la satisfacción del otro que de la suya; es más una tarea que una búsqueda del placer.

El Seis social presenta una actitud más *moralista* y a veces *obsesiva.* Como todos los E6, vincula tanto el deseo a la locura que no puede vivirlo plenamente. Y él trata de controlar el caos instintivo a través de la adhesión a las reglas, a la ideología ambiente.

LIBRO PRIMERO

ENEATIPO 6 CONSERVACIÓN

Coordinador y autor
Claudio Billi

Colaboradores de redacción
Alan Vigneau
Armando García Núñez
Betina Waissman
David Marín Vargas
Isabella Grottola
Marco Lupoi
Nora Griffith
Pietro Bonanno
Tom Hunsberger
Ximo Esteve

Traducción
Nora Griffith

I

LA PASIÓN EN LA ESFERA DEL INSTINTO: CÓMO ACTÚA EL MIEDO EN LO CONSERVACIONAL

Cuando el miedo contamina el instinto de conservación, la pasión toma la forma de una preocupación constante por la propia supervivencia. En este sentido el E6 conservacional, respecto a los otros dos subtipos, es el que se percibe débil y frágil. De ahí su constante necesidad de protegerse, en todos los sentidos:

- de las necesidades físicas primarias (frío/calor, hambre/sed, sueño, cansancio...). De hecho, nunca le faltan las «existencias» ni protecciones de todo tipo (de guantes a cremas solares, pilas e insecticidas).

- de perturbaciones emocionales (soledad, abandono, invasión, agresividad, excesiva exposición, etc.). Su estrategia es la «tocata y fuga»; es decir, estar y no estar en las situaciones y en las relaciones, como un modo de modular la intensidad y evitar demasiadas responsabilidades y compromisos.

Su convicción es que carece de recursos para afrontar los imprevistos. En realidad, en su vida tuvo que afrontar muchas situaciones solo, pero el estrés causado por una emergencia le traumatiza, hasta el punto de que luego recuerda más la ansiedad vivida que el logro realizado. Le cuesta actuar impulsivamente y necesita tomarse su tiempo de prepararse para la acción. Sufre de ansiedad anticipatoria y despliega un pensamiento obsesivo y a veces paranoico, rumiando sobre todas las «trampas» con que se pudiera encontrar.

La preocupación por la supervivencia ocupa una parte tan grande que se convence de que es lo más importante en la vida.

Probablemente hubo en la base una vivencia emocional insegura, marcada por la inestabilidad y la amenaza de abandono. La experiencia de apego primario a la madre no ha sido fuente de seguridad. Y no hace falta que haya existido episodios reales de abandono o de falta de cuidados maternos. Basta con no haberse sentido lo bastante contenido emocionalmente, reconocido en su propia naturaleza, con haber tenido la percepción de una presencia emocionalmente intermitente, para desarrollar el miedo, intolerable para un niño, al abandono. Miedo del cual es necesario protegerse con el control de las situaciones, del otro y de las emociones, para hacer del mundo un lugar previsible y, por tanto, más seguro.

El subtipo conservacional del E6 aprendió a alimentar su miedo sintiéndose en estado de alerta permanente, el cual mitiga la sensación de vacío y angustia ante la falta de contención. Su pasión por la protección es un haberse quedado bloqueado en la busca de una serenidad que nunca llegó a experimentar, desde el momento en que el niño buscaba la mirada de la madre sin estar jamás seguro de encontrarla.

La sensación de peligro se relaciona con el miedo atroz a la desaparición de la madre, a ser definitivamente abandonado y quedarse sin recursos. Ese estado ansioso y preocupado inhibe todo deseo de alejamiento y exploración. Experimentar lo nuevo y lo desconocido significa bajar la guardia del control de ese otro que podría desaparecer. Busca contrarrestar esa sensación construyendo una vida segura, tranquila y rutinaria junto a alguien más fuerte. Pero automáticamente se vuelve a tropezar con su desconfianza de base: el otro nunca resulta del todo tranquilizador, el control jamás es suficiente.

> Me hice médico. Muchas de las enseñanzas de la medicina me las he ido aplicando a mí mismo para sentirme más seguro. Por ejemplo, me planteo la comida en términos de cantidad y equilibrio entre nutrientes, y de pureza química y bacteriológica de los alimentos.
>
> Al repasar mis primeras fotos veo a un niño descolocado, como extraterrestre. Lo relaciono con un sentimiento que a veces me asalta de sentirme extranjero en este país en que vivo ahora, a pesar de llevar aquí más de cuarenta y cinco años.

La función de la autoconservación se ve forzada en este subtipo por interferencias egoicas. Es como si la persona se hubiera vuelto excesivamente mansa, mientras que en una vida sana hay sitio para la agresión y la asertividad.

No se expresa pues la fuerza necesaria para la supervivencia, y la persona se torna débil y necesitada de protección. En la infancia faltó una función materna que le ayudara a confiar en sus impulsos naturales y la capacidad de asegurarse la satisfacción de las necesidades básicas. Hasta el punto de cortar con una escucha profunda de sus funciones primarias y delegar totalmente en el otro (la madre) su necesidad de contención. Es por eso que el miedo al abandono se vuelve característico del E6 conservación, que ha desarrollado en menor medida que los subtipos social y sexual la autonomía y la independencia afectiva.

> Nací tres meses después de la muerte de mi hermano. Mi madre, sumida en una especie de depresión, no paraba de llorar hasta que encontró

en mí la manera de aliviar su pena. Me puso el mismo nombre que a él y ejerció sobre mí una sobreprotección agobiante desde el primer momento.

Algo mayor, las únicas manifestaciones mías espontáneas que ella aprobaba eran las intelectuales, que sobrevaloraba («llegarás a ser premio Nobel»). El resto eran reprimidas, de manera que me convertí en una especie de intelectual de salón, incapaz de llevar una vida independiente.

Siempre dependiendo de otra persona (primero de un compañero de piso, y después, de la mujer con la que me casé hace veinticuatro años). La dependencia era frustrante ya que, por un lado, era necesaria sin entender yo el motivo, pero por otro necesitaba quitármela de encima, lo cual me llevaba a continuos conflictos: primero con mi madre, después con mi compañero de piso y, finalmente, con mi mujer.

Esta búsqueda de protección a ultranza se da en un contexto de dependencia total por el sentimiento de inseguridad permanente. De ahí que el E6 conservación se ponga sumiso y se calle su propio criterio e intereses. Busca crear un clima de no agresión a base de mucha sonrisa, y consume mucha energía evaluando «quién es quién» en el tablero de ajedrez.

Andar preparado para cualquier eventualidad le hace ir siempre sobreequipado, lo que entorpece su flexibilidad a la hora de tomar decisiones.

Siempre me preocupo por salir de casa bien protegido: gorra contra los rayos solares además de la crema fotoprotectora para la cabeza (soy calvo) y suficiente ropa de abrigo. Cremas para la cara, para que no se me estropee. Por las noches uso un pañuelo para el cuello, que protege mi garganta, y una férula dental para proteger los dientes del desgaste por el roce.

Necesito llevar en la bolsa bastantes cosas que pueda necesitar y más, por si acaso, y cuando algo no lo encuentro me surge la idea paranoica de «me lo han quitado». Y con las músicas que utilizo en mi trabajo nunca es suficiente; busco tener de todos los géneros en mucha cantidad.

El constante estado de alerta, expresado en el «¿qué me puede pasar?», «¿qué me pueden quitar?», empobrece la calidad y cantidad de las relaciones, al generar una confusión mental que le lleva a refugiarse en su interior, aislándose del mundo.

La protección como eje

Cuando se siente privado de protección, el E6 conservacional puede llegarse a sentir desamparado y sin norte, a merced de opiniones e intereses ajenos, hasta el punto de llegar a la autoagresión.

El hecho de tomar una decisión, de elegir entre dos opciones, ya supone una confrontación interna: una de las dos va a ser rechazada y esto constituye de por sí una pérdida de seguridad. Así que posterga, se paraliza en la toma de iniciativas; desde cosas prácticas sin importancia hasta descuidar su salud o mantener relaciones dañinas.

La búsqueda a toda costa de protección le genera un acusado miedo al rechazo (en tanto que supondría perderla). De ahí que el E6 conservación mantenga siempre la fachada de «niño bueno» o «niña buena». Puede hacer también una oferta excesiva de protección con la que genera relaciones de dependencia, eligiendo parejas dependientes y con gran necesidad de ser reconfortadas, que justificarán su ofrecimiento de seguridad. Y puede, en fin, llevarle a moverse en circunstancias o con personas que, por su conducta, le mantendrán en «permanente alerta», lo cual alimentará su percepción de que «el mundo es un lugar peligroso», «necesito protegerme», y «tengo mil razones para no confiar».

Control de la intensidad emocional y del conflicto

Un estado de ansiedad y alerta permanentes, con la consiguiente dificultad para vivir el ahora, siempre esperando lo que ha de llegar: este es el sustrato emocional del E6 conservación. En consecuencia, no logra reunir el nivel de energía al que podría aspirar. La mayor parte del tiempo oscila entre la ansiedad cotidiana y la «aguda». La cotidiana es un rumor de fondo, un no vivir el momento presente sino lo que le espera en pocos días. Es como si necesitase sentir adentro un resquemor. Incluso en los breves periodos en que el entorno no da motivos de preocupación, a los dos o tres días ya comienza a fantasear, fruto de la ansiedad, con perder el pasaporte, llegar tarde y no poder tomar el vuelo, problemas laborales…

El trabajo, sobre todo, lo «ha elegido» muchas veces como campo de cultivo de la ansiedad, porque es la continuación ideal de la que le generó, en su día, el rendimiento escolar, al querer ser «el primero de la clase» como instrumento de conquista del inalcanzable afecto materno.

¿A qué obedece su ansiedad laboral? Da igual que sea un líder capaz de las tareas más difíciles: en el fondo no siente su fuerza, no se reconoce. Y no se percibe porque hubo una temprana falta de reconocimiento, no fue visto por su figura de referencia (a menudo, la madre).

> Tengo un trabajo creativo y directivo en el sector de las historietas. Los cómics y su mundo de fantasía, sobre todo los superhéroes, con sus imágenes de potencia y heroísmo, fueron un salvavidas durante mi infancia: el espacio que yo creaba y en el que me perdía y podía permitirme no tener miedo; decidir el destino de los personajes que creaba.
>
> Haber encontrado un trabajo importante y satisfactorio en las historietas es un arma de doble filo: al ser la continuación de una fantasía

infantil de salvación, siempre pienso que si lo perdiese me volvería loco, moriría, desaparecería, mi vida acabaría. Quizás es mi idea loca más profunda y arraigada.

La ansiedad la siente mucho a nivel físico: en la garganta, en el pecho, en el estómago; es una sensación de ahogo, de malestar. El Seis de conservación es alguien que tiene miedo a volar pero está volando todo el tiempo y, en cada turbulencia, aun la más pequeña, le entra sudor frío y se siente morir. A veces este estado de angustia sutil y subliminal dura días, o semanas, y entonces empieza a maldecir el propio trabajo, a fantasear con la idea de dejarlo todo. Echa cuentas de cuánto dinero ha ahorrado y de cuántos años podría vivir de rentas. Solo cuando se presentan situaciones intensas (eventos, reuniones con mucha gente) se carga de energía y sofoca el instinto ansioso. Pero en los días «normales», es como si estuviera en una marea que a cada llamada telefónica o a cada «ping» de email le sube por dentro, cinco segundos o cinco minutos.

Los motivos profundos de mi ansiedad en el trabajo trazan un paralelismo con la relación con mi madre. Tanto la relación con mi jefe, una persona muy distante, nada expresiva y muy a la suya, como la que tengo con mi socio principal desde hace veinte años, siempre desconfiado e ingrato, evocan la relación con mi madre, poco expresiva, que no me ve, no me percibe. Encima, a ella no le gusta mi trabajo, lo cual no ayuda. Es como si mi madre me tuviera que dar el permiso de vivir, de existir.

Se siente atrapado en el miedo al castigo, a la culpa, a equivocarse y a destacar; es un eterno temor difuso. Le teme mucho a las sensaciones desconocidas; incluso las placenteras tiende a diluirlas. Todo lo que se presente como intenso o se mueva mucho le asusta, aunque le atraiga. Muchas veces siente miedo de la vida misma, de sentir; este es un tema central para él. Si las cosas no están claras, tiende a decir que no.

> En las meditaciones me volvían escenas de miedo que he vivido de niña y que aún me vienen de vez en cuando: cosas como que puede haber «seres» en el ambiente, especialmente por la noche y si estoy sola. Siempre tengo que cerrarlo todo bien, pasar las llaves, verificar, cerrar puertas. Para mí la noche siempre ha estado muy «habitada», y la naturaleza todavía más... No sé si me asusta más lo invisible o lo real.
>
> Muchas veces me siento como una niña pequeña, pidiendo que la noche no me ataque cuando estoy sola. Acompañada no me pasa. Y siempre que duermo en un lugar nuevo, que no sea mi casa, la primera noche tengo que mirar detrás de las puertas, dentro de los armarios, debajo de la cama, y eso lo hago aunque esté acompañada; si no, no me relajo.

Y tiende a *vencer* el miedo y a la contención: se tensa, se agarra internamente.

> De niña mi tendencia fue siempre no molestar. Yo nunca me quejaba de nada, no demandaba. Mi madre siempre dice que fui así desde que nací, que yo no le daba trabajo, que yo era fácil, no la preocupaba, siempre muy obediente y previsible.

Es muy «impresionable» con lo negativo: *no puede* ver películas de miedo porque las imágenes se le quedan «pegadas» en la mente y le vuelven una y otra vez durante mucho tiempo, incluso años. Lo mismo sucede cuando se siente culpable o arrepentido: esas situaciones vuelven y vuelven.

Lleva dentro un acusador autoritario muy constante. Es una parte suya que esconde mucho; la teme. Se siente irritado cuando la gente no respeta las reglas y los deberes. Es internamente muy intolerante con cosas sin importancia pero se controla y no «dispara». Cuando, por contra, un día al fin lo expresa, lo hace en un modo más brusco del que querría, aparece el acusador y no le gusta nada. No sabe hacerlo con humor. Le cuesta ponerse firme sin ser rígido.

También le es muy difícil decir lo que ve o piensa de la gente, especialmente si es negativo. Tiene miedo a que se enfaden, miedo a decirlo mal y después arrepentirse, miedo de hacer daño. Ay, este es un gran tema: miedo de que le hagan daño y de hacerlo. Por tanto, mejor no hacer nada.

La rabia es un asunto central en la terapia, y él no la puede vivir. O se desconecta totalmente o se imagina destrozándolo todo si la suelta. Y no solo en la terapia, también en la vida. El E6 conservación tiene mucho miedo de que su agresividad reprimida se transforme en violencia. Ese fantasma es el motivo de las causas no violentas por las que aboga. Pero cuando descubre que su miedo es a tener miedo, todo asume otra forma.

> Como terapeuta, confrontar me cuesta mucho. Decir simplemente lo que veo en el otro, más aún si es negativo, lo vivo como si estuviera actuando con una violencia extrema. Decirle a un paciente, por ejemplo, lo boba e infantil que me parece su visión de una situación concreta, lo siento como si le estuviera agrediendo muy directamente. Y después tengo miedo, ya que espero una reacción devastadora: que se caiga desplomado al suelo llorando, o se ponga hecho una bestia a destrozar toda la habitación... En definitiva, proyecciones.

La pasión básica es pues el miedo paralizante. Un miedo que lo bloquea. El Seis conservación tiende a racionalizar las cosas, muchas veces lo consigue y en esos casos, la idea clara de lo que tiene que hacer le permite funcionar con aparente normalidad (igual que al subtipo social). Pero con frecuencia aparecen nuevas informaciones que contradicen lo que ya tenía razonado y se vuelve a paralizar. La parálisis consiste en que la mente se confunde mientras el cuerpo está tenso y siente ansiedad: no sabe adónde ir. A veces se le nota en la cara de susto, pero lo típico es que no se vea, pues adopta una expresión blanda, entre afable y relajada, muy distinta de lo que siente por dentro.

El miedo le limita a la hora de hacer cosas que le gustaría, profesionales y lúdicas.

> De pequeño, y hasta bien adulto, no me atrevía a subirme a los autos de choque, ni tampoco a ir a la feria a divertirme. O me he lanzado a hacer algo (por ejemplo *wind surf*) pero acababa agotado y no me quedaba energía para nada.

Es un miedo a elegir entre varias opciones. Si solo hay un camino, o uno que, con la información teórica de que dispone, es mejor, entonces es más fácil. Tiene miedo de que alguien se sienta ofendido, o molesto, o perjudicado por sus decisiones, de que estas le generen una enemistad. Y también de no elegir la opción más ventajosa para él, aunque no perjudique a nadie.

En las fases agudas, la ansiedad no está bajo control sino que explota, llegando a hacer difícil la vida cotidiana y el desempeño de las funciones organísmicas normales. Los síntomas físicos se agudizan, el Seis calor se queda fijado en temas obsesivos y hasta que no resuelve los problemas que han desencadenado la crisis se queda pegado a una *visión de túnel* catastrófica.

2

LA NECESIDAD NEURÓTICA CARACTERÍSTICA

El calor

Cuando hablamos de «calor» a propósito de la necesidad neurótica característica del E6 conservación, nos referimos a un conjunto de sensaciones físicas, emociones, pensamientos y fantasías muy articulado.

El «calor» lo encuentra en un contacto físico donde se siente contenido, protegido y seguro, y que recuerda al abrazo materno. También en un lugar «cálido», por acogedor, con sus luces difusas, almohadones cómodos y alfombras... donde puede estar «en paz» y encontrar refugio, lejos de los pensamientos obsesivos que evocan constantes preocupaciones.

Pero el «calor» puede ser hallado asimismo en ropa «abrigada» (muchas veces el E6 conservación se queja de frío, físico también; se abriga mucho y duerme con varias mantas). O en comidas o bebidas «consoladoras» (Schubert, por ejemplo, bebía mucho). O en una música «envolvente», que acuna, que invita al olvido (es buen sujeto de hipnosis, por su deseo de disociarse de un constante estado de tensión consciente).

En tanto que pasión dominante del E6 conservación, por «calor» se entiende más precisamente el anhelo de una situación segura, cálida y tranquila, en el sentido de acogida afectiva, serenidad y paz. Toma la forma de anhelo porque nunca se alcanza. Ya que, incluso en los momentos propicios, la sensación de amenaza o los problemas que es preciso afrontar están siempre presentes. Un poco como en el *Winterreise* de Schubert, donde cada vez que se presenta una imagen de serenidad, calor o protección, hay siempre algo que interfiere, un obstáculo que la vuelve precaria.

Por tanto, el deseo compulsivo de paz y de calor se acompaña de una igualmente compulsiva conducta hiperactiva y preocupada, que no conoce pausa, comenzando por el pensamiento, excepto en los raros instantes en los que tiene la sensación de haber merecido el descanso tras tareas pesadas o difíciles. Sin embargo, incluso este reposo lo vive con la ansiedad de que en algún momento habrá de acabar.

La pasión por el calor se alimenta de fantasías, de pensamientos «mágicos» de cambios de vida en los que desaparece por ensalmo todo esfuerzo, toda preocupación, para dejar paso a un mundo de tenues colores pastel, donde cada nota emocional demasiado alta está atenuada y prevalecen la calma y la serenidad.

Esta búsqueda compulsiva de la cálida tranquilidad suele ser, por lo demás, un autoengaño, pues la característica fundamental del E6 conservación es la ambivalencia (más acentuada que en el social o sexual): anhela la tranquilidad... para descubrir, una vez alcanzada, que lo que necesita son estímulos intensos porque si no, la vida es aburrida. Se autoconvence, en una palabra, de querer una vida tranquila solo por su excesivo miedo a una vida intensa.

Otra característica de este subtipo es la incoherencia entre lo que quiere y lo que hace. Desea el calor en las relaciones pero lo busca solo de modo superficial, porque desconfía profundamente de la posibilidad de encontrarlo de verdad. Es gentil, aparentemente amigable y disponible, pero teme que la relación, si se vuelve intensa, automáticamente le coarte y amenace su libertad...

Las temidas amenazas de abandono (explícitas o implícitas) de las figuras parentales o cercanas le generaron una tendencia a ocultar la verdad y a complacer, en la creencia de que la confrontación llevaría necesariamente a una ruptura de la relación. En esta evitación constante del enfrentamiento, el E6 conservación es el primero que se aleja, sin ponerse en juego del todo y, cuando no le queda más remedio que hacerlo, reacciona con rabia, acusando al otro de ser demasiado demandante.

La búsqueda de calor en la relación va acompañada de la necesidad de controlarla: el miedo más profundo es a entregarse y volverse dependiente del otro para ser luego abandonado, en el momento en que se aflojaron todas las defensas.

El «calor» es también un modo de seducir. Inspirar ternura y mostrarse tímido, indefenso y deseoso de protección sirve de estrategia para llamar la atención y hacerle sentir al otro fuerte e importante.

Es como si el E6 conservación hubiese perdido el contacto con (y la fe en) su animal interior. Busca, entonces, un contacto íntimo que le da seguridad y le agobia al mismo tiempo, pues la protección conlleva el precio de una total dependencia, de no poder desvincularse por miedo al mundo amenazador. Por esa ambivalencia, se defiende del contacto íntimo y de la entrega a la vida, en sus aspectos instintivos y emocionales.

A diferencia del anhelo de gran pasión de un E2 sexual, o de la adicción dramática al amor de un E4, la necesidad de calor de un E6 conservación es de sentirse en familia, en un ambiente hogareño que contrarreste la sensación persistente de frío y abandono de la primera infancia.

Muchos E6 se presentan como excesivamente idealistas. Ahora bien, ¿puede una persona ser demasiado idealista? ¿No merece un mundo ideal de verdad, belleza y bondad ser puesto por encima de todas las cosas? En *El idiota*, Dostoievski describe a un ser humano ideal (en una carta, explicita haberse inspirado en Jesucristo). Y paradigmáticamente, pese a que su intención era retratar la perfección humana, el escritor no puede evitar reconocer la enfermedad mental de su personaje, que «se pasa de bueno» hasta la autovictimización.

El ideal de la amabilidad compulsiva cae naturalmente en el transcurso de una experiencia psicoterapéutica exitosa, que muestra cómo esta pasión intensa por la bondad es la de un yo idealizado.

Este tipo de persona excesivamente amable e ineficaz ha establecido un pacto de no agresión con los demás: «¿Ves como soy inofensivo? No me ataques». Hay un precedente biológico de esta estrategia: en una pelea de lobos, el más fuerte se detiene cuando el perdedor le ofrece la yugular.

Cuando uno acaba siempre perdedor en la competición, es mejor evitarla. La frustración resultante desemboca en una tendencia al engaño, a hacerle creer al otro que comparte lo que dice o hace. Esta «falsa condescendencia» (que se convierte cada vez más en contar mentiras) suele acabar por descubrirse. Y entonces el otro se enoja, se desilusiona, le pregunta qué necesidad tiene de hacerlo. No se da cuenta de lo difícil que es sentirse siempre perdedor. La mentira es para el Seis conservación una especie de «revancha»: «Hago lo que me pides, pero en realidad no te pertenezco».

Sin protección, el Seis calor se percibe como inválido o huérfano, sintiéndose incapaz de enfrentarse a las situaciones difíciles de la vida. La sensación de inseguridad genera impotencia, restringe la exploración del mundo y tiene un efecto general paralizante. La casa es su refugio.

> Mi casa es mi punto de referencia, mi refugio. Tiene que ser sólida y estar en un lugar céntrico para poder llegar con facilidad a todas partes. Cuando salgo de casa, sobre todo si es para hacer un viaje o tengo que estar muchas horas fuera, me siento inseguro.
>
> El día antes de salir de viaje lo paso mal: el cuerpo se me agarrota, siento ansiedad, quiero llevar conmigo todos los medicamentos y medidas de protección que uso a diario. El pequeño esfuerzo que supone hacer el equipaje, unido al agarrotamiento, me puede producir dolor en las lumbares. Cuando llevo unas horas fuera, necesito encontrar algún sitio similar a mi casa para descansar y relajarme.

3

ESTRATEGIA INTERPERSONAL E IDEAS IRRACIONALES ASOCIADAS

La «filosofía de vida» del eneatipo Seis se centra en la ilusión de que las categorías racionales pueden garantizar la seguridad, defendiendo de imprevistos y amenazas varias.

El E6 conservación, en particular, cree que definiendo dichas categorías podrá controlar su comportamiento y evitar así el rechazo, el abandono y, más que nada, el castigo. Podrá asegurarse un lugar entre los *buenos* o controlar los comportamientos *malos* del otro.

Oscila constantemente entre el sentimiento de culpa por sentirse malo y el de persecución por ser víctima de un castigo. El núcleo de esta visión distorsionada de la realidad (*fijación*) se llama, en la psicología de los eneatipos, *acusación.* Es un estilo de pensamiento que define la realidad en términos de víctima o culpable. En el subtipo conservación, se basa en un autoacusarse. Se atribuye a sí mismo la culpa para neutralizar de este modo al perseguidor.

El principal mecanismo de defensa del E6 en general es la *identificación con el agresor.* Interpreta la realidad desde el autorrechazo, por identificación masiva con un acusador interno que desvaloriza y culpabiliza sin margen de apelación. Esta introyección de la autoridad castigadora es como un perro obediente que no necesita a su amo para controlarle, ya que sabe muy bien que no debe subirse encima de la cama o del sofá. Todos hemos introyectado las prohibiciones sociales, pero el E6 conservación interioriza la autoridad severa hasta el punto de convertirse en un autoacusador inhibidor.

Otro mecanismo típico es la proyección que, si bien es universal, el E6 conservación manifiesta con más facilidad. Su visión del mundo como amenazador es la proyección de su enfado reprimido. Y se siente mirado con desaprobación; es decir: proyecta en los demás las acusaciones reprimidas de un individuo demasiado amable y gentil.

> Recuerdo intensamente los primeros ensayos en la orquesta donde estuve trabajando. Llegaba, me sentaba en mi atril y esperaba ansiosamente a que alguno de mis compañeros me saludara, sonriera o preguntara qué tal me iba, antes de empezar. De no ser así, tenía la sensación de que todos me odiaban, me miraban mal e incluso pensaba si les habría hecho algo malo. Solo necesitaba una mirada aprobatoria y una sonrisa para poder disfrutar del ensayo. Si no, eran todos enemigos en contra de mí.

La estrategia mental

El E6 conservación presenta una *organización del conocimiento fóbica*. Cualquier perturbación afectiva que amenace con pérdida de protección o de libertad le genera ansiedad. Lo prioritario es pues mantener un equilibrio entre dos polaridades que siente antagónicas: la *necesidad de protección* y la *necesidad de libertad.*

En su historia de apego, ha sentido una limitación *indirecta* de su comportamiento exploratorio autónomo por la oscilación imprevisible e incoherente de la madre entre la hiperprotección y un rechazo con amenazas de abandono. También es posible una relación de apego invertida, donde es el niño o la niña quien cuida del padre o la madre.

El modelo de apego es el denominado *ansioso resistente*, con experiencias tempranas de hiperprotección, ansiedad de separación/alejamiento del hijo, connotación del mundo exterior como peligroso, atención puesta en las enfermedades y la vulnerabilidad física, hipercontrol, invasión, limitación de la exploración autónoma del ambiente, reglas no vinculadas al desempeño sino a la obediencia en sí, control de las relaciones y las elecciones vitales, e inhibición de las manifestaciones emocionales.

Esta limitación indirecta de la exploración no permite oposición porque el niño no puede darse cuenta del malestar emocional que le genera: lo percibe ligado al amor por el que se siente normalmente protegido, y al mantenimiento de esa cercanía protectora de las figuras de apego. Va entrando progresivamente en que, si se orienta hacia el amor, pierde la independencia, y al revés. La única posibilidad es ir oscilando entre los dos.

El niño futuro E6 conservación desarrolla una sensación contradictoria de sí mismo: por un lado, la protección de los padres le permite percibirse como una persona amada; por el otro, la incapacidad de constituirse como persona autónoma le lleva a percibirse como débil e incapaz. El equilibrio dinámico de esta polaridad se mantiene excluyendo selectivamente el flujo sensorial que pudiera activar la necesidad de libertad e independencia más allá de los límites de la estabilidad, y atribuyendo la necesidad de protección a una causa externa «objetivamente» peligrosa.

La adolescencia hace posible por lo general vivir autónomamente experiencias nuevas, pero el autocontrol —que excluye elaborar las emociones perturbadoras— reduce la gama de sentimientos decodificables. Imagina eventuales peligros derivados de la soledad, y le es difícil explicitar su limitación de la exploración. Desarrolla la habilidad de restringirse a espacios sociales estrechos y rutinarios donde tomar iniciativas logrando parecer brillante y dinámico.

Al construirse como «sujeto controlador», el E6 conservación puede percibirse competente en caso de éxito de la estrategia de control. En cambio, las amenazas, incluso imaginarias, de indiferencia por parte de las figuras de protección, o un aumento del nivel de compromiso que perciba como una restricción de su libertad, activan reacciones de gran intensidad emocional. Por tanto, los procedimientos de control se basan en la prevención y evitación de las emociones, más que en la comprensión de su significado.

> Siempre me he permitido estar en relación con una chica cuando había un final seguro. En cursos intensivos de un mes, siempre me liaba en la última semana. O cuando sabía que me iba a mudar a otra ciudad o a otro país. Si no tengo la seguridad de un final, siento un agobio increíble, un gran miedo al compromiso, por la convicción de que si me dejo entrar en la relación no voy a poder ser yo nunca más, voy a ser devorado. De esta manera, en cambio, cuando se acaba no hay dolor y tengo la sensación de salir victorioso de la situación.

Con el autocontrol se defiende del fantasma de la supuesta debilidad personal («controlándome evito entregarme a las emociones que harían evidente mi debilidad») y del riesgo de alejamiento emocional de las figuras de apego, por medio de evitar comportamientos agresivos en las confrontaciones, o diferentes a lo que se le pide, y enamorarse de personas alternativas a la pareja actual.

El control del otro, por su parte, conjura el peligro de las pérdidas afectivas («controlando a la pareja me garantizo la continuidad de la relación»), permite dosificar la protección («si te controlo puedes protegerme sin reprimirme») y evita la imprevisibilidad de situaciones nuevas.

Las relaciones sociales

Las relaciones personales del E6 conservación se caracterizan por la desconfianza y la sospecha; o al contrario, por un exceso de expectativas e idealización. En cualquier caso son fatigosas y el contacto con el otro tiene siempre algo de intermitente. La discontinuidad caracteriza su modo de relacionarse con los demás. En la medida de lo posible evita la confrontación y la competición; si no queda otra, las vive con ansiedad y con poca capacidad para modular el enfado. Cuando pierde el control en la expresión de la rabia, viene luego un intento de reconciliación; le cuesta aceptar relaciones donde queden residuos de tensión. La capacidad de contener la rabia es escasa, y la modalidad inicial de experimentarla es de todo o nada: pasividad o pérdida del control.

El E6 conservación necesitaría de la amistad, de la cercanía de un grupo, de personas queridas, de la familia, de aliados, pero parte de la idea loca de que «debo arreglármelas solo», cuando en muchas ocasiones solo vences los desafíos ingentes que la vida te propone si formas parte de un equipo. Hay también el miedo de entrar *demasiado* en contacto, porque en el contacto *demasiado* profundo se pierde, no sabe distinguir entre el yo y el tú: introyecta el juicio y el deseo del otro hasta tal punto que es incapaz de sentir lo que él quiere y desea de verdad. Por tanto, es necesario que haya un punto ciego donde ser invisible para el otro y poderse refugiar y hacer (por fin) lo que le dé la gana.

De entrada no se fía; el mundo es potencialmente peligroso y también falso, porque la gente dice una cosa y hace otra. Además, es una lucha que hay que ganar a toda costa, so pena de quedar entre los perdedores; hay que ser siempre mejor que los demás.

La necesidad de pertenencia

Su necesidad de pertenecer, incrementada por el miedo al rechazo, se impone a la necesidad de ser. Esto inhibe su capacidad de decir lo que piensa; prefiere callar antes que contrariar, o se adhiere a la idea de la persona más carismática.

En los grupos de adolescentes tiende a ser gregario y a aliarse con el líder; en las relaciones con las chicas se muestra tímido y llega al amor a través de la amistad, que permite un acercamiento estratégico.

> Recuerdo lo frustrante que era en mi adolescencia ver a un chico audaz que lograba rápidamente seducir a la chica que yo cortejaba veladamente, casi secretamente, transformándome en su confidente y mejor amigo. De repente llegaba el otro, que en poquísimo tiempo la hacía suya.
>
> Se desarrolla un modo de vivir de puntillas, en el que todo se hace con enorme cautela, mirando siempre dónde se ponen los pies. Las fiestas en que se bailaba y bebía eran una situación increíblemente penosa. Tendía a ponerme de observador y me quedaba ahí mirando hasta que alguno del grupo proponía algo más profundo y cálido que estar allí y bailar. Si el mundo seduce a través de la instintividad y la exaltación de la falta de miramientos, yo utilizaba el calor, la profundidad y la afabilidad (cualidades todas ellas que, lamentablemente, no se revelaban vencedoras).

Pensamientos irracionales e ideas «locas»

El núcleo de la distorsión cognitiva, la fijación, se articula en una serie de creencias y convicciones que subyacen a la interpretación de los hechos concretos y que asumen un carácter absoluto, lejos de la visión de la realidad en su complejidad y relatividad subjetiva.

Veamos ideas irracionales asociadas a la fijación de este carácter:

«Si me entrego a una relación, me pierdo»

> Digamos que me gusta «estar solo en medio de la gente»: necesito el contacto casi permanente con amigos, la pareja, colegas… pero manteniéndome parcialmente aislado, con la cabeza perdida en otra dimensión. Me gusta estar con los demás pero como en una burbuja, siempre a medio metro de distancia.

«El mundo es peligroso» – «Si actúo, puedo estar en peligro» – «Nunca estoy preparado para actuar»

El E6 conservación es un intelectual con miedo a actuar, que reemplaza por el pensamiento, fantaseando previsoramente la acción futura o rumiando sobre la acción pasada. Es un soñador que se preocupa en exceso de la mejor forma de llevar a cabo la acción a cada paso y duda de estar en lo cierto.

«Si no obedezco, no me querrán y estoy en peligro»

> «Sabía» que tenía que ser obediente (por miedo a perder el amor y la protección de los seres queridos) y lo era. Pero por dentro me quedaba el convencimiento de que lo que yo pensaba era justo. Las fantasías de omnipotencia eran muchas (para compensar la impotencia causada por el miedo). Ante el miedo de salir a la vida, durante mi adolescencia, vivía de fantasías de omnipotencia. Prefería estar sola y leer, pero al mismo tiempo me sentía sola. Leía muchas novelas (mi abuela tenía una buena colección) y en mis fantasías yo era siempre la heroína.

«Decir lo que pienso es peligroso»

Otra característica de su pensamiento es la nebulosidad: en el test de Rorschach, es el más propenso a ver mapas y neblinosos paisajes.

> Me hicieron el test de Rorschach como prueba de selección para un empleo. Desconfiaba de mí y de mis empleadores y contesté a muchas láminas relacionándolas con la biología, carrera que había estudiado, y eso me dejó muy tranquilo.

Es una respuesta asociada a preferir la generalidad al detalle. Para no abordar el meollo de la cuestión, evita ser concreto, por miedo a la crítica, la acusación y el antagonismo. Equivale a un circunloquio sin fin, una sobreexplicación, un hablar «acerca de» con la necesidad de un largo «precalentamiento» y un «dar rodeos» a fin de no revelar la propia intimidad. La inhibición de la franqueza y el no ir al grano pueden llegar a comprometer la agilidad mental, volviendo a la persona disfuncional en asuntos que requieren eficacia.

> Tengo la convicción de que en cuanto diga lo que realmente siento, voy a ser atacado. Por eso empiezo dándole muchas vueltas al tema, no siendo claro, y me voy acercando poquito a poco a lo que quiero decir de verdad, controlando cada milímetro de la gestualidad del que me escucha para anticipar cualquier atisbo de rechazo o enojo.

¿Qué suposición sostiene esta manera fóbica de estar en el mundo? Que uno no va a poder; que uno no va a tener lo que se necesita para afrontar la situación. Esta inseguridad puede rastrearse en la ideas de: «No estoy listo para actuar todavía» y «no me siento lo bastante seguro». ¿Qué necesita para sentirse suficientemente seguro? Poner en orden los pensamientos, naturalmente, y, tal vez obtener el apoyo de los demás, para contrarrestar esta duda activa volcada en todo.

«Nunca tengo los datos necesarios para tomar una decisión» – «Si me equivoco, no hay vuelta atrás» – «Es mejor que decidan los demás»

Más básica aún es la entrega del poder implícita en este estilo de relación: la sensación de no tener lo que necesita para tomar una decisión se une al pensamiento de que los demás sí son capaces de hacerlo. Este mundo *de los demás* entraña más de una dimensión. Pueden ser personas con capacidad de brindar orientación. O autoridades que influyeron en la cultura, como los fundadores de las grandes religiones, o los grandes ideólogos, o entidades espirituales como Dios, los santos iluminados o el espíritu del Dharma.

Krishnamurti, un ejemplo de este tipo, inició su carrera de escritor con un libro titulado *A los pies de los Maestros*. Pero tras su despertar, dedicó su vida a mostrar que deberíamos tener cuidado con la creencia de que necesitamos maestros; lo que necesitamos, en realidad, es realizar nuestra autonomía. El pensamiento de necesitar del otro está conectado con sentirse un poco huérfano, incapaz de salir adelante por cuenta propia.

«Sentir rabia es peligroso» – «Si el otro se enfada me puede destruir» – «Si no soy bueno/débil me abandonan» – «Si soy bueno, no me van a dañar»

Otra idea central es lo inadmisible del enfado o la agresión. Convertido en un buenazo, ha elaborado un ideal de sí mismo que excluye el enojo. Este rasgo, que le condena a la debilidad cuando se trata de hacerse valer en la vida, implica también el apoyo a un ideal implícito de no violencia. (En su vida madura, Krishnamurti declaró que la no violencia era poco realista.)

> El mensaje que recibía era: «El amor de una madre no es ilimitado. Si no sois buenos, no os querré». La fábula fetiche —la pesadilla que me hacía llorar cada vez que la leía— era *Peter Pan*: el niño que escapa de casa para vivir libre en los jardines de Kensington, y que cuando vuelve volando a casa encuentra la ventana cerrada y a la madre con un nuevo hijo en la cuna.

> Reconozco la necesidad neurótica de ser «buena», y mucho miedo a ser «mala» (y al castigo divino correspondiente), pero no me identifico con la necesidad de «iluminarme» o de llegar a una gran trascendencia. Más bien me encuentro muchas veces con la falta de fe en mis posibilidades de conexión con lo divino. Tampoco creo que tenga yo una obra personal.
>
> Tengo una alternancia entre sentir que el mundo es amenazante y tomar una actitud de «ingenua» confiada. Me doy cuenta de que es una defensa: neutralizar el peligro con cara y comportamiento de buena, ingenua, hasta a veces un poco boba, algo que hago incluso conmigo misma. Tengo una necesidad constante de «transformar la selva en jardín». Lo hago «embelleciendo» el ambiente a mi alrededor. Así se neutralizan las amenazas o peligros: creando un entorno amable, con belleza y calidez.
>
> Me importa mucho lo que los otros piensan de mí, estoy siempre muy pendiente, casi «vigilante» de cómo me ven. No para brillar o que me vean especial, sino para no decepcionar, para no ser vista como mala o equivocada. Mi estrategia principal siempre ha sido hacer alianzas, ser buena amiga, confiable, cariñosa, cuidadosa: dar regalos, escuchar, atender… y especialmente ofrecer amistad, calor. Desde niña la amistad ha sido central en mi vida: siempre he tenido alguna «mejor amiga» y muy pocas veces hice cosas sola o tomando la iniciativa.

«Es mejor no confiar»

Este carácter busca entender hasta qué punto lo aman para decidir hasta dónde puede amar. Se muestra disponible para amigos y amantes, pero siempre con una pequeña reserva mental, que reduce gradualmente en la medida en que entiende que puede confiar, hasta llegar a fiarse del todo y amar plenamente. En ese momento puede ser manipulado, traicionado o ignorado y él durante mucho tiempo mantendrá la ilusión del amor. Al final, una vez comprendida la situación, cortará sin vacilar, sintiéndose culpable de hacerlo pero poniendo la autoconservación en primer plano.

> Cuando una persona demuestra atracción por mí y se me acerca, una parte de mí piensa: «¡Ah, le engañé! No ha visto lo que soy en realidad». Dado que mi madre no me ha apreciado, en el fondo tampoco yo logro hacerlo y de alguna manera desprecio a quien me aprecia. Pongamos «amar» en lugar de «apreciar», y «odiar» en vez de «despreciar», y encontrarás la historia de mi vida.

Otras ideas locas

- Tengo que agradar al mundo.
- Tengo que acertar siempre.
- Van descubrir mis faltas (no ser válido, inteligente); no estoy a la altura.
- No me van a entender.
- Exponerme es peligroso.
- No voy a saber defenderme.
- Si me ven como soy no me van a querer, me van a rechazar, ridiculizar, humillar.
- Yo no valgo.
- Nunca voy a llegar a nada suficientemente valioso.
- Solo valgo si los demás me dan valor.
- No sé nada.

4

OTROS RASGOS CARACTERÍSTICOS Y CONSIDERACIONES PSICODINÁMICAS

Culpable

La identificación con el agresor y la introyección de un perseguidor interno, para defenderse de las amenazas externas, conllevan el desarrollo de un superyó que alimenta constantemente el sentimiento de culpa. Esta culpabilidad es un modo de controlar el mundo: «Si es culpa mía, podré hacer algo». Luego busca la punición —como expresa en modo magistral Dostoievski en *Crimen y castigo*— con la esperanza de aplacar esa irreductible autopersecución.

Conductas inconscientes le llevan a veces a «dejarse descubrir» para obtener el castigo a través del cual espera, inútilmente, ser perdonado, «rescatado». Este mecanismo neurótico le induce a buscar el amor de uno de los padres (por lo general, el paterno) mediante la admisión de la culpa e inadecuación, a fin de obtener el perdón. Pues el E6 conservación ve imposible obtener el amor y el aprecio por sus propios méritos y valor personal.

> De pequeña, si lloraba porque quería algo o me impedían hacer algo, mi madre decía que me hacía la víctima.
>
> Es como si por mucho tiempo hubiese estado aterrorizada por la idea de que mi padre pudiese morirse de un momento a otro debido a

sus problemas de salud, de que yo estuviera demasiado lejos para cuidarlos, torturándome con la idea de ser egoísta, de que habría podido hacer algo, verlos más a menudo para que no se sintiesen solos, de que el tiempo corría y estábamos separados por una gran distancia geográfica, y de que no era justo para ellos. Entonces me atormentaba con los sentimientos de culpa y me angustiaba con imágenes y pensamientos de muerte y soledad.

Perseguido

Al verse constantemente culpable, se siente también perseguido: proyecta en el exterior la persecución interna. Es un pensamiento paranoide: los demás están siempre listos para pillarte en falta, atacarte y criticarte y, si no lo hacen, es solo porque de momento les conviene enmascarar sus intenciones a fin de asegurar el golpe más adelante.

Dado que se exige cada vez más, no soporta que sean los demás los que le reclamen y va oscilando con facilidad de víctima a acusador.

Acusador

El E6 conservación tiene el deseo competitivo de tomar el lugar de la autoridad y suele polemizar. Siempre cree saber cómo se deben hacer las cosas y se somete a sus superiores. Ama y odia al mismo tiempo a la autoridad, que mitifica.

Le cuesta asumir su responsabilidad en situaciones negativas (fracasos, conflictos) por miedo a quedar vulnerable y que el otro se aproveche. Acusa para defenderse y para que no le acusen.

Preocupado

Busca obsesivamente confirmar lo que es y lo que hace. El miedo dominante es a fallar o a equivocarse; y es tan preponderante que bloquea la acción o la expresión, como si faltara un método interno para determinar si una elección personal es correcta o errónea. Previamente a la acción, un proceso largo y atormentado le lleva a rumiar con una rigidez que se transforma en inmovilidad. El miedo al juicio compromete el hacer, con una inhibición que le lleva hacia metas conocidas o cómodas.

En el ámbito laboral elige hacer cosas de las que está seguro, tomando caminos ya recorridos. Evita los cambios por miedo a no poder afrontarlos, a carecer de la capacidad o los conocimientos; no propone sino que espera a que sean los demás los que hagan propuestas.

No le gusta improvisar, prefiere prepararse antes de afrontar situaciones nuevas, por miedo al ridículo. El momento de la confrontación con el otro es muy estresante. La sensación es siempre la de no estar lo suficientemente preparado. Necesita la constante confirmación, por las personas de que se fía, de que va por el buen camino. Y cuando esta confirmación no llega, revisa mentalmente —típico de una persona insegura—lo que ha dicho o hecho.

Indeciso y dubitativo

Su pensamiento se centra en el contenido subjetivo, para defenderse de lo que no percibe con claridad. Pero no reconoce haber partido de premisas absolutamente subjetivas. Su objetivo principal es demostrar (en primer lugar a sí mismo) que su idea es válida. Un «*Cogito, ergo cogito*» complica a tal punto su pensamiento que al final queda en manos de la duda.

La duda está conectada con la autoinvalidación y la ambivalencia. Se desvaloriza y al mismo tiempo tiene un gran concepto de sí mismo. Se siente perseguido (en casos extremos puede llegar a una esquizofrenia paranoide). Duda incluso de que dude. Sospecha de los demás y sufre de incertidumbre crónica sobre la acción a emprender.

Ama y odia a la figura paterna que ostenta la autoridad. Desea complacer y atacar. Vive con ambivalencia el contacto y retirada; el deseo de relación y de fusión es tan fuerte como el miedo a que se dé. No ha construido la capacidad de establecer límites claros y se mueve con extrema ambivalencia entre el deseo de satisfacer sus necesidades y el miedo a perder la relación con el otro.

Ante ese miedo, mientras el E9 ha renunciado a la diferenciación entre Yo y Tú —resolviendo así el conflicto—, el E6, invadido por la amenaza constituida por el Tú, se retira para defender el Yo, inhibiendo cualquier tipo de decisión y, por tanto, cualquier acción, ya sea a nivel interpersonal hacia un Tú exterior, como a nivel intrapsíquico hacia un Tú entendido como el conjunto virtual de las emociones y necesidades del otro.

Pasivo

La cuestión del control es básica en la infancia y la adolescencia, empezando por los compañeros del colegio hasta sus seres queridos. El mensaje recibido es: «El mundo es peligroso; tú eres débil e influenciable y, por tanto, somos nosotros quienes te guiamos porque sabemos lo que es adecuado para ti».

Las palabras de reconocimiento más frecuentes de mi madre son: «Eres una buena hija porque no nos traes problemas ni preocupaciones, das siempre una buena impresión y nos cuidas cuando estamos enfermos». Soy una buena hija si me comporto así, y si respeto este modelo me reconocen. Pero si hago algo que para mí tiene valor y ellos no ven su utilidad, me dirán que solo hago lo que se me pasa por la cabeza o que soy terca. O que es una pérdida de tiempo, que los demás se aprovechan de mí, que no gano nada, que vivo de ilusiones...

Mi madre me cuenta que desde pequeña he sido buena; en la cuna no lloraba y me limitaba a dormir y a comer. Ella estaba a menudo nerviosa por las confrontaciones familiares y los problemas de mi padre; así que lo mejor era ser obediente como un soldadito, siempre dispuesta a anteponer las necesidades de la familia a las mías.

Introvertido

De entre los tipos psicológicos descritos por Jung,[1] el E6 conservación corresponde al *reflexivo introvertido.* El introvertido, encerrado en sí mismo, rehúye el contacto con la realidad externa. El reflexivo introvertido se caracteriza por la primacía del pensamiento: las ideas que se hace de los demás condicionan sus relaciones, sin que se dé cuenta de la distancia que introduce en ellas. Tiene una relación negativa con el otro, que va de la indiferencia al rechazo. El pensamiento tiende a desarmar al adversario. El otro queda siempre un poco descuidado o circundado por medidas de precaución con que se defiende de las exigencias externas.

El E6 conservación teme que las manifestaciones emocionales del otro le hagan sucumbir. Prefiere la lectura al contacto

1. C. G. Jung, *Tipos psicológicos*, Sudamericana, Barcelona, 1972.

humano, es introspectivo, programa sus actividades y controla sus impulsos y sentimientos.

Desconfiado

La primera estructura psicosocial que el niño aprende, según E. Erikson, es la confianza. Con la leche, el niño incorpora a la madre y la nutrición. El bienestar que se deriva le hace aceptable el mundo objetal que le rodea: esta es la base sobre la cual construimos nuestro mundo psíquico.

«Soy lo que recibo», podría afirmar el niño, en el sentido de que tiene confianza en sí mismo y en los demás por la cantidad y calidad de la seguridad que ha recibido. El E6 conservación no ha podido incorporar el sentimiento de bienestar ligado a la relación con una madre nutritiva, y en consecuencia no ha construido esa confianza desde la seguridad. Esta carencia le hace inseguro y miedoso.

Ambivalente

El Seis calor fue un niño hiperprotegido que no se sintió aceptado en sus verdaderas necesidades, con un reconocimiento de sus aspectos menos positivos.

Si el niño no recibe ayuda en sus esfuerzos de individuación para ser lo que es, o es inducido hacia una definición de sí mismo que satisface más la representación del progenitor que su verdadera naturaleza, tiene dos posibilidades: someterse o rebelarse. O las dos reacciones juntas, que es lo que pasa en la mayoría de los casos.

Al principio el niño se rebela, pero con el tiempo acaba acomodándose a las demandas y necesidades de los progenitores para evitar el rechazo y la retirada del afecto, para no darse de bruces con la desaprobación y, en la práctica, con la soledad.

En su ambivalencia, el E6 conservación no puede vivir serenamente ni la adaptación ni la rebeldía: ambas polaridades le son insatisfactorias y vive en un dilema irreconciliable entre la libertad y las obligaciones.

Claudicante

Al tener que elegir entre lo que él realmente es, entre su proyecto, sacado adelante con sus propias fuerzas, y el proyecto ajeno, que se presenta con garantías del máximo apoyo, el E6 conservación acepta la solución más fácil: la propuesta por los demás.

Renuncia de este modo a una necesidad importantísima: la autorrealización. A raíz de esto siente una hostilidad muy fuerte que, al no poderla manifestar, vuelve contra sí mismo en forma de culpa. Para ser aceptado, activa comportamientos convencionalmente adecuados, como la obediencia, la bondad o la solidaridad, muy difíciles de llevar a cabo si se contraponen a otras necesidades, como un egoísmo natural y fisiológico o la de ser uno mismo, aun con las propias miserias.

«Elimina» pues a destajo los impulsos inaceptables que, a pesar de todo, pujan por realizarse. El temor a que puedan superar la censura es lo que llamamos «ansiedad». En otras palabras, el E6 conservación se empeña en una idealización de sí mismo cuyos rasgos dominantes son la perfección y los sentimientos de omnipotencia y omnisciencia. De esta manera se hace la ilusión de haber superado el odio a sí mismo y conquistado la aprobación de los demás. De haber superado el conflicto de base entre su necesidad de autorrealización y la necesidad de los demás de verle homologado a las normas prevalecientes de la sociedad.

Sumiso

En la descripción de la neurosis de Karen Horney,[2] podemos reconocer al E6 conservación en la personalidad *conciliadora*, cuyo estilo de resolución de conflictos es la *resignación*, en particular en los tipos *tendentes a la renuncia con sumisión*. El neurótico «resignado» restringe al mínimo el campo de la acción conectada con sus propios deseos, llevando una existencia de «espectador de sí mismo y de la vida».

Puede renunciar a toda ambición de éxito, en tanto que implica esfuerzo y, encima, el peligro de quedar preso de las expectativas ajenas, con las consiguientes responsabilidades. Prefiere cultivar una intensa actividad imaginativa y alimentar su elevado ideal de sí mismo, mientras posterga la acción necesaria para hacer las cosas realidad. Suele estar convencido de perseguir lo que quiere, que en realidad no sabe lo que es. Pierde la orientación de la acción porque no tiene contacto con el deseo, ni con las implicaciones emocionales que comporta. La ausencia de deseos lleva al E6 conservación a un desapego tal que puede entrar en una fuerte *inercia,* no solo en el plano de la acción sino también en el de los sentimientos y el de la sexualidad.

El *resignado sumiso* está extremada y neuróticamente preocupado por los conflictos y los castigos. Es evidente el mecanismo de proyección por el que inviste a los otros de coacción y hostilidad,

2. K. Horney, *La neurosis y el desarrollo humano*, Psique, Buenos Aires, 1955.

en vez de reconocer su dificultad real para ser «libre», es decir, «él mismo».

El E6 conservación es de ese tipo de personas que cede a la inercia, paralizando todos los ámbitos de su vida. Para drenar la angustia de base, alimenta un fantasmal mundo omnipotente que no revela una auténtica posición de independencia. Y con la sumisión no hace sino mantener neuróticamente una defensa a ultranza de su mundo interior.

Egoísta y avaro

El E6 conservación alberga la idea «loca» de que los recursos materiales, y también afectivos, son escasos y que siempre puede faltar lo más básico, con amenaza para la propia supervivencia. De esta percepción errónea deriva su actitud preocupada y, por tanto, egoísta, ante las cosas materiales y las relaciones emocionales.

Este egoísmo se manifiesta en una actitud de ponerse automáticamente a sí mismo antes que los demás, como reacción preocupada ante el miedo constante de no estar a la altura de las tareas que la vida le propone. Al principio, este temor no es consciente, y cuando ya lo es, se advierte como egodistónico, como algo erróneo de lo cual avergonzarse, algo que no debería suceder.

Nebuloso

El modo de pensar del E6 conservación se orienta siempre al futuro o al pasado. Es funcional a la necesidad, por seguridad, de prever cualquier cosa que pueda pasar y de estar en condiciones de encarar las dificultades, y directamente proporcional a la desconfianza en su capacidad para lograrlo.

Pensar en el pasado, por su parte, es funcional al mantenimiento del control sobre los eventuales errores cometidos a través del sentimiento de culpa, con el objetivo de corregir la acción y obtener así resultados más seguros. El sentimiento de culpa es, además, un mecanismo de defensa contra el dolor, al cual no puede abandonarse.

El sentir llega después del pensamiento, que lo condiciona. Como afirma Hegel: «Si las emociones no son coherentes con el pensamiento, peor para las emociones». Controla, sobre todo, las emociones que podrían acarrear discrepancias con personas significativas. Es difícil que se conceda un momento de estar sin hacer o pensar nada, a menos que obtenga el permiso de alguien cuya autoridad reconoce. Cuando esto sucede, la autorización a «no hacer» es muy placentera.

Sus pensamientos son aparentemente lógicos, pero solo a nivel superficial; en su núcleo profundo son indefinidos y nebulosos. Esto le sirve para no definirse ante los demás, estrategia que mantiene la ausencia de compromiso profundo y evita la confrontación y el conflicto. En realidad, las emociones así controladas vuelven en modo fuerte y a menudo disfuncional en el momento en que el pensamiento no ofrece una buena solución a los problemas.

Inhibido

El Seis calor es inhibido, tanto en la expresión de sus impulsos sexuales como de la agresión. Su carácter vacilante es un titubeo entre sus impulsos y una inhibición temerosa igual de intensa, que tuvo su origen en el miedo al padre o, más ampliamente, a las figuras de autoridad, y ha perpetuado un fuerte superego.

Es la típica personalidad infantil, que puede prolongarse toda la vida, de «buen chico», o «niñita buena»: alguien que se esmera demasiado en vivir según la ética imperante y las expectativas de los demás, con una actitud congraciadora, a menudo sonriente.

Inseguro

Muy diferente del esquizoide E5, que es un verdadero solitario, su carácter distante es el de un tímido que se mantiene apartado por miedo a molestar o por inseguridad, pero que en realidad siente un gran deseo de cercanía, y satisface su necesidad de apoyo emocional con unas pocas relaciones.

Lento

Al E6 conservación le es siempre un proceso muy laborioso tomar una decisión. O simplemente moverse: por su miedo al cambio, le es más fácil perpetuar una situación que tirar para adelante y afrontar otra. Esta deliberada lentitud, junto con la tendencia a crear una neblina para oscurecer la claridad de las cosas (como el calamar se protege con su tinta), le resta agilidad de movimientos y de pensamiento. Como el *tonto* de los cuentos de hadas que, por miedo a pensar por sí mismo, es demasiado inocente o fácil de explotar.

Fantaseador

Es más soñador que realizador: sustituye la realidad por la fantasía, he aquí otra componente de su aparente idiotez. Una cierta ineficiencia es la otra cara de su inclinación hacia la vida interior y los nobles ideales.

La inhibición de la expresión emocional le vuelve un carácter hipersensible y fantaseador, en la medida en que bloquea la acción y la espontaneidad instintiva.

Para una estrategia que se orienta a controlar el compromiso y la entrega, soñar una fusión con el otro es más funcional que una relación entre dos identidades definidas, que habría de llevar un día u otro a la confrontación.

Sin derecho

Un E6 conservación se siente siempre un polizón: alguien que subió a bordo sin pagar el billete: en la familia, en el amor, en el trabajo. Es la heredera desheredada, la esposa abandonada en el altar, el trabajador despedido. Es como si la sombra de estas eventualidades no le abandonase nunca, siempre presente.

Suspicaz

El E6 conservación está siempre alerta, buscando indicios y significados ocultos (a diferencia del E3, que lo que quiere es tenerlo todo bajo control). Reflexiona demasiado.

También necesita instrucciones. Como buen desconfiado, resuelve los conflictos fiándose a la lógica. Mientras el E7 usa el intelecto como estrategia, el E6 muestra una lealtad fanática a la razón. Para sentirse seguro adopta el método de la búsqueda de problemas (paranoias): debe tenerlos para luego resolverlos.

5

EMOCIONALIDAD Y FANTASÍA

El E6 conservación es el más emocional de los tres subtipos. La naturaleza profundamente cerebral del eneatipo Seis hace que toda emoción sea diseccionada e interpretada. De cada una se debe entender la relación causa-efecto y postular las consecuencias presentes y futuras. Es como pasar el tiempo midiéndose la fiebre, o como un meteorólogo que estuviese constantemente controlando la temperatura, la presión y la humedad del ambiente emocional interno (aparte de vigilar el externo, por descontado).

Este monitoreo está motivado por el miedo a un mundo interno del que no se puede fiar del todo, que le parece peligroso: puede ser canibalizado, arrollado por las emociones.

> Respecto a la cuestión del dolor y del miedo a la enfermedad mental y al sufrimiento, en el SAT I temí perder el control si experimentaba el espanto. Probablemente porque siempre me he comportado como una niña adaptada y no me estaba permitido mostrar la tristeza y el miedo profundamente.

Las *emociones positivas* se filtran, se miden, se destilan. Las *negativas* —el miedo, la tristeza, la angustia, la ansiedad— son frecuentes y aprende a analizarlas en todos sus matices. Se encauzan hacia algo que se pueda manejar, se frenan, se diluyen con otras, o se alivian con la fantasía, la idealización y pensamientos mágicos.

> Hay las emociones compartidas y las no expresadas. En mi historia infantil, el contexto familiar me «permitía» expresar la alegría y la satisfacción, mientras que inhibía la expresión de la rabia o de la frustración a través del llanto. Si me enfadaba, eran caprichos míos, o provocaba hilaridad por ridícula; si lloraba, me estaba «haciendo la víctima». Por tanto, aprendí a inhibir algunas emociones que eran desaprobadas u objeto de burla. Aprendí a ser acomodaticia y a refinar mis dotes dialécticas para defender mis causas; a utilizar la racionalización en lugar de la expresión de la rabia.
>
> Mi madre es una E4 sexual, que consideraba el llanto una manifestación de debilidad o victimismo, y mi padre, un E5 sexual, evitativo de las expresiones emotivas. Con ellos aprendí que la tristeza y el llanto eran cuestiones personales a expresar en la intimidad de mi mente o de mi cuarto. Claro que esta última tampoco existía: no se llamaba a la puerta, e incluso cerrar con llave se consideraba un acto de rebeldía y estaba prohibido porque impedía el control constante de mi madre. No quedaba otra que sollozar por la noche, el único momento en el que no me sentía controlada, desaprobada y juzgada.
>
> Es cierto que todo este control de la rabia, la frustración y la tristeza traía aparejadas sus crisis. En algunos momentos de tensión o estrés escolar «explotaba» con escenas de cólera, sobre todo hacia mi madre, con rabia y llanto. De todas maneras, eran momentos aislados y esporádicos.

La rabia es tabú; apenas surge se desvía, se atenúa; como si su manifestación descontrolada pudiese llevar a la autodestrucción. Se la advierte e incluso se manifiesta, pero por poquísimo tiempo: su intensidad es insostenible, desencadena una ansiedad sin precedentes. Unos pocos minutos, si no hay más remedio, cuando es cuestión de vida o de muerte, pero tampoco hay una estructura psicológica que permita sostenerla más tiempo. Como máximo se puede tomar una actitud pasivo-agresiva o polemista, fantaseando futuras venganzas pero sin llevarlas a cabo. Es la emoción negada del E6 conservación.

Todavía me cuesta mucho trabajo otorgar legitimidad a mi rabia. No me permito expresarla con frecuencia. Y si estoy enfadada, lo niego. Me viene, comienzo a sentirla pero no la expreso. Racionalizo y la contengo hasta que en un momento determinado exploto, en un torrente dialéctico enardecido.

Es como si no hubiera una modulación equilibrada de la expresión de la rabia. Me he dado cuenta de que esto me convierte en una olla a presión, un volcán dormido que explota de repente, así que he aprendido a usar el cuerpo, en vez de la racionalización. De entrada expreso la rabia dando un portazo, o descargo haciendo cosas con las manos en una segunda fase, en vez de explotar. Cuando algunas horas más tarde, el acusador interno se ha calmado en su busca de atribuir la culpa a alguien o a algo, y el cuerpo ha podido descargar la tensión, puedo concederme un alivio que tiene un sabor más dialéctico y constructivo que de acusación y cólera.

Al E6 conservación le agobia tanto el despertar de la herida primaria como la idea de que no ha hecho lo que debía y que al final es su culpa si las cosas han ido así.

Tengo un verdadero tabú con la rabia. Ante las injusticias de las que me siento víctima, me cuesta trabajo sentirla. Siempre pienso que me merezco lo que me pasa. De alguna manera tengo que justificar a la persona que me ataca.

Apenas llega, desvío la rabia hacia mí mismo. En Río de Janeiro fui víctima de unos policías corruptos que me intimidaron, y a quienes tuve que dar dinero para que se fueran. No sentí rabia hacia ellos sino contra mí por haber caído en la trampa, por no haber sabido prever el daño. ¡No tuve suficiente miedo!

Además, una especie de sentimiento de culpa atávico justifica en modo subliminal todas las injusticias cometidas en mi contra. Si en el hotel me dan una habitación con malas vistas, me cuesta ir a recepción a pedir otra porque pienso que de alguna manera es justo que así sea (quizá llegué tarde ese día y no había otras, o tengo una tarifa con descuento y entonces no «merezco» una habitación con buenas vistas).

El control de la intensidad emocional

Si no le es fácil expresar esas emociones como la rabia, que podrían llevarle a un conflicto con el otro, tampoco lo es vivir abiertamente las emociones positivas que puedan acortar demasiado la distancia emocional: la intensidad positiva se debe controlar igual que la negativa. Es difícil que en la relación afectiva verbalice lo mucho que el otro le importa: primero aleja con la racionalidad la emoción y luego, si a pesar de todo la siente y está por expresarla, la censura. Frases como: «Eres el amor de mi vida» o «sin ti me sentiría perdido» hay que «arrancárselas» y, aunque se pronuncien, vienen casi siempre seguidas de un distanciamiento (una carcajada, una frase irónica...).

La expresión de la intensidad emocional está controlada también ante una pérdida. Entregarse al dolor abiertamente, especialmente en presencia de otros, no es aceptable porque teme el juicio o prevalece la desconfianza en que el otro pueda efectivamente consolar o contener. Predominan las convicciones de que «tengo que arreglármelas solo» y «mejor mostrarse fuerte». Estas creencias están arraigadas en una experiencia infantil en que las figuras parentales envían el mensaje, explícito o implícito, de que no debemos confiar en la ayuda de los demás y de que mostrarse débil es fuente de peligros. Algunas historias de vida evocan una gran vergüenza cuando el niño, al manifestar sus emociones, es juzgado y se siente profundamente inadecuado.

De pequeño tenía un gran sentido del ritmo y me gustaba tocar la batería. Mi padre no quería comprármela (ni siquiera en la versión «de juguete») porque pensaba que aquel tipo de música era típico de los que perdían el tiempo y no acababan nada. Una tarde estaba en mi cuarto escuchando rock a todo volumen; golpeaba frenéticamente mis manos contra la mesa. Sin que me diera cuenta mi padre entró en el cuarto por detrás y me cayó una colleja tanto más fuerte por imprevista: «¡Bien! —exclamó con desprecio—. Es así como pasas tus días... ¡Qué bonito!» Aún recuerdo, después de muchos años, la humillación y la vergüenza que sentí.

El control de la intensidad emocional le lleva a acabar excluyendo la alegría y el entusiasmo, demasiado «visibles». Así, asume progresivamente un tono emocional triste, melancólico y preocupado. El camino que lleva a superar los condicionamientos del carácter pasa por recuperar el «permiso para ser alegre» que pone a este subtipo en contacto con su olvidado «niño natural» que, antes de aprender a avergonzarse y controlarse, manifestaba alegría y satisfacción.

Cuando me divertía demasiado, al final sucedía que algo precioso se rompía y la diversión se transformaba en tragedia.

De pequeño, los estados de ánimo predominantes alternaban entre la excitación de la diversión o la espera de un juego o de un paseo, y los momentos de tristeza que llegaban después. Así me sentía los días de domingo, por no hablar del final de las vacaciones de verano o de las Navidades.

Mi hermano me animaba a personificar objetos que tenían vida propia y con los que yo hablaba: globos, la almohada, tapones… El drama venía cuando los tiraban a la basura, con fantasías catastróficas sobre su sufrimiento en el vertedero o perdidos en la fría calle. Aquello me destrozaba el corazón y a veces lloraba sin consuelo.

La fantasía

La fantasía le resulta indispensable al E6 conservación. Toda la parte paranoica se alimenta de fantasías catastróficas grandes y pequeñas, cotidianas, constantes. Son como un rumor de fondo del cual casi no se da cuenta, pero que acompaña todos sus pasos.

Es como vivir perennemente en mundos paralelos. Anticipa el futuro con fantasías no solo negativas sino también positivas, imaginando cada posible desarrollo, del triunfal al desastroso. Con el pasado se devana los sesos no solo recordando sino también con lo que habría podido pasar. Imagina distintos escenarios, como si una máquina del tiempo le permitiera volver a aquel día, a aquel momento en el cual no dijo o no hizo lo que debía, para ver «qué habría sucedido si...» hubiese tomado otro camino.

Y cuando las cosas de la vida van mal, usa la fantasía para imaginar incluso un presente distinto: una realidad alternativa que consuela del dolor que siente en el mundo real, aferrándose a símbolos o a coincidencias.

> Idealizo situaciones laborales o amistosas idílicas que me parecen armónicas y auténticas, para luego descubrir que no es así.

> Dado que en mi mundo no había amor, no controlaba nada y no tenía un grupo de amigos fieles, imaginaba otro mundo en el cual tenía amor, amigos, y donde lograba obtener el control; un mundo irreal, imaginario, pero en el cual me sumergía cotidianamente para evadirme de una realidad tan avara de certezas y de estímulos afectivos que habría podido caer en la desesperación si no hubiese tenido ese espacio de control y fantasía.

El E6 conservación lo repasa todo con sus posibles finales, positivos o paranoides. En situaciones de incertidumbre que le hacen entrar en crisis, como cuando espera los resultados de un examen o de un análisis, en su mente se desarrolla una película que vive con todo detalle.

Su cerebro anticipa constantemente los acontecimientos. ¿Cuál será la próxima crisis, la próxima enfermedad? Se aferra a todos los miedos posibles. A veces utiliza la fantasía como si fuera un caramelo, para atenuar el miedo: vuelve a algún evento negativo e imagina para él un final distinto, que alivia, tranquiliza.

Es como si la imaginación del E6 conservación nunca despegara hacia el desarrollo de la creatividad; la utiliza para controlar el mañana o reescribir el ayer. Revive el pasado poniendo la fantasía al servicio de una búsqueda imposible: no cometer errores, husmeando cada detalle como un detective detrás de un culpable.

En cuanto al futuro, la imaginación se orienta a controlar eventuales peligros y emociones dolorosas, estructurándose como programaciones obsesivas. Pero también a generar otra imagen de sí, «heroica».

> Me creo que soy maravilloso intelectualmente, que puedo llegar muy lejos, invento planes y en ese momento siento que los puedo realizar, los veo hechos.

El Seis conservación necesita tener cerca personas con mayor capacidad de decisión, a las que seduce con su expresión y comportamiento blando, dulce y complaciente. Muchas veces siente también rabia hacia esas personas de las que depende. No se permite expresarla directamente, pero al final se le acaba escapando en el momento en que menos lo espera, lo cual daña la relación. Entonces se siente culpable e intenta reprimir aún más su agresividad, con lo que aumenta la ansiedad y la sensación de impotencia.

La fantasía está al servicio del miedo. No es imaginación constructiva, al servicio de la acción, sino en función de defensa ante la eventual reacción del otro, sobre todo lo que va a pensar. Le cuesta soportar la idea de ser considerado mala persona. Se granjea la simpatía del posible enemigo con una actitud dócil y sonriente que desarme su agresividad.

Otra función de la fantasía es atenuar la ansiedad a través de soluciones que por el solo hecho de haber sido imaginadas es como si se hubiesen hecho realidad. La imaginación sustituye a la acción, en una especie de satisfacción alucinatoria de las necesidades.

6

INFANCIA

Miedo y rabia

Estos individuos preocupados vivieron en la infancia circunstancias amenazadoras que requerían una acción eficaz de protección del Ser. Esa protección se obtuvo escindiendo el estado emocional invulnerable/potente de la cólera del vulnerable/impotente del deseo de consuelo, de modo que el comportamiento estuviera guiado por uno u otro de ambos aspectos, según las circunstancias. La alternancia de estas dos estrategias funciona como el «tiro de la cuerda»: protesto (y tiro de la cuerda) para llamar la atención hasta que el otro se enfada, y entonces aflojo la cuerda y tomo una actitud desarmante que le hace desistir de cualquier propósito vengativo.

El miedo es la base común de la que parten las dos polaridades: la rabia (se enfada porque está asustado) y el deseo de ser consolado (anhela protección por eso mismo). Al contaminar la conservación, toca aspectos de la vida material en que el individuo teme no lograr apañárselas y acabar mal.

Para mí el miedo es sentir que no hay protección, que no hay seguridad, que estamos a un paso de la muerte, del frío, de la pobreza, de la enfermedad, del abandono; que nadie puede salvarme. Me protejo de los imprevistos, nunca viajo sin haber reservado hotel y la ansiedad de poder perder el avión llegan a tal intensidad obsesiva que me arruina jornadas enteras de vacaciones. Durante muchos años mi miedo más arraigado era que pudiera morir mi madre.

La amenaza de abandono

Durante la infancia, el miedo suele verse alimentado por las amenazas de abandono de la madre: «Si no te portas bien, te dejaré»; y, entonces, «no podrás arreglártelas sin mí».

> De pequeño, mi madre solía repetir en tono irónico (y yo no lograba discernir qué había de cierto en sus palabras) una frase que me inquietaba profundamente: «Me buscarás y no me encontrarás»; haciendo alusión a que un día habría desaparecido (¿moriría?, ¿se iría?) y que yo iba a tener una desesperada necesidad de ella.

Estas amenazas de abandono tienen el efecto de condicionar el comportamiento del niño, que aprende a controlar sus necesidades y sus impulsos:

> Aprendí a reprimir mis necesidades y mis demandas para evitar la desilusión, si bien por dentro hervía. Sentía dentro una energía y una inteligencia, un afán de saber, de conocer, de sentir, irrefrenables, inagotables, pero también un miedo total: el de perder a mi madre. Mi madre siempre hablaba de su propia muerte y de sus consecuencias (orfanato, o bien quedar a cargo de «ese inútil» de mi padre), provocando en mi mente la idea «loca» de que nada es seguro, que todo puede desaparecer en un segundo, que detrás de cada momento de tranquilidad y seguridad se esconde la ruina y el desastre

> No me amenazaban con el «coco», sino con: «¡Cuidado! Que si mamá muere acabas en un orfanato, tu padre no querrá estar contigo, os quedaréis solos». Era el miedo al abandono, a quedar huérfano.

La culpa

El sentimiento de culpa es uno de los rasgos sobresalientes en las historias de vida de los E6 conservación. Es indefinido, no delimitable y, por lo tanto, irremediable, como en *Crimen y castigo,* de Dostoievski.

> He sentido mucho la culpa. Si al entrar en una habitación percibía el descontento o el malhumor de alguien, me atribuía la responsabilidad y empezaba a pensar qué habría hecho yo para provocarlo. En la escuela, igual: si la maestra tenía que castigar a alguien, temía que fuera a mí.
>
> En mi familia mi madre, en especial, solía hacerme sentir responsable de sus estados de ánimo: si se sentía amargada o enfadada, la responsabilidad era mía porque yo no había comido lo suficiente o no había estudiado; debía haber algo que yo había hecho y que la había puesto de malhumor. Esta actitud de mi madre ha sido el motivo de mi dificultad para vivir libremente la espontaneidad, y de mi actitud adaptada y congraciadora. Era horrible vivir con el convencimiento de que mis comportamientos pudieran dañar a las personas que amaba; me sentía con una camisa de fuerza invisible.
>
> De niño llegué a pensar que mis acciones podían incluso provocar la muerte de mi madre, de salud precaria. Carlos Saura, en *Cría cuervos,* describe muy bien esta vivencia, con esa niña protagonista que se convence de ser responsable de la muerte de su padre, a quien habría envenenado sin darse cuenta con el té que le había llevado a la cama.

Conflicto familiar

El miedo al conflicto es consecuencia del clima, durante la infancia, de enfrentamiento entre dos o más miembros de la familia: ser «dócil» es la única posibilidad para no verse envuelto en una discusión de la cual saldría, está convencido, «hecho pedazos»:

> Veía el conflicto abierto entre mi madre y mi padre, entre mi madre y su madre, entre mi madre y mi tía, entre mi madre y mi hermano: gritos, acusaciones y un querer imponer la propia voluntad. De aquí nace el horror por el conflicto, el ser «terriblemente dócil», la casi imposibilidad de dar un puñetazo en la mesa, recurrir a la fuerza y la asertividad, el ser completamente contrario a la pelea, a la confrontación directa.

El E6 conservación habla de su preocupada infancia con un torrente de palabras, busca tu acuerdo con su punto de vista, y procura implicarte en una complicidad contra los miembros de su familia, esperando que le des los pensamientos que necesita. Si demuestras perplejidad por que la situación haya sido tan problemática como él la describe, puede sospechar, paranoicamente, que te has conchabado con su familia en su contra.

> Mi infancia estuvo marcada por la anómala situación familiar en que nací: un padre totalmente ausente, y una madre masculina, autoritaria, castradora y autocastradora, criada a su vez por una madre dura y despiadada. Mi madre había asumido el rol paterno, trabajaba *full time* y estaba en casa solo una pequeña parte del tiempo. Yo tenía una tía muy acogedora, femenina, que desempeñaba el rol materno, pero cuyo afecto no me sentía autorizado a corresponder para no desencadenar los celos de mi madre.

El pasado vuelve

En su relato se observa a menudo un *colapso del tiempo* en un punto focal ubicado en el presente, en el cual las cosas siempre han sido iguales y lo siguen siendo. Las historias de la primera infancia se mezclan con hechos recientes. Los estados anímicos del pasado se reactivan e influyen en el comportamiento actual.

> El mundo es tan terrible que para huir del miedo que me da creo que la única solución es ser bueno, dócil, silencioso, y así espero poder evitar mi destino, la muerte o aquel abandono total, aquel «acabar en un orfanato» que era el miedo principal, absoluto. No exigir nada. No pretender nada. Pedir solo indirectamente. Evitar la desilusión. La fantasía es que no hay que pedirle nada al Cosmos porque la respuesta será: «No».

Fantasía

Fantasear es el modo de huir de una realidad percibida como fría y hostil, y de la sensación de impotencia y soledad.

> Me gustaban las historietas; las leía y releía. A los siete años empecé a crear mis historias; me las relataba, no las escribía, elegía los títulos de los episodios y los anotaba en un cuaderno. Pasaba tardes enteras solo y fantaseaba; jugaba con una pelota horas y horas, o bien con un bastón que golpeaba contra el piso repetidamente. En mis fantasías yo era un héroe valiente, con un grupo de amigos fieles; el amor reinaba y el protagonista era el jefe amado de un equipo de héroes dispuestos a desafiar al Mal y a vencer las adversidades más increíbles.

La madre

La madre representa con frecuencia un modelo fuerte que, en especial para la niña, es difícil de imitar:

> Mi madre siempre ha hecho frente a todo con fuerza y mucho nerviosismo. Ha hecho lo que era necesario ocupándose de mí, mi hermano, mi abuela, mi padre, la casa, la compra, las tareas domésticas, los recibos... Se ocupaba absolutamente de todo sin descuidar nada. Yo admiraba su fuerza, no la fuerza física sino la mental y psicológica. Yo me sentía mucho más frágil.

En las historias de vida del E6 conservación se ve, desde el principio, un apego a la madre caracterizado por la discontinuidad. La palabra es «engaño», entendido como la alternancia imprevisible de aprobación/apoyo e indiferencia. He aquí el origen de la necesidad neurótica de «calor» —como búsqueda de estabilidad— y del consiguiente desarrollo, desde niño, de una seducción pusilánime (hacerse querer y condescender) como instrumento para controlar la imprevisibilidad.

> Por un lado, la madre que no concedía «el permiso de vivir», que exigía silencio, obediencia, rendimiento escolar. Por el otro, la madre que era imposible no amar, porque era el único progenitor que tenía. Una madre de quien no lograba separarme, hasta el punto que, durante la adolescencia, llegué a una simbiosis emocional, a la incapacidad de separar mis moléculas de las suyas, como si estuviéramos unidos por un abrazo helado pero inextricable. Mi madre, que para mí ha sido como un padre, se me metió en el alma, aboliendo el límite entre ella y yo, con nuestras voces que se confunden, yo que soy ella, ella que es yo.

> No amo a mi madre, pero pienso (pensaba) que sin ella solo podría morir. Incluso cuando la realidad ha demostrado que no es así, cuando rompo con ella una parte de mí teme todo tipo de desgracias causadas por la falta de la figura materna.

El padre

El padre se introduce en este cuadro como una de las principales causas de la intermitencia afectiva de la madre, que se debate entre el amor por el hijo y la relación con el cónyuge. Según una «clásica» dinámica edípica, cuando el padre aparece en escena la madre «abandona» o «traiciona» al hijo, dejando entender que si por ella fuese no lo haría, pero se ve obligada para obedecer a un hombre egoísta (fábula en la que cree toda la adolescencia, llegando a odiar al padre, percibido como la causa de la infelicidad de la madre y de su propia frustración).

La precoz experiencia de impotencia constituirá una base importante del carácter. La pasividad se manifiesta con frecuencia en las fantasías de los primeros juegos, a veces con elementos sádicos. Al infligir penas crueles a los protagonistas, exorciza la sensación de impotencia frente al padre proyectando su venganza en personajes neutros, pues le sería inaceptable admitir su fuerte deseo de venganza contra papá.

En muchos relatos la figura del padre es, como la de la madre, imprevisible e inconstante, hasta el punto de ser emocionalmente amenazante:

> Ver a una persona que cambia en todo y por todo, que se consume con la nicotina, que adelgaza, que tiene miedo de dormir, que habla en modo caótico y confuso, pero sobre todo que se transforma en un peligro para sí mismo y para las personas que ama...
>
> Esto sucedía cuando era pequeña, e imaginaba que ese hombre huraño e irascible, con gestos extraños, no era mi padre sino un sustituto, una especie de marciano que lo sustituía durante más o menos un mes.

El padre es percibido como distante o inmerso en sus problemas. Las manifestaciones afectivas hacia él pueden verse limitadas por una especie de pudor para manifestar una necesidad afectiva, al advertir una distancia y embarazo.

> Mi padre es un hombre introvertido, incluso un tanto hermético, amante de la lectura, la política y la pintura, emocionalmente distante, poco protector.

El padre, que debería enseñar las cosas de la vida, tiene una visión catastrofista o vive en las nubes, haciendo castillos en el aire o con fantasías de grandeza.

> Mi padre, en su locura y en los poquísimos momentos en que nos encontramos cuando era niño, con su idea mágica y romántica de la vida, su sentirse grande, el «duque de Guarnaccia», una especie de noble en decadencia del cual yo era el primogénito, infundió en mí este «fondo del mar» que detiene mi caída cuando me sumo en los abismos de la desesperación, esta sensación de ser bendecido por los dioses, por la suerte, predestinado a la gloria. Una idea loca, rechazada, objeto de mil sentimientos de culpa, pero que me ha salvado cada día de mi vida.

En otras ocasiones, es una figura débil que transmite inseguridad.

> Durante mi infancia era dócil, sonriente, buena y capaz; trataba de alegrar a mi padre en los momentos difíciles porque siempre tenía miedo de que él pudiese empeorar y morir. Esta herida es, en realidad, un arcaico miedo a la muerte, no la mía sino la de mi padre. Una buena parte de mi vida se ha concentrado en su malestar.

A menudo el padre «pretende» del niño prestaciones más elevadas de las que corresponden.

> Tengo un hermano cuatro años mayor que yo; cuando yo tenía siete u ocho, él era ya un adolescente. Algunas veces jugábamos los tres (mi hermano, mi padre y yo) y yo perdía siempre. A veces no entiendo las reglas pero, con tal de jugar, simulo haberlas entendido.

La imagen de la pareja de padres en la infancia del E6 conservación no es sólida y feliz: aunque no haya un conflicto abierto, sí que lo hay «congelado». La madre suele manipular la imagen del padre ante el hijo o la hija. Por lo general se observa la ausencia de algún padre vivido como guía; así, el E6 conservación pasa su vida buscando maestros que medien entre él y el mundo.

Los hermanos

La relación con los hermanos está marcada por la comparación, activamente dirigida por los padres, y ante la cual reacciona a menudo con evitación y pasividad. La comparación es agobiante y fuente de ansiedad debido a un sentimiento de inferioridad e impotencia.

> De niño, mi hermano era rebelde: en la escuela, en casa; en algunos casos era muy violento incluso conmigo, porque estaba celoso por las constantes comparaciones que se hacían entre él y yo. Cuando yo tenía tres años, me rompió dos dientes con un bastón de metal «porque yo no le obedecía». Yo sentía claramente que él habría preferido que yo no existiera, que le robaba el escenario y entonces me castigaba, pero yo hacía todo lo posible para que me aceptara. Le seguía por todos lados y creo que eso lo exasperaba aún más. Solían castigarlo debido a su carácter; una vez asistí a una escena en que mi padre le perseguía con un látigo (que se usaba para los caballos).

Otras veces, la percepción es la de una preferencia por el otro hermano por parte de la madre. La competición entre hermanos es una experiencia negativa de la cual se sale siempre perdedor y, por lo tanto, debe ser evitada también en la vida.

> Mi hermano era muy despierto e inteligente, por lo cual logra seguir a mi padre en sus hobbies, como el aeromodelismo, en el que yo era un desastre. Sentía que se pretendía que yo entendiera todo rápidamente para poder participar en sus juegos, sin paciencia. Nadie me estimula para que desarrolle capacidades prácticas y, por lo tanto, desanimado por un hermano precozmente «tecnológico», prefiero leer o refugiarme en la fantasía.

La soledad

La sensación de soledad suele acompañar los relatos sobre la infancia del E6 conservación:

> Yo era un «niño bueno»: obediente, perfecto en la escuela, muy inteligente, con pocas demandas. Me apartaba en silencio y leía, fantaseaba; me alcanzaban dos muñecos y una caja de zapatos para crear mi reino. Mis juegos eran muy cerebrales y manifestaban un espíritu de control. Había construido una ciudad de cajas de zapatos, cada una con sus muebles y sus habitantes, de la cual yo era el Rey; cada vez que la armaba, lo hacía con la misma secuencia, según un mapa de la ciudad siempre igual.

La soledad se origina en la sensación de no ser comprendido, que alimenta luego el constante deseo de una cercanía de la que careció en la infancia:

> Siempre me ha gustado tener amigos alrededor, desde pequeña, y aún hoy la soledad me hace sufrir. Tengo necesidad de establecer relaciones profundas con las personas que me rodean y de sentirme apoyada por ellas.

7

PERSONA Y SOMBRA: LO DESTRUCTIVO PARA SÍ Y PARA LOS DEMÁS

El egoísmo

Un E6 de conservación llega a ser peligroso para los demás cuando, para protegerse, hace lo que mejor sabe en los momentos difíciles: desaparecer, «evaporarse».

> Cuando pienso en todas las veces que, en mi vida, «desaparecí», dejando a los demás en una situación desastrosa, me avergüenzo. Me olvido de la amistad, de las necesidades del otro, incluso de mis deudas de gratitud. Y no puedo afirmar honestamente que siempre se deba a sentirme atenazado por el miedo. Muchas veces ha sido por egoísmo; admitirlo en toda su crudeza me cuesta horrores.

La sombra del E6 conservación, el secreto que no quiere admitir, es que detrás de tanto calor y docilidad, se esconde la idea loca de que cuando todo esté perdido, él se salvará; tomará el último bote salvavidas, el único paracaídas. En la hecatombe el que se salvará será él porque de alguna manera le corresponde: toda su vida ha sido una ejercitarse en la supervivencia. Y no se rendirá: pasará por encima de los cadáveres de todos con tal de sobrevivir.

Esta es la idea sombra, porque en apariencia el E6 conservación es dócil, cálido, un cachorrito. Es como los animales que se hacen los muertos o se confunden con el ambiente para sobrevivir a los depredadores.

> Si tengo que decir las cosas como son, debo admitir que no lo pensaría dos veces en salvarme antes que los demás. En el fondo, ¡por lo que me importa! Y cuando me digo estas cosas me asusto del monstruo que siento que llevo dentro.

Un E6 conservación sabe, en algún lugar de su yo más oculto, que haría cualquier cosa para salvar la vida. Pero esta violencia potencial es un aspecto reprimido, el gran tabú que no deberá revelarse jamás. Tras el calor y la docilidad subyace la posibilidad de hacer daño: ese es el gran secreto, el lado oscuro que, si sale a la luz, es objeto de todos los sentimientos de culpa posibles, de puro inaceptable.

> En algunos momentos, cuando me siento estresado y soy objeto de injusticias o vejaciones, pienso que realmente yo podría ser un asesino. A veces me imagino como ese destripador que embadurna las paredes de sangre. Otras, como un exterminador a gran escala, frío, lúcido y organizado.

La identificación con el adversario

El gran hándicap del Seis calor es la identificación con el adversario, el no saberse poner de parte de sí mismo, el pensar instintivamente que el parecer de los demás es justo, que si alguien (sobre todo alguien a quien reconoce un cierto tipo de poder) dice algo, es eso lo que debe hacer. Le cuesta reconocer su propio poder, su derecho. Este es el aspecto más desestabilizador e invalidante de su carácter.

La víctima

La estrategia del «niño bueno» o del «conejito» presenta la ventaja secundaria de no asumir la responsabilidad. Este carácter nunca se expresa directamente, no revela lo que piensa de verdad, justificándose en su fuero interno que es por sus dudas, pero en realidad le agobia el miedo a que le confronten o a cometer errores.

> Descubrí que me asusta tener razón. Es siempre la misma historia: si empiezo a tener razón y me la dan, los enemigos aumentan y se organizan para deshacerse de mí. Tiempo atrás, no entendía por qué tenía pánico a los incendios y no podía ver películas o leer novelas que hablasen de herejes o brujas enviados a la hoguera. Ahora está claro para mí que, si dijese la verdad, acabaría fácilmente en la hoguera, y a lo mejor ya ha sucedido en una vida anterior...

Cuando toca rendir cuentas, esta inhibición le permite criticar al otro o sentirse su víctima manteniéndose él a salvo de cualquier tipo de acusación. Digamos que podría fácilmente ser culpable «de omisión». Esta forma de proceder le salvaguarda asimismo ante eventuales fracasos: al esconderse, no se ve expuesto a un juicio «realista» por parte de los demás.

> De pequeña era muy astuta. «Sabía» que el lema de mi mamá (E4 sexual) no era «todos para uno y uno para todos» (como ella decía) sino «uno para todos y todos para mí» (mí = mi mamá). Nunca me pegaron porque la astucia me hacía evitar los sopapos. En realidad, los recibía a nivel psicológico, porque ella me decía: «Vos *sos* una viva... te *retirás* a tiempo».

En las relaciones íntimas la cobardía le lleva a no comprometerse y a erigir un muro de silencio que impide que el otro le confronte. Su no exponerse impacienta a la persona que está a su lado, pero tiene la ventaja de acabar siendo «inocente» en caso de conflicto.

La retirada como venganza

El ideal de la «no violencia» encubre el miedo a exponerse con una argumentación «ética» sobre lo buenos que son los que no combaten y cómo el mal debería abatirse sobre los violentos. La separación entre el bien y el mal y el fanatismo cubren con una máscara de compasión la cobardía.

El sentimiento de culpabilidad que acompaña constantemente a las personas de este carácter es una cortina de humo que esconde un contacto real con la culpa genuina, entendida como el reconocimiento adecuado de un daño causado a otro. El E6 conservación se protege con la culpa de las acusaciones: me acuso antes de que lo hagas tú y de esta manera te desarmo, te quito la posibilidad de decir algo en mi contra. Si eso no fuera suficiente, el silencio y la retirada serán la venganza más severa porque le quitan al otro la posibilidad de comprender y, al negarse como interlocutores, resulta imposible confrontarlos.

El desprecio

Otro aspecto fundamental de la sombra es la gran componente crítica y de enjuiciamiento, que el E6 conservación no exterioriza por miedo a crear un conflicto. Modesto y humilde de cara afuera, esconde un lado despreciativo hacia la mayoría. Es un *cortacabezas*, pero las corta solo dentro de sí, mientras que externamente es dócil. En el fondo, a pesar de su inseguridad, alberga una idea omnipotente de sus capacidades. «Yo podría llegar donde quisiera». Al no ponerse realmente a prueba hasta las últimas consecuencias, puede mantener esta ilusión narcisista, compensatoria de la frustración producida por la adaptación al mundo.

> Pensaba que mis compañeras de colegio eran un poco «tontas» y superficiales para mitigar el sentirme poco adecuada y el miedo a decir tonterías. Me decía que yo era superior a ellas (por fuera era apocada, buena, poco confrontativa). Mantenía buenas relaciones con todas (me eligieron dos veces «la mejor compañera») pero solo había una o dos a las que consideraba amigas.

La acusación

La culpa es una constante de este gran acusador de sí mismo, pero la sombra, si se la pudiera ver en toda su magnitud, lo revelaría como un implacable acusador del mundo: nada de lo que hacen los demás está bien; todo está mal y habría que rehacerlo. Tras la fachada de docilidad hay un dictador que nos sometería a todos a sus órdenes. Es típica del E6 conservación una reacción a la acusación en tres «actos»:

> Primera reacción interior: «Alguien tiene que tener la culpa». Segunda reacción: «¿No habré hecho yo algo mal?». Tercera reacción: miro a mi alrededor con sospecha (para asegurarme de que no sospechan de mí y para ver si hay algún culpable). La autoacusadora tiene deseos de acusar.

El poder

Si de primeras el E6 conservación es dependiente y busca protección, su lado de sombra crea dependencia en el otro para obtener poder y controlar así la relación. para defenderse de la pérdida. Esto implica manipular, algo que no es raro en un carácter acostumbrado a mentir, que piensa que si dice la verdad puede perder al otro.

> Creo que a veces llego a invadir con mi actitud maternal. Es como si tratara (inconscientemente) de crear dependencia en el otro para, a mi vez, sentirme protegida. Lo lleno de atenciones para que no tenga nada que decir de mí, para que no me abandone. Esto supone tener al otro bajo control (¡da más seguridad!). Y ser insistente cuando veo que algo no va como yo supongo que debería ir.

Este es un aspecto muy negado: El miedo crónico al rechazo y al abandono desarrolla un deseo enorme de posesión, que se manifiesta de modo refinado y solapado. Con su disponibilidad y la tolerancia hacia todos los caprichos e incontinencias del otro, nunca llega a una confrontación sino que ejerce una abnegación y una devoción que embriagan. Él se va al fondo y pone en primer plano las necesidades del otro hasta que se ha vuelto indispensable en su vida. Todo esto acaece de un modo muy sutil, imperceptible, como una araña que teje su tela, en la que el otro acaba por quedar prisionero.

> ¡Dependencia! Bonita palabra para señalar a alguien que, «disimulando», creaba dependencia para a su vez depender. La necesidad de protección era mucha y el miedo a ser abandonada, aún mayor. ¡Entonces, era cuestión de asegurarme la presencia del otro para no sentirme abandonada! Ser buena, obediente, confiable, incluso cuando dentro había un: «¡Vete al diablo!»

El método es la gratitud: hacer que el otro le esté eternamente agradecido. Para eso, se sacrifica «heroicamente», se presenta comprometido; no como una persona superficial, sino como alguien que sabe aceptar el dolor y la tristeza del otro y que, por lo tanto, puede sostenerlo incluso en los momentos más difíciles (como el esclavo de Hegel).

Así es como una persona dócil puede ejercitar poder sobre alguien muy fuerte; este no se da cuenta de lo que sucede y solo mucho más tarde comprende que depende totalmente. Nadie más le dará ese reconocimiento y sumisión, que se han vuelto una droga. El deseo del otro de ser admirado es su punto débil.

La agresividad

Si el E6 conservación se muestra dócil cuando tiene miedo, cuando se siente «en un lugar seguro» y puede expresar toda esa parte de sí que normalmente reprime, es implacable. La agresividad inhibida emerge entonces con toda su violencia y de repente se transforma en un ser despiadado:

> Era mucho el miedo a expresar la agresividad en el seno de la familia. Eso me generaba impotencia. Llegaba a ser mala: por ejemplo, si mi hermano me provocaba, sabiendo yo que le dolía el pie, era capaz de pisárselo. Después me sentía mal... Pero se lo había pisado.

Como dice Claudio Naranjo, el eneatipo Seis no sabe que vive con un cocodrilo escondido en el váter: la diferencia entre un E6 neurótico «principiante» y un E6 neurótico «trabajado» es que, en el caso del segundo, el cocodrilo ya da vueltas por la casa… y la persona sigue sin darse cuenta.

> ¿La relación con la agresividad? ¡Bueno! Este es un tema serio… Se convierte en miedo a la violencia, miedo a ese monstruo que nos habita y que es el «coco» de nuestro mundo interior, que se transforma, en

> un momento determinado, en prédica de la no violencia... Sin embargo, llega el momento en que uno se da cuenta de que tiene miedo del miedo, y de que toda esa «violencia» es solo un fantasma.

Se presenta como una persona pacífica pero esconde un elfo, un duende provocador que se mofa del otro. Puede ser muy sutil y disimulado, y aun así, herir. «A veces me veo como una ardilla con uñas», dice un E6 conservación.

Se trata de una agresividad infantil, que en ocasiones emerge a toda potencia y puede transformarse en violencia hacia las personas y los objetos. Lo que la persona niega, por difícil de aceptar, es el deseo de castigo: hacerle daño a quien le ha herido.

> Muchísimas veces me encontré transformando mi deseo de venganza en una hipercomprensión que ve lo que hay detrás del comportamiento del otro y lo justifica. El deseo de «hacérselas pagar» se transforma en una especie de empatía defensiva que impide activar la vivencia agresiva. Se siente la rabia como si fuese maldad y, por lo tanto, se le quita legitimidad.

El deseo de autoafirmación

Su evitar la competición y la represión del deseo de autoafirmación y de éxito es otro aspecto de la sombra. El E6 conservación se muestra cooperativo, pero en realidad es secretamente competitivo y desea autoafirmarse, incluso en detrimento de los demás. Es como si un tabú le impidiera confesarlo abiertamente.

Por otra parte, parecería dar poca importancia al juicio de los demás, pero en realidad es muy quisquilloso y puede sentirse profundamente herido, sin admitirlo porque sería un signo de debilidad.

Me costó mucho reconocer que un gesto o una palabra de desaprobación, no solo de alguna figura a quien reconocía una autoridad, sino también de personas que no creía que pudieran tener influencia en mi vida, me hacía sentir mal. Solía, a menudo, pasar horas pensando en una palabra dicha. Era como si esa palabra estuviese siempre allí, en el fondo, lista para volver al primer plano apenas terminaba de pensar en otras cosas que tenían prioridad en ese momento.

La instintividad reprimida

La máscara de niño bueno o niña buena cae también en la esfera de la sexualidad. Tras su apariencia dulce y sentimental, el E6 conservación reprime una parte instintiva a la que tiene acceso solo en determinadas situaciones de libertad, donde puede permitirse los excesos que por lo general controla.

El amor erótico es el más carente y el menos vivido y permitido en este carácter, que vive siempre la sexualidad en un contexto sentimental y se niega la posibilidad de vivir su animal interior, centrado en la búsqueda del propio placer. Es difícil que pierda completamente el control pero es fácil, en cambio, que se encuentre en situaciones de riesgo como reacción a una normalidad demasiado controlada.

Lo mismo por lo que respecta a las normas y al deber. A diferencia del subtipo social, el de conservación esconde a un antisocial que, si no se manifiesta, es solo por miedo a las consecuencias. Ahora bien, su transgresión asume tonos de rebeldía más que de satisfacción de una verdadera necesidad instintiva. Por eso suele acabar en desenlaces que confirman la idea de fondo de que no debe transgredir porque será descubierto y castigado. Dado que ni es muy hábil ni estratégico, y además exagera la transgresión, al E6 conservación le acaban «pillando».

El aspecto más negado es la explosividad; le tengo miedo porque podría hacerme daño o hacer daño a los demás. De niño se penalizó mi vitalidad; mis padres pretendían que fuese un niño bueno y educado; me reprendían constantemente cuando manifestaba mi parte instintiva: estaba obligado a ser respetuoso y comedido; querían que me quedase quieto.

Así aprendí ano sentir mi vitalidad, que luego se transformó en la sensación de llevar adentro una bomba lista para explotar. Cuando me sucede algo que podría activarla, por ejemplo una injusticia, trato de no encolerizarme o me alejo, física o mentalmente, y me distraigo con otras cosas.

8

EL AMOR

Amor admirativo, amor cuidador y amor erótico

Respecto de las tres principales formas de amor (según Claudio Naranjo, el amor paterno de tipo admirativo-devocional, el amor materno de tipo cuidador-compasivo y el amor infantil, erótico-sensual), el E6 conservación encuentra, de entrada, dificultades para expresar admiración y devoción, porque en su vida han faltado la admiración y el aprecio.

Una admiración y un aprecio que a menudo han venido unidos, en la figura paterna, a la amenaza y el castigo. De modo que el E6 conservación ha confundido la autoridad con el autoritarismo y, por tanto, la suspicacia y desconfianza le dificultan poder admirar a un docente, un maestro, un guía. Siempre se le mezcla la admiración con este conflicto con la autoridad, que le impide entregarse al aspecto devocional.

Al mismo tiempo, el E6 conservación tiene necesidad de experimentar a un padre bueno, con quien la autoridad concebida como protección y guía pueda vivirse en su plena dimensión afectiva a través de la confianza. En realidad, su actitud neurótica es que busca la protección de una figura autoritaria, más que de una figura con autoridad. Se impide con ello a sí mismo tener una experiencia con una autoridad «buena» y, en consecuencia, acaba por rebelarse contra la misma protección que busca.

Esta búsqueda tiene su origen en una sensación de debilidad personal y no en una actitud amorosa o creativa. Por eso, una vez que la encuentra, la relativiza, la desvaloriza, la critica, como si hubiese un tabú, una imposibilidad de entregarse de verdad, de reconocer y amar la superioridad del otro con gratitud.

En el camino de su desarrollo personal, uno de los aspectos más importantes de la transformación es aprender que la autoridad y el autoritarismo no van tan ligados. Esto le genera una conmoción: le hace sentir toda la necesidad negada de acogida, y también que no hay vergüenza en buscar la autoridad y la protección; en una palabra, siente la dignidad de esa necesidad. Sobreviene una sensación de paz y aceptación.

Sin embargo, esta es una de las etapas más difíciles porque los tabúes de la pérdida de autonomía y de entregarse para luego ser traicionado están siempre presentes en un pensamiento paranoide que encuentra a cada paso la confirmación de que es mejor no confiar.

Por lo que respecta al amor materno, cuidador-compasivo, el E6 conservación tiene la capacidad de sentirlo por los demás y por sí mismo y de manifestarlo. Sin embargo, cumple una función manipulativa, porque poniéndose protector se siente más seguro de ser aceptado. Los cuidados al otro son una mercancía para recibir a cambio atención, reconocimiento y amor.

Este aspecto manipulativo se ve más claramente si lo comparamos con el egoísmo de fondo del E6, así como de los esquizoides en general. No es un cuidado desinteresado, sino para obtener una autovalidación que no lograría de otra manera. Más que «cuidarle», lo que el Seis conservación le asegura al otro es contacto y cercanía. De alguna manera, se hace cargo de la necesidad del otro de no ser abandonado, gracias a la proyección de la propia necesidad y a la vivencia infantil de la relación con una madre a quien se vio obligado a aferrarse para no dejarla «sola».

Respecto a sí mismo, la compasión es muy baja debido al aspecto hipercrítico y desvalorizador de un superyó fuerte y a veces despiadado. Por lo tanto, cuidar de sí mismo, no solo desde el punto de vista físico sino también psicológico y emocional, suele ser un aspecto carente en el E6 conservación.

La profundización del camino de autoconciencia desarrolla una capacidad más amplia de compasión hacia mí mismo y, por tanto, una mayor disponibilidad a cuidar de mí, a comprenderme y a acoger mis necesidades y fragilidad. Esto corre parejo a la conciencia de la necesidad de salirme de la actitud infantil de dependencia y de entrar en la vida adulta. El amor cuidador se transforma entonces en algo más «puro» también hacia los demás, menos manipulativo; pierde su función mercantil. Se mueve sobre la base de la verdadera generosidad, y no desde el intercambio de «doy para recibir»

La tercera forma de amor es la del niño, que corresponde al amor erótico, lúdico. El amor sensual e instintivo, como libre afirmación de los propios deseos, contrasta con la decisión de no enfrentarse con los demás, de no exponer las necesidades, de no hacerse ver demasiado, de ser prudente, de vivir un poco escondido. Por tanto es la faceta amorosa que desarrolla menos el E6 conservación, que aprende a convencerse de que tampoco es tan importante, ni eso ni el lado instintivo en general. Esto le lleva a elegir parejas que no resulten amenazadoras en este aspecto y que acepten esta situación. En algunos momentos siente una fuerte carencia de la parte instintiva y puede romper el pacto de pareja.

El camino de transformación pasa por el amor erótico, a través de la recuperación no solo de una mayor libertad, sino también de una mayor alegría y satisfacción de vivir instintivamente, y una menor preocupación por los aspectos menos controlados de sí mismo y menos controlables de los demás.

La relación de pareja

Ya durante la adolescencia, con la aparición de los primeros deseos sexuales, la pasividad aprendida en la infancia se orienta hacia el otro sexo. Un fuerte deseo de ser acogido (evocación de la experiencia materna) se une al refugio en fantasías melancólicas y románticas, que ocupan el lugar de la acción y el deseo no expresado.

En esta época adolescente son frecuentes los enamoramientos connotados por una gran idealización del otro y a menudo no declarados por temor al rechazo, y que de alguna manera se convierten en una «hipoteca» para las relaciones futuras, generalmente caracterizadas por una actitud afligida que impide al E6 conservación experimentar la ligereza y la alegría en su relación con el otro.

> En tercero de instituto me enamoré perdidamente de una compañera de clase con la que nos veíamos también durante el verano, en el mar, y a la cual me declaré sin éxito después de grandes dudas. Seguí viéndola en el grupo de amigos y me sentía celoso cada vez que prestaba atención a otro. Era un sentimiento muy fuerte: pensé en ella todos los días hasta que acabé el instituto, cuando ya estaba claro que nuestros caminos habían de separarse al haber elegido ella una facultad distinta de la mía.

Los E6 de conservación son familiares. Dada su inseguridad, necesitan una pareja como una fuente más de apoyo en su vida.

> Me casé con una mujer con ideas claras (eneatipo Uno, creo que subtipo sexual) y con suficiente energía para llevarlas a cabo. Me sentía protegido a su lado y esa protección me permitía hacer cosas que me gustaban; ella me ayudaba a elegir lo que yo quería hacer, en parte descartando ideas mías absurdas y poco realizables.

La pareja les ofrece contención emocional.

> En el amor siempre me sentí atraído por la intensidad, por personas que apreciaba por su energía y su pasión, en las que sentía que podía confiar y de quienes podía sentirme un aliado, que me apreciaban pero que podían también ver mi lado oscuro, delicado y débil (si una persona me amase ilimitada y acríticamente, dudaría de su inteligencia).
>
> En mis relaciones largas he buscado siempre personas que me contuvieran, que me pusieran un freno, que de alguna manera sintiera a mi altura, pero que bajo otros aspectos dependiesen de mí (por ejemplo, que no supieran conducir o que tuvieran un nivel económico inferior al mío).

La sexualidad suele ir muy relacionada con la afectividad, que se vuelve una especie de garantía de aceptación de sí mismo también en el aspecto sexual, en el cual hay inseguridad y poco contacto con la instintividad.

> El sexo es, sobre todo, un atajo para obtener la confianza y la cercanía, la intimidad. Durante años solo he sido amigo de ex amantes, y a menudo he querido hacer el amor al menos una vez con mis amigos, como si pudiera sentirme cerca solamente de las personas que hayan percibido mi cuerpo, que me hayan abrazado al menos una noche, desnudos.

Las relaciones afectivas resultan al principio atormentadas, por la sensación de poca autoestima y una evitación del compromiso.

Con frecuencia se caracterizan por un «tira y afloja» y, sobre todo en sus inicios, pueden ser muy conflictivas. Su consolidación suele pasar por la ruptura con los esquemas familiares y por una «rebelión» contra el padre.

> El fin de año conocí a mi futura mujer. En aquel entonces ella tenía novio, pero empezó a invitarme a fiestas en su casa y nació por su parte un interés hacia mí. Digo «por su parte» porque yo ni siquiera soñaba que pudiésemos estar juntos. La veía mayor, segura, experta. Ni me preguntaba si me gustaba o no, hasta tal punto me parecía fuera de lugar. Pero después de un verano de exámenes nació nuestra relación, que coincidió con mi definitiva rebelión contra el clima pesado de casa y con la decisión de mudarme a otra ciudad y mantenerme por mis propios medios.

Durante esta fase inicial, la relación es frágil y corre el riesgo de romperse a causa de la inseguridad en la elección y de las dudas, que ofuscan la percepción de que el amor que les une pueda ser más fuerte que las dificultades. La preocupación por los obstáculos a superar para lograr una autonomía personal, particularmente en un momento de la vida en que se está desvinculando de la familia de origen, puede influir negativamente en la confianza en el futuro; y la costumbre de creer que debe afrontar las dificultades solo puede constituir un serio obstáculo para desarrollar un proyecto en común.

> El principio de la relación fue atormentado porque yo no entendía: ella había dejado a su novio y probablemente esperaba una actitud más decidida por mi parte. Pasamos meses de «tira y afloja» antes de iniciar una relación que durante los primeros meses fue muy conflictiva. Era como si ambos nos avergonzáramos de decir que éramos pareja; luego empezamos a estudiar juntos y la relación se «institucionalizó». Recuerdo que escribía cuadernos enteros con reflexiones sobre los sentimientos, los sueños y, naturalmente, sobre los problemas con

> mis padres. Problemas que habían aumentado porque, cansado de la situación, empecé a trabajar para irme a vivir solo.

La necesidad neurótica de control y el miedo a asumir responsabilidades (que parecerían «irreversibles») son otros obstáculos que se concretan en los pasajes evolutivos posteriores al enamoramiento: la consolidación y la oficialización de la relación, el proyecto de vida en común y el nacimiento de los hijos son momentos difíciles. El aumento del nivel de compromiso puede ser percibido como una limitación de la propia libertad y activar reacciones emocionales de gran intensidad.

Otras veces, la dificultad para expresar lo que piensa deriva del miedo de herir y de la consiguiente culpa: le resulta inaceptable sentirse la causa del sufrimiento del otro, sobre todo si parece débil y necesitado de su presencia.

> El no poder ser asertiva, decir lo que pienso y hablar directamente también tiene que ver con proteger al otro, como si fuera muy sensible y yo lo tuviera que cuidar (creo que me pongo en su lugar). Lo trato con algodones, o si veo que le está afectando algo que estoy diciendo, lo cambio...
>
> Esto me pasa también con cualquier opinión que digo: si veo una mala reacción lo cambio y le voy dando la vuelta a lo que dije. Hay veces que me siento moviéndome en un circo de varias pistas: lo que puedo decir, lo que realmente pienso, lo que siento y lo que preveo que puede pasar. Me es difícil hablar directamente, por haber demasiadas cosas en juego cada vez que opino.

La dependencia

Una vez establecida la relación, el E6 conservación tiende a desarrollar una dependencia de la pareja, sobre todo si es una persona protectora y fuerte.

> Lo que a veces hace que busque un protector es que veo en el otro a alguien a quien puedo encargarle por un rato, o en áreas de la vida, el puesto de vigilancia o el control, mientras yo me relajo o me desentiendo, porque confío en que él sabrá qué hacer, o hará ciertas cosas que a mí ya no me queda energía para atender o no me interesan tanto; así que voy y me deposito en el otro.

Es como si, una vez superada la resistencia inicial a confiar en el otro, el deseo de protección asumiese más importancia; de este modo, el E6 conservación pasa de la desconfianza y el rechazo de la relación a la polaridad opuesta: la dependencia afectiva.

9

PERSONAJE HISTÓRICO: FRANZ PETER SCHUBERT

Una vida en la sombra

Varios miles de personas acompañaron, el 29 de marzo de 1827, el féretro de Beethoven en su último viaje hasta el cementerio de Wahring. Allí estaba toda la plana mayor de los músicos vieneses y, entre los ocho de ellos que llevaban el ataúd algunos eran famosos, pero el sexto, Franz Schubert, era, en cambio, prácticamente desconocido para los asistentes. Con poco más de treinta años, hasta entonces solo había obtenido un éxito efímero, con una breve ópera de un solo acto, y había publicado algunas páginas para piano y *lieder*, pero nunca había dado un concierto en público.[3]

Schubert (1797-1828) vivió casi toda su vida en Viena como un hombre esquivo, retirado, que no parecía interesarse por lo que le rodeaba. Nunca tuvo un empleo estable, no quiso viajar por Europa como pianista o director, no dio actuaciones importantes ni tuvo éxito editorial. Nunca se casó, ni tuvo casa propia o

3. Nicola y Anna Russano, «Franz Schubert: breve vita di un grande romantico», *Prima Pagina Italiana*, 25 diciembre 2012,

http://www.primapaginaitaliana.it/spettacoli/musica-classica/item/6068-franz-schubert-breve-vita-di-un-grande-romantico.html un ingreso fijo. Como escribe S. Sablich: «No, no y no. Por lo que parece, se podría escribir una biografía de Schubert a base de sucesivas negaciones».[4]

Como muchos E6 conservacionales, Schubert mantuvo una relación complicada con la fama y el éxito: tenía un carácter tímido y reservado, y nunca le pidió mucho a la vida. Para los vieneses, así como para todos los europeos, Beethoven era el grande y solo unos pocos compositores merecían ser citados junto a él; eso sí, con la debida distancia. Y Schubert no estaba entre ellos.

En su ciudad tenía, sí, una cierta fama, pero más como autor de canciones que de composiciones orquestales. Se trataba pues de una fama básicamente local, entre otras cosas porque Schubert no salió de Viena, aparte de dos breves viajes a la cercana Hungría. No ambicionaba el éxito, fue el primer gran compositor de la historia que no era ni director ni concertista. Así que no podía ser famoso ni como intérprete ni como virtuoso. Se conformó con la composición, página tras página, de una notable cantidad de música, independientemente de que alguien la ejecutara o no. Crear música era para él una misión. Una vez le dijo a un amigo: «El Estado debería mantenerme. Vine a este mundo para componer, y basta».

Franz Peter Schubert nace el 31 de enero de 1797 en Lichtental, un suburbio de Viena. La casa de Nussdorfer Strasse, con el emblema del cangrejo rojo, es hoy un museo. Hijo de un modesto maestro de escuela, duodécimo hijo de catorce, de los que solo cinco alcanzaron la edad adulta, Franz tuvo una infancia modesta. Creció en una atmósfera familiar marcada por bautismos y funerales. Era como si la vida y la muerte se intercambiasen constantemente los papeles según un diseño indescifrable.

4. S. Sablich, *L'altro Schubert,* EDT, Turín, 2002, p.2.

Aquello hubo de influir en el niño, que desarrolló un fuerte apego a la madre y una sorda hostilidad hacia el padre, un obtuso santurrón autoritario.[5] Este violonchelista aficionado será el primer profesor del joven Franz.

El futuro compositor estudia canto, órgano, piano y armonía guiado por Michael Holzer, organista y maestro del coro parroquial de Lichtental. En 1808, a los once años, es cantor en la capilla de la corte y, tras obtener una beca, logra entrar en el Real Stadtkonvikt de Viena, donde perfecciona su preparación musical bajo la guía del organista de la corte Wenzel Ruczicka y del compositor Antonio Salieri.

En mayo de 1812, cuando Franz tenía quince años, fallece su madre a causa de la fiebre tifoidea. El padre contrae nuevas nupcias al año siguiente con una señorita burguesa que, según las malas lenguas, era su amante desde hacía tiempo. Del nuevo matrimonio nacen cinco hijos, cuatro de los cuales sobreviven. De la relación con su madrastra sabemos poco, pero podemos imaginar el estado de ánimo de un adolescente dócil e introvertido ante tales acontecimientos traumáticos.

Las primeras composiciones (1811-1812) son cuartetos escritos para interpretar en el ámbito familiar. En 1813 Franz Schubert abandona los estudios para asistir a su padre en la escuela. Al año siguiente conoce la poesía de Goethe, que será fuente de una gran inspiración para sus *lieder* hasta la muerte. Inspirado en el *Fausto*, compone *Margarita en la rueca*: es el nacimiento del *lied* romántico, el primer gran testimonio de una nueva relación entre poesía y música. En 1815 Schubert escribe

5. Giuseppe Volpi, *Uno sguardo oltre l'incompiuta. Note sulla poetica schubertiana.* http://www.cameristica.it/Portals/0/locandine/a2k13/20131109-Franz%20Schubert%20Introduzione%20generale.pdf

el *Erlkönig*; a fines de 1816 habrá escrito más de quinientos *lieder* para voz y piano.[6]

Ese mismo año, con la ayuda de Franz von Schober y de algunos amigos que lo financiarán durante toda su vida, deja la familia y el trabajo en la escuela paterna para dedicarse a la música. Vive de lo que gana con algunas lecciones, a la espera de que los editores vieneses se interesen por su trabajo. Schubert solo quiere escribir música con plena libertad y pasar la mayor parte del tiempo con sus amigos.

El grupo de amigos de Schubert es el prototipo del círculo romántico, nacido de la nueva figura del «artista libre». Las reuniones de sus miembros tomaron el nombre de *schubertiadas*. Participaban artistas, literatos, músicos, amantes de la música, diletantes y curiosos. No se cerraba la puerta a nadie siempre que supiera hacer algo: cantar, recitar, escribir, pintar, bailar o componer. Tenían lugar en casa de amigos o de algún rico que conocían. Eduard von Bauernfeld escribe en sus memorias:

> Las *schubertiadas* se celebraban entre compañeros alegres y vivaces; cuando el vino corría como el agua, el excelente cantante Vogl nos ofrecía canciones maravillosas y el pobre Franz lo acompañaba hasta que sus pequeños dedos no le obedecían más.[7]

Ningún compositor de la época podía eludir completamente la influencia de Beethoven, Mozart y Haydn; pero Schubert, una vez que hubo conformado su estilo, fue más personal que cualquier otro de sus coetáneos. Admiraba a Beethoven, pero manteniendo las distancias.

Una grave enfermedad venérea, la sífilis, que sufría desde

6. B. Paumgartner, *Schubert*, Alianza, Madrid, 1992.
7. N. y A. Russano, op. cit.

1822, minaba su físico. A raíz de ello no logró superar del ataque de fiebre tifoidea que había contraído en Eisenstadt durante una visita a la tumba de Franz Joseph Haydn. Murió con solo treinta y un años el 19 de noviembre de 1828.

Son muchos los rasgos del carácter de Schubert que corresponden a los de un E6 conservación: la timidez, pero también una parte rebelde y transgresora, la falta de confianza en su propia capacidad, el rechazo del éxito público y de la visibilidad social, la relación conflictiva con el padre y la idealización de la madre, la búsqueda de intimidad y protección en los ambientes amistosos, la nostalgia de un calor afectivo y el sentirse *huérfano* y *vagabundo*, y la relación problemática con el dinero, las mujeres y la sexualidad.

La relación conflictiva con el padre y la idealización de la madre

Tal y como escribe S. Sablich, por un lado el conflicto no resuelto con la personalidad dominante del padre y, por el otro, la idealización de la figura de la madre, determinaron la doble naturaleza de Schubert.[8]

El aspecto dionisiaco provenía de su padre que, sin embargo, lo había canalizado en la esfera ortodoxa de la religión y de la familia. El joven Franz, en cambio, había desarrollado una total aversión por la autoridad del *pater familias*, y una auténtica repugnancia por la familia y los hijos. Con el padre existía una profunda falta de comunicación y una extraña mezcla de hostilidad y admiración no expresadas. Tras su coraza de hombre duro, intransigente y

8. S. Sablich, op.cit.

dogmático, el padre escondía su inseguridad y ansiedad: el muro que separaba a padre e hijo nunca se derribó y, si bien Franz sufría por ello, el conflicto perduró sin resolverse.

En un relato de algún modo autobiográfico del 3 de julio de 1822, Schubert imagina que acompaña al padre a un banquete del cual, a diferencia de sus hermanos, se siente ajeno. Por ello, el padre, enfadado, lo echa de casa. Franz se aleja con el corazón henchido de amor por quienes lo rechazan y parte hacia otro país. Pero cuando recibe la noticia de la muerte de su madre, pide regresar a casa y el padre no se opone. Cuando la ve, Franz llora y revive la presencia de la madre, recordando el pasado. Unos días después el padre le lleva, como en los viejos tiempos, a su jardín preferido y le pregunta si le gusta: Franz, después de mucho vacilar, responde tembloroso que no; entonces el padre lo golpea y él, con el corazón siempre lleno de amor hacia quien por segunda vez lo rechaza, toma nuevamente el camino del exilio. El relato muestra la ambivalencia con que Franz está vinculado a la figura paterna: por un lado se siente incomprendido y, por el otro, busca su aprobación y reconocimiento.

Desde joven Schubert se negó a someterse a los imperativos patriarcales fundados en los valores tradicionales de la carrera, la religión y el matrimonio. Ello le costó no pocas discusiones con la familia y repercutió también en su afirmación como compositor.

Franz veía en su madre, de quien había crecido lejos y a quien había perdido muy temprano, a un ángel sumiso, víctima del despotismo paterno. De ella había heredado la resignación, la docilidad y la dulzura. Le ataba a su madre un apego casi morboso, impregnado de complicidad y comprensión que, sin embargo, no tenía muchas ocasiones de expresar a través de la ternura y las efusiones afectivas.

La atmósfera familiar ejerció una influencia decisiva en el carácter de Schubert. Si bien no fue un niño descuidado, debió adecuarse muy temprano a las rígidas reglas de una vida familiar modesta. Sin embargo, había «otra familia» en la cual el joven Franz se formó: la de los alumnos de la escuela del padre, ubicada, al principio, en los locales junto a su casa: casa, familia y escuela eran prácticamente una sola cosa y el ritmo de las jornadas estaba marcado por las horas lectivas y los recreos, en los que el pequeño Franz compartía momentos con sus hermanos mayores y con los otros escolares. Aquí aprendió la disciplina patriarcal de la que más tarde intentará escapar, pero también la sociabilidad de pertenecer a un grupo y compartir sus costumbres, que lo acompañaría el resto de su vida.

La timidez y la discreción

Las reglas impuestas en el Stadtkonvikt fueron mucho más severas que las de la casa-escuela familiar. Además, el joven Franz se encontró con una realidad heterogénea, por origen y edad, de compañeros. Estos camaradas del Seminario Imperial recuerdan a un joven Franz tímido e introvertido. En los paseos escolares se quedaba apartado, con la mirada fija hacia el suelo y las manos detrás de la espalda, siempre sumido en sus pensamientos. Durante el recreo prefería estar solo o retirarse en el aula de música, que todos evitaban porque era fría y húmeda.

El diario, inacabado, que inició en 1816, contiene deliciosas ensoñaciones de adolescente: «El hombre es como una pelota con la que juegan la casualidad y las pasiones».

Probablemente Schubert, como buen tímido, se sentía arrinconado o maltratado con facilidad, y era extremadamente sensible a las reacciones de los demás. Sin embargo, tenía algo que le aseguraba el afecto devoto de sus amigos. Y las mujeres, más tarde, no querrán sino mimarlo. Parecía un muñequito (medía un metro cincuenta y cinco) gordito (le llamaban «el barrilito») y de cabellos negros rizados, nariz redondeada y mentón con un hoyuelo. Veía mal y llevaba siempre gafas. Su talante era gentil y estaba siempre de buen humor; no era difícil convencerlo para que se sentase al piano e improvisase algún vals en las fiestas.[9] Los amigos le llamaban también *Schwammerl*, es decir, honguito, a raíz de su cabeza grande encajada en un cuerpo pequeño y grueso. Con el tiempo, su carácter se fue cerrando, revelando un sentimiento melancólico a través de la escritura musical, que era el lenguaje que prefería.

Lejos de cualquier forma de vanidad, simple y bueno con las amistades, daba la sensación de ser una persona sin carácter.[10] Sin embargo, quienes lo conocían coinciden en que su carácter, extremadamente esquivo y reservado, reacio a luchar para conquistar una posición o afirmarse en su carrera, presentaba zonas enigmáticas escindidas, si no contrapuestas. Se podría hablar de un Schubert «con dos caras»: la alegría desbordante y anticonvencional, y una profunda melancolía.

El rechazo del éxito y de la afirmación personal

Cuando en 1808, a los once años, Schubert fue admitido por la belleza de su voz en el coro de la Capilla del Seminario Imperial y

9. Harold C. Schonberg, *Los grandes compositores,* Ma non Troppo, Barcelona, 2004.

10. I. Principe, *Schubert,* http://cronologia.leonardo.it/biogra2/schubert.htm

Real, era un chico dulce y sin complicaciones, con un gran talento musical.

Joven brillante, afirmó de inmediato su superioridad. Se convirtió rápidamente en el favorito del seminario, como buen pianista y violinista, y prolífico compositor. El principal profesor de música se dio cuenta, en un momento dado, de que ya no podía enseñarle nada más al muchacho: «¡Este ha aprendido de Dios!», cuentan que decía. Poco después otro maestro escribió:

> Si yo me proponía enseñarle algo nuevo, me daba cuenta de que ya lo sabía. Por consiguiente, no le impartí una verdadera instrucción sino que me limité a hablarle y a observarle con mudo estupor.

Ya desde su juventud Schubert tuvo varias ocasiones de afirmarse. Llamó la atención de Antonio Salieri, director musical de la corte, del que fue alumno de composición. Salieri era uno de los más famosos compositores de su tiempo, tenía contactos en todos los ambientes y era también «la bestia negra» de Mozart, que no pudo llegar muy lejos teniéndolo en contra; por aquellos tiempos corría la voz de que Salieri había envenenado a Mozart, si bien nunca se encontraron pruebas de ello.

Pero Schubert no se aprovechó de la relación con el poderoso Salieri: se quedó en el seminario con una beca para luego renunciar y ponerse a estudiar para maestro de escuela primaria. A fin de asegurarse un sueldo suficiente, Franz se presentó al concurso para profesores en la escuela alemana de Liubliana. Sin embargo, y no obstante la recomendación de Salieri, Schubert no superó el examen.

Odiaba estudiar y trabajar, si bien de 1814 a 1818 fue asistente de su padre. Al contrario que Beethoven, Schubert raras veces se codeó con la aristocracia; se encontraba más a gusto con los burgueses y los bohemios. En 1818, cuando abandonó para siempre la enseñanza, entró en el ambiente bohemio y compuso para él.

Escribió así un lied tras otro; y luego sinfonías, música de cámara y misas, con la intención de que se representaran en el teatro en Viena. Pero no era el momento propicio. Componía obras en alemán y Viena estaba enloquecida con Rossini, al que Schubert, que jamás permitió que consideraciones de tipo personal influyeran en el juicio musical, definió como «genio extraordinario».

Más tarde, una serie de desilusiones llevaron a Schubert a sufrir graves crisis depresivas: Perdió el concurso de *Kapellmeister* de Corte, puesto que había ocupado Antonio Salieri; también el de vicerrector del Teatro de Puerta Carintia; y su obra *El conde de Gleichen* fue censurada y no logró llevarla a la escena.

La ambivalencia caracterial: resignación y rebelión

Maynard Solomon, en su «escandaloso» ensayo «Franz Schubert and the Peacocks of Benvenuto Cellini», publicado en la revista *19th-Century Music*, propone una investigación psicoanalítica sobre la vida interior de Schubert, basándose en la interpretación de los documentos y testimonios del propio Schubert y de quienes lo habían conocido de cerca.

El poeta e íntimo amigo Johann Mayrhofer escribía en su necrológica que el carácter de Schubert era «una mezcla de ternura y rudeza, sensualidad y candor, sociabilidad y melancolía»: un poeta en su intimidad y un hedonista en el comportamiento externo. Otros van más allá y atestiguan, si bien veladamente, las *bajas pasiones* de las que era víctima el compositor: «una vida sexual excesivamente libre, casi desenfrenada» (Franz von Schober), que le llevó «por un mal camino que por lo general no admite retorno y con consecuencias nefastas para la salud» (Wilhelm von Chézy).

Schubert «no reía nunca abiertamente y a carcajadas, sino socarronamente, en un modo poco expresivo y escasamente alegre». No tenía una regla de vida. De las nueve de la mañana (a menos que estuviera de resaca) hasta las dos de la tarde componía. Luego salía. Si no tenía una invitación a cenar o a una recepción, se iba a los cafés. Era capaz de quedarse hasta medianoche fumando, bebiendo café y vino, leyendo los periódicos y conversando con sus amigos. Sin embargo, en general era taciturno.

Aun sin estar alcoholizado, a veces bebía más de la cuenta. Josef Kenner, otro amigo, hace alusiones oscuras: «Quienes han conocido a Schubert saben que tenía dos temperamentos, uno distinto del otro; y saben también con qué fuerza las ansias de placer arrastraban su alma por el fango de la degradación moral...». Es posible que se trate solo de moralismo victoriano, o que haya algo de cierto.

Se dice que Schubert hacía perder la paciencia a sus amigos con sus retrasos. Una carta de un amigo nos da una idea de la complejidad de su carácter: «Si hubieses pensado en el gran afecto con el cual te esperábamos, habrías venido [...] Tengo miedo incluso de alegrarme demasiado por tu compañía viendo cuán poco he logrado en estos años vencer tu desconfianza y el miedo a no ser amado y comprendido».

La relación problemática con la sexualidad

Durante algunos años, probablemente entre 1814 y 1816, Schubert le hizo la corte a la cantante Therese Grob. Son significativos dos aforismos anotados en su diario el 8 se septiembre de 1816, casi al final de esa relación: «Feliz quien encuentra un amigo fiel; aún más quien encuentra una amiga fiel en su propia mujer.» «Para un hombre libre el matrimonio es hoy un pensamiento aterrador: lo reemplaza, o con la melancolía o con una cruda sensualidad.»

Otras alusiones a las relaciones de Schubert con las mujeres son bastante escasas y tirando a discretas. Hüttenbrenner observó con preocupación que desde que había conocido a Schubert (es decir, desde 1815), nunca lo había visto «involucrado en un asunto del corazón»; durante las fiestas «tenía una actitud fría e indiferente con el 'sexo débil'», hasta el punto que daba la impresión de sentir «un odio absoluto hacia las hijas de Eva». Revela también un detalle inquietante: a la pregunta si alguna vez se había enamorado, Schubert respondió que le hecho la corte a Therese Grob, pero que había abandonado cuando se dio cuenta de que no lograría llegar a tener una posición que le permitiese mantenerlos a los dos.

Casarse habría significado, por tanto, renunciar a sus principios. Therese, de hecho, se casó con un panadero y a Schubert le faltó tiempo para referirse a ese matrimonio en modo sarcástico y mordaz.

La decisión de no formar una familia es contemporánea a su negativa a volver a ocupar un puesto de maestro en la escuela paterna. A partir de entonces Schubert será huésped de sus amigos. Primero de Schober, y luego de Mayrhofer. Ambos eran homosexuales. Schober era por así decir el centro de los artistas e intelectuales gays de Viena, y con su comportamiento de dandi —muy admirado por sus amigos— fue probablemente el elemento decisivo de las experiencias de Schubert en materia sexual. Amores, peleas, celos, separaciones y uniones (a menudo al ritmo de las enfermedades infecciosas provocadas por la promiscuidad) constituían la otra parte, no artística, de la forma de vida de este grupo heterogéneo, cuya progresiva degradación tuvo como consecuencia la disgregación del mismo en 1824, justamente durante la fase más aguda de la enfermedad de Schubert.

Solomon sostiene que es probable que la iniciación homosexual de Schubert haya sido al principio pasiva o idealizada en el apasionado vínculo de una amistad, y que solo en un segundo momento se tornó activa con hombres más viejos que él, para acabar en relaciones anónimas y ocasionales en los bajos fondos de la prostitución, sin excluir el mundo (ya por entonces floreciente) de los travestis:

> Es posible que hombres jóvenes sean objeto de pederastia por parte de hombres más viejos al modo «griego». Probablemente Schubert jugó el papel de efebo con Johann Michael Vogl (el cantante de sus lieder, a quien Schubert consideraba su «segundo padre») o con Mayrhofer, ambos bastante mayores que él; y nadie puede decir si se trataba de un amor espiritual o carnal.

Sin embargo, con el tiempo Schubert fue víctima de la enfermedad que disolvió el grupo de amigos y oscureció los últimos años de su vida. Algo que podría explicar el tono ofendido y el desdén moralista de quienes describieron a Schubert como «cubierto por el fango» y víctima de pasiones pervertidas, y haber llevado a hablar de prácticas viles y aberrantes, es la sospecha de relaciones sexuales entre un adulto y un joven, con la agravante de actos molestos hacia menores y la vaga idea de un reino de experiencias tabú.

Observa Solomon: «En virtud de su homosexualidad, Schubert abandonó un ambiente coercitivo para entrar en lo que parecía (al menos momentáneamente) un reino de libertad». Para sus miembros, la comunidad homosexual y bohemia significaba liberarse de las imposiciones de la familia y del Estado, de las reglas de la sociedad y de la camisa de fuerza de la heterosexualidad, de las obligaciones del matrimonio y de la carrera; en resumen, representaba la libertad de ignorar el principio de realidad para dedicarse a una búsqueda sin límites de la belleza y el placer. Podía resarcirles, al menos por un tiempo, si bien insuficientemente, de una existencia precaria al margen de la sociedad. «Toma a los hombres como son y no como deberían ser», escribía Schubert en su diario el mismo día que declaraba su pánico al matrimonio, habiendo decidido renunciar a un puesto seguro para afirmar su derecho inalienable a la diversidad, comoquiera que se manifestase. Años más tarde, Schubert respondió a Franz von Schober, que le había dicho que estaba mal y que se sentía infeliz (21 de septiembre de 1824):

> Lo lamento muchísimo, pero no me asombra porque es este el destino de todo hombre sensato en este mundo miserable. ¿Y qué haremos de la felicidad si la infelicidad es ya el único aliciente que nos queda?

Vivir por debajo de las propias posibilidades: el dinero y el trabajo

Durante sus treinta y un años de vida Schubert escribió una ingente cantidad de música. Cuando trabajaba, lo hacía con ahínco. Nos relata Schober: «Si uno va a verlo durante el día, dice: '¡Hola!'. '¿Cómo estás?'. '¡Bien!'. Y sigue trabajando. Llegados a ese punto no queda otra que irse». Durante muchos años se creyó que Schubert no preparaba borradores ni siquiera de las composiciones más importantes, como las sinfonías. La investigación moderna ha establecido que eso no es cierto. Pero sin duda, Schubert, junto a Mozart, fue uno de los autores más veloces de la historia de la música: un compositor capaz de pensar toda la obra y transcribirla de inmediato.

Siempre le faltaba dinero y se pasaba gran parte del tiempo en los cafés con los amigos. Solo en 1818 empezó a poderse mantener, si bien ya era un profesional desde hacía dos años. En su diario, con fecha 17 de junio de 1816, leemos: «Hoy compuse por primera vez por dinero: una cantata para el onomástico del profesor Wattrot, con texto de Dräxler. La retribución fue de 100 florines.» Más o menos, treinta euros de hoy en día.

El dinero no le duraba mucho; nunca tuvo el suficiente para alquilar un piano, ¡imaginemos para comprarlo! Pero esto no significaba nada porque no tenía necesidad de un piano para componer. Decía que le distraería. De todas maneras, si lo necesitaba iba a casa de un amigo.

Con los amigos más cercanos formó una especie de pequeña comunidad en la que no existía la propiedad privada. Sombreros, zapatos, vestidos, dinero: todo era de todos. El que llevaba dinero se ocupaba de pagar la cuenta. Cuando se trataba de vender su música o de discutir con los editores, el dinero no significaba nada para Schubert.

Las tentativas de Schubert de encontrar un editor no obtuvieron grandes resultados. En 1817 envió a Breitkopf & Härtel uno de sus mejores lieder, el *Erlkönig*. Los editores se mostraron poco interesados y le devolvieron el manuscrito al único Franz Schubert que conocían: un compositor homónimo que vivía en Dresde. El Schubert de Dresde se sintió insultado y escribió una carta a los editores. ¿Quién era aquella nulidad que se tomaba la libertad de usar su nombre? Conservó aquel lied: «Lo guardaré para saber, si es posible, quién les ha enviado esta porquería...».

Mientras tanto, Spaun enviaba a Goethe un conjunto de lieder de Schubert inspirados en su poesía. Esperaba despertar el interés del maestro, pero este ni siquiera respondió. No todo era desilusión para Schubert: poco a poco empezó a darse a conocer. Algunos cantantes, por ejemplo Anna Milder y, sobre todo, Johann Vogl, empezaron a presentar su música en público. Además, el grupo de amigos de Schubert, restringido pero con influencia, le hacía buena publicidad. Vogl tuvo gran importancia en la vida del compositor. Cuando se conocieron, en la primavera de 1818, el barítono era casi treinta años mayor y estaba cerca del final de una ilustre carrera en la ópera. Examinó algunos lieder de Schubert y al final, después de muchas dudas, sintiendo la atracción por aquellas composiciones, se transformó en el más grande intérprete de Schubert.

Los críticos se percataron de su existencia y las recensiones eran por lo general elogiosas. En 1822, una crítica larga e inteligente publicada en el *Wiener Zeitschrift für Kunst* definía a Schubert como un genio. Al año siguiente, en la misma revista, se le llamaba «el popular maestro».

Sin embargo, Schubert nunca disfrutó de la fama que habría merecido. Tampoco puede decirse que fuera un desconocido. Dado que ningún editor estaba dispuesto a imprimir aquella música, los admiradores de Schubert recogieron el dinero necesario.

A medida que la fama de Schubert crecía, se presentaron algunos editores, pero fueron poquísimas las obras importantes publicadas antes de su muerte; ninguna sinfonía y ninguna de sus diez operas. Sí lo fueron, en cambio, uno de sus diecinueve cuartetos para cuerda, tres de las veintiuna sonatas para piano, una de las siete misas y 187 de más de seiscientos lieder.

En enero de 1839, en Viena, Robert Schumann fue a la casa del hermano de Schubert, Ferdinand (Franz había fallecido once años antes), y comenzó a mirar los numerosos manuscritos que guardaba. Sepultada en una «pila enorme», Schumann descubrió una sinfonía de la cual nadie antes había oído hablar: «¡Quién sabe por cuánto tiempo aún habría quedado escondida en aquel rincón oscuro y polvoriento si yo no hubiese persuadido a Ferdinand Schubert de que la enviara a la dirección de conciertos del Gewandhaus de Leipzig, o al mismo artista que la preside», recuerda Schumann.

El artista en cuestión era Félix Mendelssohn quien, con la inteligencia y la dedicación que lo caracterizaban, se encargó rápidamente de dirigirla. Era el 21 de marzo de 1839.

> «La sinfonía llegó a Leipzig, donde fue ejecutada frente a un público que reconoció su gran valor artístico y que la escuchó admirado, en una atmósfera de consenso general. Los emprendedores editores de la Breitkopf & Härtel compraron la sinfonía y los derechos de propiedad, y ahora se pueden encontrar las partes para orquesta y muy pronto se encontrará también la partitura, para el provecho y deleite del mundo entero.» El auspicio de Schumann se revelaría demasiado optimista: la partitura no fue publicada antes de 1850 y el mundo entero a duras penas pudo procurarse el provecho y el deleite de conocer una de las obras maestras de la historia de la sinfonía.[11]

El Viaje de invierno *(Winterreise): el icono del huérfano y del vagabundo*

En el psicoanálisis, el viaje y el vagabundeo simbolizan la muerte y la sexualidad.[12] Schubert elaboró el ciclo de poesías durante su ingreso en el hospital de Viena: la enfermedad que le llevaría a la muerte ya se estaba manifestando.

---

11. S. Sablich, «Schubert. La strada verso la grande Sinfonia», en *Amadeus*, junio de 2004.

12. Hans J. Fröhlich, *Franz Schubert*, Studio Tesi, Roma, 1990.

El espíritu del cansancio del mundo, de un profundo deseo de la paz de la tumba, parece «volar» bajo y amenazante sobre todo el ciclo: «Ciclo de lieder aterradores» parece que llamó Schubert a su *Viaje de Invierno*. Schubert lee casi por casualidad los lieder que componen el ciclo en una revista publicada en 1823; son solo la mitad del *Winterreise*, compuesto por veinticuatro poesías. En el círculo de las primeras personas que lo escuchan (reunidas por el mismo autor) prevalece la decepción. ¿Cómo pensar que escuchar el *Winterreise* pudiese resolverse en una experiencia normal de música de salón?

El *Winterreise* es mucho más inquietante; aunque solo sea por la febril y cándida tendencia de su música hacia el abismo, hacia la muerte. Es un paisaje aplastante de soledad; son escasas las presencias «vivientes». Tan raras que aparecen como espejismos (solo se cuentan dos «verdaderas presencias» en todo el ciclo). Es lo que queda de la «madrastra naturaleza», como diría Leopardi, que sobrevive a las terribles y glaciales temperaturas invernales: la corneja encontrada a mitad de camino y el organillero del último lied, el único ser humano; el marginado que toca aun a sabiendas de que no hay nadie que lo escuche.[13]

Así, el ciclo del *Winterreise* está impregnado de principio a fin de un inexorable pesimismo. Muchos consideran esta composición de 1827, un año antes de su muerte, la más importante serie de lieder de la literatura musical, con sus melodías recurrentes, tristes y quejumbrosas, cada vez más melancólicas y desesperadas hasta llegar al último lied, el sobrecogedor *Der Leiermann*, ese que habla del anciano organillero que vaga con su instrumento en

13. Gatto, Agnese, «Franz Schubert ne *Il viaggio d'inverno*», *Viaggi dentro la música*, https://analfabetiere.wordpress.com/2015/06/15/viaggi-dentro-la-musica-agnese-gattofranz-schubert-ne-il-viaggio-dinverno/

pleno invierno. Nadie le da nada, los perros le ladran y persiguen pero él sigue sonriendo y no pierde la esperanza. «Viejo misterioso, ¿vendré contigo? ¿Querrás acompañar con tu organillo mis canciones?» Todo esto en un estado anímico de total desolación, con simples quintas en el bajo y un fragmento de melodía que es más un epígrafe que otra cosa. Es una canción escalofriante y no podemos dejar de pensar que el libreto de Wilhelm Müller tenía un significado autobiográfico para Schubert.

Las poesías del *Viaje de invierno* relatan épicamente la historia de un amante abandonado y desilusionado. Pero «épicamente» es solo el artefacto narrativo ofrecido al oyente, que emprenderá un viaje de inmersión total, lírica y sinestésica, donde se sumergirá hasta el fondo en todo aquello que la palabra no logra rozar en la complejidad de las emociones humanas transfiguradas por la música schubertiana.

Este «amante» perdidamente enamorado, este «vagabundo» sin meta y consumido por el dolor, inicia un largo peregrinaje a la locura y el silencio. El viaje en el invierno imaginado y líricamente ofrecido transcurre en un escenario apocalíptico, carente de vida, de ríos congelados. Se «mira hacia atrás» (*«Rückblick»),* a la primavera de las alegrías del pasado, de la modesta casa de un carbonero al destino final en una antigua hostería, que se convierte en el cementerio.

No hay descripción más conmovedora de un abandono como la expuesta en el libreto de Müller del *Winterreise*. Schubert tiene que haberse identificado profundamente con él, porque declaró que este ciclo de canciones tardías era, de entre todos sus trabajos, el que más lágrimas le había costado mientras lo componía.

La de Schubert era la vida de alguien que cargaba con un problema dramático de conservación. Baste decir que era lo bastante pobre como para pasar hambre. Niño prodigio con un talento comparable al de Mozart, no se puede decir que haya tenido éxito en su vida. ¿Por qué? Se podría encontrar la respuesta en los poemas de Müller donde «el peregrino» es derrotado por «el cazador».

Schubert se identificó con «el peregrino» pues también él era un soñador en pos de la belleza. Digamos que no era lo bastante cazador como para tener éxito en el mundo. Ser un cazador era demasiado vulgar para él, concentrado como estaba en la belleza, la bondad y el amor. Demasiado idealista, albergaba un tabú implícito hacia lo mundano, que implica egoísmo, asertividad y preocupación por el dinero.

La cercanía de la muerte y la liberación de la creatividad

El año 1828, el último de la breve vida de Schubert, fue muy fructífero: el Quinteto para cuerda en do mayor, las tres últimas sonatas para piano, la serie de lieder *Schwanengesang*, la Gran Sinfonía en do mayor y la Misa en mi bemol mayor. Si pensamos que las tres sonatas para piano fueron escritas en septiembre de 1828, dos meses antes de su muerte, quedamos maravillados por su irrefrenable creatividad. Durante este periodo Schubert se había ido a vivir a la casa de su hermano Ferdinand, cuyos amorosos cuidados ayudaban a aliviar la precaria situación económica y física del compositor.[14]

Durante su último año de vida maduró en modo sorprendente: su música posee dimensiones enormes, lleva a nuevos

14. Andrea Passigli, *Notizie su Franz Schubert,* http://www.andreapassigli.it/schubert.htm

horizontes. Se dice que en su lecho de muerte exclamaba que estaba repleto de ideas nuevas.[15]

El amigo más fiel, Josef von Spaun, escribía en 1858:

> Pobre Schubert, ¡tan joven y al principio de una brillante carrera! ¡De cuáles riquezas, de cuáles tesoros ocultos nos ha privado su muerte! Estoy seguro de que el estado de excitación con el cual compuso la mayor parte de sus lieder y, en especial, el *Winterreise*, ha contribuido a su muerte precoz.

Schubert no dejó nada: ni libros, ni dinero, ni muebles ni inmuebles. Quedaron solo sus manuscritos esparcidos por toda Viena. Fue sepultado cerca de Beethoven. Sus amigos lo lloraron sinceramente. Schwind escribió a Schober: «Murió Schubert, y con él murió también todo lo que teníamos de brillante y amable». Grillparzer escribió el epitafio: «El arte de la música tiene aquí enterrado un rico tesoro pero, aún más: bellas esperanzas».

Debieron pasar cuarenta años desde la muerte de Schubert para que el mundo se diese cuenta de que era un genio. Con su enfoque subjetivo anticipó el Romanticismo y, aún más importante, fue el primer poeta lírico de la música.

15. Otto Erich Deutsch, comp., *Schubert. L'amico, e il poeta nelle testimonianze dei suoi contemporanei*, EDT, Turín, 1999.

10

UN EJEMPLO CINEMATOGRÁFICO

> Quien no conoce el código del fútbol no entiende
> el «significado» de sus palabras (los pases)
> ni el sentido de su discurso (un conjunto de pases).
>
> PIER PAOLO PASOLINI

Buscando a Eric

Título original: Looking for Eric
Dirección: Ken Loach
Género: Comedia
Año: 2009 (116 minutos)
País: Reino Unido
Reparto: Steve Evets, Eric Cantona, John Henshaw, Stephanie Bishop

El personaje: Eric Bishop es un cartero infeliz, descuidado, que vive una existencia insípida y atormentada por los remordimientos, la vergüenza y la pasividad. Le devora el sentimiento de culpa por haber abandonado, sin entender por qué, a su joven esposa Lily —a quien añora como al gran amor de su vida— con su hija recién nacida.

Esta le ha dado una nieta de pocos meses y él mantiene y se ocupa torpemente de dos hijastros adolescentes que se meten en líos. En realidad, Eric es una persona muy generosa y los crió como si fueran sus propios hijos. Cuando aún eran pequeños todo iba bien, pero ahora se aprovechan de él porque lo consideraban «un débil», y lo están destruyendo. Eric Bishop vive en una casa que le queda grande. Sus amigos, hinchas de fútbol, hacen lo que pueden para ayudarle. Él a duras penas mantiene su trabajo y la primera vez que lo encontramos está en pleno ataque de pánico.

Capítulo 1. «Estoy jodido.»

La frase inicial de la película, «todo empezó con un hermoso pase de Eric Cantona», es una metáfora que permite «un pase» creativo del campo de juego a otras dimensiones de la vida, donde lo fundamental para una victoria no es el gol sino la confianza en los demás.

Eric conduce por una calle con mucho tráfico, desorientado, como si su «navegador» interno se hubiese descompuesto. Acaba de ver a Lily (su primera esposa) después de treinta años y no ha podido enfrentarse a ella. Al impacto inevitable del accidente sigue el negro de la pantalla, que evoca la oscuridad de la mente del protagonista, que ha resultado ileso pero se siente tan «jodido» como la chatarra de su automóvil.

En la escena siguiente, Eric está solo, sentado en su cama, de regreso del hospital. Le habla al poster del futbolista Eric Cantona, colgado en la pared: «*¿Alguna vez fuiste al psicoanalista, Eric? ¿Sabes qué me preguntó?: '¿Cuándo fue la última vez que fuiste feliz?'*»

El cartero recuerda los partidos de Cantona, que vio con sus amigos en el estadio, como sus últimos momentos felices. Hace diez años que no va al fútbol. Prefiere vivir en los recuerdos en vez de estar en el presente y afrontarlo. Su mente está congelada en el ayer.

En las imágenes siguientes, sus amigos dicen:

> Miren en qué estado está [...] No tiene ritmo, est*á bloqueado como un engranaje,* no despega [...] Es difícil de creer, pero hace unos años estaba en las pistas de baile. Uno de los mejores bailarines.

Ellos buscan pretextos para distraerlo, le cuentan chistes, lo invitan a salir... pero no lo logran. La rigidez corporal de Eric evoca su rigidez mental. La tendencia a la racionalización y al sentimiento de culpa por los errores del pasado repercute en su postura y sus movimientos sin gracia.

Claudio Naranjo ve en al E6 un carácter patriarcal que sacrifica su afectividad y su instinto:

> En el carácter temeroso predomina el intelecto [...] Es un despotismo implícito en que la espontaneidad del niño es culpada y el amor materno menospreciado, en tanto que la persona se orienta en el mundo según una visión excesivamente jerárquica, que la sitúa entre autoridades superiores todopoderosas que deben ser obedecidas y personas inferiores a quienes le corresponde dominar. [...]
>
> Podemos llamarles «autoritarios» en vista de su entrega temerosa al poder establecido, su fe en el principio de autoridad y su correspondiente falta de fe en su derecho a regirse a sí mismas, tomando con sus manos las riendas de su propia vida.[16]

16. C. Naranjo, *La mente patriarcal*, RBA Integral, Barcelona, 2010, p. 41.

Capítulo 2. El generador de posibilidades

Eric participa en un grupo de autoayuda que montan sus amigos con la intención de rescatarlo del estado depresivo y resignado en que está sumido tras el accidente. El amigo que oficia de «terapeuta» está encuadrado de espaldas a un espejo, que refleja la expresión extraviada de Eric cuando procura pensar en alguien que le ame.

Luego se le pide a cada uno que elija a alguien a quien admire y quiera emular, y él nombra a Eric Cantona. De regreso a casa, solo en su cuarto, se dirige al poster de Cantona, esta vez, de pie, lo mira a los ojos. Trata de identificarse con su postura altiva:

> Genio imperfecto, ¿eh? Cartero imperfecto. ¿Qué tal va el cuidado de ti mismo, Eric? ¿Has pensado alguna vez en suicidarte? ¿Quién te ama? ¿Quién cuida de ti? ¿Sabes qué me ha tumbado? Ni siquiera me di cuenta cuando llegaba... ¿Alguna vez has hecho algo de lo que ahora te avergüenzas?

Las preguntas esta vez obtienen respuesta, una pregunta especular: «¿Y tú?», formulada por un Cantona que «cobra vida» en la penumbra, a sus espaldas, y que metafóricamente le pasa la pelota. Este es «el pase» que señalará un vuelco en la vida del cartero. La imagen está lista para hablarse a sí misma si se la invoca en el modo adecuado.

Cantona, el mítico campeón del Manchester United, en la película se interpreta a sí mismo: el formidable goleador de pésimo carácter que perdió su carrera pero no su carisma. A partir de este momento está al lado del cartero como testigo, interlocutor, entrenador o psicoterapeuta, sin escamotear los aspectos conflictivos necesarios en una relación profunda.

En los primeros diálogos entre Eric y su *alter ego,* el amigo imaginario representa no solo «la otra parte» del protagonista (el yo ideal), sino también al Otro, a través de cuya mirada y narración nace, se desarrolla y se mantiene el equilibrio de ese sentido de uno mismo que es la identidad.

En el curso del relato se comprende cómo la ausencia de autobenevolencia o de una función de apoyo adecuada en un momento esencial de la existencia de Eric hace vacilar una imagen ya precaria de por sí, llevándole a la incapacidad de efectuar elecciones en las cuales reconocerse.

Ahora que Eric es adulto, el grupo de amigos sustituye las relaciones primarias y constituye «el ambiente» que suministra ese «generador de posibilidades» que supone el ser visto con los ojos de alguien que nos ama.

Capítulo 3. El amor perdido y añorado

Eric cuenta a Cantona cómo encontró a Lily, el amor perdido y ahora añorado, durante un concurso de baile.

Cantona: ¿Y Lily?
Eric: No logro ni siquiera decir su nombre.
Cantona: Dilo, es algo a lo que hay que hacer frente, ¿no es cierto?
Eric: No puedo.
Cantona: ¡Sí que puedes!
Eric: Lily, ¡Joder! El problema es siempre Lily.
Cantona: Abre el baúl.
Eric: No, no puedo.
Cantona: Sin arriesgar no podemos superar los peligros. Abre el baúl, ¡vamos!

Eric abre el baúl de los recuerdos y encuentra las fotos de treinta años atrás, con Lily juntos en la pista de baile.

CANTONA: A veces los recuerdos más bellos son los más difíciles de soportar; *¡c'est la vie!*

ERIC: Sí, los más difíciles de afrontar... *¡C'est la vie! (Ríen juntos.)*

Los dos Erics son ahora coprotagonistas:

CANTONA: ¿Y treinta años después no logras mirarla a la cara? *¿C'est incroyable, non?*

ERIC: Se cometieron muchos errores; corrió mucha agua bajo el puente. ¿Entiendes qué significa que tu hija te pida que te veas cotidianamente con tu ex mujer, a la que no ves desde hace treinta años?

CANTONA: Todo vuelve a la superficie: tú, Lily y la pequeña Sara.

ERIC: ¡Oh, sí! Como si treinta años hubieran sido ayer. ¡Estoy jodido!

CANTONA: Te entiendo, *mon ami*, y te aconsejo un lindo salto desde el edificio de enfrente.

ERIC: ¡Claro! ¡A ti todo te va bien! Bastardo genio imperfecto: dos patadas a la pelota en la playa, con los vips, tu bonito acento francés... M*írame a* mí: un miserable del carajo, piel y huesos. Tú lo tienes todo, amigo.

Dice Naranjo del E6 conservación:

> El tipo evitador o fóbico es solo cauteloso, pero con un gran potencial para el afecto. Igualmente, hay una mayor emocionalidad, tanto en la capacidad de experimentar dolor como por su calor humano. Sienten profundamente su soledad y aislamiento, padecen dolor por su sentimiento de desubicación y tienen un fuerte deseo de ser aceptados,

aunque a menudo lo reprimen. A pesar de su anhelo de relación y participación en la vida social, tienen miedo de dejar su bienestar en manos de otros.[17]

Volvamos a Eric:

CANTONA: Quien prevé todos los peligros nunca se hará a la mar; quien tiene miedo de mezclar los dados nunca obtendrá un seis. Si no entras en el cubil del tigre, nunca atraparás a sus cachorros.

ERIC: Coge esos dados y métetelos por el culo... No puedo más con tu filosofía.

CANTONA: Hay siempre más elecciones que las que pensamos... siempre.

ERIC: ¿Sí? ¿De qué tipo?

CANTONA: Tipo... afeitarse.

ERIC: No puedo encontrarme con ella.

CANTONA: ¡Sí que puedes!

Claudio Naranjo desmenuza los aspectos conductuales del *«miedo a ser»* del E6:

> Inseguridad, indecisión y titubeo (consecuencia del miedo a cometer errores), inmovilización por la duda, pérdida de contacto con el impulso, evitación de las decisiones e inclinación a las componendas, exceso de cuidado y precaución, propensión a la recomprobación compulsiva, falta de confianza en sí mismo, exceso de ensayos y dificultad con las situaciones no estructuradas (aquellas en las que no hay unas pautas de conducta establecidas).

17. C. Naranjo, *Carácter y neurosis*, Ediciones La Llave, Barcelona, 2012 (11ª ed.), p. 347.

> Si el miedo paraliza o inhibe, la inhibición *de los impulsos alimenta la* ansiedad, como pensaba Freud; y podemos decir que el miedo es un miedo a los propios impulsos, un miedo a actuar espontáneamente.[18]

El cartero saca del baúl una carta de su mujer.

ERIC: Me la envió una semana después de haberla dejado.
CANTONA (*lee*): «No puedo amarte más que esto. Lily».
ERIC: Nunca le respondí y cuanto más pasaba el tiempo, más difícil era hacerlo. Al final fue imposible volver atrás.
CANTONA: Tú dile la verdad.
ERIC: ¿Ah sí? ¿Y qué le dices a una persona que te entregó su corazón en bandeja de plata? Ya pasó... Dame esa carta. ¿Sabes lo que te digo? ¡Vete al carajo! (*Rompe la carta.*) No puedo; no consigo soportarlo; no lograré verla todos los días. Acabará como la última vez: empezaré a dar vueltas a la rotonda.
CANTONA: Tienes que hablar con ella.
ERIC: No puedo.
CANTONA: ¡Entonces, escribe!
ERIC: No tengo palabras.

De estos diálogos surgen lentamente los nudos que Eric no había desatado, su desubicación. Eric siente que todo se le escapa de las manos; no se siente visto y menos aún comprendido por sus hijastros. No logra encontrarse con su ex porque eso significaría hacer frente a los errores cometidos. Se siente aplastado por el sentimiento de culpa y piensa que no tiene ninguna posibilidad de cambiar la situación: «No puedo ni siquiera confiar en mí mismo; me siento como suspendido en el aire, miro hacia

18. Ibíd., pp. 347.

abajo y me veo a mí mismo vagar desorientado como un viejo perro sarnoso».

La condición necesaria para el siguiente pase es identificarse con alguien a quien se admira. Cantona se convierte, para Eric Bishop, en un «espejo de fiar» que refleja una imagen de sí mismo con contornos más nítidos y vivos, que culmina en la escena en que Cantona le enseña al cartero a decir: «¡No!»

Capítulo 4. La relación con los hijastros

Eric no logra hacerse respetar por sus hijastros en su propia casa. Es su esclavo, cuando aparece Cantona y lo incita a ser más asertivo.

CANTONA: ¡Tú debes decir no! ¡No! ¡Vamos! Dilo: *«¡No!» «¡Non!»*
ERIC (*tímidamente*): No
CANTONA: Con convicción. ¡No!
ERIC: No.
CANTONA: Con más fuerza. ¡No!
ERIC: No.
CANTONA: ¡Vamos! ¡Debes decirlo con los cojones! ¡No!
ERIC: ¡¡¡Noo, no!!! (*Toma una olla y empieza a agitarla a su alrededor.*) ¡¡¡Noooooo!!!!

La agita varias veces al ritmo del «no» hasta que llegan los hijastros asustados.

HIJASTROS: Papá, ¿estás bien?
ERIC: ¡¡¡No!!!

Este carácter se transforma en su propio enemigo, como si la autoacusación pudiera ahorrarle problemas con la autoridad. En su historia infantil es común el miedo a la punición o a la recriminación. El fantasma del E6 conservación es que lo castiguen por cometer un error. Fue para evitar esta amenaza que se convirtió en una persona sumisa, dulce y obediente. La autoacusación —advierte Claudio Naranjo— ve monstruosidad donde solo hay naturaleza:

> Este imaginar monstruosidad donde hay espontaneidad potencial y sabiduría organísmica no solo conduce a la inhibición, sino que se complica por el hecho de que esta inhibición perpetúa la situación de no conocerse, lo cual a su vez vuelve al individuo más vulnerable a su autodenigración.[19]

Capítulo 5. Eric desata los nudos del pasado con Lily

Eric se encuentra con su ex, que todavía siente rencor por haberla abandonado, sin motivo aparente, a los veintiún años, dejándola sola y con una niña recién nacida. El cartero se lo cuenta a su espejo Cantona.

Cantona: Ella te odia. Ahora ya vemos un camino...
Eric: No vamos a ninguna parte. Somos dos abuelos. ¿Adónde se supone que deberíamos ir?
Cantona: *La plus noble des vengeances c'est de pardonner*
Eric: ¿Sabes una cosa? Ya me estás jorobando con tanta tontería.
Cantona: Vale, entonces no traduzco.

Eric: Haz lo que te parezca... Total, no me importa. ¡Vete a la mierda!... ¿Qué significa?

19. Ibíd., p. 357.

CANTONA: No.
ERIC: ¡Dímelo! ¡No puedes soltar algo así y luego escaquearte!
CANTONA: La venganza más noble es el perdón.
ERIC: ¿Podría perdonarme? (*Suena el teléfono. Es Lily, que deja un mensaje citándole en el pub.*)
CANTONA: Te lo dije...

Eric es un despreocupado adolescente bailarín cuando descubre que será padre. Su propio padre lo desafía entonces con violencia: «Me agarró por el cuello como cuando era niño y empezó a sacudirme como solía hacer el presentador de un estúpido show de la televisión». Le devuelve la imagen de un fracasado: la de quien ha renunciado a la universidad y se encuentra preso de un matrimonio y de un hijo a quien cuidar. Crea así una reacción de desorientación, de pánico, de disociación.

Eric se anima por fin a expresar con confianza su sentimiento de desubicación y terror, lo que le llevó a renunciar a la relación con su esposa, evitándola y encerrándose en sí mismo, en vez de afrontar juntos la situación.

ERIC: Pasada una media hora me calmé, volví adentro y empecé a hacer teatro. Y... ¿sabes la verdad? Desde entonces he seguido fingiendo y haciendo teatro.
LILY: Pero ¿por qué no podías decírmelo?
ERIC: Lo borré. Me lo oculté hasta a mí mismo; estaba aterrorizado; pensaba que me estaba volviendo loco como mi tío Marlow. Además, te veía amamantar a Sal... No sé cómo explicarlo... No lograba soportarlo, no lo soportaba; me hacía enloquecer y eso me llevó al punto de tener miedo de volver a casa, a mi casa.
LILY: Yo pensaba que ya no me amabas.
ERIC: ¡No!

LILY: Que te habías arrepentido de haber tenido una niña.
ERIC: Para nada.
LILY: A mí me habría gustado solo que me tocaras; me sentía fea y gorda, con la ropa apestando a leche.
ERIC: No es tanto el hecho de que te dejara... sobre eso alzo las manos. Es que no lograba volver.

Eric renunció a su felicidad yéndose de casa sin un motivo aparente. El E6 conservación elige el camino de la inconsciencia a través de una desconexión de su ser esencial, percibido como amenazador. De este modo renuncia a su propio *poder*. Reconquistarlo implica salirse de la lógica de la culpa (*si no es culpa mía, es culpa tuya*). Significa emprender el camino del perdón de sí mismo y del amor a sí mismo.

Capítulo 6. Eric y la relación con sus amigos

En su encuentro con Cantona, Eric logra conectar los fragmentos dolorosos de su vida pasada y darles una coherencia que los transforma de «accidentes» en «pases» que permiten recuperar habilidades que creía perdidas, la reaparición del deseo y el ponerse nuevamente en juego con Lily y sus hijos.

Cantona le muestra a Eric que la confianza no es sino un «acto de fe» en los demás. Como un pase de gol.

ERIC: Entonces, ¿el momento más bonito de todos?
CANTONA: No ha sido un gol.
ERIC: Tiene que ser por fuerza un gol.
CANTONA: No, fue un pase.
ERIC: ¿Un pase?

CANTONA: Fue un regalo, casi, al Dios del gol.
ERIC: ¿Y si se hubiese equivocado?
CANTONA: Debes confiar en tus compañeros en todo momento. Si no, todo está perdido.

Ante el amigo que escucha desinteresadamente, que reconoce deseos y necesidades, Eric puede quitarse la máscara de perdedor para mostrar que hay alguien detrás, vital y real.

Capítulo 7. «Operación Cantona: sé tú mismo.»

Eric pide ayuda a sus amigos para restablecer su poder de padre ante los hijastros. Hace desaparecer todos los televisores de la casa y prepara la comida solo para él para demostrarles a los hijos que su actitud (ya no más pasiva y sumisa) ha cambiado.

Eric descubre que el hijo mayor le esconde en su casa una pistola a un delincuente psicópata que le está creando problemas con la justicia y lo chantajea. Lo habla con el chico y también directamente con el delincuente, pero no obtiene nada. Luego va a Cantona:

ERIC: No puedo sostener todo esto. No sé qué hacer, debes creerme. No puedo hacer nada.
CANTONA: Hay siempre más elecciones de las que creemos, siempre más posibilidades. Si cambian las cosas, cambian las posibilidades. Pruebas algo y no funciona, y entonces pruebas otra cosa. Siempre.
ERIC: Tipo ¿qué?
CANTONA: Tus compañeros de equipo.
ERIC: ¡Ay, Dios! No puedo pensar cómo podría decírselo a mis

amigos. ¿Por dónde empiezo? «¿Tienen un minuto, chicos? Es por mi hijo: le guarda una pistola al psicópata del barrio, que se divierte disparando a los chicos que se ríen del color de sus zapatos.» ¿Qué podrían pensar? ¡Me da vergüenza!

CANTONA: Son tus amigos, ¿no?

ERIC: ¡Claro que son mis amigos!

CANTONA: ¿Y no piensas que a los amigos se les puede decir todo?

ERIC: ¡Claro que sí!

CANTONA: Confía en ellos.

Las cosas obvias vistas con ojos distintos, o escuchadas con una actitud diferente, asumen significados inesperados. Las frases de Cantona son como un haz de luz proyectado sobre las potencialidades hasta ahora no manifestadas. Iluminan caminos alternativos a un Eric encadenado en una situación estancada.

Este inventa un plan. Con sus amigos e hijos, y armados de un bate de béisbol y una máscara de Eric Cantona, van a la casa del delincuente. Rompen los cristales. Cuando está medio desnudo, le rocían con pintura roja. Y le amenazan con divulgar en YouTube su pública humillación si insiste en molestar al hijo de Eric.

El E6 conservación puede justificar su sumisión en aras de algo más grande, por ejemplo el bien común. El «sacrificio de doblegarse» asume un significado en la escala de valores, como si dijera: «Me someto a la voluntad de Dios, que por naturaleza es justo; en Él puedo confiar porque no me castigará». Así es como este carácter idealiza a la autoridad.

El eneatipo Seis no tiene problema con el peligro; con lo que tiene un problema, y serio, es con el coraje. A menudo es temerario, pero no tolera el sabor del miedo, y es por esta intolerancia que algunos se mantienen alejados de los peligros.

En el caso del E6 conservación evolucionado, la amenaza no

impide la ejecución y la asunción de un rol de liderazgo. Al exponerse, y ejercer por tanto una posición, una elección, con una actitud de escucha de sí y del otro, supera el automatismo neurótico de la duda.

El cartero Eric ha aprendido a renovar la confianza en su potencialidad, que había encerrado bajo llave en el baúl de los recuerdos, con las fotos que lo mostraban feliz junto a su mujer, cuando su espontaneidad lo transformaba en un «bailarín sin par». Ha desatado los nudos del pasado. Redescubriendo el sabor de la confianza en el otro, ha aprendido a pedir ayuda a sus amigos y a asumir la responsabilidad de afrontar las situaciones que lo atormentaban.

Eric ha aprendido a asumir el riesgo de sentir miedo, de hacerse cargo de su vida y afrontarla en todos sus matices. En consecuencia, al no bloquear la acción atormentándose en una lucha interna, se concede por fin la posibilidad de ser feliz.

11

CHISTES Y VIÑETA

Chistes

Una característica del E6 conservación es ser reacio a contestar: ese rasgo tan conocido, atribuido a Nasrudín, los gallegos o los judíos, que consiste en contestar a una pregunta con otra.

«Nasrudín, ¿por qué respondes siempre con una pregunta?» «¿Y por qué no?»

Hay un talante paranoide en ese esconder tanto. Denota un temor a ser pillado, a que se aprovechen, o simplemente a estar equivocado.

Un judío se encuentra con otro judío en una estación en los primeros tiempos del ferrocarril. «¿Adónde vas?» «A Smolensk.» «¡Ah, ya veo! Me dices que vas a Smolensk porque quieres que yo piense que vas a Lublin, pero yo sé que vas a Smolensk.»

Se trata de un ocultamiento estratégico. Un chiste de gallegos caracteriza al mismo tiempo el interrogatorio paranoico y lo dudoso, ambivalente y poco claro de este carácter.

Un gallego se encuentra con otro en las escaleras y le dice:

«No podría decir si es que subes o bajas. Dime: ¿subes o bajas?»
«¿Y por qué lo quieres saber?»

Una noche, cuando el marido vuelve a casa, su mujer le dice:

—¿Sabes? ¡Hoy pasó algo extraordinario!

—¿Ah, sí?

—Sí. Esta mañana llamaron a la puerta, abro y me encuentro a un hombre. Él no dice nada, yo no le pregunto nada y él entra en casa. Luego lo veo sentado en el diván. Él no dice nada, yo no le pregunto nada y se enciende un puro. Luego lo veo en el cuarto: Él no dice nada, yo no le pregunto nada y hacemos el amor. Luego nos vestimos. Él no dice nada, yo no le pregunto nada y él se va.

—¡Joder! ¡Nunca sabremos por qué vino!

Inside Woody Allen, *de Stuart Hample*

Viñeta de la serie The Bell Curve, *de John Bell*

Miedo escénico, *por Leandro Martínez*

12

PROCESO DE TRANSFORMACIÓN Y RECOMENDACIONES TERAPÉUTICAS

LA TRANSFORMACIÓN EN LA ESFERA PERSONAL

Al principio del proceso de cambio, no le es fácil al E6 conservación reconocer su egoísmo cotidiano. El proceso personal le ayuda a ver que el egoísmo es raíz de infelicidad en tanto es consecuencia del miedo. Experimentar que una actitud de generosidad hacia el otro en realidad le hace sentir más fuerte, más libre y más protagonista de la vida es un descubrimiento imprevisto.

También lo es que los demás están interesados en recibir algo de él; la falta de confianza en su capacidad ha alimentado por mucho tiempo la convicción de no ser realmente importante para los demás. Un poco como le pasa al E4, en el E6 conservación el interés genuino del otro por él se contamina con la duda sobre su inautenticidad y la manipulación, por una proyección en el otro de su propio egoísmo.

El E6 conservación se abre más fácilmente a la generosidad cuando supera este prejuicio de no ser importante para el otro.

Suelta la idea loca de que «cualquiera que sea mi relación con el otro no dejaré huella, y en caso de que llegara a suceder, sería por su debilidad y no por mi valor personal», y este descubrimiento le ayuda a reconocer su propio valor y su capacidad de amar.

Disfrutar del presente

La transformación se produce cuando el E6 conservación se da cuenta de que prestar una atención obsesiva a los pensamientos no sirve para estar seguro, y acepta que en la vida existe una buena dosis de casualidad.

La transformación influye en la forma del pensamiento, que deja de ser nebuloso para volverse más preciso y definido. A medida que disminuye la inseguridad, puede definirse con precisión a sí mismo y a los demás. La meditación, en especial el *za zen*, es una ayuda preciosa para calmar la mente y dirigir la atención.

> La meditación me da mucho. La necesito, me serena, me centra, pone las cosas en su lugar, me tranquiliza, me despeja. Aunque hay veces, sobre todo cuando me siento formalmente a hacerla, en que desencadena mi ansiedad, que antes no sentía. De todas formas, esto me sirve porque lo veo, aunque me puede dejar peor que al principio.

El proceso de transformación se acompaña de una mayor alegría de vivir. Un aspecto de la neurosis del E6 conservación es la negación del placer en sí mismo, de la despreocupación, de la satisfacción… Es como si el placer hubiera que merecerlo a través del deber, el esfuerzo y el empeño.

El tiempo ha de aprovecharse y tener su utilidad. Es una visión mercantil de la vida como la del E3, donde uno ha de emplear el tiempo en hacer algo. Eso le aleja de sus auténticas necesidades, al poner la definición de sí mismo en términos de capacidad y aprobación de los demás; más en el plano del hacer que del ser.

Le es de gran ayuda al E6 conservación acostumbrarse a vivir en el aquí y ahora. Acostumbrarse a detener esa carrera del pensamiento hacia el futuro, esa anticipación de los acontecimientos a fin de controlarlos que no da tregua, contribuye a descubrir en el presente una dimensión de placer que es inherente a la realidad: que no debemos hacer nada para buscar la satisfacción. Está a menudo allí, donde es más obvio que esté, y esto se experimenta simplemente no haciendo nada. La meditación zen es, aquí también, una de las prácticas que producen un mayor efecto de cambio.

Integrar la propia historia en el presente

La relectura de la propia vida hace posible una revalorización de la figura del progenitor normativo (en general, el padre para los varones y la madre para las mujeres). Esto es posible gracias al mejoramiento de la autoestima y del valor personal. Ya no se ve al padre solo como aquel que castiga injustamente, como una autoridad a temer; este aspecto se recoloca en una perspectiva donde emergen aspectos positivos que el miedo impedía ver.

El trabajo con la familia interior en el programa SAT es una experiencia fundamental para la comprensión porque ayuda a desapegarse del niño asustado, ofendido y humillado, para reapropiarse de la responsabilidad del adulto y salirse del rol de víctima de la autoridad y en las relaciones personales.

La relación con la madre se ve, gracias a la evolución personal, más claramente en su ambivalencia: los cuidados y el engaño se distinguen con más nitidez. Con frecuencia, la madre le ha dado al hijo un modelo de sí misma como «víctima» del padre, suficientemente creíble hasta que no emerge la función manipulativa de esta estrategia, cuyo fin es mantener al hijo cerca por miedo al abandono.

En cuanto a la relación con los hermanos, se establece una confrontación más directa que no excluye la posibilidad del enfrentamiento y la competición, y que ayuda a superar el sentimiento de culpa por no ocuparse suficientemente de la familia.

Es posible también que se rompa el tabú a ser mejor que el padre o los hermanos si se llega a tener más éxito en la vida que ellos, aunque siempre es difícil sostener abiertamente una posición de superioridad, que supondría una especie de traición.

Cambios en las relaciones

La evolución personal refuerza el poder sostener emocionalmente tanto el miedo a la soledad como a verse obligado a hacer lo que no quiere. Se vuelven así menos necesarias las estrategias de control para mantener un equilibrio dinámico entre libertad y búsqueda de protección.

La mayor seguridad en sí mismo así adquirida opera un efecto positivo sobre las relaciones afectivas y, en particular, de pareja, en las que puede experimentar una mayor implicación emocional. Disminuye la necesidad neurótica de ser perdonado y comprendido, lo cual conduce a una expansión de la autonomía emocional. Da pie a expresar más directamente los propios sentimientos y a abrirse a la relación con más generosidad y amor. Y le ayuda a entender que el otro es diferente, interpretando sin tanta paranoia sus reacciones y discontinuidad afectiva. Con frecuencia siente, en fin, que él puede ser una ayuda efectiva para el otro no solo con sus acciones, sino a través también de la contención emocional.

Percibe menos a la pareja como la «base segura» a la que remitirse en momentos difíciles, o como fuente de demandas y obligaciones susceptibles de limitar la propia libertad.

Se abre, entonces, un espacio para una visión interdependiente y adulta de la relación, connotada por una mayor conciencia de la libre responsabilidad de cada cual y por una aceptación de la propia naturaleza caracterial.

La aceptación de las características personales le ayuda a superar la envidia y una actitud fundamentalmente competitiva en el encuentro con el otro, del cual, en base al mensaje educativo recibido, se debería salir vencedor, negando por tanto ese lado débil que es funcional a la vida.

Se descubre el placer de estar con alguien cuando estamos menos preocupados por tener un lugar propio. Este carácter es como si sintiera que está a punto de disfrutar de una buena obra de teatro, pero solo una vez que esté seguro de que tiene un sitio asignado. Para ir menos preocupado por la vida, es básico no tomarse demasiado en serio las intenciones de los demás, recordar que «del dicho al hecho hay un trecho», y confiar en que hay sitio para todos, porque siempre habrá alguien que falte y no a todos les gusta la primera fila o los asientos cercanos a la salida de emergencia.

Puede ser muy útil experimentar modalidades intermedias en el manejo de la rabia y desarrollar una mayor capacidad asertiva, así como la de transformar las propias actitudes en las relaciones percibidas como fuertemente problemáticas. Por ejemplo, en aquellas donde se percibe que el otro tiende a desvalorizar o a no reconocer la autoridad (carencia de amor admirativo que reabre la herida con el padre), como puede suceder con un E4 sexual; la competición (como con un E3 social o un E2 social), o la lucha por el territorio (con un E8).

El problema a superar son las ideas «locas» de que «si no les hago daño a los demás, ellos tampoco me harán daño a mí», o «si no me hago notar demasiado, los demás no me notarán», reconsiderando cómo ciertas actitudes de evitación o aislamiento suelen ser precisamente la mecha de actitudes provocativas por parte de los demás.

Un estímulo para el proceso de transformación es experimentar la capacidad de sostener las propias ideas y aprender a defender su validez, en el intercambio con el otro. El E6 conservación suele interpretar erróneamente como un menosprecio de su opinión cuando el otro no le ha entendido bien por su modo un tanto confuso de expresarse.

Con el cambio desarrolla más capacidad de confrontación. Un menor miedo a equivocarse y a mostrar desacuerdo favorece el desarrollo de una asertividad muy útil.

Transformar la relación con la vida pasa por una aceptación serena de los cambios, aun cuando no parecen ir en la dirección deseada. Desarrolla así autobenevolencia y centramiento en el presente, desde el momento en que no es estrictamente necesario prever el futuro para evitar errores y superar las pruebas.

Liberarse de la ansiedad por el futuro y del juicio al pasado da el fruto de sentirse menos inadecuado y más fuerte. Estar más en el presente le brinda la oportunidad de sentirse más sereno y de disfrutar de las pequeñas cosas que antes se le escapaban.

La pasión por la idea de un lugar seguro y protegido vuelve al E6 conservación receloso ante cualquier forma de cambio. La evolución personal le lleva a reconsiderar que sin movimiento no hay vida y que en cada cambio hay algo que perdemos, pero también algo que ganamos.

> Estoy menos reactiva, veo pasar situaciones a las que no me engancho, y es delicioso el dejarlas pasar. Recupero con mucha más facilidad mi centro.

La búsqueda compulsiva de una situación ideal de paz queda atrás en la evolución del Seis calor, que se acostumbra a quedarse más tiempo en situaciones en las que no siempre hay serenidad o control, sin la necesidad neurótica de cortar el contacto con el otro para replegarse en sí mismo, determinando a la postre una discontinuidad en las relaciones.

Miedo y culpa

La culpa y el miedo son los obstáculos más difíciles de superar para un E6 conservación. Ambos están estrechamente conectados a través de su ideal de omnipotencia. No le es fácil a este carácter darse cuenta de que el miedo es su constante, pues percibirse como frágil e incompetente se opone a la idea, interiorizada a través del mensaje de los padres, de que tiene que ser autosuficiente.

La percepción de una debilidad personal le produce vergüenza y, por lo tanto, no es aceptada. La idea loca es que hay que ser fuertes y estar en condiciones de superar todos los obstáculos, porque ahí, y solo ahí, radica el valor personal, según la expectativa de los padres. Constatar que no es capaz de hacerlo activa el sentimiento de culpa y el miedo al castigo.

La superación de esta idea loca pasa por la aceptación de que no se puede controlar todo lo que pasa, y de la impotencia como realidad de la vida y límite personal. Esta nueva perspectiva genera, tras un momento inicial de desorientación, un sentimiento de paz y relajación, y se vuelve posible por el desarrollo de la compasión hacia uno mismo, que hace evidente cuán absurdo ha sido el esfuerzo de competir con el mundo y cuánto miedo derivaba de esa actitud pretenciosa. La desconfianza a superar es, sobre todo, a sí mismo; la falta de confianza en los demás es, por lo general, una proyección del hecho de no confiar en uno mismo y de no asumir la responsabilidad de las propias acciones y sentimientos.

Desarrollar más conciencia de su percepción de la debilidad personal le incentiva a sostener el encuentro con el otro, no escondiendo los propios temores sino aceptando la dignidad que estos poseen. Comprender el sentido de su miedo ayuda al E6 conservación a darle una dignidad y a superarlo.

No olvidemos el sentido estético. El E6 conservación tiene, como suele pasar con los esquizoides, la mirada vuelta a su interior, a sus pensamientos, y no usa demasiado la vista. La contemplación es otro aspecto fundamental de la transformación: mirar sin pensar, invertir energía en sentido estético en la naturaleza, en los demás. Obviamente es menos fácil con las personas, pues el encuentro con el otro desencadena la falsa idea de que deberíamos actuar, de que no podemos estar ahí y simplemente quedarnos mirando.

> También descubrí que el contacto con el arte me hace bien: me suelta y me da alimento de otro tipo, y de alguna manera contrarresta mi parte racional y obsesiva, me expande y aligera.

La confianza en la afectividad y la creatividad

Importante para la transformación de este subtipo es el desarrollo de una mayor capacidad de ver la propia vida en términos de afectividad y no de racionalidad.

Fue al principio mucho comprender cosas con una perspectiva más redonda (ni tan racional, ni tan fija). Como si hubiese podido entender las cosas más allá de las palabras y con todo mi cuerpo, no solo con la cabeza. Como si hubiese comprendido que la vida (la realidad) no podía ser plasmada en dos dimensiones, respondiendo lógicamente o consecuentemente, sino que su riqueza y profundidad era mucho más densa e iba mucho más allá, en todas direcciones, difícilmente era captada solo a través de la razón, había muchas maneras de acceder a ella.

Mientras las elecciones se tomen desde la racionalidad, siempre faltará algo: la convicción, la claridad. Queda la duda sobre un posible error, una elección equivocada y, con ello, la autocrítica y el culparse a uno mismo (o incluso a aquellos que le impidieron poder elegir).

Lo que le hace salir de la duda, y por tanto de la culpa, es recuperar un sentido emocional de las elecciones vitales, sentir que las cosas que se hicieron —o dejaron de hacer— partían de una necesidad que probablemente en aquel momento no pudo leer de modo claro y definido, pero que existió y sostuvo la elección o la indecisión.

Llegar a este modo de ver las cosas es, para un E6 conservación, como contarse verdaderamente otra historia, ver su vida desde otro punto de vista, donde ya no cuentan solo los criterios provenientes de la educación familiar (la autoafirmación, la seguridad, el deber, el prestigio; en suma: la afirmación de un rol), sino también la afectividad, como libre expresión creativa de uno mismo.

Porque otro aspecto a subrayar es la creatividad. La excesiva preocupación por la eficiencia (no en términos de vanidad sino de seguridad) y la organización de su vida, saber y capacidades como recursos contra el miedo, coartan e impiden la creatividad. Un E6 conservación puede descubrir con dolor y frustración que cuando escribe es muy diestro a la hora de ensamblar los pensamientos de los demás, y dar una buena forma a lo que sea, pero que no es espontáneo, no es creativo. Y puede ser fuente de gran satisfacción, en el camino del desarrollo personal, descubrir que esto es algo que puede hacer con mucha alegría, en el momento en que se permite ser más libre en un proceso de creación.

Schubert dio lo mejor de sí mismo en su última obra, la Sinfonía inconclusa, y fue solo cuando, como afirma Claudio Naranjo, sentía que no tenía más tiempo a su disposición porque sabía que se acercaba el día de su muerte: un poco como haberse dado permiso, solo entonces, de expresarse libremente.

Para todos los tipos de carácter, pero en especial para el E6 calor, la expresión y la creatividad son realmente una terapia, una experiencia de satisfacción y confianza en sí mismo; de autoafirmación sin miedo ni vergüenza.

Un último gran aspecto es el desarrollo de una espiritualidad que va de la mano de la recuperación del amor devocional hacia el padre. A veces, tras la aparente búsqueda de lo divino, se esconde el intento de no vivir la devoción y el reconocimiento en la dimensión humana, a un maestro o a un guía, como si solo se pudiese vivir a través de lo divino. Resulta más clara la necesidad de creer, el amor devocional trasciende por fin la herida narcisista y eleva a un horizonte espiritual más amplio, pudiéndose sentir de verdad como una necesidad de plenitud, dicha y armonía.

La transformación para un terapeuta E6 conservación

Uno de los aspectos de la transformación que más les sirve a los pacientes es la capacidad de confrontación en las situaciones de manipulación y evitación en terapia. Menos miedo a equivocarse y a manifestar el desacuerdo favorece el desarrollo de una asertividad muy útil.

En cuanto a la asunción del rol profesional de terapeuta, este es percibido al principio como un *locus* externo (definido a través de las reglas, la deontología, el deber, etc.) para percibirse progresivamente como interno: búsqueda autónoma del sentido de la terapia, estilo personal y ética. Esta última dimensión de los valores se desarrolla junto a la espiritual y atenúa el sentido del deber, transformando el punto de vista ético —en sentido kantiano— de moral heterónoma a moral autónoma.

El terapeuta E6 conservación suele hallarse más a gusto con pacientes con tendencia a ser distantes que con clientes cuya intensidad pueda hacerle sentir en peligro su estrategia de control de la relación y amenazado su rol profesional. Para encuadrar el problema desde un punto de vista distinto de la culpa y la inadecuación, en supervisión es importante acompañar al terapeuta a reconocer que la situación está en constante movimiento, a esperar que algunos intentos de resolución conduzcan a mayores fracturas, o que una y otra vez reaparezca el mismo problema, y estar abiertos a perder la esperanza.

Tener más confianza en la propia intuición y sensibilidad, incluso cuando no le lleva en una dirección cien por cien coherente con el punto de vista racional, le ayuda a desarrollar la creatividad en el proceso terapéutico.

La virtud del eneatipo Seis es el coraje y su idea santa es la fe esencial, la fe en que las cosas son como son, sin buscarle tres pies al gato ni una razón oculta, aceptando el fenómeno tal como se manifiesta, el aquí y ahora. Esta *fenomenología del ser* puede resultar en un cambio cognitivo, pues el E6 conservación tiene dificultades para estar en lo obvio.

Con la transformación, el terapeuta de este subtipo desarrolla una actitud más fenomenológica: observar y comprender, en vez de explicar. Como en el movimiento del cuarteto de Beethoven, *Muss es sein*: «Así debe ser», sin un motivo, sin explicación. Este cambio le ayuda a percibir al otro en su globalidad y en lo inmediato, posponiendo la necesidad de construirse una hipótesis y mapas donde encuadrar lo que ve.

RECOMENDACIONES TERAPÉUTICAS

El pensamiento mágico y la arrogancia artificial

Cuando un E6 conservación sale de su escondite, debe aprender a ejercer la autoridad y a ser expresivo, saliendo de la inhibición. Y aunque no se manifieste en modo natural como el eneatipo Dos o el Cuatro, puede llegar a ser muy expresivo; es como una oscilación del péndulo que viene de la represión y va hacia un acto de liberación.

Al convertirse en autoridad, el gentil E6 fóbico no tiene la ventaja del contrafóbico, que empieza su vida desafiando a un padre aplastante y desarrolla la capacidad de enfadarse y de ser crítico con él. Para el contrafóbico sí es muy fácil ser arrogante, pero ¿cómo puede una persona de naturaleza tímida y excesivamente modesta superar sus límites y permitirse el fluir de sus expresiones?

Es necesaria una cierta «arrogancia artificial»; la persona evoca generalmente una sensación de estar sustentada por algo, ya sea por la razón o por autoridades que son relevantes en su mundo. También hay un elemento de fantasía: razones místicas, sintiendo que Dios quiere lo que tú quieres, que lo que estás haciendo es virtuoso o tiene una gran profundidad. No es exactamente estar en contacto con el maestro interior o con el sentimiento interno de sabiduría; es algo en medio. Es la sensación general de estar yendo en la dirección correcta pero sin estar lo bastante seguro de que se tiene la claridad precisa.

La protección de su autoridad necesita un velo como el calamar que lanza su tinta. Es como una patología que se encuentra por el camino: la persona en proceso de sanación desarrolla unas enfermedades específicas, que no son las mismas del inicio, pero que de alguna manera son aún más locas. Una locura mística, que incluye al pensamiento mágico. El individuo entra en la literatura espiritual; hay mucho romanticismo dudoso, vago.

La claridad de la expresión verbal

La expresión verbal podría ser el primer paso que un terapeuta empiece a trabajar con un Seis calor. La vergüenza, la culpa y los filtros están tan presentes en la conversación que hay una enorme dificultad para expresar el mundo interior, las ideas, las creencias, los temores, los deseos. La mera expresión verbal supone un desahogo y una práctica poco habitual para el E6 conservación, mucho más instruido en el arte de la pregunta y la escucha. Si en una conversación la atención está puesta en la intimidad del otro, el encuentro resulta menos comprometido. En este sentido es importante propiciar un clima de seguridad donde pueda expresarse con tranquilidad; dar el permiso, que la persona se niega, de poder hablar con naturalidad de su mundo interno.

Es importante la claridad. Es decir, pedirle explícitamente al paciente que se exprese con concreción, nombre los asuntos de forma concisa y se deje de «pajas mentales», sin espacio para la vaguedad, la ambigüedad y la abstracción. Invitarle a que se exprese con ejemplos, con asuntos reales y no teóricos, con nombres y apellidos, con detalles.

La expresión de lo «negativo»

Lo primero es aprender que lo negativo es fruto de una concepción interna, de una mente dual que discrimina constantemente el bien del mal.

Si ya existe una dificultad general en la expresión en sí, cuando se trata de lo negativo el temor es aún mayor. Toca observar la presencia continua del juicio interno y del miedo al castigo. Se le induce a que pueda decir lo que no le gusta, a soltar ese exceso de blandura que le sitúa frente al otro con la sonrisa boba y complaciente y la actitud del niño bueno que se lo traga todo.

Expresar la rabia; como se pueda, pero expresarla. Practicar nuevas formas más allá de la ironía (con la que expresa lo contrario de sus sentimientos), ya sea la asertividad o la histeria loca. Y deshacer el tabú de la agresión. Eso sí, si es posible, con la persona adecuada, sin salir corriendo a buscar a la madre para darle una patada. Buscar canales de expresión de la rabia utilizando técnicas como la *silla caliente*[20] para que al menos tome conciencia de ella y de los asuntos pendientes que tiene con las personas cercanas, y encuentre un modo de liberar esa emoción.

Poder confrontar al otro, pelearse, discutir, quedar mal. En este punto trabajar la culpa, que seguramente aparecerá, por ser un *chico malo*. Despenalizar, despertar al personaje interno que haga de abogado defensor de la expresión.

La expresión de las emociones

Primero, tomar conciencia de ellas, practicar ejercicios de atención al cuerpo y a las emociones. Para tomar conciencia de la frialdad, de la prohibición interna de expresar, del llanto interior y de la angustia no expresada.

20. La «silla caliente» es una técnica que se usa en terapia gestalt para favorecer la conciencia emocional y la asunción de responsabilidad sobre aquello que quiero y siento.

Existe una dificultad fuerte en este sentido, por lo cual se necesita una ayuda, como la música y el trabajo corporal, que facilite el desbloqueo de la coraza muscular.

El trabajo con la vergüenza es importante; permitirse ser, mostrarse tal como uno es, dar valor a la propia experiencia emocional sin juzgarla.

> Soy más lúcida en los procesos del pensamiento y más congelada en la expresión corporal, quizá por miedo a sentir demasiado. En el SAT 2 por primera vez entré en contacto con una sensación de soledad profunda y con una especie de vergüenza de mí misma porque no me sentía deseada por mi madre cuando estaba en su vientre. Recuerdo haberme arrastrado por el suelo cubriéndome la cara de vergüenza y con un llanto antiguo, y luego haber sentido por primera vez la rabia. El SAT 3 volví a contactar, en modo amplificado, con la profunda soledad que advertía, y que advierto (si bien ahora en forma atenuada), y la tendencia a aislarme y a bastarme a mí misma, en lugar de expresar mis necesidades. Era como si me hubiese concentrado en dar una imagen positiva de mí y esconder mi fragilidad.

La acción

Un aspecto muy importante es que tome conciencia de su dificultad para tomar decisiones. Es preciso ver cómo actúa el *juego de la duda*, con el que posterga continuamente la acción. Decidir supone responsabilizarse de los deseos y necesidades y asumir ciertos riesgos.

Actuar más, aunque el miedo esté presente, incluso forzando una disciplina. La fantasía catastrófica suele ser mucho peor que lo que luego sucede en la realidad, y esta información nueva puede empezar a cuestionar las terribles ideas fantaseadas, tomar conciencia de que no pasa nada, de que todos aquellos peligros que le paralizaban estaban en su cabeza.

Ha de prevenirse de la depresión como una forma básica de desenergizarse, de autoengañarse y de permanecer en una postura de comodidad bien conocida. Es muy fácil que una persona que tiende a tragarse la agresión del otro, que asume una posición de inseguridad en el mundo y que posterga la acción conecte con el sentimiento de incapacidad y de depresión. Una ayuda más para no entrar en acción.

La dificultad para la acción hace que el E6 conservación esté en la vida en una situación constante de tareas pendientes frente a compromisos adquiridos, fantasías no realizadas, sentimientos no expresados, deudas de todo tipo (personales, económicas, etc.). Cabe poner atención en los compromisos que uno adquiere y responsabilizarse de ellos. Poder responder de un «sí» dado, como una forma de encontrar su propio valor. Y expresar con claridad el «no», deshacerse de asuntos no deseados, y empezar a practicar el «no» frente a lo que no quiere en su vida.

> Agendar y hacer una lista de lo que tengo que hacer me ayuda a vaciarme y descargar un poco las cosas mentalmente. Me doy cuenta también de que cuando un asunto está marcado en mi cabeza, me angustia o me preocupa, me jala toda la energía de las actividades anteriores: por ejemplo, una cita en la tarde me succiona y quita energía para concentrarme en las cosas de la mañana; esto me impide vivir el día completo. Me di cuenta de que iba viviendo con picos más fuertes, o solo, ciertas cosas, y el espacio entre ellas estaba subordinado al futuro, sin atención, más bien pensando en lo que venía después, generándome preocupación y tensión.

El trabajo con los mecanismos de defensa: la proyección

Ayudar a que la persona recupere las proyecciones que lanza sobre el mundo y las personas que le rodean. Ayudar a ver que es su propio miedo el que pone un filtro a la hora de percibir la realidad. Tomar conciencia de la mente paranoica, de las predicciones y fantasías agónicas de futuro; responsabilizarse en este sentido.

Ver cómo el mundo sobre el que se proyecta es bastante menos terrible y amenazador de lo que uno fantasea. Una buena tarea a tal fin es viajar, conocer otras culturas, otras ideologías, y traspasar la «frontera» y el miedo a otras visiones.

Ver que esta percepción de la realidad lleva a un egocentrismo aislado y temeroso que tiende a esconderse y protegerse. Hacerse cargo del juicio interno, trabajar con el *superego*, *mandón* o *perro de arriba*. Ver el fuerte poder que tiene este personaje en su vida y hacerlo dialogar con la parte instintiva, con sus deseos e impulsos, con la parte más animal y con la más niña.

La culpa

Es crucial empezar a practicar la desdramatización, el humor, la benevolencia para con uno mismo, sobre todo. Recuperar la inocencia del niño, la diversión, la despreocupación y la espontaneidad; la vida no es tan seria. Confiar en la naturaleza interior del ser humano, en lo instintivo, en las emociones y en el cuerpo.

Sería, para el terapeuta, una labor de despenalización, de recuperación de la naturaleza libre e inocente del niño. Trabajar especialmente la expresión de la rabia y agresividad como aspectos muy reprimidos en este subtipo. Permitirse lo sexual. A veces la seducción se hace de forma ambigua, uno quiere follar y se encuentra dando mimos y cariños, ofreciendo amistad, confundiéndose y confundiendo al otro.

Relación con la autoridad y responsabilidad

El primer paso en el trabajo terapéutico sería hacerse cargo de cómo es su relación con la autoridad. ¿Es mi jefe el que no me valora, o soy yo el que no se valora? ¿La autoridad es mala, o simplemente no soy lo bastante adulto y responsable como para ser mi propia autoridad?

Una vez que toma conciencia, el trabajo se orienta a responsabilizarse de sus relaciones. Uno elige a qué personas les da autoridad, que está vinculada con el valor propio. Puede elegirlas con mayor conciencia y establecer vínculos nuevos de admiración, de cooperación y reconocimiento.

El otro gran paso es responsabilizarse de la autoridad interna, es decir, yo me hago cargo de mis valores, de mis creencias y decisiones de vida. Me doy poder, me autorizo a mí mismo, no les doy tanto valor a las autoridades externas. Hay una autoridad que es mía, que depende de mí, y donde nadie más que yo decide.

Es necesario trabajar la posición ante los errores cometidos. Es tan necesaria la desdramatización como la responsabilización. Yo no voy a ser capaz de asumir un error si la fantasía de castigo es desproporcionada, así que optaré por echar las culpas fuera, manipular o justificarme. Actitudes todas ellas que propician la repetición de errores y la continuación de un rol infantil asustado y a la defensiva.

Esto está relacionado, en el caso de los varones, con conectar con la posición de «hombre», con la energía masculina, con la capacidad de ejecutar, de actuar. Contactar con la fuerza propia y con la capacidad de dirigirme hacia lo que quiero. Conviene fomentar la percepción de pertenencia a lo masculino.

El diablo interior

Dado que en el E6 conservación predomina la identificación perentoria con lo bueno, lo correcto, lo formal y lo reglado, la tarea terapéutica es trabajar la polaridad. Ayudar a vivir el diablo interior es una invitación a explorar todo el mundo interno que está enturbiado por la culpa; a entrar en el lugar de lo instintivo, de la energía sexual, de la expresión de los deseos tapados; a liberarse de la pesada culpa; a identificarse con el niño malo, con el perverso, con el tirano. Dar cabida a lo dionisiaco, al placer de los sentidos, al descontrol.

Una herramienta especialmente valiosa es el teatro, como un espacio donde todo este mundo puede tener expresión y cabida: putas, ogros, vampiros, asesinos, violadores, enanos grotescos... pueden ser representantes de las energías negadas de lo malvado y lo prohibido.

La conciencia del miedo y la confianza

El cambio en el E6 conservación no es la desaparición del miedo, sino de la relación que mantiene con él. Con la conciencia del miedo, va aprendiendo las construcciones paranoicas de su mente, y puede situarse a mayor distancia, como observador. Puede dialogar con él, con ese miedo que le acompaña: «Bueno, tengo miedo, y con miedo voy a hacer un pequeño acto de coraje: voy a atreverme a...». Lo importante es que empiece a desarrollar una confianza en la vida: una actitud más inocente, más allá de la mente racional y de las expectativas de control de la propia existencia.

El trabajo corporal

La danza, la bioenergética, el masaje o las artes marciales son vehículos necesarios para el trabajo terapéutico. Mediante el movimiento se aceleran los procesos y se entienden cosas desde un lugar poco conocido para este subtipo. Propiciar todo lo que tiene que ver con una expresión más espontánea, enterrar la cabeza para dar espacio a que el cuerpo entre en acción y, con él, se muevan energías dormidas. Buscar la liberación de la angustia solo dejando que el cuerpo haga lo que necesita, sin tratar de entender intelectualmente qué sucede.

> Empecé a tener más conciencia corporal y con ello más contacto directo con las cosas (sin pasar por mi cabeza). El yoga y el trabajo con el cuerpo es lo que me ayuda a soltarme y relajarme; respiro mejor y me tranquiliza; me ayuda también a estar presente con más peso (gravedad) y a silenciarme.

La terapia de grupo

Para el E6 conservación es importante el trabajo grupal, afrontar las dificultades que uno tiene con el mundo en un ambiente seguro y permisivo. El laboratorio del grupo como un espacio protegido de reaprendizaje, cuestionamiento y ampliación de los límites personales. Permite, trabajar la relación con hombres y mujeres.

El proceso de reconversión de la rabia

En el E6 conservación, la rabia no es manifiesta, no se traduce en un gesto corporal sino que se transforma en otra cosa, en general en tristeza. La pena, a su vez, lleva a una sensación de impotencia, de no poder cambiar la situación que se está viviendo. Y esta impotencia genera una sensación de soledad y de aislamiento afectivo que conduce, finalmente, a la convicción de ser incomprendido.

> La percepción y la expresión de la rabia representan un tabú; aprendí a prescindir de ella y a no utilizarla en la gama de emociones. He percibido el enfado como algo peligroso, que puede llevar a la destrucción. El llanto es apagado, como ahogado; también las lágrimas, como las palabras (y la rabia), se tragan; la respiración está comprimida y el diafragma se bloquea.

El sentimiento de incomprensión refuerza el de soledad, de sentirse abandonado y a merced del dolor, del cual nace un estado depresivo. Y del aislamiento afectivo nace la convicción de poder contar solamente con las propias fuerzas. El proceso es tan automático que ni siquiera se siente la rabia y emerge el llanto.

La convicción de que la rabia es destructiva tiene su origen en una experiencia infantil en que la expresión colérica comportó sentimientos desagradables al faltar la comprensión adulta; lo que hubo en su lugar fue miedo y parálisis. Es muy útil para el E6 conservación darse cuenta de que la rabia tiene una amplia gama de manifestaciones y que se puede modular. Y que una cosa es sentir rabia y otra, la modalidad en que se elige expresarla. Es útil, aun antes de empezar a reconocer el sentimiento de rabia, dejarse inundar por ella y estar ahí, sin convertirla en tristeza.

Los «gestos reparadores»

- Tener fe en la vida. Formo parte de algo más grande, lo divino.
- Acción.
- Cuerpo: mirada, sonrisa, tener los pies en la tierra.
- Dar espacio a la curiosidad.
- Confianza en que soy buena persona, el mundo es bueno.
- Tomar espacio con la respiración.
- Expresar mis necesidades.
- Agradecimiento, reconocimiento a lo que recibo.
- Conectar con el vientre.
- Distinguir la excitación corporal, la ansiedad.
- Entrega.
- Aprender a recogerme a mí mismo.
- Aceptación de mí mismo.
- Simplicidad.
- Soltar el control.
- Conectar con el presente, con lo real.
- Confianza en mi cuerpo a través de actividades físicas.
- Conectar con el placer, el juego (priorizarlo, no tener que ganar), lo lúdico.
- El sentido del humor.
- Confrontar con la realidad las fantasías.
- El arte.
- Dejar de ser niño bueno y empezar a creerme que soy bueno.
- Contactar con el miedo y con la necesidad.
- No pensar en todas las consecuencias de mis actos (anticipación); solo se puede saber tras la acción.
- Saber que puedo cambiar de opinión y expresarlo.
- Ampliar la memoria recuperando mis logros y virtudes.

E6 CONSERVACIÓN:
UNA AUTOBIOGRAFÍA

Por Betina Waissman

NACIMIENTO. Padres y abuelos

Mis abuelos de las dos ramas eran inmigrantes rusos, judíos que marcharon a América del Sur inmediatamente después de la Gran Guerra, en busca de una vida mejor. Las abuelas materna y paterna emigraron con quince años junto a sus respectivas familias. Los dos abuelos emigraron solos, a los dieciocho años. La rama de mi madre se estableció en Buenos Aires y la de mi padre en Río de Janeiro. Dos familias con historias similares, que fueron construyendo una nueva vida. Años más tarde los dos matrimonios se conocieron en un viaje, donde surgió una amistad para siempre.

Mis abuelas planifican el encuentro de mis padres; estos se conocen, se enamoran y en menos de un año se casan, para alegría de ambas familias. Al casarse a los dieciocho años mi madre se muda a Brasil. En esa época fallece mi abuelo paterno, dueño de una importante editorial, y mi padre, el primogénito, asume su parte del negocio familiar. A pesar del dolor de la pérdida fue una época de gran prosperidad y expansión para la familia.

En 1956, a los dos años del casamiento, nazco yo, deseada primera hija, en un parto fácil y rápido durante el octavo mes de embarazo. Tras un día en la incubadora y estando todo normal, vamos a casa, en Copacabana, frente al mar, donde me esperaba todo lo bueno y lo mejor.

Mis padres eran jóvenes, en ascensión económica, amantes de la cultura, los viajes y la vida social, y tenían ayuda para cuidarme. Mamé durante tres meses, lo suficiente según el médico y los criterios de la época. Yo era una bebé quietecita, muy tranquila, dormía más que mamaba, no daba guerra ni trabajo.

Dos años después nació la segunda niña, dos años más tarde la tercera, y la cuarta con el mismo lapso de tiempo. Niñas y ochomesinas todas, saludables, bien educadas y a menudo vestidas de la misma forma, en una familia bonita y feliz. Todo parecía idílico, pero mis padres estaban muy poco presentes en lo cotidiano, trasladando la responsabilidad de cuidarnos a otras personas.

Mi primera nana fue una negra amorosa que recuerdo con amor. Me contaba historias de personajes monstruosos del folklore brasileño que me hacían temblar de miedo y excitación: el *bicho papão*, que comía niños pequeños, la cucaracha gigante, la *mula sin cabeza*… El día que ella se marchó tuve fiebre y delirios toda la noche, soñando que estos monstruos me atacaban. Tendría poco más de dos años y es mi primer recuerdo de terror, y de dormirme junto a mi madre calmándome, cuidándome. Recuerdo su calor, y cómo así me sentí protegida.

Años después, en proceso terapéutico corporal, conecté con mi soledad bajo aquella capa de aparente «felicidad» y, con mi cuerpo temblando sin control, reviví mi primera memoria de frío y desconexión, aquel primer día de vida en la incubadora, lejos de mi madre.

INFIERNO. La institutriz

Entre los tres y los casi seis años fue lo peor de mi infancia: una época de tortura. Nos cuidaba una mujer alemana, que instaló el pánico en mi pequeño mundo.

Esta mujer, que se llamaba igual que mi madre, tenía como objetivo «educar y disciplinar», y su método era la amenaza, el castigo, la humillación y la agresión psicológica y física. Su violencia era fría, sádica; inventaba torturas y castigos, siempre con una sonrisa, pues estaba «enseñando, educando», y todo era «por mi bien».

Yo, la mayor, era su blanco principal pues estaba creciendo y tenía que aprender. Siempre me culpaba de algo y, cuando no había hecho nada, era por «lo que pudiera hacer», para que eso me sirviera de ejemplo.

Las peores situaciones que recuerdo eran siempre en torno a la comida. Nos servía platos enormes y marcaba el tiempo para terminar de comer. Como yo no lograba cumplir, me pegaba y castigaba de diferentes maneras. Yo lloraba, rogaba, pero solo conseguía que me castigara todavía más. Decía que yo era mala y merecedora de castigo.

Durante una temporada, como no lograba comer en el tiempo estipulado, me mandaba terminarme el plato en el servicio. Pronto descubrí el sumidero en el suelo y, retirando la tapa, tiraba la comida que ya no podía tragar más. Eso funcionó varios días, hasta que ella desconfió y le dijo a un empleado de la casa que me vigilara. Al día siguiente apareció con él, abrió la puerta y me hizo tragar toda la comida del sumidero. Yo lloraba, él me sujetaba y ella metía la cuchara directamente del sumidero a mi boca. Yo vomitaba y ella me obligaba a comer lo vomitado. Yo lloraba y me metían vestida debajo de la ducha helada y otra vez a continuar comiendo del sumidero, hasta terminarlo todo. Yo tendría alrededor de cuatro años. Obligarme a comer lo vomitado pasó a ser una de sus prácticas habituales.

Una vez rompió una cuchara de madera dando un golpe en la cabeza de mi segunda hermana, que tendría entonces unos dos años. Yo grité y ella me levantó por los aires dándome una buena zurra, acusándome de ser muy mala.

Estas situaciones sucedían casi a diario y mis padres no tenían idea de lo que pasaba. Estaban poco en casa durante el día y ella nos tenía aterrorizados y controlados con su mirada amenazadora. Para mis padres, ella hacía que todo pareciese perfecto y en orden: las niñas limpias, bien vestiditas, obedientes. Ellos llegaban y era la alegría, nosotras corríamos a sus brazos, todo parecía perfecto.

Ella, nuestra «cuidadora», estaba siempre cerca y con su media sonrisa no me quitaba los ojos de encima. Mis padres no tenían que saber nada o ella acabaría conmigo. Sus labios finos y apretados tantas veces me susurraban: «Tú cuenta, cuenta ¡y verás! Ellos nunca te van a creer, tú eres solo una niña… Me creerán a mí... Cuenta y te las verás conmigo, ¡te daré buenas razones para llorar!»

Recuerdo estar jugando, sentada en el pasillo, y venir ella de sorpresa por detrás y pegarme, sin que yo supiera por qué. Pasé a estar atenta a las puertas por donde podría aparecer. La desconfianza interna y el estado de alerta empiezan entonces a ser parte de mí.

Yo adoraba a mis padres, no quería perturbarles ni crear problemas. ¡Ellos eran tan buenos! Mi padre era el dios que llegaba al final del día. Mi madre, la linda reina, bien vestida y perfumada; nos traía regalos, sonriente. La casa, bonita, llena de flores, ordenada. No podíamos jugar en el salón para no desordenar y solo comíamos con mis padres en días especiales.

Venían a darnos un beso en la cama antes de salir. Mi madre, sonriendo y dulce, me pedía que fuera buena, que cuidara de mi hermanita y que durmiera bien. Yo me quedaba feliz, encantada con estos momentos de atención y cariño y la importancia y responsabilidad que me daban… Claro que cuidaría a mi hermana y que no les daría ningún problema, nunca contaría nada, no les haría sufrir.

Una vez mi madre llegó sin que se la esperara y la vio gritándome en el baño. Mi madre entró, me hizo salir, cerró la puerta, y las oí discutir. Recuerdo la tensión, la culpa y el miedo al escucharlas e imaginar que ella podría pegar a mi madre como lo hacía conmigo. Temblaba detrás de la puerta hasta que mi madre salió sin marcas. Ya me estaba acostumbrando a vivir así… siempre esperando algún castigo. Como era mala, yo podría estar haciendo algo malo, incluso sin saberlo.

El miedo se volvió cotidiano; la amenaza, la culpa y la expectativa de castigo estaban incorporadas. La imagen idealizada de mis padres ocultaba el abandono: ellos eran maravillosos y tenían un mundo propio, bello y distante para mí. Yo quería ser buena, pero temía ser tan mala como M. insistía en que yo era. Mi mundo se dividió en dos partes: el bien, encarnado por mis padres, y el mal, por mi cuidadora.

Poco a poco me fui desconectando de mis percepciones internas, al punto de borrarlas de mi propia conciencia. Vivía con la sensación de un gran ojo vigilante y castigador puesto continuamente sobre mí. Era una niña obediente, especialmente sensible a la tensión o conflictos en el ambiente. Tenía miedo de los gritos, de los enfados y a que me pegaran, y por eso no quería llamar la atención. Fui aprendiendo a aguantar, aceptar y tragar ya casi sin llorar, para que las agresiones y humillaciones pasaran rápido y dolieran menos. Decían que era muy dulce, que no molestaba y que no daba trabajo. Lloraba sola por la noche en la oscuridad, bajito para que no me oyeran, encogida, llena de miedo y soledad.

Imaginaba monstruos, seres amenazadores detrás de las puertas, de los armarios, personas que podían entrar por las ventanas y atacarnos o secuestrarnos. Para mí, la noche estaba «habitada», llena de seres peligrosos. Los juguetes podrían moverse, cobrar vida en la oscuridad y asustarme. Estaba convencida de que había cocodrilos debajo de mi cama, pero yo no podía encender la luz para observarlos, porque si ellos llegasen a darse cuenta de que yo sabía de su existencia, me atacarían. La clave era hacer como que dormía para que no me atacasen y así, encogida de miedo, terminaba durmiéndome. Un sueño recurrente de esa época era que tenía que pasar por un largo pasillo cuyas paredes se estrechaban sobre mí, cerrándose cada vez más.

¿Por qué no adivinaban mis padres lo que pasaba en la casa? ¿Por qué no me salvaban? ¿Por qué no sucedía un milagro? No me atrevía a hacerme estas preguntas abiertamente, pero pedía que sucediera algo que me liberara.

Finalmente, lo que yo tanto deseaba ocurrió. Mis hermanas se habían quedado en Argentina en casa de mis abuelos, junto a la cuidadora, mientras yo regresaba a Brasil con mi madre para comenzar el colegio. A solas con ella me sentí segura y, entre sollozos, le conté todo. Mis padres quedaron atónitos, y cuando la cuidadora regresó con mis hermanas, inmediatamente la despidieron.

Algunos meses después nos visitó, cuando mis padres no estaban en casa, y alguna otra vez la vi en la plaza donde íbamos a jugar. Ella se acercaba, sonreía y pedía un beso. Yo se lo daba, sintiendo miedo, culpa y vergüenza; no recuerdo sentir rabia. Yo tenía entonces alrededor de cinco, seis años.

Después de que M. se fuera, mis padres me llevaron durante un año a una psicóloga. Recuerdo dibujar y pintar y que la terapeuta me preguntaba cosas que yo no sabía contestar; no me gustaba hablar. Lo que me encantaba era que mi madre me llevara y me recogiera en su coche, las dos solas.

REFUGIOS. Naturaleza y afectos

Durante esa época de tortura yo tenía dos refugios principales. Uno era la playa, frente a la cual vivíamos no más cruzar la calle, y adonde íbamos a jugar todos los días después de clase. Yo adoraba el sol, la arena y el mar. A la cuidadora M. no le gustaba la playa, pero nos mandaba allí con Zilá, que también trabajaba en casa y era muy amorosa. En la playa podía jugar sin que nadie me hiciera daño y me sentía a salvo. Pasábamos horas jugando, construyendo túneles y castillos en la arena, fantaseando con princesas y anillos mágicos que debíamos encontrar en el mar, y que nos traerían protección y felicidad para que nunca más nos ocurriera nada malo.

El otro refugio era mi primera mejor amiga Bia, mi vecina un año mayor que yo. Íbamos al mismo colegio y nos veíamos todos los días, me dejaban jugar y dormir en su casa, a salvo. Con ella descubrí la amistad, la complicidad, la imaginación. Ella inventaba juegos, era siempre la líder, iba por delante. Yo la seguía fielmente, llena de excitación, aguantado la risa que me estallaba en las situaciones de tensión. Era un placer hablar en la cama después de que nos apagaran la luz... Mis primeros recuerdos de intimidad y afecto.

Adulta, en una sesión de movimiento auténtico, reviví estos momentos y comprendí cómo me habían ayudado a mantener la salud y la esperanza en aquel periodo de sufrimiento infantil. La amistad y la naturaleza, en especial el horizonte infinito del mar, pasaron a ser a lo largo de mi vida importantes apoyos, donde buscar amparo en momentos de crisis y de cambios.

Mirando las fotos de esta época en una sesión de bioenergética, alrededor del año 1977, mi terapeuta, Sandra Guimarães, me señala cómo a partir de entonces mi mirada cambió completamente, pasando a tener una expresión triste. Y mis piernas se llenaron de heridas. Un proceso alérgico al que mis padres nunca dieron importancia y que solo conseguí diagnosticar y curar después de los veintidós años.

Comienza una segunda parte de mi infancia, con mejores recuerdos. Teníamos ahora a F., una nueva cuidadora, francesa y muy amorosa. Al inicio sentía miedo y desconfianza, pero poco a poco empiezo a quererla. Me sorprende que me pregunte las cosas, que me trate con cariño, que no me pegue o me obligue a comer lo que no me gusta.

De mis hermanas guardo recuerdos cariñosos. Con ellas y mis primos hacíamos teatro, contábamos historias, nos disfrazábamos, creábamos diferentes espacios. Me gustaba ser la mayor, sentirme responsable por ellas, ser buena hija. Temía hacer algo que a mis padres no les gustara. Tenía un sentimiento de protección y lealtad hacia mi familia. En esa época tenía un sueño recurrente en que salvaba a mi familia, guiándolos a través de una selva oscura y pantanosa, donde lianas y serpientes se confundían colgadas de los árboles, casi tocando nuestras cabezas al pasar. Me sentía una heroína con esa tarea.

Comienzo del malestar social

Por entonces empecé a darme cuenta de que el mundo no era igual para todos, de que no todos tenían lo mismo que yo. Primero me sorprendió y después me incomodó.

Pasé a sentir vergüenza y culpa por los privilegios que tenía: familia rica, pasar las vacaciones en otro país, tener empleados atendiéndonos. Hacía amistad con los niños más pobres: los hijos del portero, las niñas que tenían beca porque sus familias no podían pagar la escuela.

Seguía con los miedos nocturnos: oía ruidos en el techo o en la terraza y me paralizaba de miedo. Imaginaba que me raptarían o atacarían por ser rica. Por la mañana veía que era el viento arrastrando las hojas o los perros que se movían, pero no conseguía evitar la tensión que se instalaba en mi cuerpo en la oscuridad de la noche. En esta época esperábamos el bus escolar con el portero, que leía y comentaba un periódico de esos que solo traen crímenes y accidentes, todo muy sangriento. Esas imágenes se quedaban grabadas en mi mente y se transformaron en pesadillas durante muchos años. Más adelante fueron parte de las razones que me hicieron buscar terapia.

Durante este periodo de mi infancia, poco a poco empecé a convivir con la fantasía de que mi vida era demasiado buena y mi familia, tan feliz, que algún día algo horrible tendría que ocurrir. Todo el mundo que conocía había vivido alguna desgracia menos yo, y creía que algún día tendría que pagar por eso. El sufrimiento que había padecido en el periodo de torturas ya no contaba, porque lo había borrado.

ADOLESCENCIA. Timidez y obediencia

Con la llegada de la pubertad y el inicio de la adolescencia comienzan los contactos con chicos; para mí, seres extraños, un poco amenazadores, ya que yo había vivido siempre entre niñas: mis hermanas y un puñado de «mejores amigas» con las que compartíamos todo.

Mi mejor amiga fue haciéndose más osada; salía en pandillas, andaba en coche con chicos que fumaban. Tendríamos doce o trece años, y las pocas veces que la acompañaba sentía excitación y miedo, pero este último era más fuerte, y pensaba en mis padres. Imaginaba que ellos podrían pillarme por sorpresa, o que algún amigo de ellos me vería y les contaría. Regresaba a casa con culpa, aunque ellos no me castigarían, ¡eran tan buenos! Pero se decepcionarían y yo no quería hacerles daño.

Pasé mi adolescencia evitando a los chicos. Me sentía tonta, torpe, tímida, poco interesante, sin saber mantener una conversación; no era divertida o graciosa. Me sentía feúcha y con nariz «de gancho», tenía el cabello muy rizado cuando la moda era el pelo liso. Me ruborizaba con facilidad, mi cuello y mi pecho enrojecían y me salían manchas. No quería que me vieran ponerme roja o pasar por la incomodidad del silencio. Así que prefería no salir sola con chicos, ¡era tanto el miedo al contacto!

Me refugiaba en amores platónicos: me gustaba un chico mayor que yo y popular, del último año del colegio, pero él no sabía que yo existía. A los chicos que trataban de acercarse a mí siempre les encontraba algún fallo, y así justificaba mi distanciamiento, prefiriendo ser «fiel» a mi amor platónico. Iba a fiestas con mis amigas y me encantaba bailar. Bailando me atrevía a contactar con los chicos.

El espacio donde me sentía más valiente y libre era el Carnaval, cuando disfrutaba de disfrazarme, jugar y bailar. Desde muy pequeñas mi madre nos vestía, peinaba y maquillaba. Eran momentos de intimidad y risa en los que me sentía cuidada por ella. Con mis hermanas, ¡una vez ganamos un concurso disfrazadas de japonesas!

Comencé a salir por primera vez con un chico durante mis vacaciones en Uruguay. Yo tendría unos catorce años, y era la primera vez que alguien se interesaba por mí. Me llamaba cada día y salíamos acompañados por la amiga brasileña que pasaba las vacaciones conmigo.

Mi padre tenía una gran influencia sobre mí, no me prohibía nada pero me convencía de cualquier cosa. A veces yo venía con una petición u opinión, pero él conversaba conmigo tan lógica y cariñosamente que yo acababa callándome y aceptando sus puntos de vista. Esa vez me llamó a su pequeño despacho para hablar a solas. Me hizo ver que yo no debía dar esperanzas al pobre chico, pues al terminar las vacaciones me iba a marchar de vuelta a Brasil y le iba a herir. Después de esta charla, no salí más con el chico, le dije que no volviera a llamarme. Me quedé triste pero estaba convencida que era lo mejor y de que mi padre tenía razón. Después de esto, no tuve ningún novio hasta casi los diecisiete años.

DIFERENTE. Empiezan los cambios

Las temporadas con la familia de mi madre, en Buenos Aires se hicieron cada vez más importantes y frecuentes. Era la época inmediatamente anterior a la dictadura militar, y en Argentina había mucho movimiento político, lo opuesto que en mi país, ya bajo régimen militar. Mis primos, mayores que yo, me llevaban a reuniones de estudiantes y empecé a leer libros sobre la lucha de clases, ya prohibidos en Brasil. La extrañeza que sentía por dentro comenzaba a tener sentido, y la culpa que sentía por tenerlo todo estaba justificada: el mundo estaba equivocado, era injusto y desigual. No podía ser feliz y tener todo cuando tantos eran infelices y no tenían nada. Las desigualdades, tan visibles en Brasil, me causaban tristeza y dolor. Yo sufría por el mundo a mi alrededor y me distraía de mi dolor personal, no lo percibía.

Además, en Buenos Aires, y durante la adolescencia, yo era la «prima brasileña», lo que me hacía especial, diferente y que se interesasen por mí. Despertaba curiosidad y por primera vez no me sentía tan inadecuada.

Mientras que en mi vida cotidiana vivía las diferencias como negativas, y ser diferente implicaba el riesgo de no ser aceptada, crear conflictos, ser agredida o excluida, en otro país eso no era malo; al contrario, generaba interés, me sentía más libre y extrañamente protegida.

La familia de mis tíos argentinos era muy diferente de la mía, más libre, caótica y expresiva, lo cual me fascinaba y asustaba a la vez. Yo confundía expresión con agresión, y, cuando los oía hablar alto, me encogía internamente. No entendía que se podía gritar, pelearse, y después abrazarse y besarse como si nada hubiera pasado. En mi mundo eso no cabía y, si me gritaban, seguramente no me querrían nunca más. La rabia para mí era destructiva y definitiva, y no podía convivir con el amor.

Mi tía argentina fue especialmente importante para mí, era una persona enamorada de lo que hacía y de la vida y me lo contagiaba.-

Cuando regresaba a Río después de aquellos viajes, la casa de mis padres me oprimía. Había allí algo inmóvil, pesado e incómodo, y experimentaba una sensación de gran soledad. De noche evitaba cruzar sola los salones, sentía miedo como en mi niñez.

En esa época fui engordando, adelgazaba, volvía a engordar, los kilos suficientes como para hacerme sufrir. Ahora todo en casa me molestaba, sentía angustia y vacío. Muchas veces me sentía apática, sin intereses o separada del mundo. Y casi sin darme cuenta, algo empezó a moverse dentro de mí.

REBELDÍA E IDENTIDAD. Desencajando del patrón familiar

Empecé a desaliñarme, a cambiar mi forma de vestir, mis actitudes, y a no encajar en el modelo familiar. Amaba a mis padres y a mi familia pero ya no toleraba aquel estilo de vida, y comencé a participar cada vez menos de la vida familiar. Durante el día hacía el último año del colegio y de noche, el curso de acceso a la universidad. Me llené de actividades y pasé a tener una vida independiente dentro de la casa. No me daba cuenta de que me estaba rebelando, y que mis nuevas actitudes herían a mis padres, para quienes la vida familiar y sus compromisos eran importantes. Estaba buscando mi identidad, y ser honesta conmigo misma.

Decidí estudiar Sociología. Quería entender el mundo en que vivía, contribuir a cambiar la sociedad. Pensé también en psicología, pero en aquella época era la carrera que hacían las burguesitas, las «niñas de papa» que solo anhelaban casarse. Y aunque yo venía de ese mundo, era lo que no quería ser, era con lo que quería romper. Se decía entonces que la psicología era «para adaptar las personas al sistema» y no para transformarlas, y yo quería colaborar para la transformación social.

PRIMER DESPERTAR. Expresión creativa

En esa época viví una experiencia que me impactó de manera definitiva. En el último semestre de la escuela participé en un curso de teatro, con una presentación al público al finalizar. Experimenté un contacto con mis emociones que no conocía; me sentí viva, excitada, entusiasmada y concentrada. Era la primera vez que algo me interesaba tanto sin cansarme rápidamente. Había hecho ballet, danza moderna, tenis, pero al cabo de un tiempo desistía, me cansaba. Con el teatro descubrí el calor que venía de dentro, mucha energía, pulsación. Fue un despertar: me sentí entera y vibrante, y a pesar de mi timidez ¡quería hacer teatro! Tendría entonces dieciséis años.

Empiezo a hacer clases de expresión corporal en el centro pionero de Ángel Vianna. Conozco gente nueva y creativa, de diferentes edades y profesiones, que buscaban otros caminos. Lo vivido en este centro marcará de manera definitiva mis años siguientes y mi futuro.

El año siguiente empiezo la Facultad de Sociología durante el día y un curso de teatro por la noche. Mi mundo se amplia y me entusiasma. Cada vez vivía con más angustia el contraste entre la situación de mi familia y mis inquietudes sobre la realidad brasileña, sus injusticias y desigualdades, tan crueles y llamativas, y ya no soportaba la distancia entre la situación privilegiada que vivíamos, el discurso idealista de mi padre y la realidad que veía. Sentía culpa y vergüenza por estas contradicciones y una sensación íntima de mentira y falsedad.

Ya no me acordaba de haber llorado desde la infancia. Me sentía insatisfecha y me daba cuenta de la falta de contacto con mis sentimientos; no sabía percibir lo que me pasaba, sentía angustia, malestar y vacío. Siempre culpable de algo y con los mismos miedos, especialmente a los accidentes y a la violencia.

Las personas señalaban lo serena y dulce que era, la paz que transmitía. Me sentía falsa por sentir lo opuesto a lo que veían los demás. Mis sueños estaban llenos de amenazas, crímenes y persecuciones... ¿No habría dentro de mí un monstruo que podría despertarse y hacer algo destructivo, horroroso, fallando y decepcionando a todos a mi alrededor? ¿No estaría yo engañándoles, y a mí misma, siendo en el fondo muy mala y merecedora de castigo, como me decía M., mi cuidadora en la infancia?

Pedí a mis padres iniciar una terapia, que seguí durante tres años. Fue una psicoterapia de base analítica.

SEGUNDO DESPERTAR. La muerte

Algo especialmente extraño estaba pasando en casa los últimos dos años. La hermana que me seguía estaba enferma. Decían que era una anemia muy fuerte. Había un ambiente preocupado y tenso, conversaciones a media voz entre mi madre y la cuidadora francesa. Pero íntimamente intuía algo extraño, sentía que algo se ocultaba. Aunque yo estaba sensible a la evitación que había en la casa, no confiaba en mi percepción y no preguntaba ni decía nada.

Un día se anunció la verdad: mi segunda hermana estaba con leucemia. La misma enfermedad que se llevó a mi abuelo paterno, a quien no conocí. Mis padres habían elegido mantener todo en secreto mientras fuese posible, para que ella llevara una vida normal y sufriese menos. Cuando me lo contaron no sentí sorpresa. Había intuido algo muy grave, pero repetí el patrón de la casa: mantener «la normalidad, la calma y las cosas en su sitio». Todos colaborábamos con la mentira piadosa, la «mentira blanca», por su bien.

Cada vez era más difícil ocultar la gravedad de lo que estaba pasando, hasta que fue imposible evitar la tragedia: mi hermana tuvo un choque anafiláctico en una transfusión de sangre y entró en coma. Los médicos decían que no saldría, que ya no había nada que hacer, tan solo esperar. Entonces la acompañé más que nunca: conversaba con ella en coma y dormía todos los días en el hospital a su lado. Ella mejoró y llegó a regresar a casa, recuperándose bastante, viviendo algunos meses más. Mi tía argentina decía que ella había respondido a mis estímulos y a mi amor, y que esa era la única explicación.

Un día, al acabar el ensayo de la obra que íbamos a representar aquella misma semana, como cierre del curso de teatro, me esperaban para llevarme al hospital. Mi hermana había vuelto a entrar en coma repentinamente. Al final del día, falleció.

Cuando murió, ella tenía dieciséis años, y diez días después yo cumplía dieciocho. Mis padres escribieron en su lápida blanca de niña: «Más fuerte que la muerte es el amor». Las barreras se derritieron, se rompió la contención. Lloramos juntos, nos unimos expresando dolor y amor como nunca habíamos hecho antes. Se diluía mi congelamiento, yo estaba emocionada, con el pecho ardiendo, viva. La muerte me demostraba que yo sentía y amaba. No iba a dejar que la vida pasara por mí mientras asistía como espectadora. Iba a vivir de verdad, con valentía, una vida con sentido. Fue una decisión consciente, afirmada por mí en su tumba, entre lágrimas, como una promesa.

Mi miedo disminuyó un poco, la muerte ya no era un territorio tan desconocido. Ya tenía a alguien allí, una parte de mí, mi hermana más cercana, la única que había vivido conmigo los peores momentos de mi infancia. ¡Y tantas imágenes volvían ahora! Mi tragedia personal finalmente ocurría. Esto me traía una cierta liberación, como si ahora hubiera pagado el precio de la felicidad. El contacto con la muerte estaba siendo mi primera experiencia profunda de transformación.

TRANSFORMACIÓN. Espiritualidad y búsqueda

Tras la muerte de mi hermana, nace en mí la necesidad de una espiritualidad consciente.

La muerte de mi hermana me trajo la certeza de algo superior no amenazante, infinito, más allá de este cuerpo y de las dimensiones cotidianas. En mi infancia, convivía con la presencia de un Dios omnipresente, siempre vigilante, listo para castigarme, y de fuerzas sobrenaturales, en general amenazadoras. A pesar de mi mente tan racional, siempre había mantenido una especie de diálogo permanente con algo más allá de mí y de mi lógica. Una mezcla de superstición, mundo mágico, respeto y temor. Después de este contacto con la muerte, cambia mi relación con lo espiritual, yendo más allá de mi experiencia infantil de división entre el bien y el mal.

La misma semana de la muerte de mi hermana representamos en público la obra que habíamos creado colectivamente. La apertura y el contacto emocional que estaba viviendo me llevan a volcarme completamente y me siento intensa, entera y luchando por la vida. Nos inscriben como actores en la Unión de Artistas y ahora ¡tenía carnet profesional! Empieza una nueva etapa, siento como si el «acuario» se hubiera roto definitivamente.

En mi vida cotidiana disfruto de clases de conciencia y expresión corporal, de mis nuevos amigos del teatro y expresión, y actúo en el montaje profesional de una obra infantil. Me enamoro, otra vez platónicamente, de un actor que me llevará a inscribirme en la Escuela de Teatro Martins Pena, que tiene un proyecto innovador. Allí conozco a Amir Haddad, director de teatro que cambiará mi vida. Me siento comprometida con lo que estoy eligiendo.

Paso el examen de admisión a la Facultad de Teatro y viajo a Estados Unidos, mi primer gran viaje sola; tengo dieciocho años. Vivo un mes en Nueva York, en casa de una amiga, y voy sola al teatro casi todas las noches. La madre de la amiga donde me alojo me lleva a un curso de TM (meditación transcendental), en el que me dan un mantra, y así empiezo a meditar. Me lleva también a un curso de control mental Silva, con ejercicios de percepción de energía, intuición, visualización, apertura del campo de conciencia, sanación... Otro mundo nuevo que me fascina.

Así, en este viaje continuaron las iniciaciones...

Voy a San Francisco a visitar una de mis amigas del colegio y en Berkeley tengo mi primera experiencia sexual y también mi primer viaje psicodélico. Ambos con un importante cineasta brasileño que vivía exiliado por la dictadura militar. Mantuvimos contacto y nos vimos también en Brasil, cuando finalmente regresó, festejado como ídolo. Yo había sido la única entre mis amigas que a los dieciocho años seguía virgen ¡y en la década de los setenta aquello era una vergüenza! Fue una historia íntima que no conté a nadie hasta mucho después. Me dijo que lo buscara cuando rodara su nueva película, una gran producción. Me daría un personaje, pero no me atreví a contactar más y me esfumé.

TEATRO. Camino de vida

De los cursos del programa especial de la Escuela de Teatro Martins Pena, me atrajo especialmente uno cuya propuesta era investigar la realidad brasileña de aquel momento, a través de textos teatrales. Su director, Amir Haddad, hablaba de «tocar el corazón para abrir la cabeza», y eso me conmovió profundamente. Proponía un trabajo desde la conciencia; intercambiábamos roles, con mucho sentido del humor y juego, dinamismo y compromiso.

Espontáneamente, Amir empieza a llamarme Betina, mi segundo nombre, que hasta entonces yo no usaba. Le corregí algunas veces pero él se olvidaba e insistía en llamarme así. Poco a poco mi segundo nombre empezó a gustarme y a tener sentido para mí. Estaba rompiendo con un estilo de vida y pasé a identificarme con este otro nombre, también mío, que ahora representaba lo nuevo tomando cada vez más espacio en mi vida.

El curso terminó y el director me invitó a continuar en su grupo independiente. Así que dejé la Facultad de Teatro, donde todo era muy convencional y aburrido, y continué estudiando Sociología, pues quería tener un diploma universitario y lo que estudiaba me gustaba. Lo que más me estimulaba era el teatro y ahora había encontrado mi camino.

Ensayando, comencé a darme cuenta de mis dificultades expresivas, de mi contención y falta de espontaneidad. No sabía reconocer mis impulsos ni expresar lo que sentía. ¿Qué sentía, más allá de miedo, vergüenza o deseo? Deseo de ser libre, comunicar sentimientos e inteligencia. Quería fluir y ser una verdadera actriz pero me veía mecánica y me sentía un bloque. En una escena no conseguía despegar los brazos del cuerpo, el director me lo señalaba, yo lo intentaba pero cuando me daba cuenta mis codos volvían a estar nuevamente pegados al cuerpo, como si un imán los atrapara. No sabía buscar movimientos nuevos, ni me los imaginaba.

Era una batalla ardua e intensa contra lo falso y mecánico. Fue el trabajo más despiadado de «fricción del ego» que experimenté, y el más transformador. Empecé a leer a Peter Brook, Gurdjieff y Reich, mientras en la facultad leía a Marx, Nietzsche, Gramsci.

Mi abuela paterna, Annita, era mi opuesto, tenía la facilidad que yo deseaba para la actriz que quería ser, la observaba queriéndome impregnar y contagiar de su fluidez y ductilidad. Me gustaba pensar que ella también era parte de mi herencia familiar, y que no solo había heredado contención y bloqueo. Me contagiaba su amor por la música clásica, donde decía que se encontraba con lo superior, con lo divino. Fue un ejemplo y una influencia muy valiosa para mí, y nuestra relación se estrechó con más intimidad, comunicación y amistad a lo largo de los años, hasta que falleció a sus noventa y seis.

Movimiento expresivo

En aquella época, eran de especial ayuda para mí las clases de cuerpo con la bailarina uruguaya Graciela Figueroa. Participé en su primer curso en Brasil, yo tenía dieciocho años. Ella ahora vivía en Río, dando clases de movimiento expresivo y trabajo sobre sí, y desarrollando su trabajo artístico. Gracias a sus clases sentía transformaciones en mi cuerpo y la posibilidad de experimentar emociones, expansión, vitalidad y placer. A través del cuerpo percibía una conexión con algo más allá de mí, y eso me conmovía. La espiritualidad estaba comenzando a ser concreta, corporal y muy importante. A través de Graciela me involucré en el trabajo de Río Abierto, que en el futuro se convertiría en parte del mío.

Primer amor

En el segundo año de mi participación en el grupo de teatro, me enamoré de A., uno de mis compañeros, y esa fue mi primera relación amorosa comprometida. A propuesta suya, vivíamos en casas separadas, lo que resultaba adecuado a mi momento. Yo recién había salido de la casa de mis padres y no quería repetir el modelo de mi madre de casarme pronto, quería «vivir mi propia vida». Temía fundirme demasiado con él, y perderme cuando empezaba a descubrir quién era y qué quería.

Estaba insatisfecha con mi terapia de enfoque analítico, que ahora hacía en grupo. Me sentía «hablando sobre» la vida, no percibía cambios y no sentía conexión con las personas del grupo, todas muy convencionales. Sabía de un nuevo trabajo de terapia corporal, la bioenergética, que estaba investigando el psiquiatra Zé Alberto Rosa, amigo del director de mi grupo de teatro.

Un día, haciendo el amor con mi compañero, viví una experiencia tan intensa y nueva que me quedé aturdida durante varios días. Sentí una fusión tan completa con el universo que por primera vez percibí la vida y la muerte juntas. Descubrí que podía sentir sensaciones y emociones desconocidas hasta entonces. Había leído algo de Wilhelm Reich y sabía que había una coraza muscular caracterológica que limitaba el flujo energético, las sensaciones, el sentir. Ahora había tenido una experiencia corporal de entrega completa, profundamente expansiva, yendo mucho más allá de mis limitaciones habituales, y quería seguir ese camino.

Fui a buscar a Zé Alberto. Al contarle mi experiencia me dice que lo que había vivido era un orgasmo completo. Como él se iba a vivir a los Estados Unidos, me recomendó a Sandra Guimarães, terapeuta con quién trabajé en proceso individual y en grupo durante los siguientes cuatro años.

Era 1978, yo tenía veintidós años y la dictadura todavía se hacía notar. Empezaban otra vez las manifestaciones estudiantiles que ahora eran reprimidas solo con intimidación y gases lacrimógenos, pues ya no se sostenía la violencia descarada de las décadas anteriores.

Nuestra compañía de teatro, el Grupo de Niterói, se reunía todas las noches en una sala prestada por un centro estudiantil universitario en la ciudad de Niterói, al otro lado de la bahía. La policía a veces cortaba la luz o cercaba la entrada del edificio para intimidar a los estudiantes. Muchas veces no podíamos pasar y otras tantas entraban con sus armas en la pequeña sala mientras ensayábamos. Vivíamos en una atmósfera casi clandestina, heroica, de conciencia y resistencia política. Estuvimos allí durante cuatro años, hasta que coincidieron el estallido de una bomba en el edificio y la apertura de un nuevo espacio de investigación teatral en Río, el Teatro Cacilda Becker, donde nos concedían el uso de una sala de ensayos. Ya era la hora de marcharnos de la sala escondida en Niterói y abrirnos al mundo.

TERAPIA CORPORAL. Apertura emocional

Con la bioenergética entendí mi desconexión emocional: había aprendido a sobrevivir tragándome los sentimientos y sensaciones más intensas, desconectándome así del dolor, de la rabia y de mis impulsos. Entendí mi insensibilidad como un mecanismo de defensa, inhibiendo mis sensaciones más potentes hasta el punto de no percibirlas, y solo dejando espacio para lo suave. Algunas veces respiraba tan poco que parecía muerta. Poco a poco se fue desmontando mi discurso de infancia feliz y perfecta y fui descubriendo una profunda tristeza y soledad.

Recuerdo que usaba mucho las expresiones «claro, claro», «es lógico», «claro que sí». Siempre entendía lo que me decían y señalaban, estando de acuerdo con todo tan rápidamente que no daba tiempo a que pasara por mi corazón. Mi mente era rápida pero todavía no sabía dejarme tocar, conmover, a pesar de desearlo.

No sabía entonces que eso era parte de la defensa misma; absorbía cada nueva comprensión de forma tan veloz y automática que no me producía ningún impacto emocional o reacción expresiva, solamente entendimiento. Disculpaba a mis padres por haberme tenido muy jóvenes y por todo, sin poder conectar con mi rabia hacia ellos o hacia otros; solamente podía sentir la rabia hacía mí misma.

Con el acompañamiento y el cuidadoso trabajo psicocorporal de Sandra, finalmente pude revivir y expresar el dolor por la muerte de mi hermana, y los duros episodios con la institutriz, y poco a poco empecé a descongelarme.

En una sesión, mi terapeuta me acorraló y me enterró bajo una montaña de grandes cojines. Me quedé allí inmóvil, igualmente «encapsulada» como mi corazón, aguantando durante mucho tiempo mientras ella me provocaba. De repente mi impulso apareció: luché, arrojé muy lejos los cojines y caí en un llanto intenso. ¡El bloque de mármol finalmente se rompía y ahora podía sentir mi dolor y tantas sensaciones corporales! Empezaba a experimentar lo que podría ser fluir.

Por más que yo golpease cojines o pegase con la raqueta de tenis, no lograba conectar verdaderamente con la rabia, esa emoción tan temida, subterránea, que yo no sentía y solo racionalizaba. Poco a poco empezaron a aparecer imágenes de que podría estallar y destrozarlo todo, y me fui dando cuenta del miedo que tenía a mi propia violencia.

Deseaba expresarme con libertad, admiraba a las personas extravertidas, histriónicas, desinhibidas y libres. Pero íntimamente también las criticaba cuando me parecían excesivas, egocéntricas o un poco groseras. En mis fantasías deseaba que me descubrieran y que me valoraran sin yo tener que llamar la atención de manera muy visible o directa. Mostrarme o destacar todavía era vivido como peligroso y amenazador. La idea loca era: si me expongo me harán daño, me pueden atacar, humillar, destruir y yo no sabré defenderme.

TEATRO DE CALLE. La mujer que abraza

A finales de los años setenta, inicios de los ochenta, fue un momento de gran expansión para el grupo de teatro, y empezamos a mostrar nuestra investigación. Hacíamos lo que llamábamos *ensayos abiertos* de la obra que estábamos trabajando: probando, investigando delante del público y con su participación, provocando opiniones controvertidas ya que nadie hacía eso entonces. Buscábamos una relación directa y participativa con el espectador.

Un día, salimos a la calle a probar cómo sería trabajar en un espacio totalmente abierto y libre, sin las convenciones del teatro tradicional. Descubrimos que este espacio se abría también dentro de nosotros. Empezamos a trabajar con el círculo, la rueda y la espiral. El cielo abierto, la tierra, la improvisación y una relación directa con el público en la calle. Sin un escenario que nos separase o luces artificiales que nos cegaran, y sin cobrar entradas a la minoría que podía pagar. ¡Era una fiesta en la que yo me sentía plena, nueva y en expansión!

Pasamos a llamarnos grupo *Tá na Rúa* (que en portugués significa 'Está en la calle'). Las personas que pasaban hacían círculos compactos e inmensos a nuestro alrededor: estábamos inaugurando esta práctica en Río, todavía durante el último aliento de la dictadura militar, que había prohibido cualquier aglomeración en las calles. Una vez nos prohibieron actuar, con policías en la plaza donde íbamos a hacer el espectáculo anunciado. Otra vez nos llevaron a comisaría y nuestro atado de ropas coloridas fue preso en el *camburão*, la furgoneta de la policía.

Yo encarnaba a la «ingenua» de la compañía. Vestida de rosa vibrante, teatralizaba y jugaba con mi desconexión mostrándome romántica, dulce, ingenua, mirando para otro lado como si no pasara nada mientras cantábamos *Qué será, será...*, una canción de película romántica.

Yo era presentada con una especialidad rarísima en el mundo, un fenómeno, y el público lo podría experimentar si tuviese valor: yo era la «mujer que abraza». El público reía y quería ser abrazado y, especialmente en las zonas más pobres, hacían cola para aquella gran escena del abrazo. Mi corazón parecía explotar, la rueda se llenaba de excitación afectiva, todo vibraba, de pura energía y magia.

Era conmovedor compartir momentos de contacto afectivo con personas que vivían una realidad cotidiana de tanta carencia. Por un par de horas todas las barreras se disipaban y todos experimentábamos una comunión especial. Yo estaba descongelándome con la intensidad del contacto colectivo, y empezaba a descubrir mi espontaneidad y creatividad con libertad y disfrute.

Solo una vez sentí miedo. Estábamos en Cidade de Deus, una zona muy pobre y violenta de Río. Se había juntado muchísimo público de todas las edades y, cuando me presentaron, una cantidad impresionante de niños se abalanzó sobre mí para abrazarme. No paraban de llegar más y más niños que se amontonaban casi aplastándome, hasta que R., el músico del grupo, un hombre grande y fuerte, logró meterse. Él me abrazó y juntos fuimos reculando hasta que me dejó a salvo, abrazada a un poste de luz. Mientras tanto, y para desviar el foco, empezaron a presentar otro número.

Representábamos también una historia que me encantaba: la

de una familia de actores que nunca conseguían llevar nada a escena porque no paraban de pelearse. Yo interpretaba a la hija menor, rebelde, desbocada, alocada. Entregada a la improvisación, estaba expresando lo que nunca me había permitido. Me sentía viva como nunca, sorprendida por estar cada vez más valiente y expresándome.

Estábamos en plena década de los ochenta. Con la apertura y transición democrática conseguimos apoyo de organismos culturales, nos presentábamos en favelas y barrios de la periferia de Río, y empezamos a viajar por el país. Desde el juego y el humor, trabajábamos con las realidades de cada lugar que visitábamos, con temas como la violencia, las desigualdades, los conflictos, los abusos y las miserias de la sociedad. El público, siempre humilde, participaba activamente del espectáculo y nos agradecía conmovido que les hubiéramos traído alegría y tratado como a seres humanos. Nos decían que habíamos cambiado su día y que no nos olvidarían.

Crisis afectiva

En ese contexto comienza a dibujarse una crisis afectiva personal, donde me vuelvo a encontrar con mis mecanismos de defensa, sintiéndome prisionera de mis antiguos miedos y trabas. Arthur, mi pareja, que hacía de «galán de la compañía», empieza un juego de seducción con una actriz que se había incorporado al grupo, y que hacía de «*vamp* de la compañía», la que conquistaba a los hombres y los destruía.

Ocho años mayor que yo, él había tenido varias parejas anteriores y empieza a estimularme a vivir otras experiencias. Decía que sería una apertura que enriquecería nuestra relación, ya que yo apenas había tenido relaciones antes de él. Yo no tenía nada de ganas de salir con otros hombres, pero siempre encontraba lógica en lo que él me decía y me convencía, igual que mi padre...

Me decía que lo que le pasaba con esta mujer era pasajero, que necesitaba vivirlo y que lo nuestro era amor verdadero y permanecería. Me quedo embarazada de él aun usando diafragma. Decido abortar porque no me siento suficientemente fuerte ni madura para ser madre, y además estábamos en esta crisis. La relación entre ellos se establece y durante un año tenemos una «relación abierta». Aguanto compartirlo, aparentemente sin problemas; algunos días él dormía conmigo y otros con ella, y algunas veces los tres juntos.

Empezamos a ensayar una obra dramática, *El espejo de la carne,* de Vicente Pereira, donde éramos los tres protagonistas: marido, esposa y amante. Hacíamos escenas los tres juntos en la cama. Yo vivía una pesadilla en la ficción y en la realidad, y una vez más me encontré desconectándome, justificándolo y convenciéndome de que era una situación de mucho aprendizaje. Me decía que era bueno para mí y que estaba creciendo.

Sentía insatisfacción, ansiedad y a veces tristeza, pero no tenía consciencia de mis celos, rabia y dolor. Mis amigas se sorprendían de que yo no sintiera celos. Me concentraba totalmente en mi trabajo de actriz y me censuraba y exigía por no estar siendo lo bastante liberada y madura. Tenía que ser abierta, libre y sin prejuicios morales. Así que empecé a tener amantes, a conocer diferentes tipos de hombres; vivir nuevas situaciones.

Finalmente me di cuenta de que estaba repitiendo un patrón de tolerancia y pasividad, acostumbrándome a una situación dolorosa como en mi infancia con la cuidadora alemana, y dejándome convencer de algo que no sentía ni quería realmente, como me pasaba con mi padre. Amaba a mi compañero y temía no encontrar otra relación tan completa, pero no me sentía amada por él, no me gustaba cómo me estaba tratando. Sentí que había llegado el momento del cambio, y viajé sola a Bahía a visitar mi amigo P., que ahora vivía allí. Un nuevo momento se abre. Él me valoraba y me ayudó a confiar en que la vida podía traer nuevas oportunidades. Yo tenía toda la vida por delante, podría conocer a otras personas y vivir cosas nuevas. Quería apostar por mí, por mi camino y crecimiento, por mi autonomía, por la mujer en mí. En aquel viaje hice nuevas amistades para la vida y me enamoré del Carnaval de Salvador de Bahía, donde volvería cada año la siguiente década. Era un espacio casi sagrado de celebración. Volviendo de aquel viaje asumí la separación, apoyándome en mis amistades. Recuerdo pensar que podría vivir sin pareja pero no sin amigos. Necesité retomar relaciones que había dejado un poco de lado y espacios solo míos, que no compartía con mi grupo de teatro.

Tardé años en tener otra relación con el mismo grado de entrega, compañerismo y sexualidad completa. Pasé un largo periodo de relaciones cortas, eventuales, disfrutando de la aventura y de la sexualidad, con algunos enamoramientos sin desarrollo y amigos-amantes muy queridos. Siempre fue fácil para mí sexualizar el afecto. La línea entre sexualidad y sensualidad, entre deseo y cariño, me resultaba muy tenue. Que alguien me gustara hacía que quisiera tocarlo y, estando disponible y sin compromiso afectivo, era fácil pasar al deseo de fusión corporal. También descubrí el placer de ser deseada y de lograr seducir a los hombres que me gustaban, la experiencia de conquistar a quien yo quisiera. Sin embargo, cuando me enamoraba era siempre de alguien que no me amaría como yo quería ser amada. Me interesaba por relaciones donde era yo quien amaba más. Y así seguía insegura, insatisfecha, sin confiar en el amor.

En esta etapa de apostar por mí, voy a vivir sola, dejando el piso que compartía con una amiga, también actriz del grupo de teatro. Durante los siguientes 15 años aprendo mucho y disfruto de vivir sola.

MISTERIO Y TRASCENDENCIA.
Tarot y experiencias místicas

Ya tenía familiaridad con el I Ching, que consultaba con frecuencia, y comencé a estudiar Tarot con una amiga, mayor que yo, profesional reconocida del tema. Yo creía que no tenía intuición, pero me sentía atraída por el mundo simbólico, que entendía sin necesidad de muchas explicaciones. Este conocimiento antiguo me resultaba natural; sus imágenes de la vida como un viaje daban sentido a mi experiencia y me interesé también por la Astrología y la Cábala. En esta época descubrí a Jung, la sincronicidad, el inconsciente colectivo y el profundo respeto por lo misterioso.

El tarot pasó a ser un instrumento de diálogo conmigo misma, de contacto íntimo y personal con mi universo interior, hasta entonces solo vivido en la terapia. Le debo un enriquecimiento personal profundo y el empezar a experimentar respuestas que podían surgir desde mi interior y no solamente desde afuera.

Estudié seriamente el tarot durante cuatro años y comencé a trabajar profesionalmente con esta herramienta, estimulada por mi profesora. Lo que ganábamos con el teatro no era suficiente para mantenernos económicamente, a pesar de que el grupo era muy profesional y ampliamente reconocido. Estaba harta de dar clases de inglés y con el tarot encontré una forma de completar mis ingresos y desarrollar algo que me interesaba y enriquecía personalmente. El contacto íntimo y personal que se establecía en una consulta era nuevo y me fascinaba.

En esta misma época hago un *bori*, iniciación de un mes de rituales, en la casa de *candomblé* (religión afro-brasileña) Bate Folha, de Paulinho K., que ya frecuentaba hacía un buen tiempo. Este proceso representó un contacto intenso con lo visceral, primitivo e instintivo. Sentía mis entrañas y a mí misma de una forma distinta, directa. Esta iniciación duró un período de 3 meses con diferentes etapas. Me dejó una apertura, sensibilidad y conexión muy nuevas para mí. Después del proceso sentía como si una nube, una maraña que antes me envolvía se había disipado, dejándome más limpia, transparente.

Mi primera experiencia espontánea de pérdida de control sucedió en otro de mis viajes a Salvador de Bahía. Mi amigo Paulo me lleva a una fiesta en el *ilê* (centro de cultura africana). Al entrar, camino unos pocos metros y las voces de las personas alrededor desaparecen, los sonidos de los *atabaques* (tambores africanos) se apoderan de mis oídos y de mi cabeza, y se amplifican tanto que no hay nada más. Me desmayo. Me despierto en el suelo, acogida por P., que me cuenta que todo mi cuerpo había temblado como en un trance.

Tengo otra experiencia de alteración espontánea de consciencia en este mismo viaje. Al final de una tarde en la playa, mojando mis pies en el mar y haciendo una pequeña ofrenda, todo a mi alrededor se expande y permeabiliza y casi me desmayo otra vez.

Hay un poco de miedo con estas nuevas sensaciones, pero es más fuerte la satisfacción de estar rompiendo mi patrón tan habitual de lógica, y me siento encantada de vivir algo más misterioso y más allá del control.

La situación más radical es cuando empiezo a sentir náuseas al ver carne. No me lo había propuesto o planeado pero me vuelvo vegetariana espontáneamente. Me sorprendo con este cambio tan concreto, que nace orgánicamente de mi cuerpo, y no de mi mente o mi voluntad.

En esa época voy a algunos encuentros de un grupo que empieza un nuevo trabajo espiritual en Río. Ellos traían prácticas y rituales de Amazonía en sesiones de meditación, cantos y danzas que duraban toda la noche. En una construcción improvisada y sin paredes, en medio de la *mata* (los bosques de Río) y acompañada por dos amigas queridas, mi primera experiencia es de frustración. No siento nada más que desconexión y cansancio, ¡otra vez el bloque! Deseándolo tanto pero sin lograr entregarme a aquellas vivencias místicas que mis amigas experimentan.

Al finalizar la sesión, el *Mestre* que conducía cierra el libro de oraciones con un ruido seco, y mis piernas se doblan: caigo sentada en mi silla y sin control, ¡justo ahora que la sesión había terminado! Vuelvo conduciendo a casa con mi amiga Ju y simultáneamente me veo a mí misma desde arriba, mientras me concentro en mantener la atención en la carretera.

En la siguiente sesión, cansada de tanto desear que algo pasara, desisto y cierro los ojos para descansar, cuando aparece una imagen con innumerables serpientes irguiéndose y mirándome. El ambiente es brillante, colorido, y las serpientes se están riendo. Abro los ojos asustada y la imagen desaparece. Miro alrededor con temor a ser descubierta, y asocio esta imagen al veneno y a todo el mal que llevo dentro. Cierro los ojos y vuelve a suceder lo mismo. Entonces siento miedo de que los otros puedan leer mis pensamientos y descubrir que el fondo de mi mente está lleno de serpientes venenosas, maldad y pecados. Me rechazarían con crítica, expulsión y castigo.

Tuve varias vivencias más en este grupo: de derretir, fusionándome con el sol; de ver habitantes de la región amazónica que no sabía si eran reales o producto de mi mente, y otras más.

Reconozco el estado de miedo y alerta de mi infancia cuando oía ruidos y creía percibir seres a mí alrededor. Y, como en mi infancia, no digo ni muestro nada, hago como si nada estuviera pasando.

Otra vez aparecen algunos de mis antiguos temas: miedo, vigilancia, juicios, culpa, dificultad con la entrega. El «ojo de Dios» mirándome con censura, amenazador. Luchaba conmigo misma, sentía frustración e impotencia porque no podía romper el círculo vicioso de mi neurosis. Desilusionada y triste, como si no hubiera salida para mí, decido no volver. Solo años después pude integrar estas experiencias y aprendizajes.

Despertares

Había terminado mi proceso de bioenergética, e iniciado una terapia reichiana con Denise Dessaune, que dura más de diez años. Con ella también estudiaré y me formaré como terapeuta reichiana.

Denise, había vivido en México, e instalada de nuevo en Brasil, invita a su mejor amigo, el terapeuta mexicano Guillermo Borja (Memo), para trabajar con sus pacientes en un intensivo en la naturaleza, fuera de Río. Era el inicio de 1983.

También esta vez fui con Ju, amiga y compañera de camino. En pequeños grupos, nos turnábamos para ser trabajados. Yo me ofrecí para ayudar, quedando así entre las últimas a trabajar. Las personas se entregaban a regresiones importantes, a expresar todo lo que les pasaba o que podía estar oculto en la sombra. Me fui aterrorizando, con miedo a perder el control y a que apareciera el monstruo que llevo dentro, mientras me agarraba de la mano de mi amiga como una niña pequeña.

Cuando llegó mi turno, estaba sentada en el suelo con las rodillas dobladas cerca de mi pecho, petrificada, como suspendida en el tiempo. Memo comenzó a provocarme hablándome enérgicamente en alemán. Él sabía de mi periodo traumático en la infancia con la cuidadora alemana, pero yo lo miraba sin entender. El tono de su voz y la expresión de su mirada se fueron intensificando hasta que un impulso repentino me puso de pie en la sala, como si me hubieran dado un gran empujón.

Con una fuerza absolutamente desconocida me volví puro movimiento y me encontré bailando un ritual, en completo dominio de mi cuerpo y del espacio como nunca antes. Ágil y segura, con los pies firmes en el suelo, el cuerpo increíblemente flexible y los movimientos precisos, era el canal de algo que se expresaba a través de mí, y me sentía fluir concentrada y entera. Fue como un trance, una posesión con conciencia, y sin pensamiento lógico. Solo imágenes vivas con riqueza de detalles, una conciencia única y vibrante. Percibía la sala y su espacio real, y al mismo tiempo con mucha nitidez y fuerza «veía» una planicie abierta sembrada de trigo, en un tiempo de un pasado distante, donde otras mujeres y yo bailábamos un ritual sagrado para la cosecha y la fertilidad.

Viví la experiencia en un único aliento hasta que terminé y me eché al suelo, aturdida y agotada. Había temido conectar con la desestructuración, la destructividad, y sin embargo apareció mi fuerza, entereza y coordinación. Todos estábamos sorprendidos.

Memo regresa a Brasil a cada año, y en otro intensivo pude finalmente vivir y expresar intensamente el dolor por el maltrato y abandono en mi infancia. Estábamos en una bellísima zona de montañas, a tres horas de Río. Salí a caminar sola hasta un río con piedras que formaban una pequeña cascada y, como había llovido, el río tenía un caudal abundante.

Me senté en una piedra a meditar mirando el flujo del agua. Brotan mis lágrimas, como un torrente, y me dejo arrastrar por el dolor hasta gritar. Algo se abre dentro de mí y empiezo a sentir un amor tan grande que me inunda. Miro los árboles alrededor y oigo una melodía cristalina y armoniosa, como si viniera de las hojas mecidas por el viento. Todo era luminoso y la vegetación parecía bailar como si la naturaleza entera hubiera sido lavada por la lluvia y ahora estuviera de celebración. Oía música como un concierto de cristales tocados por el viento. Me encontré riendo y pensando que ahora sabía por qué Buda se reía.

Memo me enseñaba a valorar cualquier aspecto de mi vivencia, a entregarme al momento y a lo que viniera, fuese lo que fuese. A no apegarme, insistir o quedarme dándole vueltas al mismo tema más de lo necesario, por más importante que fuese. Aprendía a soltar y seguir, y en cada encuentro daba un nuevo paso. Me sentí «buscadora», y comprendí que el foco central de mi vida estaba ahora en el crecimiento y no en el grupo de teatro. Y que si el crecimiento me llevase por otros caminos, yo los seguiría...

NUEVOS CAMINOS

En el grupo de teatro no me estaba gustando el rumbo que tomaba el trabajo. Y a pesar de lo mucho que trabajábamos, seguíamos sin perspectiva de estabilidad económica. No quería continuar allí solamente por fidelidad o miedo al mundo afuera de ese nido conocido. Aquel grupo era mi segunda familia y ahora necesitaba dejarla también y buscar sola mi camino.

Estábamos a inicios de 1985 y Memo me sugiere hacer un curso con su maestro Claudio Naranjo, de quien siempre hablaba con admiración y amor. Estaría en Río por primera vez dando un curso sobre el Eneagrama, con Memo como ayudante. Me sorprende la claridad y coherencia de esta visión del ser humano y descubro una nueva manera de entender mi historia y a mí misma. Después de la sacudida inicial, algo siguió actuando dentro de mí, sin que yo controlara. Como con las vitaminas que van siendo liberadas gradualmente en nuestro organismo, así me fue sucediendo con este trabajo. Anualmente hice los otros módulos que Claudio ofrecía. No imaginaba todavía la dimensión del poder transformador que esta relación y trabajo ejercerían en mi vida.

Me despedí de mi grupo de teatro con una obra que representamos en un grande e importante teatro oficial, el Villa-Lobos. La misma obra que nos había servido como punto de partida para la investigación en el año 75, cuando me incorporé al grupo, años antes de que saliéramos a la calle. ¡Habíamos logrado montarla diez años después! Salía del grupo haciendo el mismo personaje que cuando entré, ahora frente al público, en cartelera. Un ciclo se completaba y cerraba, me sentía entera y fortalecida para el cambio.

Decidí pasar una temporada de transición en Buenos Aires. Hacía ya diez años que no volvía. Era una oportunidad de apartarme un poco de lo cotidiano, reflexionar, ver las cosas con distancia y reconectar con el mundo de mi madre, tan importante en mi adolescencia. Me alojo en casa de mi abuela y frecuento el Instituto Río Abierto, fuente del trabajo de movimiento expresivo que yo practicaba con el «Coringa» y Graciela Figueroa en Río. Son meses de profunda inmersión donde también recibo clases de Maria Adela Palcos, creadora de Rio Abierto, de Susana Estela y Orlando Z., joyas en mi camino. También vivo el profundo impacto del trabajo y presencia de Susana Mildermann, maestra y origen de todo este camino corporal expresivo, frecuentando sus grupos y en sesiones individuales. Durante los 6 meses que vivo en Buenos Aires, recibo sesiones de *rolfing* y corrección postural y gano algún dinero ofreciendo sesiones de tarot para el autoconocimiento.

Por primera vez doy sola un curso de teatro de calle, invitada por J., el director de teatro que enseñaba en el sótano de Río Abierto. Me sorprende que valoren mi experiencia y que me dieran una oportunidad para transmitirla. Trabajo con un pequeño grupo y salimos a la calle juntos.

Mi madre viene a pasar diez días conmigo y compartimos momentos de encuentro e intimidad. Me voy reconciliando con ella y con su mundo, y vivo un tierno acercamiento a mi abuela Raia, su madre, que empieza a perder su salud.

La sombra que empaña este periodo es una crisis de rinitis alérgica que se hace crónica y me impide respirar libremente por la nariz. Esta molestia se agudiza y dura todo el año. Es muy incómoda, especialmente en momentos de mayor sensibilidad emocional, como si llorase por la nariz las lágrimas que no me salen por los ojos.

En 1986, ya de regreso a Río, me inscribo en la formación de terapia reichiana dirigida por mi terapeuta. Vuelvo a colaborar con el grupo de teatro Tá Na Rúa y me mantengo económicamente impartiendo consultas y clases de tarot en el centro que dirige mi maestra.

Continúan los encuentros anuales con Memo, y otra vez mi tema es el miedo a las sensaciones. En un trabajo, estoy con el cuerpo suelto y relajado, siento la sangre correr, mis células pulsando y expandiéndose. Tengo imágenes del Paraíso y todo en mí vibra. Sin embargo, a medida que la sensación aumenta, el cuerpo se calienta y comienza a quemar, veo imágenes de Infierno. Me asusto y todo se estanca. Entro en un vaivén del cual no logro salir hasta que Memo me dice que para conocer el placer hay que correr el riesgo del dolor y el fuego de la rabia. Finalmente, después de mucha lucha, cedo, cuando me abraza mi compañero de viaje y amigo del alma, Renato y juntos vemos un cristalino arco-iris en la ventana.

Quiebra

Mi familia estaba entonces en plena época de pérdidas. Mi padre vende todo lo que posee, incluido el piso en el que habían vivido durante más de veinte años, para pagar deudas de su empresa y evitar la quiebra. Desde pequeña le había oído decir que el dinero y los bienes materiales podían ganarse, perderse y recobrarse, como les había ocurrido a mis abuelos inmigrantes. Pero nunca imaginé que eso pudiese realmente pasar otra vez a nuestra familia, ya que habían acumulado un gran patrimonio. El dinero no me preocupaba especialmente, pensaba que algún día heredaría y por lo tanto no necesitaba hacer previsiones para el futuro. Ganaba dinero para mi día a día, como casi todos quienes hacemos teatro, y más aún en un grupo con compromiso social, en un país del Tercer Mundo.

A pesar de mi ingenuo rechazo a la burguesía, yo había crecido como una niña rica. No sabía ganarme bien la vida por mí misma pero tampoco imaginaba un futuro sin dinero. Me sentía insegura, dependiente, inmadura y asustada. Veía que mis padres no aceptaban lo que de hecho estaba ocurriendo, y que se refugiaban en ideas o delirios como «esto es transitorio y va a pasar, tenemos muchos proyectos importantes que se van a concretar...». Mantenían un estilo de vida que ya no podían sostener y no querían aceptar la realidad.

Seguir avanzando

Era 1987 y con la venta del piso, mis padres dan mil dólares a cada hija y yo me compro un billete barato a México para ir a trabajarme con Memo. Fue una temporada inolvidable, especialmente en Real de Catorce, pequeño poblado de pasado minero y paisaje desértico, tierra de los indios huicholes. Éramos un grupo de buscadores: mexicanos de varias regiones, algunos españoles y yo, la única brasileña. Una aventura imprevisible, de continuo trabajo sobre el ego, retos, ejercicios intensos, rituales, mucho contacto con mis limitaciones...

Uno de aquellos días hicimos una larga caminata por las montañas, guiados por un indio de la región. Atravesamos sendas difíciles junto a precipicios vertiginosos, trechos en los que yo solo conseguí pasar a cuatro patas, o arrastrándome por el suelo, con las piernas temblando. Memo nos provocaba a todos, desafiante, jugaba con la tensión y nos sacudía para despertarnos.

El punto culminante de este viaje fue en la cima del Quemado, montaña sagrada de los huicholes y templo de sus ceremonias. Recuerdo estar tumbada en el suelo, descansando, sintiendo la tierra sagrada, el paisaje desértico y su extraña belleza, contemplando las nubes que bailaban en el cielo inmenso, que se abrían y cerraban palpitando, cambiando de forma, como impresionantes seres vivos. Mi respiración se acelera, las sensaciones de mi cuerpo se intensifican. Siento miedo. Me quedo sin aire, el pecho contenido y tenso casi de pánico. Los cactus alrededor me parecen seres que me vigilan, como los monstruos amenazadores de mi infancia; vuelvo a sentir el terror.

Me doy cuenta de que siento miedo de entregarme al movimiento natural de la vida, a su pálpito y a vivir. Estoy llena de imágenes de mi infancia, cuando me quedaba muy quieta para que todo pasase rápido, fingiendo que dormía, aguantando y esperando...

El dragón en mí se estaba despertando, aquellos «monstruos» dormidos estaban siendo provocados por las nubes mientras yo, tumbada en el suelo y presa del vértigo, ya no podía impedir su despertar. Poco a poco, y dialogando conmigo misma, fui calmándome, y entendiendo que el miedo era producto de mi mente: «Estoy viva, todo está vivo y el paisaje es maravilloso...», me digo.

Unos pocos nos quedamos a dormir, y los extranjeros que veníamos por primera vez nos acomodamos delante de una gran hoguera. Memo se marcha con la mayoría del grupo, diciéndonos que lo «llamáramos» si lo necesitábamos, y que nos enviaría un guía por la mañana para ayudarnos con la vuelta. Aparecen dos mexicanos que se unen a nuestro pequeño grupo. Cuidan del fuego, nos ofrecen comida, nos transmiten seguridad, como si hubieran sido enviados por Memo. La luna clara tiene un halo perfecto, inmenso y brillante a su alrededor, un gran portal del Infinito... ¡tan cerca, casi al alcance de nuestras manos! Un regalo.

Por la mañana, bajando del monte oí otra vez la melodía cristalina de la naturaleza cantando en mis oídos. La misma que había escuchado en las montañas de Brasil cuando imaginé al Buda riendo. Los nuevos amigos con quienes compartí aquella experiencia pasaron a tener un lugar especial en mi corazón para siempre. Me sentía desbordante de agradecimiento.

Volví a Brasil muy fortalecida y finalicé mi relación afectiva con V., médico homeópata, con quien durante tres años compartí la misma visión del mundo y muchos momentos gratos. Había sido mi primera relación duradera tras mi separación de

A., el actor. Me ayudó a reconciliarme con el compañerismo, la confianza y la intimidad, pero acabamos siendo solo amigos y yo quería encontrar el amor.

Repitiendo patrones

Hasta entonces había necesitado fuertes estímulos externos para atravesar la barrera de mi congelamiento, desconexión y resistencias profundas. Sin embargo ahora, más sensible y en contacto con lo que sucedía dentro de mí, la intensidad me asustaba.

Este patrón repercutía en mis relaciones, en mis amistades y en el teatro. Si el foco de atención permanecía demasiado tiempo sobre mí, yo no podía sostener el contacto. Se desencadenaban los deseos de huir: «me van a echar, estoy cansando a los demás, molestando», «no tengo ninguna gracia, mejor retirarme, salir de escena antes de que eso pase». Todo esto me ocurría tan rápido y automáticamente que ni pensaba; simplemente me retiraba. Me entristecía mi dificultad para estar y ser vista. La intimidad me asustaba, yo imaginaba que me rechazarían si me conocieran más de cerca.

Me dispersaba en muchas actividades, muchos amigos, inquietudes y ansiedad. Descargaba mi angustia con el antiguo patrón de comer, un círculo vicioso que conocí en el periodo de enfermedad y muerte de mi hermana, pero ahora era más doloroso al ser más consciente. Sentía rabia contra mí y comía más... y así seguía con un agujero interno que parecía no tener fin. Me quedaba exhausta, sintiéndome sucia, podrida.

Mis padres estaban sufriendo una situación económica cada vez más grave, y una fuerte tensión familiar. Por primera vez se pelean seriamente, mi madre me llama pidiendo ayuda y veo que realmente lo están pasando muy mal.

Entonces me dejo llevar por una situación que a primera vista no me parecía tan compleja, pero que desemboca en una crisis profunda. Los mandatos de la cruel institutriz de mi infancia vuelven a aparecer: «¡Mala, culpable y merecedora de castigo!» Siento culpa, miedo y decepción conmigo misma. Entro en un periodo de introspección que vivo como una muerte interna, y que marcará un antes y un después, tal como ocurrió cuando la muerte de mi hermana.

Uno de los aprendizajes más importantes de esta etapa fue darme cuenta de que yo podía herir y causar sufrimiento. Esta conciencia disminuyó el miedo y la fantasía de ser herida por los demás. Asumir la posibilidad real de causar daño me hizo madurar y deshacer la defensa protectora de la ingenuidad. Veo cómo el sí y el no se mezclaban dentro de mí, tantas veces incapaz de tomar posiciones claras, generando ambigüedad e impidiendo que me sintiera entera. Aprendo más sobre lo que es posicionarme, con todas sus consecuencias, y veo cómo me fortalezco cuando asumo una posición clara, aun corriendo el riesgo de arrepentirme.

Es una época en que siento profunda tristeza y escribo, dibujo y medito durante muchas horas. Sueño con caídas y agujeros, espirales que descienden. Me siento incondicionalmente apoyada por mis padres y nuestra relación se profundiza. Después de más de un año, empiezo a soñar con escaleras que suben, con faroles, luces, recuperando la esperanza. Más adelante, mirando hacia esta época de mi vida, pude verla como otra Iniciación.

Programa SAT

Tengo entonces un sueño especialmente vivo con Claudio. Le escribo contándoselo, y compartiendo mis reflexiones sobre esta última etapa y mi dolor por la enfermedad y la situación que en ese momento atravesaba Memo. Para mi sorpresa, recibo su respuesta con una inesperada invitación para colaborar en el siguiente programa SAT que él iba a dirigir en España. Ante la propuesta de Claudio, me siento excitada y desconcertada, ¡casi sin creer que aquello fuera real!

Al cabo de un tiempo Claudio pasa por Río y voy a visitarlo. Insegura, le comento que nunca me ha visto trabajar, a lo que él me responde que no importa, que confía en mí y que yo puedo hacer lo que crea mejor.

Aquel simple comentario tiene en mí un enorme impacto terapéutico. Su confianza me hace querer dar lo mejor de mí, confiar en dar otro paso, y asumir la oportunidad de avanzar, a pesar de mi miedo. Esta invitación fue un estímulo para desarrollar mi propio trabajo fuera de mi grupo de teatro. Empecé así a unir e integrar mis herramientas: el tarot, el teatro, el trabajo corporal y de movimiento expresivo, al servicio de otras personas. Con el estímulo de Claudio y su visión de interdisciplinariedad en el sofisticado mosaico que es el programa SAT, fui encontrando un espacio donde mi experiencia e intereses podían sumarse y adquirir sentido y valor.

En 1992 hice dos viajes a España, uno de ellos para actuar con mi grupo de teatro de calle en la Expo. El siguiente fue para participar por primera vez en el SAT de España, en Riaza. Es entonces que tomo profundamente a Claudio como mi Maestro, sintiendo una conexión misteriosa, además del inmenso reconocimiento y gratitud hacia él. Siento que mi aprendizaje se da en varios planos, de lo más concreto y encarnado a lo más sutil e invisible, y que mi alma crece en esta relación.

En una meditación final de este SAT, sentada con la columna alineada, vulnerable como una recién nacida, sanando mis heridas, pido que la vida sea suave y delicada conmigo. Un reconfortante calor empieza a recorrer mi columna y siento en mi espalda una presencia. Recibo la imagen de una gran serpiente erguida, con todo su cuerpo colocado sobre mi espina dorsal, con su amplia cabeza reposando sobre la mía. Me siento aceptada, protegida, y sin miedo. Me sorprendo, recordando que años atrás la imagen de serpientes me había asustado tanto. Ahora hay paz, comodidad, confianza y valoración. Sé que estoy en mi sitio, en mi lugar. Siento una profunda sanación.

Al final de este trabajo, bailando entre las mujeres, con los hombres en frente, estoy celebrando la vida, sintiéndome parte de la existencia. Siento la pertenencia a la corriente humana, a la familia humana, al planeta y al universo. Aparece la palabra «¡regocijo!» Estoy presente aquí y ahora y me siento atemporal. Veo la sonrisa luminosa y la expresión dulce de Claudio mirando al grupo, con su enorme compasión, de la que tantas veces volveré a ser testigo. Me siento bendecida.

Regreso a Brasil, donde me estaba implicando cada vez más con Tá Na Rúa, como una familia a la que siempre volvía. Próxima a cumplir treinta y seis años, me encontraba viviendo de la misma manera que desde los veinte, pero ya no encontraba nuevos descubrimientos y aprendizajes en este grupo. Apenas me alcanzaba para pagar mi alquiler y vivía al día, sobreviviendo bajo mínimos. Ya no sabía si regresaba al grupo por fidelidad, por interés real en el trabajo que ahora se desarrolla, por el sentido de identidad que me aportaba, o por miedo de hacer sola mi propio camino.

Había imaginado tener un compañero algún día, ser madre... pero nada de eso estaba sucediendo y el tiempo pasaba. Me sentía insignificante y poco útil en el medio teatral. Tantos años de práctica grupal comprometida habían generado en mí cierta resistencia al medio artístico comercial, como si hacer trabajos convencionales significara una traición a mí misma, al grupo, a nuestra trayectoria y visión del teatro.

En el medio teatral, yo estaba asociada al teatro de calle, al teatro social y de investigación, al trabajo artístico no convencional, por lo que tampoco se me abrían fácilmente las puertas a nivel individual en el ámbito comercial. Aun así actúo en una película, hago una participación en televisión, y me proponen una sustitución de segundo protagonista en una obra del circuito comercial. Voy a ver la obra, supuestamente política y de crítica al sistema, pero la veo como una farsa exagerada y vulgar. Cuando termina la representación, siento vergüenza ajena y que no quiero colaborar con lo que no me gusta, no quiero actuar en lo que no creo. Así se lo expreso al director, que me mira descolocado. Me doy cuenta de que estaba siendo muy difícil para mí seguir una carrera individual de actriz profesional sin un trabajo de grupo comprometido.

En el medio terapéutico me sentía mejor recibida. Mi experiencia era valorada y me invitaban para colaborar trayendo lo teatral, lúdico y expresivo a los grupos de terapia. En aquel momento no tenía claro lo que realmente deseaba hacer, pero sí que quería continuar trabajando con personas, con la expresión y de manera creativa.

También tenía la certeza de que quería vivir de otra forma, sentirme útil y productiva, mejorar mi calidad de vida y construir. Tengo presente que voy camino de los cuarenta años, y quiero poder imaginar, siendo realista, que en diez años mi vida puede llegar a ser diferente, aunque para eso haya que invertir más trabajo, tiempo y energía.

Con el estímulo de Claudio y mis primeras colaboraciones en el programa SAT, me atrevo a involucrarme más en el mundo del crecimiento personal, llevando mi experiencia con el teatro, el movimiento y la expresión a este nuevo ámbito. Hago mis primeros SATs de manera paralela en España y en el primer grupo SAT de Brasil. Soy participante/alumna y colaboradora a la vez.

La combinación de elementos que actúan en la conciencia, la visión de uno mismo y del mundo; el trabajo con lo instintivo, corporal y emocional; la meditación y el aprendizaje de ver a otros: todo esto se potencia de la manera más transformadora y completa que he vivido en un único programa. El SAT marca otro antes y después en mi vida.

Terapeuta

Empiezo a trabajar con regularidad en los procesos del Centro Hoffman de la Cuadrinidad de Belo Horizonte, primero llevando el trabajo de movimiento y después también como terapeuta. Estoy algo más satisfecha con la vida, encantada con los nuevos amigos y con todo lo que se está abriendo para mí, pero todavía me falta el amor. En un trabajo con mi grupo de SAT tengo la experiencia de percibir mi corazón como insensible. Recuerdo compartir con mi querido amigo Julio, psiquiatra, compañero de camino, el sentir mi corazón encerrado en un cofre del cual había perdido la llave.

Continúo viajando al SAT España una vez al año, y por indicación de Claudio empiezo a colaborar en los cursos de eneagrama junto a Alaor P., en diferentes ciudades de Brasil. Completo mi formación como terapeuta reichiana.

En otro encuentro del SAT en Belo Horizonte, durante una meditación especial me veo como si fuera una línea, un hilo de tejer que se entrelaza con otros, creando un cuadro vivo, una red amorosa urdida por el Maestro. Me siento plena y feliz siendo hilo de unión, puente y transmisora, participando de esta trama dinámica que sigue más allá de mí. Estoy encontrando un camino en la interdisciplinariedad, uniendo el teatro, el movimiento, la salud y la espiritualidad.

Amor y encuentro

Es 1994, estoy en el equipo del SAT España y un director de teatro está entre los participantes. Hay entre nosotros una sintonía inmediata y una fuerte atracción. Él participa en el taller de teatro que imparto y me invita para que el año siguiente, cuando regrese al SAT, dé un seminario de teatro de calle en su escuela de teatro. Mantenemos algo de contacto durante el año.

Me siento movida y atraída, pero sin embargo satisfecha de contenerme y no implicarme, ya que él no está disponible pues está atravesando un proceso de separación y vive tan lejos. No quiero meterme en nuevas complicaciones afectivas. En esa época tenía un buen amante pero deseaba un amor verdadero, un compañero de vida. Me acercaba a los cuarenta años y había desistido de la maternidad porque no quería vivirla sola.

Vuelvo a España al año siguiente para colaborar en el SAT, imparto el curso de teatro de calle y doy un intensivo en un grupo de formación de gestalt, invitada por mi amigo terapeuta Miguel A.

Aunque no imaginaba que pudiera suceder, el vínculo con el director de teatro se estrecha. La vida parecía acercarnos, mágicamente llegan sucesivas invitaciones en el campo terapéutico que me traen varias veces a España. Estos viajes seguidos nos permiten conocernos más e intimar. Él me visita en Brasil, viajamos juntos a Argentina y vamos conociendo a nuestras familias, amigos y mundos.

En esta misma época, 1995, hago el retiro que dirige Claudio en Ouro Prêto (Brasil). Diez días en silencio y aislamiento individual con instrucciones específicas para meditar y trabajar interiormente. Quería profundizar en el eneagrama y especialmente en la meditación, con la que tenía una relación irregular: algunos momentos de encuentro, descanso y centramiento; y otros de inquietud, insatisfacción y deseos de salir corriendo.

Durante el retiro mi mente no para y tantas veces se vuelve pesada, tonta, repetitiva. Me exaspero cada vez que me encuentro pensando en listas de tareas cotidianas que tengo que realizar, cosas sin importancia que decir a otros, revisando el pasado o planificando el futuro. Aparece el «pequeño narrador», repitiéndome todo lo que estoy haciendo o pensando en cada momento, y me irrito con mi mente. Como siempre, mi cuerpo me ayuda a insistir en la meditación. Parece haber aprendido a sentirse cómodo en esta postura y actitud, percibiendo la meditación como un «retorno al hogar» y un descanso; algo que me ocurría especialmente en los grupos del SAT o con la presencia inspiradora de Claudio. En el retiro no tengo experiencias extraordinarias o alteraciones de conciencia, pero sí experimento momentos de quietud, concentración y presencia, que me nutren y que hoy están incorporados en mí día a día. En el primer día de este retiro, Claudio me había dado una tarea: revisar mi rasgo. Él me venía cuestionando, pero yo creía que estaba bien ubicada en el mapa del eneagrama, con el cual me venía trabajando los últimos diez años. Aunque me estaba sintiendo estancada, no imaginaba que mover el punto de vista desde donde mirar mi historia y mi funcionamiento en la vida fuera a generar tal revolución interior. Todo se puso en movimiento y volví a sentir una oleada de transformación interna que me llevó a cambios externos importantes.

La nueva relación amorosa se enraíza cada vez más, y me veo frente a la decisión de cambiar de país y asumirla integralmente o dejarla. Había deseado tanto el amor y, ahora que se presentaba como realidad, el precio era alto. Descubro el enorme apego que siento por mi país, mis amigos y mi mundo. Cada pequeño aspecto de mi vida pasa a tener un valor especial y desprenderme parece un sacrificio inconmensurable.

Llego a pensar que sería más fácil vivir una separación que un cambio de vida tan grande. Tenía miedo de fusionarme con el otro, perder mi independencia conquistada, que el otro interfiriese en mis prioridades. Amaba el silencio de mi casa, la libertad de vivir sola, el espacio donde vivir mi locura sin que nadie me viese.

Me doy cuenta de que solo me siento cómoda cuando estoy completamente sola en mi casa, con mis altibajos e incluyendo todo lo que no me gusta que los demás vean de mí. Una necesidad de espacio y permiso para vivir mi neurosis en intimidad absoluta. Me pregunto si estoy reservando un hueco de soledad para proteger y mantener esa parte neurótica, si estaré apegada a ella y sin querer cambiar, soltarla.

¿Sería capaz de convivir con alguien que me viese todos los días, de todas las maneras y en todos mis humores? Y si fuese así, ¿no se decepcionaría, cansaría y aburriría de mí? Vuelvo a reconocer mi poca confianza en el amor...

Conozco bien esta contradicción entre la necesidad de independencia en mi intimidad y la dependencia en relación al mundo externo, social. Por un lado, necesito imperiosamente mi espacio propio, la autonomía para hacer lo que me da la gana, a la hora y de la manera que quiero, sin sentirme presionada, con toda la libertad de ir y venir. Por otro lado, y especialmente en relación con el mundo material, profesional o social, tiendo a sentir que no podré sola, por mí misma. Se repite la antigua creencia de que no funciono sin el apoyo del otro, de que sola no soy nadie, no sabré hacerlo y no conseguiré nada.

Él parece intuir lo que está pasando y se hace más presente y amoroso a pesar de la distancia. En el momento en que pienso que podría vivir sin él, que sufriría al principio pero después mi vida seguiría como siempre, veo que no quiero dejar pasar esta oportunidad. Tengo conciencia de que puedo escoger y que la vida me ofrece lo que yo tanto pedía: el amor. Elijo el cambio y me preparo para dejar mi país.

En esa época tengo otra experiencia muy significativa en mi grupo SAT de Belo Horizonte, en la que vivo la confirmación y confianza en mis elecciones y percepción interior. Trabajamos con visualizaciones y meditación profunda. En una de ellas, con el cuerpo inmóvil, mi mente va dejando pasar imágenes a velocidad tan intensa que la lógica se despedaza, como un caleidoscopio que no para de moverse, construyendo y deshaciendo lo construido. En el mismo momento en que me doy cuenta que estoy pensando, la idea se deshace; en el instante en que identifico el presente aquí y ahora, este ya pasó. Es tan real y concreto que parece locura.

En el auge de este torbellino, me viene una imagen de Claudio lanzándome algo que recojo en el aire, guardo en mis manos con todas mis fuerzas, y caigo al fondo del mar profundo. Todo se está deshaciendo, disolviendo, desapareciendo, y lo único que sé es que no debo soltar el tesoro precioso que tengo en mis manos. De repente parece que toco fondo y mi cuerpo comienza a subir, subir, subir. Vuelvo a salir a la superficie, como reviviendo; respiro. Tengo en las manos el núcleo de mi salud, mi parte sana, el tesoro precioso que Claudio me había arrojado para que yo lo guardara. Pude sumergirme en el fondo de lo desconocido y volver... Estoy sabiendo hacer el camino de vuelta, estoy perdiendo el miedo a la locura. Me relajo y mi cuerpo se desparrama; estoy conmovida. Descanso.

Vuelvo a mi habitación tranquila, sintiendo cada paso de mi caminata como una meditación, afianzándome. El miedo se hace presente, pero cuando respiro se diluye. Avanzo, abriéndome a la belleza, frescor y luminosidad de la noche, bajo un cielo estrellado y limpio. Siento confianza, estoy preparada para el cambio que se avecina.

MUDANZA

Aunque algunos amigos me dicen que estoy perdiendo tiempo y energías, y que debería mudarme de una vez a Madrid, siento que la transición es importante. Estoy cerrando parte de mi historia, rescatando partes de mí y preparándome para lo nuevo. Soy lenta y necesito tiempo para ir viviendo, digiriendo e integrando cada paso de este tránsito. Es una temporada de revisión de vida y de despedidas, y un periodo que me regala una nueva y preciosa amistad con mi hermana menor.

Ese año, Claudio invita a Jodorowsky a trabajar en un módulo del SAT en España. Todos los integrantes de este grupo especial tuvimos una consulta individual frente al grupo, y la consecuente atribución de algún *acto psicomágico.*

Mi tema era el cambio de país y de vida, mi necesidad de construir algo propio. El miedo a no valerme por mí misma y no conseguir nada. O que, en caso de tener éxito, pudiera acabar perdiendo o destruyéndolo todo, tal como lo había hecho mi padre. Miedo a que el destino me castigara si todo comenzaba a ir bien.

Soy la última en ser atendida y Jodorowsky comienza con voz suave y pausada, diciendo que para él soy el caso más difícil del grupo, y que conmigo no podrá hacer nada, solo fracasar. Mi llanto irrumpe, y me siento muy asustada. Él dice que está frente a más de 2 mil años de judaísmo, que conoce esto en su propia historia y que es demasiado grande para él. Sigo llorando, y el habla del nomadismo y la persecución vivida por los judíos, el estigma por tener éxito de manera visible, porque destacar puede ser peligroso, atraer miradas, envidia, persecución y destrucción, ciclos históricos de pérdida y reconstrucción. Me acuerdo de mi abuela paterna, diciendo que lo mejor era no tener ni poco ni mucho, porque los extremos traían problemas.

Jodorowsky me indica entonces tres actos psicomágicos: 1) Enterrarme en un campo cerca de donde voy a vivir para parirme a mí misma en la nueva tierra; 2) pedir y conseguir limosna en la calle varias veces, dando gracias al universo por ello; y 3) ser tiránica, déspota y monstruosa, como los opresores poderosos. Me da instrucciones específicas para cada acto, y encuentro la manera y el lugar para cumplirlos. Siento liberación, limpieza y transición, estoy ritualizando mi cambio de vida.

Me mudo de país, amo y soy amada, me caso, me siento feliz.

Con cuarenta y dos años, mi vida profesional se amplía: doy clases de movimiento y teatro de calle en la escuela de teatro de mi marido, volviendo a convivir día a día con la actuación y la expresión artística. Comienzo a tener pacientes individuales de terapia, colaboro en terapia de grupo, participo en la planificación y puesta en marcha de una formación del sistema Río Abierto que se inaugura en España, y sigo trabajando con el eneagrama y el SAT. Es hora de expandir, posicionarme, asumir responsabilidades, y también de recibir.

Aun así, el primer año en un país nuevo no me resulta fácil. Siento mucha falta de mis amigos de siempre, la lengua, la cultura. Anhelo el mar y su horizonte, los olores y los sabores. Parece una contradicción pero es una felicidad que convive con momentos de tristeza y peso. Arrastro una enorme dificultad para levantarme de la cama, un cansancio y un sueño infinitos. Me doy cuenta de que es una forma de depresión y una manera de digerir e integrar este cambio tan grande elegido por mí y del cual no me arrepiento, pero que tiene un precio e implica sacrificios. Con conciencia, tiempo y trabajo personal voy integrando el cambio y recupero la vitalidad. Nunca más vuelvo a sentir ese aplastamiento.

Durante dos años buscamos un embarazo que no llega, y los médicos nos informan de que podría deberse a la edad, a pesar de que los análisis daban normales. Vivo las dudas y miedos de un arrepentimiento futuro si desistimos de ser padres. ¿Estaré renunciando por miedo? ¿Miedo a no ser buena madre, miedo a lo que podría traer el futuro? No sé si a estas alturas de la vida se trata de un deseo y necesidad real, o si es una influencia cultural, la idea de que una mujer no se completa si no vive la maternidad, y lo equivalente en el hombre, etc. Decidimos no utilizar métodos artificiales, reconociendo que nuestra relación se ha dado en una época avanzada de la vida, y no en el mejor momento biológico para tener hijos.

Nuestro amor es lo más importante y es la primera vez que me abro tanto, me expongo, asumo mis opiniones, expreso mis necesidades y confío. Descubro partes de mí que no conocía por no haber convivido nunca con tanta intimidad: me veo intransigente, mandona, entrometida, espaciosa. Viviendo sola nunca me había enfrentado con situaciones cotidianas de fricción. Aprendo a discutir sin tanto miedo. Él me muestra cuánto puedo llegar a ser de terca y maniática, y hasta qué punto necesito que me reconfirmen, que me den razones, y cuánto necesito «ver para creer». ¡Y aun así no me rechaza y todavía valora mis opiniones y mi visión de las cosas!

Vivo finalmente el descanso de confiar en el amor, de que hay alguien que me ve, me ama y que se acordará de mí. Había soñado o vivido tantas veces la fantasía de que todos se iban y yo me quedaba atrás, olvidada, sola... Me acuerdo de la alegría que sentí cuando nos disponíamos a dar un paseo en grupo, y en el momento en que todos estaban ya sentados en la camioneta a punto de arrancar, yo estaba aún dentro de la casa, y oigo a mi marido dando voces: «¡Mi mujer, ¿dónde está mi mujer?, esperad, que falta mi mujer!»

Ahora comprendo el enorme aprendizaje que es la relación de pareja y cada vez me gusta más la vida compartida. Entiendo lo que mi queridísima amiga y guía, Suzana Stroke, tanto repetía: la pareja es la mejor escuela de vida. Agradezco todos los días la bendición y la felicidad de este encuentro.

Reconociendo el Miedo. Otra vuelta a la espiral

Claudio viene a Madrid y pasa unos días en nuestra casa. Una tarde, cuestiona mi ubicación en el mapa del eneagrama. Dice que desde hacía tiempo no me ve en el rasgo en que yo estaba trabajando, ya el segundo donde me ubicaba, y que no sabía hacia dónde orientarme, si debería volver al punto inicial o no.

¡Un torbellino se desencadena! Una vez más experimento lo que puede despertar el «diagnóstico». Paso días descolocada y observando todo lo que emerge. Me siento nuclearmente diferente de las personas y dinámicas que conozco del rasgo donde empecé mi camino en el mapa del eneagrama. Veo que estas diferencias no son por transformación y crecimiento, sino de base. Aun así tengo miedo a auto engañarme y a que estén actuando mis resistencias. Sé que desde el pensamiento todo es posible y relativo, por lo tanto es muy fácil que me confunda. La claridad verdadera me viene desde otro lugar, corporal, interno e intuitivo. Lo que en ese momento más me duele es no verme con claridad.

Un par de semanas después, colaborando en el equipo de un SAT de nivel avanzado, donde se hace una revisión del proceso y de las transformaciones, escucho a diversos pequeños grupos que comparten sus experiencias. Me dejo estar, me siento muy vulnerable, casi no hablo, algo se está moviendo.

¿Cómo es la herida nuclear y los mecanismos defensivos que se desencadenan?, ¿qué nombre toma en este mapa mi neurosis? ¿Cuál es el obstáculo más importante y que siempre ha estado ahí, aunque no lo viera? De pronto me retuerzo en la cama, una contracción en el centro de mi cuerpo me hace encoger. Brota, como una voz silenciosa muy desde adentro que me sorprende, la palabra «MIEDO». Miedo, miedo, miedo, miedo. Empiezo a temblar. Tiemblo y me encojo todavía más, hasta que suelto el cuerpo y me puedo adormecer.

La siguiente mañana despierto con excitación, casi alegría. En una pausa busco a Claudio y le pido que me diga si me estoy equivocando otra vez, o si voy por buen camino. Le cuento lo que me vino: ¿seré del Miedo? Claudio me mira y sonríe. ¡Ahhhh!

A partir de ahí todo encaja. Vuelven a golpes escenas de mi vida, río, lloro, me veo. Me viene a la mente un recuerdo con el Miedo en un trabajo de renacimiento con Ilse K., durante uno de mis primeros SATs de España. En el momento de encajar para salir por el canal que creaban para mí Cristina N. y Luis Fer C., escucho mi propia voz dentro de mí, diciendo: «No te voy a hacer daño, mamá, no tengas miedo, no te voy a herir, no tengas miedo».

Reconocer el miedo como tema central en mi dinámica neurótica, y no como algo natural, «normal», ha sido decisivo y sanador. Antes estaba tan pegado a mí que no lo podía enfocar. Llenaba mi mente de «razones» que me desvalorizaban, enredaban y paralizaban. Al ponerle nombre, se fue haciendo más concreto, localizado, y ha ido disminuyendo. Al vivirlo en el cuerpo con conciencia me siento más real y el foco cambia: ya no es solo miedo, sino también vibración, flujo de energía, vida.

Regalos y despedidas

En esos años comienzo a sentirme adulta por primera vez: de repente un día me doy cuenta de que algunos de mis alumnos ¡tienen edad para ser mis hijos! Me sorprendo teniendo una planificación para el año entero y cumpliéndola, aunque sigo manteniendo espacios abiertos para modificar sobre la marcha, pues de lo contrario me sentiría aprisionada. Reconozco una parte rebelde que necesita improvisar y tener momentos sin estructura, forma o deberes en lo cotidiano; si no, me asfixio.

Estoy cada vez más comprometida con el trabajo en el Estudio de teatro, con el programa SAT y con Movimiento Auténtico, que, como tantas cosas importantes en mi vida, me ha llegado a través de Claudio. Me enamoro de este trabajo, y es como si lo hubiese hecho toda la vida. Siento pertenencia y que puedo dar lo mejor de mí.

La entrega al movimiento que nace desde dentro, el «ser movida» como en un trance consciente, es sanador para mí y me conecta con la dimensión Misteriosa de la vida. Recuerdo la experiencia con Memo, donde me sentí «movida» por primera vez.

Verifico cuánto he avanzado, cuánto confío ahora en mi intuición, percepción y expresión, y cómo me permito la entrega, incluyendo la aceptación de cuando esta no me es posible. Ya no estoy peleándome tanto conmigo misma, voy buscando la manera de relajarme, encontrando los pasos y los caminos.

En enero de 2001, a los 96 años, fallece mi abuela paterna, tan querida y admirada por mí. Algunos meses antes, yo había viajado a Río para acompañarla en su mudanza del piso donde había vivido desde antes que yo naciera. Fue un gran regalo compartir aquel momento y disfrutar de la intimidad que nos unía. Y una satisfacción personal haber seguido mi intuición, que me dijo que debía estar allí.

En una de nuestras últimas conversaciones sobre la muerte, yo le había dicho que para mí sería muy especial poder estar a su lado cuando ocurriera, aunque sabía que sería difícil pues yo vivía tan lejos... A inicios de enero tuvo un infarto. Ella sabía que yo tenía previsto llegar en pocos días y que a continuación también llegaría mi marido, a quien que ella adoraba y llamaba «nuestro amor». Nos esperó a los dos.

Pasé su último día junto a ella, ya inconsciente y con la presión bajo mínimos. Mi marido y yo fuimos los últimos de la familia en verla; por la mañana temprano hizo su pasaje. En el entierro puse *Las cuatro estaciones,* de Vivaldi, tal como ella me había pedido. Fueron días de tristeza y lágrimas pero también de mucho amor y belleza, con el sabor de una vida bien vivida.

La despedida siguiente fue la de mi padre, en 2003. Un año antes de declararse su enfermedad, pudimos traerlo a él y a mi madre a España, para que conocieran nuestro hogar y trabajo, nuestra vida. Fue muy significativo para ellos y para mí, pues algo se completó y otra vez agradecí haber seguido mi impulso e intuición. Poco después apareció un cáncer de pulmón en mi padre, ya avanzado y con metástasis. No fue una sorpresa, llevaba mucho tiempo deprimido y, aunque no fuera tan mayor, en los últimos años había tenido problemas de salud. Había sido un hombre muy emprendedor, con una visión pionera e idealista, que dedicó su vida a los libros y a la educación; alguien que construyó mucho pero que lo perdió todo.

Durante sus últimos años fue mantenido económicamente

por personas queridas y cercanas a él. En su último año de vida me pidió ayuda económica y para mí fue muy importante poder responderle, a pesar de saber que le dolía y humillaba sentirse tan impotente. Mis fantasmas de miedo al futuro, a la pérdida y dependencia se reavivaron con lo que le sucedía a mi padre. Nunca hubiera imaginado que alguien que había realizado tanto pudiese llegar al final de su vida sin nada, y esta era una de mis «escenas más temidas». Siempre me han conmovido las personas mayores, pero aquellas que llegan al final de la vida sin tener dónde apoyarse y dependientes de otros me generaban pánico. Viví la muerte de mi padre con mucho amor y tranquilidad, a pesar del dolor. Espero poder disfrutar muchos años más de mi querida y amorosa madre.

Autobiografía

Ahora, pasados los cincuenta años, me siento muy afortunada y reconozco el valor de mantener una actitud de aprendizaje en la vida. Una vez Claudio me preguntó qué me faltaría. Podría decir que me falta mucho... Me gustaría que el ego ya no importara, no estar temiendo y preparando el futuro. Poder confiar plenamente en mí y en la vida. ¿Será esto a lo que se llama «fe»? Cada vez son más los momentos en que lo consigo, y aunque vuelva la antigua sensación de temor, no me impide disfrutar y valorar la vida que tengo. El miedo sigue siendo un compañero, y trato de escucharlo sin engancharme para poder avanzar.

Muchas veces quise desistir de escribir este relato. No me siento una persona importante o con una vida tan interesante que contar. También me parece difícil escoger y transmitir lo que pueda ayudar a otros. Cada vez que reviso mi historia surgen nuevos aspectos y me quedo insatisfecha con lo escrito. He llegado a pensar que debería reescribirlo todo, muy resumido y sintético, pero entonces sería otra persona...

En varios momentos me he sentido expuesta y desnuda. En otros me he cansado de hablar de mí, de dar vueltas en torno mío, cuestionando una y otra vez la utilidad de describir la neurosis, y temiendo estar estimulándola o ensalzándola.

De vez en cuando Claudio me ha dado un empujoncito:

—Si puede servir para ayudar a algunas personas en sus caminos, si algunos se pudieran identificar…

Entonces volvía a escribir un poco más. Una vez le pregunté si sería necesario que apareciese mi nombre, y él me preguntó qué me molestaba que supiesen de mí. Le respondí que todo, que me sentía excesivamente expuesta y que prefería el anonimato.

—El anonimato… ¿será que es algo del E6 conservación?

—Puede ser...

—¿Y cuál crees que sería un paso para ti?

Pues, aquí estoy, firmando este relato.

LIBRO SEGUNDO

ENEATIPO 6 SEXUAL

Coordinadora y autora
Maria Grazia Cecchini

Con la colaboración de
Rosa Membrado

Intervenciones de
Alex Ferrándiz
Barbara De Grassi
Carlo Bologna
Jose Luis Gonzales
Luigi Galíndez
Marco Lozzi
Monika Klein
Vittorio Ciampa

Traducción
Nora Griffith

I

LA PASIÓN EN LA ESFERA DEL INSTINTO: CÓMO ACTÚA EL MIEDO EN LO SEXUAL

En la psicología de los eneatipos de Claudio Naranjo, el subtipo sexual del rasgo Seis es denominado también «contrafóbico». Este adjetivo subraya un estilo reactivo que, en vez de estar en contacto con la pasión dominante —el miedo— se defiende de ella *reaccionando al miedo a través de una conducta agresiva y beligerante.* La motivación es el miedo y lo que usa para defenderse del mundo es provocar miedo; de ahí su aspecto intimidatorio y autoritario.

El término «cobardía» (utilizado por Oscar Ichazo) define muy bien la pasión del eneatipo Seis. Lo que distingue al subtipo contrafóbico es justamente el sentimiento de vergüenza que siente ante la cobardía.

El E6 sexual vive una típica ambivalencia por lo que concierne al contacto y la retirada, la relación consigo mismo y con el mundo. Tiene deseo de fusión pero también la teme. Deja pues en el inconsciente el deseo de intimidad para no enfrentar el miedo a la aniquilación y la angustia de la soledad.

La ambivalencia es más visible en el contrafóbico que en los otros subtipos, porque el instinto sexual está mayormente involucrado, lo que le da más energía y mayor contacto con el deseo. Esta gran vitalidad le hace vivir entre la autoprotección y la rebelión abierta contra todo tipo de control. No renuncia al propio deseo pero tampoco lo desarrolla. Niega, más bien, el miedo y la necesidad de unión íntima con el otro, al que se acerca con una acción impulsiva e inconsciente, escindiendo el aspecto sentimental.

Es más fácil que el contrafóbico se entregue a la relación sexual que a la amorosa. En todo caso, *la ternura y la instintividad deben quedar separadas* para poder manejar los dos aspectos. Naranjo describe al subtipo sexual como el que «*escapa contra*». *Va hacia* la relación sexual para huir de la intimidad profunda, perpetuando así su escisión entre acción y emoción.

Como buen E6, se hace la ilusión de que el pensamiento tenga el mismo valor que la acción (*pienso, luego hago*). Pero con un estilo *desafiante,* que le permite tomar decisiones y actuar, y alimenta su ilusión de que afronta el dolor y el miedo. Es el más activo de los tres, pero la del contrafóbico es, en realidad, una acción dictada por el control, y reactiva.

Para *resistirse* a sus sentimientos se vuelve emocionalmente impenetrable: debe mostrar *fuerza* en la relación para mantener distancias y no ser atacado.

> Una de las convicciones más arraigadas en mí es que solo a través de mi fuerza de resistir (incluso al placer) lograré sobrevivir. A nivel sexual nunca logré entregarme. Aunque siempre me haya gustado, nunca disfruté, convencida de que no debía demostrarlo ya que habría perdido el control y me habrían sometido. Podía entregarme a alguien solo a través de la fantasía. Así, poco a poco, desarrollé un cuerpo duro y aparentemente refractario a la delicadeza. *(B.)*

La *agresividad* y la *invasión* son instrumentos preventivos ante la amenaza, y una *defensa* extrema ante la precariedad de la existencia, que no vive vinculada a la supervivencia sino a ser reconocido en cuanto individuo existente. Es como si viviese con la idea de poder desaparecer en cualquier momento para el otro. Para no sentir ese anticipo de pérdida se hace la ilusión de que si previene el alejamiento del otro, se evitará esa angustia. También anticipa el abandono cuando siente que la relación íntima se transforma en una amenaza a su identidad, y persigue así, más que cualquier otra cosa, una ilusión de *autonomía*.

La *megalomanía* es su forma de expresar el narcisismo. Tiende a ponerse a prueba en situaciones variopintas, dejando en lo inconsciente su poca autoestima y el miedo a «no ser capaz». Quiere demostrarse y demostrar que no tiene miedo o que no sucumbirá al temor. Que él es *fuerte*.

Las emociones, con su tumultuosa y caótica manifestación, suponen el grave peligro de entrar en contacto con las necesidades del «niño interior». El E6 contrafóbico identifica a este con la parte infantil que siente miedo, a la que trata de sofocar, sobre todo porque le llevaría a moverse *hacia* el otro, es decir, a sentir que tiene necesidad de protección. Las emociones desencadenadas por una relación se congelan y debilitan (se escinden) recurriendo a la capacidad cognitiva, que le brinda la ilusión de entender los acontecimientos y, por tanto, de tenerlos *bajo control*.

No estamos hablando de un peligro objetivo, sino del *peligro de sentir la propia impotencia* y por tanto de encontrarse bajo el dominio del otro. O de sentir atracción y, en consecuencia, verse obligado a tolerar la frustración y el rechazo. O al contrario: sentir que el otro le acoge y no tiene manera de escapar.

En las relaciones, la pasión tiene su núcleo en el *miedo a la castración,* típica de todos los E6, que el subtipo sexual combate exponiéndose al peligro. Pero esto no sucede con coraje, sino con un pensamiento que analiza los comportamientos del otro y anticipa el daño que podría recibir. Al empezar por una lectura cognitivamente distorsionada del otro —lleno de poder— y de sí mismo —víctima—, no hay contacto con la realidad; es un trabajo mental que calma la ansiedad y que revela un comportamiento *estratégico y cauto,* enmascarado de valentía.

Aun cuando se expone al peligro, el E6 sexual es extremadamente ambivalente. Presenta comportamientos *desafiantes y competitivos,* pero que nunca llegan a aniquilar al «enemigo», sobre todo si ha establecido una relación importante a nivel afectivo. A menudo la batalla se libra en sus pensamientos. Necesita al otro —amenazador— para poder sentir la «fuerza» de ejercitar el dominio sobre él y restituirse a sí mismo una imagen congruente con el ideal del Yo.

El objetivo del contrafóbico es que el otro llegue a entender la legitimidad de su posición y le dé la razón. Si esto no sucede, o la relación afectiva está demasiado enredada, puede llegar a alimentar sentimientos de odio o de venganza, que la mayor parte de las veces no se traducen en acción directa (como sí haría un eneatipo Ocho) sino que se quedan en *pensamientos belicosos, fantasías de destrucción* del otro en manos ajenas, o en una búsqueda de estrategias para desarmar al enemigo.

La cobardía no le permite la venganza, pero la fantasía grandiosa compensa esa inhibición.

2

LA NECESIDAD NEURÓTICA CARACTERÍSTICA

La pasión es un sustituto del profundo sentido de la vida, que es simplemente *ser, existir* («yo soy aquí y ahora»). Al perder esa conexión nos apasionamos de una energía sustitutiva, para apoyarnos en la ilusión de que «si estoy así sí que me siento vivo, vale la pena y tiro adelante».

El niño que desarrollará un eneatipo Seis difícilmente vive, ya incluso durante el periodo de gestación, la experiencia de un ambiente contenedor que le ayude a hacer frente a la exposición a la vida y, cuando nace, a la separación física de la madre. La madre que debería, a través del contacto, la mirada, la voz y la presencia, transmitirle seguridad, no está emocionalmente, o no es tranquila y serena; no transmite estabilidad ni, por tanto, confianza en su simplemente ser y existir.

La pasión general del eneatipo es el Miedo: un estado de alerta ocasionado, no por estímulos concretos, sino por el mero hecho de estar en el mundo. No existe *algo* que sea peligroso, existe un mundo probablemente peligroso. Esta prevención le da la ilusión de una orientación en la vida, y también una percepción de sentir, de existir. Paradójicamente, si siento miedo puedo vivir en este mundo. Pero esta actitud limita en gran medida la experimentación (como si el E6 restringiese su propio campo de acción). Aunque sea el más activo de los subtipos, la acción del E6 sexual está motivada por el impulso de defenderse; por lo tanto es más correcto hablar de *re-acción*.

No le es posible entregarse a un mundo emocional que, por lo demás, o es desconocido o es caótico. Las energías se ponen pues al servicio de un control de 360 grados, que permita *prever* el peligro. Y que se ejerce también sobre uno mismo. Se genera así un estado de ansiedad que se convierte en un modo de vida.

Escuchando su propia ansiedad el niño aprende a sentirse, a medir el nivel de peligro y de necesidad de control. La ansiedad, típica en los tres subtipos, está estrechamente vinculada con el temor de ser él mismo la causa (vivida como culpa) de la separación, el rechazo o la agresividad del otro.

Todos los E6 resuelven la ansiedad buscando entender de dónde llega la amenaza. Las emociones se escinden del cuerpo y del pensamiento; el cuerpo se endurece, el pensamiento se transforma en el patrón: «Si entiendo, me puedo salvar». En el contrafóbico, específicamente: «Si el otro es el culpable, yo me puedo salvar».

El Seis sexual es el contratipo y, frente a ese miedo generalizado e indefinible, ha operado una defensa: la *Fuerza*. Tras la caída del paraíso, el susto, se hace fuerte para aguantar lo que está pasando. *La Fuerza es la pasión de desafiar el miedo, de esconderlo por una vergüenza muy fuerte a que se vea.* Existencialmente: «Si soy fuerte puedo vivir, hasta puedo permitirme ser amado»

La motivación nuclear de este subtipo es combatir el miedo. Su necesidad neurótica es asegurarse de que no sucumbirá a él, cosa que podrá lograr no solo evitándolo, como todos los E6, sino también demostrándose a sí mismo que puede luchar contra él. La imagen de valeroso sustituye a la perdida de contacto y de fe en su ser profundo.

Desafiar el miedo aumenta su nivel de autoestima; alimenta su narcisismo sintiéndose fuerte. Obviamente, la pasión de base —el miedo— sigue obrando su labor, por lo que ha de emplear mucha energía para controlar al otro y, para no sentir, no se detiene.

La Fuerza se adueña también de la esfera del pensamiento, que debe ser veloz y siempre lúcido (a diferencia del E6 conservación, de pensamiento nebuloso y confuso por la ansiedad); la palabra debe llegar directa y rápidamente, los gestos serán invasivos y agresivos.

El intento del niño por organizar, estructurar y entender el mundo le lleva a vivir con su energía contenida y con una capacidad cognitiva precozmente desarrollada, frente a la espontaneidad propia de su edad. Pero ni siquiera esto puede dar respuesta a las dudas ni a la angustia. Así que toma una decisión: actuar impulsivamente. Esto le permite vivir la ilusión de que es dueño de su destino.

> Después de una infancia con intentos, subrepticios algunos y otros más claros, de abandonar la vida (deshidratación en los primeros meses de vida, tos ferina con cuatro o cinco años, un intento de suicidio en la pubertad...), reconozco la decisión tomada para sobrevivir —la única decisión, de hecho—,que es actuar la agresividad; no evitar o detener el instinto agresivo. Y esto, experimentado con miedo y con culpa. *(R.)*

Podemos hablar pues de fuerza no solo frente al mundo sino también frente a sí mismo. En lucha consigo mismo, en la polaridad encarna a su propio oponente: su superego. Esta figura de autoridad parental internalizada le somete a un duro autocastigo.

La fuerza es pues en realidad la identificación con un superyó que es un verdugo perseguidor, y que se expresa en restricciones al deseo o a las necesidades —hasta fisiológicas, como comer, orinar o defecar— o como un autocastigo, con exposición al peligro sin protección, intentos de suicidio...

El miedo puede advertirse subrepticiamente en la dura mirada, desafiante y desconectada (conectada solo con una imagen mental). Con la vehemencia, el Seis sexual enmascara la ansiedad y el aferramiento *loco* al control de la realidad.

> Me mueve el poder. Me jode la impotencia, la humillación. Mi poder personal —yo lo puedo todo—, la fuerza y dar protección son mi lema. No debo nada a nadie, porque no es gracias a los otros sino gracias a mí misma que la vida me va como me va. Mi dios soy yo; Dios está dentro de mí. Me reconozco en la soberbia, el engreimiento, casi megalómana. Y no puedo, no quiero morderme la lengua: necesito fardar de lo confrontativa que puedo ser, de que «consigo lo que quiero con mi fuerza o mi poder»; aunque es más una fantasía que realidad. *(R.)*

En síntesis, el E6 sexual, a través de la fuerza, persigue mostrarse indemne, «sin lesión ni daño», triunfante sobre sí mismo o, mejor aún, sobre su miedo.

> Cuanto más fuerte soy mientras peleo, resisto, carezco de necesidades y neutralizo al otro, más aumenta la fuerza. De este modo es posible no sentir miedo y hacerlo todo sola; es el único modo de conseguirlo. *(B.)*

La dinámica existencial se puede resumir en este círculo vicioso: «Si soy fuerte puedo salvarme. Si a través de la fuerza sobrevivo al miedo, puedo hasta permitirme enamorarme o recibir amor». Pero el amor filtrado por la fuerza no es profundo, no es entrega, por lo que no aporta la felicidad.

La fuerza de la razón... o la superioridad moral

El Seis sexual se eleva en tanto que poseedor de un punto de vista y una capacidad de análisis que la mayoría no tiene, o no manifiesta. Es como si el apasionado con la fuerza se sintiera con el poder que le habilita una visión global, una perspectiva más amplia de las relaciones e implicaciones en un sistema. Se cree que conoce el camino correcto, y con el derecho a presionar a quienes le rodean para que acepten su visión única ¡o sus preceptos!

> Un compañero de escuela me dijo: «Si tú dices que la Tierra es redonda, todos creen que es cierto». Obviamente, eso no indicaba una capacidad mía de ser líder, sino la vehemencia con la cual yo afirmaba verdades que eran solo mías creyendo que eran universales. *(G.)*

La mente es su trinchera, que se manifiesta a través de una dialéctica poderosa, de nuevo al servicio de su fuerza para *el control del mundo*. Y así, no se arriesga entre las sombras del miedo, con el que contacta de inmediato si se entrega a expresiones genuinas y más espontáneas, que remiten a un aquí y ahora emocional, y con las que solo fantasea. Como señala Claudio Naranjo: «Buscar refugio en la actividad intelectual es también consecuencia de la contención temerosa, del ser indirectos, de la vaguedad y del 'andarse con rodeos y no ir al grano'».[21]

Haciendo de la necesidad virtud: siempre fuerte y valiente

Para las personas de otros caracteres es sorprendente el despliegue de actividad incansable, el alarde de energía del eneatipo 6 Sexual.

---

21. C. Naranjo, *Carácter y Neurosis*, p. 252.

La relación con la enfermedad merece mención especial. Incapaz de contactar con la vulnerabilidad, que le haría sentir débil e indigno, consigue evitar el contacto consigo mismo o la conciencia de sí hasta el punto de obviar hábitos de vida saludables y necesidades corporales relacionadas con el descanso, incluyendo la presencia de la fiebre.

La enfermedad —propia o ajena— le pone en contacto con el descontrol: el caos y la imprevisibilidad de la vida son difícilmente tolerables por cuanto están vinculados con la inseguridad y el miedo. Entonces, o bien tratará de obviar la realidad metiendo la cabeza bajo el ala (solo unas horas), o bien, al darse cuenta de que esto no es posible, la afrontará rápidamente, atacando en todos los frentes, sin tregua, para solucionar lo que esté en su mano (y lo que no lo esté, también). Es entonces cuando la dinámica propia del carácter le lleva a anticiparse, a tratar de tenerlo todo previsto, en un intento mágico por mitigar o, si fuera posible, eliminar los riesgos de la existencia. Esta es la intención última de la fuerza.

El Seis contrafóbico es capaz de trabajos duros y pruebas físicas extremas —a menudo en el ámbito deportivo— sin darse cuenta del cansancio e insensible al dolor. Esta tenacidad, que refuerza su narcisismo y le convence de su capacidad de afrontar cualquier tipo de *ataque,* puede confundirlo con un Cuatro conservación. Con la diferencia de que, mientras la tenacidad del E4 está motivada por sentirse capaz de sufrir, la del contrafóbico obedece a no sentir el dolor y el miedo.

El Seis sexual se defiende solo y presta además protección a quien considera débil y necesitado. La valentía tiene la gracia de la comparación. Uno es valiente si se compara con otro que lo es menos, o no lo es tanto... Además, encuentra en la protección una forma de estar en relación, que le sería mucho más difícil desde el amor o la ternura.

El poder

La pasión de la fuerza está estrechamente vinculada con la relación con la autoridad. El manejo ambivalente del miedo se refleja en la relación ambivalente con el poder: Ser fuerte alimenta su deseo de tener poder y desempeñar un rol que implique autoridad. Pero ahí el Seis contrafóbico entra en conflicto con el miedo a exponerse, a equivocarse y a ser objeto de la ira de los demás. Por tanto le vemos a menudo desempeñar un rol de autoridad en modo oculto.

Vive la ambivalencia de no aceptar la autoridad externa al tiempo que experimenta una lealtad absoluta. Mediante una extraña carambola de resignificaciones y racionalizaciones sí consigue vivir la lealtad hacia la figura de autoridad que efectivamente reconoce —y muy pocas personas tienen este privilegio—, al tiempo que se percibe como independiente, desvinculado de la jerarquía, como si no fuera con él o ella. De igual modo, en lo que respecta al poder de un grupo, apartado y diferenciado, sin embargo hará de todo para construir la lealtad hacia sus amigos y colegas, asegurándose así un ambiente no amenazante.

La fuerza en las relaciones íntimas

En las relaciones íntimas, la fuerza se manifiesta en la búsqueda de relaciones donde está «por encima» de la necesidad de ternura y afecto. Está como demostrando que no necesita sentirse enamorado, entregarse, porque ahí revela su debilidad, le flaquea la fuerza o esa dureza de carácter de que hace alarde, y depende del otro emocionalmente. Además, enamorarse significa perder el control sobre su vida. Sobre todo no puede explicitar su deseo del otro: sería demasiado peligroso.

De hecho, en el enamoramiento prevalece el cinismo de no creer nunca que los sentimientos amorosos del otro sean auténticos, sino más bien una maniobra manipulativa, con alguna intencionalidad oculta, por lo que rendirse le es muy costoso, si no imposible. Duda también de sus propios sentimientos amorosos, que le cuesta hacer conscientes.

Y cuando experimenta el amor, una vez bajada la guardia también empieza una lucha consigo mismo para no quedarse en la relación. Preparado para el abandono esperado, suele abandonar antes de pasar por el dolor de que le dejen. Aunque físicamente esté presente en la relación, la ha podido abandonar mucho antes emocionalmente, en previsión, casi certeza, del abandono.

Al ser un subtipo sexual, siente el impulso hacia la unión sexual, hacia la búsqueda del otro, pero queda escondido, vivido en sus pensamientos. Así que paradójicamente se enamora con facilidad pero dentro de sí mismo, en su mundo. Puede fantasear románticamente, pero es un sueño que no se realiza, una invención que nunca hace explícita. El romanticismo sería una fragilidad, el riesgo de ser visto como ridículo. Toda la necesidad amorosa está enmascarada por el cinismo y el pragmatismo.

3

ESTRATEGIA INTERPERSONAL E IDEAS IRRACIONALES ASOCIADAS

La «parte cognitiva» del carácter es el sistema que el individuo construye para conocer y dar un significado a sus experiencias. El ser humano necesita coherencia para moverse en la relación con el otro y consigo mismo, y construir una identidad estable. Pero dado que su aprendizaje está orientado por la pulsión pasional y que debe adaptarlo al sistema de relaciones en que vive, su capacidad para «conocer» e interpretar los hechos es parcial y distorsionada, como si el campo visual se estrechase para incluir solo los elementos manejables y reconocibles.

Con el desarrollo psicológico e intelectual, sus interpretaciones conforman una constelación que surge del núcleo cognitivo distorsionado (*fijación*), el cual incluye innumerables creencias que no están en contacto con un examen de la realidad (*ideas locas*). El individuo se mueve en un sistema de valores absolutamente subjetivo, una filosofía de vida propia, que él piensa que se corresponde con una realidad objetiva.

El Seis sexual construye su identidad a partir de la convicción de defenderse del ataque del otro, agazapado en cada esquina. Varias expresiones de sentido común definen su filosofía de vida: «La mejor defensa es un buen ataque», «tu mejor amigo se puede transformar en tu peor enemigo»...

Como se ha explicado, la distorsión cognitiva de base del eneatipo Miedo es el *rechazo de sí* que, en el caso del contrafóbico, se manifiesta en un atribuir al otro la culpa del propio sufrimiento de ser rechazado. Se trata de una proyección sobre el otro de su rechazo a sí mismo, con el fin de no entrar en contacto con una baja autoestima que se vivencia en realidad como un *desprecio* hacia sí mismo, hacia la propia falsedad, debilidad y dependencia.

La proyección sobre el ambiente de la amenaza y la punición agresiva le permite al contrafóbico tranquilizarse, pensando que es el otro el *malo* y el *equivocado*; en definitiva, *el culpable* de los errores o daños. El rechazo de sí se desplaza por tanto al mundo externo con una operación de *acusación* (otro término que define su fijación) masiva, automática y constante.

El niño futuro E6 sexual aprende que lo más importante es salvar el pellejo y que si los demás son culpables él puede dormir tranquilo: mamá no le destruirá, los fantasmas nocturnos no vendrán y quizá podrá regalarse un premio haciendo algo agradable. De este modo construye un sentido de la identidad ambivalente, que incluye una sensación interna de precariedad, timidez y autodesprecio, muy bien protegida por una superficie rígida que muestra seguridad, que ataca o protege, explica sus razones y pretende que todos confirmen su recto comportamiento y pensamiento inteligente.

Las ideas locas correlativas explican a la perfección este estilo cognitivo:

- «si soy débil, me despreciarán»;
- «si muestro el miedo, se aprovecharán de mí»;
- «si ven que no sé, pensarán que no valgo»;

- «si no tengo razón, no valgo nada»;
- «si no sé hacer lo que pretendo por mí mismo, no van a tomarme en consideración nunca más»;
- «si cometo un error, me despreciarán»;
- «si ven que no sé, pensarán que soy tonto»;
- «si muestro mis emociones y me ven vulnerable, abusarán de mí»;
- «todos traicionan o abandonan, así que solo me tengo a mí mismo»;
- «solo estoy yo, así que no puedo fallar»;
- «si estoy alerta no me pasará nada»;
- «tengo razón en atacar porque estoy protegiendo a alguien o defendiéndome a mí mismo»;
- «no me merezco el amor, pero tienen que quererme como soy»;

Pero ¿cómo se ha creado todo esto?

En los relatos de los individuos contrafóbicos, el sistema familiar se caracteriza por una precariedad a nivel físico y afectivo, a veces con agravantes como una enfermedad o condiciones económicas difíciles. Ha sido a menudo un niño enfermo o frágil o el último de una familia numerosa. Muchos cuentan que han sido amamantados solo tres o cuatro meses.

> Ni siquiera tomé el pecho. No tengo un recuerdo de mí como una niña frágil o enfermiza, pero sí datos de enfermedades graves antes de una edad que yo pueda recordar. Una deshidratación, de bebé, parece que pudo haberme llevado a la muerte; requirió de ingreso hospitalario y sueros: mi madre siempre reivindicaba haberme salvado la vida; además de dármela, después me la salvó. *(R.)*

Numerosos E6 sexuales relatan episodios de enfermedades precoces que han vivido con angustia por la ausencia de una protección acogedora que le infundiera al niño la confianza para superar el dolor. Careció, en especial, de la seguridad de que había alguien «más grande» que, teniendo la capacidad de protegerle y cuidarle, le permitiese entregarse, cerrar los ojos y descansar.

En la mayor parte de los casos, frente al problema del niño la madre se mostró ansiosa, invadida por el miedo o la culpa, transformándose así en una ulterior fuente de angustia. En cuanto al padre, está casi siempre físicamente ausente, o absorbido por la necesidad de protegerse a sí mismo o mostrar dureza para no sentirse invadido por el miedo.

Frente al misterio del dolor del propio cuerpo, el niño pierde los puntos de apoyo, y no le queda otra que crearse un cuerpo rígido y fuerte para sumergir el dolor y para que el cuerpo mismo no se disuelva. «Si me enfermo, será seguramente una enfermedad grave o moriré.» «Es mejor curarse solo que entregarse a los demás, que podrían equivocarse.» «Tengo que ocuparme de mí misma y superar esto porque el otro, con su falta de atención, puede causar mi muerte.»

El E6 sexual desarrolla una equivalencia entre enfermedad y debilidad. Termina por atribuirle debilidad a todo el que cae enfermo, así como a aquel que escucha a su cuerpo y sabe ponerse límites, consciente de sus necesidades. Como un soldado o un robot, anula su contacto con el dolor o la necesidad, para evitar sentirse vulnerable. *Ha sido ridiculizado por mostrar su vulnerabilidad y su dolor, y no lo volverá a permitir*, se promete a sí mismo.

El otro, según el niño nada confiable o inestable, debe ser apartado con la rigidez física, con el retiro completo de sí, como si no existiese. El niño puede tener la alucinación de que si no ve y no siente, el otro no existe, o que él mismo no existe. «Si no me ven, no me harán daño.» «Si no me ven, no se enfadarán conmigo.»

Muchos contrafóbicos afirman: «No quería suicidarme porque habría tenido miedo, pero habría preferido no haber nacido».

Cuando el enfermo, o la persona psíquicamente frágil, es uno de los padres, la experiencia básica es el horror de estar en manos de alguien que no le puede sostener debido a su debilidad o a una inestabilidad emotiva que lo hace imprevisible. Aquí, el carácter Seis por lo general se retira: es mejor renunciar a la relación en vez de correr el riesgo de ser devorado, o de encontrarse a merced de una rabia o una agresión incontrolables. Incluso la persona que más se quiere puede ser peligrosa. El mal y el bien se confunden de modo alarmante; no se puede poner en manos maternas porque son las mismas que pueden matar.

Para el subtipo sexual una solución es, en efecto, retirarse, tomar distancia y dejar de sentir la pulsión a un acercamiento caluroso, que desea pero deja en su fantasía hasta que «olvida» el placer del contacto. «Es mejor no pedir, no molestar.» Muchos son especialistas en caminar en la oscuridad sin producir siquiera el sonido de la respiración.

> Tenía cinco años cuando mi madre enfermó psíquicamente después de morir su hijo en el parto. Sufría periodos de depresión interrumpidos por ataques de violencia descontrolados hacia mi padre, mis tres hermanas mayores y yo misma. Un día, con mi padre ausente, llegó a correr tras nosotras con un gran cuchillo, amenazando con que nos iba a matar a todas. Mi hermana mayor nos encerró en el baño. A partir de ese día yo estaba siempre en alerta y cuando la escuchaba empezando a discutir con mi padre solía coger silenciosamente todos los cuchillos de la casa y esconderlos.
>
> Mi padre, un Seis social, estaba perdido entre la lealtad hacia su mujer y su propio miedo. Minimizaba la seriedad del problema y yo sentí que esperaba lo mismo de mí: no mostrar mi miedo y estar siempre preparada para prevenir un posible ataque.

Lo peor fue la culpa que sentí por evitar el contacto con mi madre, abandonarla en su desgracia, traicionar su amor. Me sentí profundamente mala y desagradecida. *(M.)*

Otra solución es el ataque «preventivo». La ansiedad es, en este caso, una aprensión anticipatoria que señala el peligro que hay que destruir para poderse defender.

La herida es precoz. Con el término *posición,* Melanie Klein[22] define la modalidad relacional del recién nacido. Denomina *posición esquizo-paranoide* a la que se instaura antes del cuarto mes de vida. Durante esta fase, el niño escinde el *objeto* bueno del *objeto* malo, con el fin de protegerse de la angustia de persecución que deriva de la experiencia de sentimientos ambivalentes en la relación con la madre.[23]

La atribución de bueno o malo es de carácter fantasmático. El seno materno que se retira y no satisface se transforma en un objeto persecutorio, interno y externo (por eso para un carácter Seis el límite entre peligro real y peligro fantaseado es completamente oscuro). El niño introyecta la parte buena (amor) y proyecta la mala (odio). El resultado es que oscila siempre entre el ser amado y amar, entre el ser odiado y odiar. La angustia se proyecta en los objetos «malos», que se vuelven amenazadores y, en consecuencia, alimentan sus fantasías paranoides y destructivas.

Durante el desarrollo psíquico en general esa ambivalencia encuentra una solución en una integración entre *bueno* y *malo,* pero pareciera como si el carácter Seis no hubiese tenido la

22. Véanse, de M. Klein, *El psicoanálisis de niños,* Paidós, Barcelona, 1994; y *Envidia y gratitud,* Paidós, Barcelona, 1988.

23. Con el término *objeto,* tanto Freud como Klein indican aquello que canaliza la satisfacción de la tensión pulsional. Puede ser externo, como el seno, el pene..., la persona total (madre, padre), o una parte misma del sujeto. Por objeto interno se entiende la representación del objeto.

posibilidad de construir la confianza suficiente como para permitir esa integración. El estado defensivo perdura, y con él, el mecanismo de proyección de la agresividad y la persecución. La agresividad no encuentra un modo de expresarse directamente (sobre todo en las relaciones íntimas) y se transforma en sadismo, cinismo, desconfianza; en una constante actitud agresiva, una defensa en automático.

> En un trabajo de regresión con Claudio empecé a ver deformado el rostro de una queridísima amiga que estaba a mi lado. Lentamente se hacía monstruoso, tuve el impulso de escapar, pero me armé de coraje y me quedé allí, frente a su rostro, como arriesgándome a la muerte, viéndola cada vez más monstruosa y repitiéndome que era mi amiga y que me quería y que yo también la quería. Ha sido una experiencia inolvidable. Por primera vez podía sentir el miedo y el amor unidos, y el uno no excluía al otro. Podía reconocer que amaba a mi madre aunque la temía y no tenía confianza en ella. *(G.)*

Las relaciones interpersonales

El pensamiento ocupa un lugar de tanto privilegio en el Seis sexual que llega a no poder distinguir lo que piensa, supone o imagina de lo que ha pasado en realidad. Sus palabras y las del otro las analiza, fragmenta y recompone con la intención de encontrar una lógica que refleje lo sucedido. Está convencido de que reconstruyendo la cadena de causas y efectos encontrará una solución mágica que reparará el daño y aliviará la ansiedad, el dolor o el miedo. La mirada se vuelve escrutadora de gestos y expresiones a los que atribuye el significado que ya insinuó su pensamiento. Todas las interpretaciones se dirigen a confirmar la opinión ya formada, hasta que se convence de que el otro efectivamente piensa y siente lo que él había imaginado. Casi nunca confronta a través de un diálogo directo o una simple pregunta.

¿Por qué le es tan difícil preguntar directamente? Ah, el otro podría enfadarse. O, peor aún, confirmar sus pensamientos. Y si se confirman, ya no formarán parte de un mundo imaginado que controla, que puede cambiar como quiera; quedaría entonces una realidad brutal, un dolor irreparable del cual no hay vuelta atrás.

Puede llegar al extremo de dudar de su propio pensamiento, pero no para reconectarse con la realidad sino para entrar en un diálogo interno digno de un tribunal. Un debate entre el perseguidor y el perseguido, con un eterno final: el sentimiento de una ausencia de salida, de no saber qué dirección tomar, donde quedan solo una gran ansiedad y pensamientos autodestructivos. El mejor acusador será él mismo (la *identificación con el perseguidor* es el mecanismo de defensa típico del Seis).

La duda, que es el estilo de pensamiento de los tres subtipos, el sexual trata de disiparla rápido para aliviar la ansiedad, y lo hace saltando a la acción. Esta acción impulsiva no deriva de una decisión integrada con el sentimiento y el pensamiento, sino que es un acto reactivo para intentar salir de la ambivalencia, que en realidad permanece a niveles más profundos.

En la relación de pareja esta dinámica se vuelve una tortura, por la constante falta de confianza en la posibilidad de que dure. Siempre hay una sensación de precariedad: «No es verdad que me ame. Y si es cierto, se desilusionará pronto, o se cansará, o pasará algo y se irá. Puede que yo no le interese de verdad, es solo algo momentáneo. En cualquier caso, mejor esperar y no meterse mucho…». Y si la relación perdura y es estable, los pensamientos y las emociones rotarán alrededor del tema opuesto: «¿Cómo haré para irme? ¿Cómo lograré mantener mi individualidad?»

La solución es permanecer en la ambivalencia: no entrar nunca totalmente en una relación ni salir del todo. Le es tan fácil sentir una atracción sexual como difícil disfrutar de ella, entregarse, abandonarse al placer extático del perderse. Le será fácil saltar al acto sexual y difícil sostener el placer. Es más cómodo fantasear que concretar.

La relación con la autoridad

Con la autoridad, la ambivalencia se manifiesta en un juego polarizado de adhesión completa o rebelión más o menos explícita. Quien posee un cargo de autoridad es detalladamente «escaneado», y aprueba el examen solo si tiene una coherencia absoluta entre lo que dice y lo que hace. Basta con una pequeña contradicción para que el Seis sexual no solo pierda la confianza en el otro, sino que lo critique solemnemente.

Más que de crítica, se trata de desacreditar, porque el contrafóbico no se conforma con la crítica. Debe abatir a una autoridad perjudicial y la mayor satisfacción es *que todo el mundo lo sepa*, que todos puedan defenderse. La denuncia pública le da la seguridad de tener razón y de haber salvado al mundo de los «deshonestos».

El Seis es un idealista; se adhiere a las corrientes políticas y filosóficas y es un apasionado de los «ismos»: una idea se convierte en una forma de vida. El líder del movimiento es su representante supremo, y si no corresponde al ideal, no puede ser reconocido.

A diferencia del Seis social, que es un fanático, el Sexual tiene más dificultades para «casarse» con el ideal que acepta; prefiere mantener una posición ambivalente entre estar dentro y fuera, como una salida y, al mismo tiempo, una fuga del compromiso en el que podría sentirse atrapado. «El poder es siempre dañino.» «Los poderosos son siempre explotadores y deshonestos.»

En el curso de mi vida formé parte de numerosas asociaciones políticas y sociales, huyendo de la posibilidad de ser líder. Era demasiado arriesgado exponer mi cabeza a las críticas o agresiones de los demás. Permanecer en la periferia me hacía sentir libre de irme, y me protegía del riesgo de equivocarme en la elección del grupo de pertenencia. Cuando sentí una adhesión más completa fue muy difícil tomar la decisión de irme en el momento en que no estuve de acuerdo.

Cuando era adolescente todos mis compañeros se afiliaron a algún partido de extrema izquierda; creo haber sido la única que participó activa y constantemente en las actividades de un partido pero sin afiliarme. Me parecía no estar completamente segura de que aquel fuese mi partido; podría haber cometido un error, podría no haber visto algo importante y haberme equivocado al elegir. Obviamente no contemplaba la idea de alejarme tranquilamente. *(G.)*

Un himno para ensalzar la autoridad indiscutible, y un himno para defender la independencia a ultranza. Rebelde sin causa, se resiste a la autoridad y se protege de la amenaza de castración o, en el peor de los casos, la castración real que sufre.

Como afirma Sandra Maitri:[24]

El tipo contrafóbico es rebelde y desafiante, y está obsesionado con mantenerse independiente, hasta el punto de no reconocer ni aceptar la autoridad externa. [...] Puede llegar a retratarse a sí mismo como la autoridad, queriendo que los demás lo sigan y lo idealicen [...] Es un intento de reclamar su autoridad interna demostrándose a sí mismo que la posee porque ostenta un gran poder e influencia sobre los demás. Intenta encontrar la seguridad —su trampa— a través de ser venerado, temido y seguido por sus leales devotos.

24. S. Maitri, *La dimensión espiritual del eneagrama,* La Liebre de Marzo, Barcelona, 2015, p. 82.

Con su vehemencia crítica, el Seis sexual puede incluso convertirse en el líder e ideólogo de un grupo terrorista, si la vía democrática no le otorga el poder, la autoridad o el reconocimiento que quiere. «El fin justifica los medios», con tal de hacer valer su poder personal. En el discurso demagógico y entusiasta se dan la mano el policía o el militar dictatorial y el disidente en la clandestinidad, el terrorismo revolucionario y la contrarrevolución.

Otro lema donde se juega el alto concepto moral de sí mismo es el que reza: «La norma está hecha para saltársela». Y mejor si es al amparo de algún benefactor. Pero él; nunca el común de las personas, ya que el riesgo entonces es el descontrol.

Su padre interno se ha convertido en un cruel superyó punitivo. El opresivo modelo autoritario que ha recibido (de la madre o del padre) es patriarcal y controlador, y la relación que ha instaurado con él oscila entre la sumisión y la rebelión. Una rebelión, la del Seis contrafóbico, igualmente patriarcal, en el sentido de que no se dirige a la libre expresión instintiva, emocional e intelectual, que más bien está escondida y es miedosa. Puede estar muy enfadado pero es extremadamente cauto cuando expresa su rabia. Interiormente anhela la aprobación de su «padre» interior, por el cual se siente perseguido, sintiéndose culpable incluso en su misma rebelión. Si el castigo no llega del padre externo, seguramente llegará del interiorizado.

4

OTROS RASGOS CARACTERÍSTICOS Y CONSIDERACIONES PSICODINÁMICAS

Dubitativo e inseguro

Dudar es el entretenimiento preferido de este subtipo. «Ser o no ser» es el dilema de Hamlet, pero el eneatipo Seis no se limita a dudar solo en el plano existencial. Su pensamiento dubitativo se expande por doquier: «¿Ir o no ir?, ¿hablar o no hablar?, ¿comer o no comer?, ¿ahora o después?, ¿aquí o allá?» Y mientras espera a que una iluminación le permita hacer la elección sin correr el riesgo de cometer errores, la persona a quien debía hablar se ha ido, los espagueti se pasaron, y el espacio y el tiempo siguieron su curso autónomamente.

Lo interesante es que los individuos de este carácter creen en sus dudas. Piensan que dudar es necesario para llevar a cabo una acción justa y eficaz. Dudar es el modo que tiene el miedoso de parar el tiempo, con la ilusión de que «la inacción limitará los daños». ¿Cuáles? Eso es secundario: el daño está en cualquier lugar.

El subtipo sexual no tolera demasiado la duda, no quiere estar en contacto con la ansiedad, frustración e impotencia que derivan de la inacción. Así que, cuando ya no puede más, toma impulsivamente una decisión: va, habla, arriesga su vida (intentando no perder el control). Se queda con la duda pero al menos descarga la tensión acumulada. Y entonces, como buen esquizoide, adopta una posición absoluta y reprime una de las polaridades de la duda; asume una actitud agresiva y arrogante para convencerse y convencer a los demás de que esa decisión es lo único que se puede hacer.

El pensamiento dubitativo está conectado con la inseguridad, que procura esconder por miedo a que si se la ven, se aprovechen de él.

Temerario

En su intento de esconder el miedo, el Seis contrafóbico puede aventurarse en acciones imprudentes, incluso peligrosas. Su mito es el héroe que, «sin tacha y sin miedo», va hacia el peligro. Y él también desafía el peligro.

De todas maneras, su aventurarse es siempre controlado: le ayuda su capacidad de percibir rápidamente las zonas peligrosas y las posibilidades de encontrar una salida. Sabe calcular muy bien los márgenes de riesgo.

Puede ser temerario cuando se encuentra con personas que están pasando dificultades y necesitan protección. El contraste con el débil le infunde una especie de coraje que le lleva a enfrentarse a situaciones realmente peligrosas. Otras veces la temeridad es una experiencia solitaria, como conducir a gran velocidad o no respetar las normas de protección.

La motivación profunda es mantener la imagen de una persona fuerte que no cede frente al miedo. Sintiendo el riesgo, aumenta la excitación interior que nutre la idea de ser fuerte.

A principios de los noventa había bastantes ataques neonazis en Alemania. Una tarde vi en pleno centro de la ciudad a un chico rapado agrediendo a una mujer turca. Con la adrenalina subida y sin medir la situación corrí hacia ellos, agarré al hombre por la espalda, tirando de él con toda mi fuerza y recriminándole verbalmente. El chico —sorprendido— soltó a la mujer y yo viví un momento de gloria: la defensora victoriosa de los indefensos... Hasta que me di la vuelta y vi a poca distancia unos cuantos rapados más. El susto me paralizó unos instantes hasta que —captando que había mucha gente a mi alrededor— di un paso hacia los neonazis, gritando que no les tenía miedo, que los otros presentes nos iban a ayudar. Armé tal escándalo que el grupo prefirió retirarse. Solo entonces me inundó el pánico y me quedé temblando, mientras simultáneamente gozaba la satisfacción de haber ganado otra lucha justa. *(M.)*

Desafiante

Es una actitud constante, como si en el desafío hallase la energía que le permite enfrentarse a situaciones difíciles, pruebas que puedan confirmarle que es capaz. También en el campo profesional sus éxitos se apoyan en el desafío. Siendo un carácter «reactivo», consigue los objetivos gracias a su voluntad de demostrar que puede lograrlo o que vale. El desafío le ayuda a combatir su baja autoestima, evitando así un análisis correcto de sus posibilidades.

Es una experiencia bastante común en los E6 contrafóbicos no tener un sentido real del tiempo, como si no quisiesen atenerse a restricciones o no soportasen los límites a sus acciones o deseos. Cumplir con un plazo en el último minuto aumenta el nivel de ansiedad y esta le permite superar su inercia dubitativa y cobarde, logrando así actuar.

> El primer día de la escuela secundaria, la profesora de Letras dijo con tono autoritario y amenazador que seguramente la mitad de la clase se habría retirado antes de mitad de año «porque el liceo clásico no es apto para personas ignorantes y de bajo nivel como la mayoría de vosotros». Recuerdo la rabia, el miedo a ser inadecuada, y enseguida la frase que surgió dentro de mí: «¡Ya veremos cuál de las dos gana!» Fue esa energía la que me permitió seguir hasta el final en una escuela muy dura. *(G.)*

El desafío puede ser dialéctico y elaborado, en un deseo de desvalorizar al otro utilizando su rabia reprimida y su actitud competitiva.

Desconfiado

Desconfianza y control son inseparables: todo debería adaptarse a lo previsto al no haber confianza en el flujo de la vida. Tampoco hay confianza en el otro, ni en su capacidad, ni en sus intenciones, para que le acompañe en el camino.

Este sentimiento es especialmente intenso con personas cuyas propuestas son percibidas por el E6 sexual como parte de una estrategia manipulativa, o personas emocionales con otro rango de intereses, o que detentan un poder y, por supuesto, se perciben como posibles explotadores. Pero todo lo ve a través del filtro de la desconfianza. Y sigue el laberinto de pensamientos obsesivos, rayanos con lo paranoico, tratando de descifrar la realidad para decidir la acción. Y cuando el fantasma de la desconfianza se hace con el poder, definitivamente y sin freno el contrafóbico se lanza, acusador, al ataque.

Ansioso

Ya hemos hablado del estado de ansiedad típica de todo carácter Seis. Una ansiedad vinculada con la angustia primaria de ser destruido y aniquilado. La *fuerza*, pasión de este subtipo, busca calmar esta angustia, y la ansiedad es el único estado emocional accesible. El contacto directo con el miedo, que la ansiedad esconde, sería incontenible y destruiría la imagen *narcisista* de persona fuerte que sostiene la estructura psíquica del contrafóbico. Y lo mismo, el contacto con el dolor o la tristeza, expresiones de una fragilidad aniquiladora.

Paranoico

La actitud paranoide de las personas con este carácter está vinculada con su mecanismo de defensa predilecto: la proyección. Las partes de sí consideradas intolerables y egodistónicas se las atribuye al otro, en la firme creencia de que es peligroso. Repite mentalmente cada uno de sus gestos y miradas y les atribuye significados coherentes con la presuposición de base: se trata de un enemigo y está conspirando en su contra.

El pensamiento se desconecta de la realidad y la fantasía ya no es solo algo posible sino una realidad confirmada (obviamente verificada solo a nivel de su pensamiento). El estado de confusión entre realidad y pensamientos es tal que cree en ellos como si fueran «hechos», datos concretos, verdades demostradas. La percepción de ser agredido se convierte en una realidad de la cual es preciso defenderse. El contrafóbico, entonces, está siempre en alerta.

Esperar es perder un tiempo precioso durante el cual puede suceder algo irreparable. Desencadena pues el ataque defensivo: *eliminar al enemigo antes de que me elimine él a mí.*

Según Claudio Naranjo, el E6 sexual ha aprendido a defenderse de las fantasías paranoides a través de la intimidación. La agresividad y el miedo crean un círculo vicioso.[25]

> Después de mucho pensar, expresaba un juicio categórico sobre los demás etiquetándolos como personas de las cuales me debía cuidar y a las que debía mantener a una cierta distancia, mirándoles desde lejos. Este desapego creaba desconfianza y sospecha, a tal punto que en una época me parecía oír a los demás mientras hablaban de mí. *(B.)*

Cínico

Por su profunda desconfianza, le es difícil creer en la bondad y la sinceridad humanas. Nadie es bueno y confiable mientras no se demuestre lo contrario. Y manifiesta esta certeza con ironía y sarcasmo, con la crítica ácida.

Los amigos no se dan suficientemente, la pareja está sometida a un juicio constante, los colegas no dan la talla profesional y los jefes no se merecen sus cargos. Le cuesta creer que los sentimientos del otro sean auténticos: los expresa como parte de una estrategia manipulativa de intenciones ocultas, que él tratará de dejar al descubierto.

Dado que en el fondo el E6 sexual no espera nada positivo de las relaciones ni del amor, se refugia en el cinismo, que le da la fuerza para sobreponerse a la perspectiva de vivir con esa frialdad, al evitarle sentir la tristeza que implica.

---

25. Véase C. Naranjo, *Carácter y neurosis*, La Llave, Barcelona, 2013.

> Para mí era imposible creer en los buenos sentimientos, en la expresión de alegría, en el entusiasmo, en la buena fe de los demás. Estaba siempre lista para herir con sarcasmo cuando veía esos sentimientos. Con el cinismo confirmaba la idea de que en el mundo no había nada bueno. *(B.)*

Amén de útil para defenderse de las emociones, el cinismo es también la máscara de imperturbabilidad que oculta su dificultad de entregarse a los sentimientos y a las relaciones. Por no hablar de su creencia de que quien está poseído por el sentimentalismo es poco inteligente o psíquicamente inestable.

> El cinismo me ha «salvado» la vida varias veces, pero el sabor amargo que me dejaba en la boca me convenció de que es mejor abandonarlo a favor de un poco de dulzura. De todas maneras, ha sido siempre una autodefensa: les hace perder interés en hacerte daño. *(C.)*

El Seis contrafóbico no se da cuenta de que el cinismo interpone una distancia en las relaciones, y también entre lo que siente y lo que piensa, que hace de él una persona poco atractiva. A nadie le gusta abrazar un bloque de hielo presuntuoso.

> Los amigos, e incluso algunas parejas, me decían que yo era una cínica. Yo no entendía el significado, pero profundamente me dolía que pensaran eso de mí. Me parecía que yo era una persona que sabía ver la realidad detrás de las mentiras, mientras que los demás eran unos ciegos sensibleros.

Acusador a la defensiva

Ya hemos hablado de la *acusación* como distorsión cognitiva del Seis sexual, con que atribuye al otro partes de sí que no puede sostener (la agresividad y la culpa). Para protegerse de la presunta amenaza, cerca su espacio con una armadura que intimida y lo escuda de sentimientos demasiado intensos.

Es muy sensible a la invasión (física o psicológica) de su territorio, como el eneatipo Cinco. Con la diferencia de que si el E5 se retira a su fortaleza interior, el contrafóbico endurece el cuerpo para que los músculos formen una muralla, y se defiende acusando y haciendo responsable al otro de sus propios límites.

Ante el conflicto que presiente (y que él mismo genera haciendo un enemigo de alguien emocionalmente importante, a quien ha atribuido una suerte de autoridad), el E6 sexual reacciona acusando automáticamente *a priori,* sin diálogo. Lo primero que siente es la acusación del otro, un ataque o algún tipo de ofensa que no cuestiona, que no compara con la realidad. Prevalece la sensación de no ser reconocido, de que está siendo evaluado parcialmente y que las mejores partes de él quedan en la sombra porque el otro no quiere verlas. ¡Es una injusticia!

Agresivo

Este carácter es agresivo y rabioso, pero en las relaciones íntimas expresa su rabia con mucha dificultad. Es más fácil oírle gritar y amenazar en relaciones no significativas, en las que siente que no corre el riesgo de una represalia o de ser rechazado. Muchos contrafóbicos dicen ser belicosos y rebeldes a nivel social, situaciones en las que se sienten sostenidos por un ideal que justifica su comportamiento opositor.

Muchos dicen haber vivido una gran ambivalencia entre el comportamiento en casa y fuera. En casa, sometidos al perseguidor; en las relaciones sociales, perseguidores que necesitan ser vistos como fuertes y decididos. Una gran parte de la rabia se descarga en la competición (intelectual o deportiva). En las relaciones íntimas la rabia y el resentimiento se convierten en una actitud agresiva, gestos bruscos y palabras irónicas. La mirada suele ser amenazadora y los ojos asumen una forma contundente: redondos y saltones, que agreden. El modo de caminar es veloz y bien arraigado, si bien el cuello y los hombros rígidos traicionan la intención de controlar el miedo, emboscada en la fanfarronería.

> Soy agresivo solo en la fase dialéctica, si siento una amenaza a mi integridad personal. Nunca me he peleado con nadie (por miedo a perder, pero especialmente a hacer daño...). Mi agresividad real estaba en la postura y en la mirada, que llevaban un cartel: «¡Atención! Muerdo». Pero en mi interior sabía, y sé muy bien, que era para proteger mi debilidad. *(C.)*

La agresividad es un modo de ser del que no suele darse cuenta porque no es un estado de ánimo preciso sino una música de fondo.

> Me sorprendía mucho cuando me decían que era agresiva. Dentro de mí estaba mucho más en contacto con la preocupación y la timidez. *(G.)*

El estallido de rabia típico del Seis contrafóbico es un gesto «reactivo», que responde al enfado, la deshonra o la acusación del otro. Pero también puede ser una réplica a alguien que no piensa como él, ya que le es inaceptable no tener razón. Entonces el diálogo se vuelve duro; el tono, alto; las palabras del otro deben cortarse. No cabe perder tiempo porque todo se vuelve peligroso y no hay que darle opción al adversario de que pase al ataque.

> He tardado mucho tiempo en darme cuenta de mi costumbre de interrumpir a quien me estaba hablando. En mi casa todos hablan inte-

> rrumpiéndose; cada diálogo es una guerra entre personas que nunca se sienten escuchadas, que nunca están seguras de tener un lugar reconocido. Comprendí que para mí, interrumpir o subir el tono esconde un grito: «¡Yo también existo!» *(G.)*

Ser un cobarde es su talón de Aquiles, la vivencia más infamante. El tono y la apariencia agresivos sirven para esconder, a sí mismo y al mundo que, de hecho, estamos ante un gran «cagón».

Leal

En las relaciones íntimas suscribe un *pacto tácito de no agresión*. Cuando el E6 Sexual decide aceptar al otro en su intimidad es muy leal; en ocasiones de una lealtad ciega e inexplicable. Como contrapartida, secretamente «exige» una lealtad que no está tan clara para el otro. El discurso, por debajo, viene a ser: «Yo te acepto (aparentemente) tal como eres, no te agredo, y tú no me agredes, me dejas en paz, me dejas ir a mi bola, y no descubres mis puntos débiles, no me cuestionas».

Es una aceptación en apariencia, ya que cuando descubre que el otro no es tan fiel como suponía, corta la relación sin sentir gran cosa, como si se tratara de la ruptura de un acuerdo en una negociación, con una actitud objetiva, fría y racional. Este comportamiento es muy semejante al de un E8, pero este tiene una vivencia de posesión del otro, mientras que el E6 lo que quiere es un pacto de no amenaza.

En síntesis, el Seis sexual, tras su supuesta autonomía, esconde una tendencia a la fusión con el otro, de quien espera no ser maltratado, como le pasó de niño, y que además comparta sus ideas. La sintonía intelectual se convierte en unidad de medida del nivel de amistad y amor, y en un pacto de lealtad. Le es casi imposible pensar en una historia de amor que no incluya el aprecio de las ideas del otro; como si el erotismo estuviese más conectado con el entusiasmo intelectual que con el placer del cuerpo.

En la relación con la autoridad, la afinidad intelectual es fundamental para decidir hasta qué punto obedecer y seguir a un líder. Desplaza hacia la persona con autoridad la necesidad de un guía que indique qué camino seguir y le ayude a dar un sentido a los acontecimientos. Debe ser una autoridad que, a través de los ideales, transmita una justificación para seguir viviendo. La relación amorosa y cálida que faltó con el padre y la madre se sustituye por la colaboración, la lealtad hacia un proyecto común, la pasión intelectual y la sublimación de los ideales. El Seis sexual busca constantemente un «padre». La autoridad superior se convierte en un mito, mientras pretende de los subalternos la misma adhesión, la misma rígida coherencia ética.

> Tenía ideales muy arraigados, con convicciones que me impedían ver los matices y que me mantenían rígida, incapaz de llegar a una entente, sin ninguna posibilidad de cambiar de conceptos. Reforzaban mi idea de tener siempre razón, de lealtad a la palabra dada y de honestidad en las intenciones. Con estos principios creía reforzarme, porque apoyándome en ellos me parecía saber dónde estaba yendo y qué quería de mí y de los demás. Llevándolos a la práctica, parecía tener el aspecto de una persona seria, responsable, competente. *(B.)*

Crítico y autoritario

Todas las personas con carácter Seis son hipercríticas. En el contrafóbico es una característica muy evidente, que demuestra su deseo narcisista de ser el mejor, el que por derecho propio debería ser aprobado, el que posee todas las cualidades para llevar a cabo una tarea u ocupar una cierta posición.

¿Qué más fácil y bonito que acusar a los demás de una derrota? Destruir al otro provoca en mí un gran sentimiento de potencia. *(C.)*

Pero esta autoimagen narcisista no le permite exponerse, como por ejemplo sucede con un carácter Uno, porque prevalece el miedo a ser castigado (castrado) apenas se opone y adopta una actitud superior explícita. Por tanto, cultiva este convencimiento en su interior, expresándolo con la crítica, a veces en modo oculto, creando alianzas y analizando dónde está el error del otro.

En caso de ocupar una posición de autoridad, la ambivalencia hace que la crítica se manifieste en la incapacidad de confiar en los demás y de permitir que cada cual actúe según su propia modalidad. El control autoritario es más evidente aun cuando colabora con alguien «poco inteligente» (que esté motivado por la emoción y no por el pensamiento): «incapaz». El Seis sexual está tan convencido de saber hacerlo todo que no logra tener confianza en el camino o en la creatividad de los demás.

Me ha costado mucho cultivar la paciencia con mis estudiantes. Cuando veía que algo estaba mal hecho o que no había un pensamiento claro que lo sostuviese, empezaba a sentirme mal; una intolerancia a nivel físico. Me sentía obligada a intervenir como si debiera salvar a un niño de un incendio. Proyectaba en el otro mi vivencia de no poder equivocarme, la visión catastrófica de los efectos de un error. *(G.)*

Cuando critica, el contrafóbico se convierte fácilmente en un perseguidor, intimidando a quien tiene cerca con críticas lapidarias que no admiten réplica y un tono vehemente. Así combate la insostenible sensación de impotencia.

Rebelde

Queremos poner aquí el énfasis en el carácter opositor del Seis sexual. Su rebelión está impregnada de miedo al castigo, a diferencia del Ocho, que disfruta de su deseo de hacer lo que quiere y le dan igual los sentimientos del otro y lo que haga, no se deja limitar y está dispuesto a todo. En su rebeldía, el contrafóbico sigue sintiendo ansiedad, si bien puede disfrutar de no respetar ni a su perseguidor ni las normas. Encuentra incluso una gran satisfacción en la trasgresión, pero seguirá observando atentamente cuáles puedan ser las reacciones del otro. Oscilará entre el orgullo de su imagen fuerte y el miedo a haber cometido algo irreparable que le comporte el rechazo.

Es la suya una rebelión vinculada con el ideal del héroe: aquel que desafía al mundo por una justa causa, dispuesto a perder la vida para salvar a los demás.

Observador, inhibido

El E6 sexual explora el mundo con cautela. Si bien es el más activo de los subtipos, se pone límites, circunscribe el campo de la curiosidad y prefiere moverse en terrenos ya explorados. Es capaz de soñar grandes viajes a los confines del mundo, pero se conforma con haberlos entrevisto; luego vuelve satisfecho de haber asomado la cabeza, y frustrado por no haber involucrado todo su cuerpo.

> Observar para confirmar lo que pienso, observar como control de la situación, siempre alerta, observar para evaluar la conveniencia de estar en un lugar o con alguien. *(B.)*

Tímido

Es casi imposible creer que el contrafóbico sea tímido, pero es algo que ha vivido desde su infancia y que para muchos representa un infierno. Es como padecer una enfermedad infecciosa con miedo a que todos se den cuenta. Obviamente, ser tímido contrasta con la imagen heroica y fuerte que quiere dar al mundo. No obstante sus esfuerzos para ocultarla, la timidez está siempre ahí como un monstruo devorador.

> A los veintiséis años tenía que presentar mi primera ponencia ante un congreso. Obviamente estaba contenta y no me habría echado atrás ni siquiera con un terremoto. Diez minutos antes de subir al palco, el cuello, el pecho y los brazos se me llenaron de manchas rojas. Sentía una gran vergüenza de que se vieran. Desde entonces, tuve este tipo de reacción cada vez que debía exponerme en público. Aprendí a vestirme de modo que esas partes del cuerpo no se vieran.
>
> Dos años después, en una ocasión parecida, exhausta, hablé con el director de la escuela en que trabajaba como formadora y él me dijo: «Tranquila, es solamente la necesidad narcisista de ser perfecta». La flecha había dado en el blanco: el síntoma desapareció. *(G.)*

La timidez está conectada con el profundo sentimiento de inadecuación, con el miedo constante a ser ridículo. La humillación vivida durante la infancia y la falta de confianza de base dejaron una inseguridad instalada en el cuerpo. Como un militar que aparece solo en campo enemigo, busca ser invisible para que no le maten.

Esta vivencia se parece a la de un eneatipo Tres, con la profunda diferencia de que un carácter Vanidad puja por ser visto, en su deseo de relación con el otro, mientras que el Seis prefiere que le «dejen en paz», quitándole valor a la necesidad relacional.

Temeroso de la ternura

El contrafóbico busca instintivamente la intimidad sexual, como si la intensidad de esos encuentros fuera suficiente satisfacción a su necesidad de contacto humano. No tiene dificultad para entregarse al acto sexual, que trata de diferenciar de lo emocional. Siempre distingue en las relaciones lo que es solo sexual y no implica lo amoroso. En una especie de doble vida; frente a un comportamiento discreto, tímido, casi recto y normativo, es coleccionista de experiencias: busca sentir algo más profundo, una y otra vez, impulsivamente, siempre que se presenta la ocasión, sin conseguirlo.

> Se sucedieron situaciones atroces: desde la forma como entregué mi virginidad, a un desconocido del que no quise volver a saber nada (para mí era un trámite que había que pasar mejor pronto que tarde, despojado de ternura), hasta los encuentros sexuales, tantos como fuera posible, en busca del orgasmo, al que resultaba difícil, y a veces imposible, entregarse. *(R.)*

No quiere que el otro se dé cuenta de que le gusta o le desea, porque eso sería ponerse en sus manos, permitirle que haga lo que quiera con él. La ternura puede ser un espacio de no control y él no se permite quitarse la armadura. Así como no ha podido reposar tranquilamente en los brazos de mamá, tampoco puede entregarse a las efusiones amorosas.

> Si me gustaba un hombre, prefería demostrar que no me interesaba en absoluto. Era mejor renunciar que sostener la vergüenza y el riesgo de ser ridiculizada. Siempre imaginé este pensamiento en el otro: «¡Pero quién se piensa que es para creer que podría gustarme!» *(G.)*

Aguantador

Esta vivencia tiene que ver con la falta de referentes, de criterio. El E6 sexual no ha tenido un modelo. O, en el que hubo, no confía y, por tanto, se ha alejado de él. Pero tampoco hay confianza en sus propias señales, porque creció dudando de ellas, con mensajes del tipo: «No sabes», «no te querrán», «te engañarán», «te tomarán el pelo»; y fundamentalmente, porque dudaba de la realidad que observaba: «¿Podía aquello ser cierto?, ¿en serio? ¿No estaría yo equivocada pensando lo que pensaba?».

Entonces, en una situación incómoda trata de tomarle el pulso al ambiente, ver rápidamente qué hacen los demás, si la aceptan o rechazan, como un test antes de tomar su propia decisión. Pero se queda evaluando todos los factores sin tomar decisión alguna. En esta espera puede aguantar situaciones muy difíciles. Podría parecer una adaptación; en realidad es una anestesia: Dentro de sí mismo sabe perfectamente que no quiere lo que está pasando, pero le es imposible moverse hasta que no llegue la «certeza». Al mismo tiempo mide su fuerza aguantando penalidades, pesos psíquicos y físicos, para luego sentirse satisfecho de no haber caído.

> Aguantar en una situación incómoda es quedarme «esperando» a que el otro vea que estoy en lo cierto, que tengo razón... y que haga según creo que es necesario. Si no recibo señal, tiendo a repetirlo varias veces, como para escucharme y quedarme tranquila de que es claro lo que digo. *(R.)*

Fanfarrón

Le gusta verse *triunfante*. Se trata de una victoria sobre sí mismo: sobre ese «sí mismo» que, en lo más íntimo, se sabe lesionado en su integridad. Y bajo la presión de necesitar una constante demostración o prueba fehaciente de lo que es capaz; esto es, de que es capaz de salir sin daño, sin dolor, ya sea físico o emocional.

No le basta con demostrarse algo introspectivamente, en silencio. Para que adquiera validez, para que sea real ante sí mismo, el E6 sexual necesita mostrarlo, decirlo en voz bien alta, explicar la batallita...

Esto resulta en fanfarronería, esa actitud de arrojo que oculta la inseguridad interna por la que necesita explicarse una y otra vez, comprobando que no hay crítica, que hay aceptación. Y también hay, en el fondo, una necesidad de justificarse.

Por supuesto solo necesita compartirlo con los más próximos, con aquellos que no le cuestionarán, que aceptarán su bravata y le darán la razón, lo cual le validará y le permitirá sentirse en la superioridad moral.

Honesto

Este es un rasgo en que la mayoría de los E6 sexuales se reconocen. Por «honestos» quieren decir que no toleran ninguna hipocresía, falsedad o engaño. Hasta decir una mentira es algo imposible. La honestidad que pretende para sí y para los demás le asegura de que él es correcto, coherente y, por tanto, digno. También forma parte de su ideal de héroe sin tacha y sin miedo, el que lucha por la justicia y el rescate de los oprimidos. Y es una forma de ir contra los enemigos: los explotadores, los poderosos y los que abusan del poder, incluso la gente que tiene dinero porque ¿cómo se puede tener dinero si uno es honesto?

Competitivo

La ambición del E6 sexual está camuflada de idealismo, por la pretensión de querer el éxito o el poder al servicio de la justicia y la honestidad. La idealización de sí mismo como recto justifica su deseo de ser reconocido como el mejor, o quizás el único, compitiendo con los demás, a quienes le gusta mirar como tontos o gente que no está a la altura de la tarea (sea la que sea).

Obviamente el miedo no permite vivir de forma abierta y visible esa competencia, que él mismo condena como inmoral o egoísta. Así que también en este campo el Seis contrafóbico avanzará con un dedo acusador y la otra mano tímida. Seguirá sintiendo que un perseguidor va a venir a castigarlo por ser competitivo y le castrará por ambicioso. Queda un sentimiento de frustración y de rabia contra quien no le permite (según él) levantar la cabeza, y también de culpa por desear tanto levantarla.

5

EMOCIONALIDAD Y FANTASÍA

Por Rosa Membrado

Más que de «fantasía», tenemos que hablar de «imaginación», en el sentido de que al eneatipo Seis sexual le cuesta bastante dejarse llevar por una fantasía creativa que invente realidades no estrechamente conectadas con la materialidad concreta y lo racional. La fantasía puede ser fácilmente interpretada como ficción, falsedad y, por tanto, inútil o falaz. A los E6 no les gusta algo que no sea científicamente confirmado porque no pueden etiquetarlo en sus categorías de bueno o malo, justo o injusto. Además, la fantasía conlleva mil posibles soluciones, contiene en sí misma la ambigüedad, no hay lógica, y esto alimenta la ansiedad de no poder controlar por dónde va la cosa.

Es usual en el E6 sexual mantener un continuo diálogo interno. Anticipa las situaciones, por ejemplo se pone mentalmente ante otro con quien tiene un tema pendiente e inicia una conversación virtual. Por supuesto, en su cabeza «controla» la parte de los dos, la del otro y la suya, desarrollándolas extensamente, como si se tratara de un texto teatral, hasta que no dan más de sí. Para mayor deleite, imagina distintas alternativas o líneas de discurso. Se siente al final perfectamente preparado para abordar cualquier escenario.

> Está claro, por rasgo caracterial, que no podía contemplar solo una opción, y posiblemente esta «habilidad» me haya facilitado la capacidad de escuchar al otro sin asustarme ante sus posibles respuestas. Probablemente incluso haya significado una especie de entrenamiento para expresarme de un modo más asertivo. De una forma intuitiva, este tipo de visualización me ayudaba a superar el miedo a confrontarme con otro. Sin embargo, en muchas ocasiones me encontraba luego dialogando con aquella persona sobre el asunto pendiente, y el diálogo iba completamente por otro derrotero. Entonces, ¿para qué me servía? *(R.)*

Es significativa esta capacidad para vivir una realidad en el refugio de la propia mente. En ella (la misma realidad que Platón expone en el mito de la caverna como la única confiable), puede expresar con amplitud tanto sus pensamientos como sus emociones, para quedarse con la sensación de que esta realidad controlada es la única que le satisface.

Ahí puede elaborar su mundo sin temor a las consecuencias; un poco solo, sí, algo triste, también, pero tranquilo. Por el contrario, en la relación la ansiedad se incrementa por una dificultad real de expresar lo emocional en el contacto, y la salida es afianzarse en el territorio mental.

> En la fantasía y en las ensoñaciones me vivía como una niña, una jovencita osada, con dominio de la realidad, creativa, aventurera, de personalidad interesante, y de este modo compensaba —y sigo compensando— la rutina y la falta de emoción auténtica en mi vida. *(R.)*

La ausencia de emoción es la consecuencia de la dificultad para sentirla y reconocerla, en el contacto con la realidad. Y aun rechaza las emociones que le surgen, ante la inadecuación entre la realidad y lo imaginado, lo deseado, lo definido por él como correcto y esperable.

De este modo, la fantasía pivota entre «los mundos de Yupi», y la «sombra de Mordor». En el primer polo (la dicha), exagera marcadamente lo placentero, lo bueno y el entusiasmo. Todo lo ordinario carece de importancia, o no existe. Puede llegar incluso a olvidarse de comer, porque ya se siente nutrido, lleno por la experiencia. En la segunda polaridad, la idea catastrofista oscurece no solo la situación focalizada como problemática sino que expande su pesadumbre a otras zonas donde había sol, llegando a condicionar desde esa opción derrotista cualquier posible acción de mejora.

En lo profundo, la emocionalidad fundada en la fantasía del E6 sexual tiene que ver con el rechazo de sí, que deriva de su sentimiento de inadecuación, al que se suma la conciencia de la propia dependencia y de la falsedad que hay en su aparente fuerza, así como su desconexión del entorno y la falta de confianza en la bondad del ser humano.

> De niña imaginaba tener un pequeño amigo invisible, que nadie podía ver. Tan pequeño que entraba en un bolsillo, así que lo podía llevar siempre conmigo. Yo le hablaba, le contaba lo que me sucedía y me sentía siempre acompañada, me sentía como mágicamente protegida. Él no me iba a traicionar, no le iba a contar a la gente lo que yo le confesaba. Además era algo íntimo que nadie me podía quitar, puesto que vivía siempre con el temor de que me pudieran quitar objetos, juguetes, incluso amigos. *(G.)*

No falta la sublimación del sentimiento amoroso. Al entregarse al más estricto amor platónico se ahorra los riesgos y dificultades del contacto; y obviamente también se niega la experiencia de disfrute y amor en el contacto con el otro.

> Busco el amor a través de la fantasía. Abro la mente y fantaseo el amor ideal con un hombre y la fantástica relación de amistad que podría establecer. Fantaseo con cómo el amor me podría dar una vida sin problemas, porque por fin no necesitaría esconderme ya. *(B.)*

La dificultad para aceptar una realidad que conlleva, a los ojos del E6 sexual, más sinsabores que alegrías, le reduce a vivirse emocionalmente en su mundo cognitivo, hasta bordear el riesgo de abandonar la realidad. Fruto de esa imperiosa necesidad escapista, elabora un mundo rico en personajes y situaciones, fantasía que convive curiosamente con la rigidez mental del rasgo.

> Hay también en mi recuerdo algunas escenas caseras, sentada en un pupitre escolar que yo adoraba porque era como la materialización de un mundo para mí. Me sentaba en él, guardaba mis cosas en su interior, hacía mis deberes, dibujaba, leía... y me sentía estar en mi lugar en el mundo. Me rodeaban los mapas: el que ilustraba aquel mueble, el mapamundi y los del atlas universal, que yo estudiaba imaginando paisajes inauditos. Sentarme en mi pequeño pupitre era como cruzar una puerta y acceder a otro universo, o como subir a un barco y zarpar.
>
> Así era como volaba lejos de aquella vida detenida que yo sentía como paralizada, como en una prisión transitoria en la que me veía obligada a vivir porque yo era pequeña, pero de la que un día escaparía. *(R.)*

La capacidad de adentrarse en la fantasía conecta con la tendencia a la megalomanía, por la que el E6 sexual puede vivirse como elegido, vibrar, entusiasmarse y, en definitiva, sentir emociones que no dejan de ser secundarias, ya que no están vinculadas con una experiencia auténtica. Todo se vive en la mente. Las experiencias tienen lugar en un mundo cerebral y las emociones que se derivan llegan así enfriadas.

Al final, todo pertenece al mundo de las ideas: ideas de experiencias e ideas de emociones. Y hay, entre estas últimas, en la experiencia del eneatipo Seis sexual, algunas tan intensas que le ponen en contacto con la fisiología de la emoción correspondiente.

> Siento mi mundo fantasioso, rico de personajes, de situaciones, de mundos posibles, de opciones y posibilidades permanentes donde, a pesar de la rigidez mental, presente por otro lado, la necesidad imperiosa de ir más allá de lo mostrado, aparente, me lleva a un imaginar otras entregas. *(L.)*

Experimenta una cierta emoción amorosa sin entrar en contacto con el objeto amado. E igualmente vive emociones como el enfado, la tristeza, la alegría, la vergüenza, la culpa... por el hecho de contactar con ideas que las facilitan, y que generalmente son la sublimación de una emoción más profunda que no puede ser vivenciada por el E6 sexual: el miedo.

> ¿Miedo?, ¿quién dijo miedo? El miedo no existe, simple y llanamente porque uno no se puede mostrar miedoso ante el mundo, ya que soportar su mirada de no válido, no digno, no dar la talla, no estar a la altura, provoca una sensación tan grande de indignidad que se hace prácticamente insoportable. *(L.)*

En la fantasía se vive a sí mismo seguro, dominando la «realidad», liderando o, al menos, siendo el dueño de su existencia, independiente de influencias ajenas, entregado a su soñada libertad.

La paradoja se hace evidente cuando el principio de realidad devuelve una escena diferente. No domina la realidad porque a pesar de su control, la vida prosigue su curso, y sus congéneres, más autónomos que él, siguen sus propios dictados. Tampoco es el dueño imaginado de su existencia sino que obedece a las influencias de otros porque, aunque sea oponiéndose, continúa en la dependencia de otras autoridades.

6

INFANCIA

Frío, violencia y soledad acompañan la infancia de las personas con carácter Seis sexual. Sentirse solos es algo común a todos ellos, aunque hayan vivido todo el día con la madre o hayan tenido hermanos. No se trata de sentirse abandonados; es una soledad que viene del sentirse *extraños* en un mundo que no logran comprender.

Lo que más les confunde es el absurdo de sentirse amenazados, o incluso maltratados, por una madre que debería amarlos. No lo entienden, buscan explicaciones y las encuentran solo sintiéndose culpables o inadecuados. Por si eso no bastara, queda en su cabeza una confusión que les desorienta, que intentan resolver con un vórtice de pensamientos, para convivir luego con una ambivalencia que genera ansiedad, entre atacar al progenitor malo o sentirse malos ellos mismos.

La violencia

A muchos de los E6 sexuales es la madre quien los lanza a ese abismo: o es violenta o emocionalmente caótica. Solo de adultos, muchos se dan cuenta de la locura de su madre, con casos de trastorno límite de la personalidad, bipolaridad, esquizofrenia. (Hay también una mayoría de madres del E4 sexual.) No queremos ni podemos generalizar, pero seguramente ha sido una madre caótica, ambivalente, ansiosa, que no ofreció la seguridad básica.

> Desde que tengo recuerdos cualquier cosa que viniera de mi parte significaba un disgusto para mi madre. Reaccionaba de una forma que yo vivía como violenta, sobre todo porque no podía encontrar una razón plausible para aquel trato viniendo de mi madre, que se suponía que me quería. Probablemente, visto desde aquí y conociendo su historia, mi madre sentía tanta angustia o ansiedad que se manifestaba con reacciones desmesuradas. Pero en aquel momento, yo recuerdo que pensaba continuamente que no comprendía nada: no comprendía qué le pasaba a mi madre, no comprendía qué había hecho yo que pudiera causarle tanta desesperación. Sus palabras al dirigirse a mí eran una letanía constante de: «Eres mi desgracia...», «si no te hubiera parido...», y las consiguientes amenazas de quitarse la vida. *(R.)*

El padre está a menudo ausente y se somete a la madre. En este caso se observa una inversión de roles: la madre es el hombre de la casa, tiene el poder, y el padre es un punto de referencia más «humano», una figura más accesible afectivamente. Pero su ausencia física o emocional desorienta y priva al niño de una guía sólida, adecuada, para enfrentarse al mundo.

En otros casos el padre es normativo, autoritario; sus valores incluyen la obediencia y la disciplina; con frecuencia se adhiere a ideologías fascistas o militares, o él mismo es militar. En el caso que la violencia venga del padre, hallamos a madres sumisas, débiles y desvalorizadas por el hombre. El niño siente que debe obedecer normas que poco se refieren a su protección; que más bien sirven para que el padre se sienta justo y correcto, a expensas del hijo.

Algunos padres encuentran una falsa fuerza a través del alcohol. La agresividad y la violencia llegan repentinamente y la amenaza es general, imprevisible.

El niño encuentra refugio y salvación en el silencio y en la rigidez del cuerpo.

> Con frecuencia y por cualquier motivo, mi madre atacaba a mi hermana violentamente; su furia era tan grande que yo solo podía arrinconarme con las manos en mi cabeza, rogándole a Dios que acabara pronto. Llorar era también peligroso. *(G.)*

> Mi fantasía era: Si no me muevo, no me ven, y si no me ven, todo permanecerá, nada cambiará, el mundo gira y yo con él, siempre en equilibrio, en eterno, perenne equilibrio, y así yo estaré a salvo. *(J.)*

La inmovilidad del cuerpo se corresponde con una intensa actividad interior: ansiedad incontenible, ojos alarmados, pensamientos veloces. El niño aprende a controlarlo todo, desde los objetos hasta las personas. Puede reconocer cada gesto de la madre, sobre todo si a este le puede seguir una catástrofe. Los ojos de los contrafóbicos son como los de las moscas: ven a 360 grados. Se establece un control recíproco entre agresor y víctima, en una unión indisoluble.

En muchos casos también está el dios justiciero de un catolicismo retrógrado que castiga todo movimiento vital e instintivo, que pretende de los hijos una obediencia ciega a los padres, y de los adultos una obediencia ciega a una fuerza controladora que impone una vida de deberes y esfuerzos. Una autoridad religiosa no humana que, sobre todo, castiga el placer.

El poder que soporta el hijo es omnímodo. La violencia no tiene puntos precisos de referencia, vinculados a hechos que se puedan comprender. Se halla en el poder mismo del progenitor que lo tiene en sus manos. El niño la recibe y trata de responder con *fuerza:* el cuerpo se endurece y la rabia por dentro es granítica y no logra disolverse. El niño comienza a aprender que puede responder solamente con la violencia misma, una violencia que se convertirá en preventiva, como un escudo y un arma siempre listos.

> Mi defensa contra el poder loco e irracional era atacar como defensa preventiva, reacción a cualquier tentativa de abuso... Lo recuerdo desde que era pequeño; con el desarrollo el desafío naturalmente aumentó. Si vuelvo a pensar en la fuerza incontrolable e imprevisible que me circundaba cuando sentía su violencia... He pensado siempre que habría podido matarla/matarles, expulsarla/expulsarles, y ahora digo que habrían podido hacerlo conmigo. *(M.O.)*

Ser fuertes es ser fuertes también en el pensamiento. Como si la máquina cerebral estuviese siempre activa para captar el ataque y poner orden en el caos emocional en el que vive. Las emociones se congelan y el cerebro va a toda máquina.

> El único momento de paz era leer, no mirar otra cosa sino las líneas de un libro, soñando que un día yo también viviría esas vidas, o bien identificarme con los personajes para no sentirme tan sola en aquella vida de mierda. *(G.)*

La vergüenza y la timidez

> Mirando una foto mía de cuando era pequeña me encuentro con la mirada vergonzosa y avergonzada de una niña de unos siete años de rostro pálido y apagado. Los ojos, grandes como platos, pasean una mirada torva, o estupefacta. La cabeza, de medio lado y algo inclinada la obliga a mirar desde abajo, como desde un retraimiento y timidez muy profundos. *(R.)*

Parecería que la mayor parte de los contrafóbicos ha vivido una transformación entre la infancia y la pubertad. De pequeños, silenciosos, sumergidos en la propia inadecuación y timidez. Luego agresivos, blindados, charlatanes. De todas maneras queda una timidez de fondo lista para salir cuando se siente expuesto. Pero el niño se avergüenza de la timidez porque siente que revela su debilidad y el sentimiento de inferioridad.

La vergüenza se refiere también a su origen, a su familia. Muchos relatan que han ocultado su situación familiar. Se han avergonzado de la locura, la pobreza o la violencia que vivían en casa. Nunca han hablado de sus padres con los amigos, no han invitado nunca a sus compañeros de clase a casa. El propio origen se vive como una marca indeleble que les señala como personas despreciables. Si se descubriera de dónde vienen y dónde viven, quedarían excluidos del mundo.

> En situaciones de grupo, imaginaba que no era vista y esto me colocaba en una posición de invisibilidad desde la que podía mirar descaradamente, con impunidad. Mi fantasía tenía que ver con la invisibilidad. Mi percepción era siempre que yo veía y observaba todo mientras no era vista. *(R.)*

La negación del placer

El niño aprende muy temprano que el placer, ya venga de su cuerpo o del exterior, es peligroso y puede desencadenar el castigo. Pero, a un nivel más sutil, es una fuerza que puede desintegrar porque está conectado con la emotividad destructiva, con la locura. Sentir placer es parecido a la desintegración que él vivió en su propia piel; no puede permitírselo porque está demasiado ocupado en sobrevivir.

La masturbación no es una actividad que los niños E6 sexuales recuerden como algo agradable y posible. El erotismo sano del niño que experimenta su cuerpo y el de los padres no existe, como tampoco la libertad de jugar, gritar o cantar. El miedo a la castración se vive en un estadio muy precoz. No conoce sus heces, no las puede mirar y dejar que se vayan, así como no puede dejar fluir sus emociones. Desde muy temprano manifiesta problemas de estreñimiento, que en muchos se prolongan hasta la edad adulta o para siempre, si no inician un proceso terapéutico.

> El sexo me provocaba curiosidad pero el contacto físico me asustaba; era imposible para mí incluso darle un beso a mi tío. La sensación era de disgusto, pero en lo profundo era algo que podía entrar dentro de mí y destruirme. *(G.)*

La inhibición de la acción

Estas condiciones de vida hacen de ellos personas muy capaces de protegerse, pero para sentirse seguros deben restringir su campo de acción y la experimentación. Si bien el sexual es el más activo de los subtipos del E6, sus aventuras tampoco llegan muy lejos y son controladas. Aprende a no explorar demasiado lo que no conoce, ya sean lugares o personas. La timidez es la vivencia más presente, le bloquea hasta el punto de que siente que está viviendo una vida asomado a la ventana. Mira hacia afuera, envidia a quien se mueve, corre y se arriesga; le gustaría formar parte de esos niños, pero prefiere mirar.

> Mis padres nunca me dejaron salir de excursión con el colegio. De hecho, solo recuerdo una salida de un día, y lo recuerdo con bastante incomodidad, como si algo no hubiera ido del todo bien, con ansiedad.

> Casi me aliviaba más la prohibición, porque el permiso estaba cargado de amenazas. *(R.)*

Esperando el futuro

En este caos e imprevisibilidad se abre camino la esperanza de un futuro mejor. Todos, desde pequeños, imaginan y esperan el día en que podrán irse, quizá también perdiendo la esperanza de que algo pueda cambiar. Ser niños es solo un gran peligro o una gran desgracia. El único camino es crecer y escapar.

A veces asoma la esperanza de que un amor pueda salvarles (sin creer mucho en ello), pero más a menudo la imaginación viaja a países lejanos, buscando un posible modo de vida, o creyendo que si sigue escapando el depredador no le alcanzará.

En muchos E6 sexuales esta esperanza se consolida durante la adolescencia, cuando la fuerza del carácter se instala y encuentran el coraje para expresar la agresividad. Algunos logran enfrentarse al tirano que tienen en casa; muchos empiezan a vivir una doble vida: afuera, sociales, activos, idealistas; en casa, mudos, inhibidos, silenciosamente resentidos.

La fuerza se entrelaza con la rabia, que hace que se sienta menos asustado, menos víctima y más dispuesto a sostener el ataque, y también más *respetable.* Es como si necesitase del otro amenazador para experimentar la fuerza, para darse una imagen aceptable y congruente con su vivencia de grandeza.

> Apasionado de la vida de los héroes y atletas como expresión de la contracción física que sentía, desde pequeño practicaba deportes y actividades físico-lúdicas para sublimar la energía y la violencia que de otra manera no podía controlar. *(M.O.)*

7

PERSONA Y SOMBRA: LO DESTRUCTIVO PARA SÍ Y PARA LOS DEMÁS

En este capítulo se describen las funciones y comportamientos que el eneatipo Seis sexual no ha desarrollado, las partes rechazadas y eliminadas de la conciencia que proyecta en los demás o que niega y reprime.

C. G. Jung desarrolló los conceptos de *persona* y *sombra*. La *persona* es la máscara que un individuo construye para presentarse al mundo, para defenderse, sobrevivir y relacionarse. Por *sombra*, en cambio, se entiende todo aquello que no vive a nivel consciente y que el individuo oculta, con o sin conciencia de ello. Son dos aspectos de la psique y, si no se los integra, si la sombra no ve la luz, el individuo bloquea su proceso de maduración, no puede realizarse. Rechazar la sombra puede llevar a la autodestrucción o a la destrucción de los demás.

Por lo que respecta al carácter Seis sexual, hablar de sombra parecería casi paradójico, de tan sombría como es su máscara, de tan oscuro y destructivo como es el modo en que se manifiesta exteriormente.

No es difícil percibir lo peligroso que puede llegar a ser un E6 contrafóbico, para sí mismo y para el otro. La agresividad que encuentra su razón de ser en la convicción de estar al servicio de la justicia, la protección de los buenos o salvar la vida, obviamente puede superar cualquier obstáculo. Todos los tribunales absuelven al que mató «en legítima defensa», y un eneatipo Seis sexual podría explicar coherentemente que el motivo de todos sus ataques es la defensa propia.

El idealismo que él vive con gloria y satisfacción es el camino que lleva al fanatismo. Si bien no se compromete del todo con una causa, como sí hace el eneatipo Seis social, el contrafóbico es un gran idealista y el ideal puede asumir un papel prioritario que va más allá de las necesidades y estados de ánimo. Un E6 sexual puede olvidarse de sí mismo por un ideal.

Hemos descrito ampliamente las características de este rasgo. Ahora nos dedicaremos a indagar tras la apariencia y desvelar las partes que el individuo no puede vivir debido al miedo: miedo a morir, a enloquecer, a vivir en la frialdad.

La primera función que oculta es el instinto, el placer. Disfrutar de su piel y la del otro, disfrutar del calor que recorre el cuerpo cuando alguien le toca o cuando se extiende al sol sobre la arena. Para un carácter fundado en el instinto sexual, esto puede asumir las características de un tormento. Aun cuando siente el impulso, lo retiene, lo enfría; puede solo imaginarlo o pensarlo. Las consecuencias destructivas se notan en su cuerpo: la rigidez, los dolores en el cuello, los problemas de estómago e intestinales. Su actitud es antipática; no puede soportar que el otro vea su deseo y asume por tanto una actitud distante, incomprensible y en nada deseable.

En las relaciones amorosas es fácil que le digan: «Tú no necesitas a nadie». En la intimidad de una alcoba, puede permitirse ser dulce pero no por mucho tiempo, solo el suficiente. La ternura no corre pareja con la sexualidad porque eso significaría entregarse a un placer pleno.

Tanto en los hombres como en las mujeres la parte femenina está negada.

> También aquí hay una ambivalencia de fondo: sexual (caluroso), pero elegía ser colérico (frío) para no dejarme tocar por las relaciones. Mi parte infantil tenía miedo, estaba sofocada, comprimida y así congelaba las emociones. También la parte femenina y gentil de mi carácter ha sido atacada: «Querían una niña. ¡Pues bien, tienen un macho alfa!» *(M.O.)*

Las mujeres contrafóbicas niegan la feminidad y la sensualidad, que esconden tras actitudes masculinas. Son peleonas, se transforman en «hombres» para no sentirse atacadas. No soportan estar sometidas a los hombres y, por tanto, pierden la necesidad de apoyarse, de disfrutar de un cuerpo que sabe recibir. En consecuencia, no dejan espacio para la maternidad como posibilidad de entregarse y de dar, de nutrir, de abrir los brazos para consolar.

Muchas mujeres E6 sexuales no son madres, y si desarrollan la capacidad de ayudar, lo hacen apoyándose en su fuerza física e intelectual para resolver los problemas; es una energía que se asemeja más a la de un padre que sabe guiar. Por otro lado, ser madre implica el mismo riesgo que la entrega a un hombre: ser dependiente.

También le costará comprender sus emociones porque el E6 sexual prefiere el silencio. A veces, pesado, si se debe a la rabia; otras, frío, si obedece al miedo. Y le será difícil conocer sus pensamientos (¡y no hablemos de su dolor!) por el miedo que tiene a que le destruyan y maltraten. Y entonces ¿qué siente el otro sino impotencia o inutilidad?

El eneatipo Seis contrafóbico puede destruir con el silencio, sin volver atrás porque tiene incluso miedo de pedir «disculpas», que significa, para él, admitir el propio error, la culpabilidad.

> En un evento sobre el eneagrama en Alemania, Claudio me invitó a describir mi carácter y un participante me preguntó: «Tú ¿pides dis-

culpas?» Por primera vez me di cuenta de que solo poco tiempo atrás había empezado a hacerlo; y me di cuenta de que me hacía feliz, más mujer, más sensible. *(G.)*

La sensibilidad no puede formar parte de las relaciones; a lo sumo puede orientarse hacia el arte, la belleza abstracta o personas necesitadas que el eneatipo Seis sexual siente que debe salvar. La rígida coraza le impide al otro acercarse, pero sobre todo el contrafóbico no deja que el ánimo sensible que siente adentro se manifieste. Las relaciones, incluso aquellas profundamente amistosas, no llegan a ser íntimas. El otro podrá seguramente sentir que recibe ayuda, pero a través de la frialdad racional de una relación establecida sobre la base de las palabras y los conceptos, y no de una comprensión que pase por la simplicidad de una presencia calurosa. Con esta frialdad racional alimenta su sensación de soledad y un amigo, una pareja o un pariente fácilmente pueden sentir el peso de la soledad.

No sabe apreciar el estilo ajeno, critica con facilidad o incluso con una actitud autoritaria que hace que el otro se sienta inepto, incapaz, estúpido. Está tan convencido de ser inteligente que considera al resto del mundo «mentalmente subdesarrollado». No es capaz de aceptar la debilidad de los demás, sobre todo si son personas importantes para él, como si la fragilidad de quien está a su lado pudiera contaminarlo, reflejar su propia fragilidad. ¡Jamás ceder! No se puede cometer un error.

Nunca olvidaré el gesto de protegerse con la mano de una muchacha que trabajaba conmigo cuando la reprendí a cuenta de un olvido. La vi protegerse como si yo hubiese podido pegarla en cualquier momento. Fue una imagen dolorosa porque no era mi intención hacerle daño, pero no me daba cuenta de la energía agresiva que ponía en mis palabras y en mis gestos. El dolor fue aún mayor porque ella es como una hija para mí. *(G.)*

La hija de mi ex pareja, a quien me unía un vínculo de mucho afecto, vino a visitarme a mi nuevo apartamento y se quedó a cenar. En un momento en que pasé frente a un espejo, tuve la sensación de que la fugaz imagen reflejada en él era la de un monstruo; esto es, yo no podía reconocer mi imagen, sino que veía un rostro que era el de un ser demoníaco capaz de destruir la vida de aquella criatura confiada que descansaba en mi sala de estar. *(R.)*

En la seguridad neurótica de tener la razón, se vislumbra la rivalidad, la competitividad, el esfuerzo por superar al otro, que siempre es alguien que le puede castrar, física o intelectualmente.

La rivalidad se manifiesta cuando el otro puede conseguir mayor reconocimiento social, mayor éxito profesional, o simplemente ser visto, validado. Desde ahí siento una pulsión por poner voz a mis opiniones, hacer válidas mis observaciones. «Que se enteren de que eso ya lo había dicho yo, que eso ya lo he hecho yo...», vivido con ansiedad enfermiza, y sostenida por la idea loca de: «...Por eso el otro es más que yo». *(L.)*

La falsa seguridad que el eneatipo Seis contrafóbico muestra como una gran cualidad tiene una sombra que sería mejor definir como un monstruo: el sentimiento de inferioridad. Él no está convencido de ser adecuado, de estar en el lugar apropiado. Debe pues hacer sentir al otro inferior para poder sentir él mismo un poco el derecho a existir. A la inferioridad se une la experiencia de humillación que ha vivido (pero nadie deberá saber que se siente humillado; sería darle armas al enemigo). El orgullo le impide manifestar abiertamente su necesidad de sentirse apreciado y de recibir elogios. Al contrario, si le llega un cumplido se siente contrariado, y no solo porque siente que no lo merece, sino porque aceptarlo significa darle al otro el poder de poner en tela de juicio sus acciones.

¿Y qué me dices de la envidia? Es un sentimiento profundo de no haber sido elegido, afortunado, considerado... y el otro, en lo que consi-

> gue, me devuelve el no haber sido visto, reconocido como merecedor de amor. Desde esta posición, la vivencia dolorosa, cuestionadora, de no haber dado la talla, de no estar a la altura. Es como si la envidia se activase inmediatamente siempre que el otro alcanza algo, y el juicio interno, validador o acusador, me preguntase: «Y tú ¿qué?» o «¿por qué no lo has conseguido tú?» *(L.)*

Este carácter demuestra hacia afuera una gran capacidad de resolución, de ayuda al otro. Sabe hacerlo bien, porque en el fondo es práctico y concreto. Pero si quita el velo descubre la necesidad de sentirse superior, de salvar a los más débiles para sentirse fuerte; y también de rescatar las humillaciones sufridas identificándose con los oprimidos, los condenados por el mundo de los fuertes, los injustos y los prepotentes. No se permite sentir su dolor y lucha para sanar el dolor de los demás. Obviamente, debe demostrarse a sí mismo que no sucumbe ante las amenazas del perseguidor y que es capaz de vencer.

> En la relación de ayuda se manifiesta un gran peligro latente, que se concreta en no dejar de hablar, demostrar, pensar lo que sea con tal de recoger el título de capacitación, evitando de este modo el fantasma acechante del sentimiento de ineptitud. *(L.)*

La máscara del «salvador» se alimenta de las personas que necesitan ayuda. El E6 sexual nutre con los carentes su parte narcisista y omnipotente, y refuerza la posición de dependencia o debilidad del otro. Él, en cambio, no pedirá ayuda, continuará sintiéndose molesto ante un «¿cómo estás?», y agrediendo a quien le pregunta «¿hay algo que no funciona?, ¿puedo ayudarte?» porque esas palabras significan que no se ha escondido bien detrás de la coraza del héroe, que quizás ha perdido el control, que algo que no debía manifestarse se ha traslucido.

8

EL AMOR

Claudio Naranjo utiliza una metáfora para hablar del amor: es como una luz blanca que, penetrando a través de un prisma, se divide en tres rayos. Está constituido por tres dimensiones y la armonía entre ellas produce una experiencia de amor pleno: el amor erótico (*eros*), el amor compasión (*caritas* o ágape) y el amor admirativo (*filia*).

Durante la vida de un individuo, esas tres dimensiones no se desarrollan en modo equilibrado: una de ellas es más accesible y otra queda subdesarrollada; es como si la persona caminase por la vida con una pierna más corta.

Esta teoría establece una conexión entre el amor más o menos desarrollado y el carácter. Para cada subtipo se puede distinguir una específica jerarquía de los tres amores, que se refiere a las partes más o menos integradas. Es importante identificar cuál es el amor que tenemos menos desarrollado, así como los mecanismos de «mercantilización» del amor: qué tipo de amor vendemos y cuál nos gusta comprar.

Sufrimos por la falta de amor, y seguimos sufriendo debido al apego a la carencia afectiva infantil. Buscamos obtener aquello que no hemos recibido, alimentando un hambre inmensa de amor, y queremos volver a nuestra infancia con la ilusión de lograr cambiar el amor condicional que hemos recibido para sentirnos amados incondicionalmente.

¿Cómo se comporta el eneatipo Seis contrafóbico respecto de estas tres dimensiones del amor y su *mercantilización*?

Para definir *Eros*, el amor erótico, proponemos algunas palabras de Claudio Naranjo:

> Podemos hablar en un amplio sentido del eros como un amor goce: un amor que goza del otro, que se complace en la belleza del otro. Y yendo más allá de una definición estrictamente ligada a la sexualidad, incluiríamos lo que el budismo llama *mudita*, que es un alegrarse de la alegría ajena [...] Podemos reconocer en el amor a sí mismo —que es inevitablemente un amor a nuestro «niño interior»— el interés por la felicidad de nuestro ser instintivo, regido por el «principio del placer», es decir, el eros.[26]

Gran parte de los E6 contrafóbicos identifican en el amor erótico la dimensión menos desarrollada, aquella con la cual sienten más dificultades.

Como todo el eneatipo Seis, también el subtipo sexual está inhibido erótica y sexualmente. Dado que su instinto sexual está más energizado que en los otros dos, su búsqueda de unión con el otro revela su ambivalencia más «atormentada»: por un lado hay un impulso a la búsqueda sexual, y por el otro se retira, se esconde, niega el placer y reprime sus instintos.

Se siente atraído por la belleza de la sexualidad, representada por los cuerpos o por el placer estético, pero esa belleza está siempre en el otro; todo lo bello está proyectado en alguien a quien adorar o desear, pero tocarlo es casi imposible. Admira la belleza

---

26. C. Naranjo, conferencia de apertura de las Jornadas del Amor en la Terapia, Barcelona, 17 de Noviembre de 2000.

y, cuando la obtiene, uniéndose por ejemplo con alguien que considera *bello*, es como si también él, por transmigración, pudiese sentirse un poco *bello*, o menos indigno.

Para los E6 en general es habitual la identificación entre lo bello y lo bueno. Es más fácil comprenderlo escuchando alguna de sus típicas ideas locas: «Soy malo, luego soy feo», «si le gusto a alguien, soy bueno».

Cuando el eneatipo Seis contrafóbico se da cuenta de que es objeto del deseo de alguien, se siente complacido. Y cuando se une sexualmente siente que se le reconoce, como si en ese momento pudiese olvidar la creencia profunda de ser indigno y disminuyese la intensidad del *rechazo de sí mismo*.

Obviamente, esto dura muy poco, como el efecto de toda dependencia. Es un carácter *fálico*, y como tal su ansiedad se calma cuando lleva a cabo el acto sexual, cosa bastante lejana de una experiencia de plenitud real, de fusión. Su orgasmo es una descarga y no un extático entregarse. La motivación del acto sexual no es el placer sino la confirmación de su existencia, que en algunos casos está cargada con la necesidad de prevalecer, de dominar a través del sexo.

El sexo está separado del amor, de la ternura. Muchos contrafóbicos relatan que no le dan importancia a los preliminares y a las efusiones, ese dulce espacio que es la antesala de la penetración.

> Paradójicamente, he buscado la intimidad sexual como si la intensidad de esos encuentros fuera suficiente satisfacción y solución a mi necesidad de contacto humano. En una especie de doble vida, frente a mi comportamiento discreto, tímido, casi recto y normativo, he sido una coleccionista que he buscado sentir algo más profundo, impulsivamente siempre que he tenido ocasión, sin conseguir sentirlo. *(R.)*

> Ha sido para mí difícil comprender una frase de un hombre con el cual vivía, ¡por fin!, una apasionada historia de amor y de sexo: «Tú tienes

> una sexualidad masculina». Me sentí ofendida dentro de mí. Solo más tarde logré entender que me negaba con él la entrega a las caricias, buscando rápidamente la penetración. *(G.)*

> Si siento que me puedes abandonar, te abandono, me alejo de ti antes de que tú me des la espalda; sin irme, tampoco estoy. No soporto que me pidan, que me demanden amor ni muestras de cariño. ¡Dime que me quieres! Mi madre siempre me decía: «¿Tú me quieres?» Y mi respuesta siempre fue la misma: el silencio. *(J.)*

El miedo se acompaña de la vergüenza del propio deseo. El E6 sexual no puede soportar que el otro vea su deseo porque puede ser ridiculizado. Más que el miedo a ser rechazado, es a recibir una humillación (como si el otro pudiese decirle: «¿Quién te crees que eres?, ¿cómo puedes pensar que pueda gustarme una persona como tú?»).

Quiere dar la imagen de una persona a quien no le importa nada el amor ni el sexo, que no pide limosnas. Él mismo denigra a la persona que ama.

> ¿Cómo cojones voy a aceptar querer al otro si yo no me acepto, no me quiero? Eso sí, el estado amoroso se pervierte con la intensidad; la fuerza suave se equivoca con el fuerte abrazo; las palabras dulces, con la vehemencia; la fragilidad, con la desvergüenza, ¡ay, con lo tímido que soy!; y la ternura, con el vacile sarcástico correspondiente. *(L.)*

Así, incluso las situaciones que podrían ser sexualmente placenteras se alejan, por vergüenza o por orgullo.

La sexualidad se vive como un peligro de fragmentación. El placer y la locura van de la mano y el eneatipo Seis contrafóbico teme «perder la cabeza», expresión que vale para la locura como para el enamoramiento. Durante toda su vida ha controlado las emociones y las pasiones, que vincula a volverse loco, ha buscado una contención en la rigidez y en la fuerza del pensamiento.

No solo se escapa del placer erótico sino de cualquier tipo de disfrute: tumbarse en la arena sin hacer nada, perderse en una danza tribal, revolcarse en el barro... Expresiones de goce que no ha experimentado libremente, siempre acompañadas de ansiedad por miedo al castigo.

Cuando inicia un proceso de autoconocimiento, el E6 sexual se da cuenta de cómo ha utilizado el erotismo para recibir otras cosas: admiración o amor materno. «Si haces el amor conmigo, eso significa que me aprecias»; «si haces el amor conmigo quiere decir que me amas.»

A veces hemos constatado que la demanda de amor difiere según el instinto que se encuentra en segundo lugar: los sexuales/conservación ofrecen sexo para recibir amor y los sexuales/sociales lo que demandan es admiración. De todas maneras, con el contacto sexual se puede establecer un poco de ese contacto *de piel* que tanto faltó durante la infancia.

Para muchas contrafóbicas ha sido importante recuperar la relación de solidaridad femenina, la unión con las mujeres y, en consecuencia, el reconocimiento de la propia feminidad, para acceder a un placer sexual más intenso y libre con los hombres. Mientras que para los hombres, se trata más bien de no identificarse con la fuerza agresiva para reconocer su masculinidad, y entregarse al placer sin utilizar el sexo como descarga de la ansiedad o demostración de poder.

El amor admirativo está conectado con la capacidad de reconocer la existencia de algo más grande, del misterio, de lo divino. A nivel interpersonal, implica reconocer el valor que cada ser humano tiene en sí mismo. Es el amor que implica la amistad «desinteresada».

Para el E6 sexual, la *filia* o amor admirativo, que por analogía es el amor que siente el niño hacia el padre, es el primero y el más fácil de sentir. Mejor dicho, es el que busca para compensar la ausencia de padre. Así que el *amor adoración* puede tomar tanto la forma de fanatismo como de amor a lo ideal, lo bello, lo grande, lo bueno, lo heroico, las ideas y los ideales. La *filia* está siempre en el punto de mira, es el amor más anhelado y con el que más se pelea, puesto que significa la entrega a una autoridad humana, la entrega al padre.

Tener *fe* significa reconocer que existe una verdad no construida sobre ideales y creencias, una verdad que no se puede comprobar con la lógica racional y con los *hechos*. Para el eneatipo Seis sexual es muy difícil entregarse a algo que no sea tangible y explicable a nivel cognitivo. Al mismo tiempo, se ha separado de lo más profundo de sí, de su esencia. Carece de fe en la naturaleza organísmica porque no tiene fe en sí mismo, no cree en el núcleo puro y bueno que se encuentra en la profundidad de cada ser humano. Se siente profundamente malo e indigno, si bien disfraza esta vivencia con la convicción de estar del lado de los justos y de los que tienen razón.

Suele el E6 sexual ser un opositor acérrimo de las religiones, a las que considera engañosas, el «opio del pueblo». Le es difícil entrar en una dimensión espiritual, no solo por el cinismo y el pragmatismo que le distinguen, sino también por una falta de reconocimiento de sí mismo como ser *divino*. Sustituye entonces la fe perdida por el idealismo, por las batallas pro derechos y por la justicia o por la oposición a cualquier forma de tiranía.

Para recuperar un profundo amor admirativo, el eneatipo Seis sexual ha de aprender a perder el control y a desarrollar ojos que sepan ver lo invisible. Aprender que la oscuridad no está repleta de monstruos amenazadores; que es más bien una ausencia de luz. Aprender a creer en la *luz*, esa luminosidad inherente al ser humano y a todas las cosas. Y experimentar y tener fe en que él mismo es un fragmento de la luz. La verdadera fuerza es su esencia. Y su esencia es amable.

Ágape, el amor maternal a lo pequeño, es el que tiene que ver con la ayuda. Claudio Naranjo explica que

> en sus orígenes el amor-bondad está íntimamente unido al amor maternal, siendo una extensión natural de lo que siente la madre por las crías (y hablo de «crías» más bien que de hijos para aludir a algo que no es propio solamente del hombre, sino de todos los mamíferos).

Ágape es el contacto con un Tú desde lo emocional, en el sentido de benevolencia compasiva que no quiere el sufrimiento ajeno. Si la madre es la que nos da lo que necesitamos y satisface nuestros deseos, el contacto con esta actitud compasiva, donde intervienen la generosidad y la empatía, significa no solo dar —algo relativamente sencillo para el eneatipo Seis sexual cuando encuentra a alguien más necesitado que él— sino también, y este es el verdadero trabajo, recibir.

Si bien son protectores, a los E6 sexuales les falta ese calor natural de las madres que saben acoger al hijo con sus malestares y sus penas. No vivieron la experiencia de una madre así y no conocen el poder «sanador» del amor. No vivieron el poder depositar en manos de la madre el miedo y, por tanto, no creen que una simple relación amorosa pueda sanar tantas heridas. Se han endurecido y han desarrollado una protección «masculina», que sabe resolver y actuar pero no *estar* en la relación, saboreando la protección y el reconocimiento que viene del amor.

Se niegan a sí mismos la necesidad de ser acogidos; han olvidado la plenitud que significa mirarse a los ojos y entregarse. Esta es la gran diferencia con el subtipo de conservación, que intenta calmar la ansiedad con el contacto físico. En cambio, el eneatipo

Seis sexual confunde el amor con el sexo, o la protección paternalista con el amor.

Durante el proceso de autoconocimiento y el trabajo específico sobre los tres amores propuesto por Claudio Naranjo, muchos E6 sexuales se dan cuenta de que les es fundamental desarrollar el amor-compasión y caritativo, no solo para dar lugar a la capacidad de amar y ver al otro, sino también para abrir la puerta al amor erótico. Es como si solo se pudieran entregar al goce al reconocer y satisfacer la necesidad del abrazo materno.

Para desarrollar el amor compasivo debe pasar por la comprensión de ese otro *malo* que lo ha expulsado y por la comprensión de su monstruo interior. Viendo al enemigo como una criatura que sufre, reconoce al niño interior como criatura tierna, y además de emprender batallas por él, comenzará a abrazarlo desde la premisa de la compasión y el perdón. Es la madre quien le permite al niño disfrutar de sí mismo y de la propia instintividad. El desarrollo del amor materno lleva a darle permiso de existencia al niño instintivo, brindándole confianza en sus instintos (sabiduría, belleza y bondad).

> Al igual que una semilla que, desde la oscuridad de la tierra, busca salir al mundo abierto de la luz, el amor nutricio, respetuoso, confiado, generoso, dispuesto, alimenta un deseo hacia la vida, desde el empuje de una fuerza suave, dulce,amorosa, que de forma continua emana desde sí mismo en el disfrute de ese ser consciente del continuo de su desarrollo. *(L.)*

La pareja

La pareja es la búsqueda «secreta» del eneatipo Seis sexual. La idealiza y la desea pero —y no es del todo consciente de ello— se escapa. Se enamora fácilmente porque el enamoramiento da energía, vitalidad y fuerza; pero intuye el peligro: la dependencia y la fusión. De pequeño, la fusión significó la dependencia del agresor y cualquier pareja puede resucitar al monstruo.

> Con «un as en la manga» por si acaso me haya de quedar, me digo: «No vaya a ser que si muestro mis cartas, mis verdaderas cartas, me ganen la partida (me humillen)». De nuevo tapando, negando mi verdadera fuerza, añado más cemento a la presa, dejando claro que yo no me rindo, yo no abandono el barco. *(L.)*

> Siempre estuve enamorado, desde que recuerdo siempre hubo una niña, adolescente, mujer. Amores platónicos, en la distancia; ellas no sabían nada, o al menos yo no expresaba mis sentimientos; tampoco lo compartía con amigos, primos, hermanos. Mis amores, mis enamoramientos eran secretos que guardaba con mucho empeño. Siento una gran vergüenza ante la persona amada, y también miedo de que los demás sepan qué es lo que deseo. El poder ser rechazado es un terrible fracaso que difícilmente puedo superar. *(J.)*

Las mujeres contrafóbicas saben muy bien cómo, si bien externamente son arrogantes y agresivas, en la pareja se convierten en protectoras del otro, en madres masculinas que están muy bien al lado de hombres frágiles. Hombres sobre quienes proyectar la necesidad de ser protegidas y ejercitar la propia fuerza y superioridad.

Muchas relatan que se someten a las necesidades del otro, que no tienen el coraje de imponer la propia autonomía. Una ambivalencia que se manifiesta también en las relaciones sexuales, donde puede aparecer la sumisión. Es como si, en el momento en que establecen una relación íntima, se revelase una actitud muy parecida a la de un carácter Tres: el amoldamiento. Y dado que la autonomía es su ideal de fuerza, se crea obviamente un conflicto interior muy fuerte y también el espacio para la elección de quedarse solas. Un E6 prefiere, en la relación, dar un paso atrás antes que desarrollar habilidades seductoras o llamar la atención.

La tendencia a convertirse en «amigos» de las personas que desean sexualmente es generalizada. Buscan el acuerdo intelectual, los ideales compartidos; son óptimos compañeros de lucha social o política. El amor se le pierde buscando ideales platónicos, grandezas donde, lejos de llegar a sentir, la experiencia se racionaliza y se habla *acerca del* amor, pero no se siente. Seguramente sentir pueda doler, y eso sí que no. A fin de cuentas, la relación íntima pone en juego su fuerza cognitiva y deja morir la intensidad de las pasiones amorosas y sexuales.

> El amor ha sido más que nada una proyección de la mente. En el momento en que siento atracción hacia una mujer, que obviamente debe poseer los cánones de «belleza» conformes a lo que yo pretendo, surge inmediatamente la fase del «rechazo». Un rechazo entendido como mi incapacidad de gustar, que me lleva a no sentirme libre de dejar que las cosas sucedan y que sigan su curso.
>
> Es una especie de castración que activa mi parte persecutoria para evitar un rechazo potencial. «Sabes que no vales nada, entonces ¿qué esperas de ella?» Todo se encamina por un sendero extraño. Se desencadena un proceso de enamoramiento platónico en el cual, para no perder la cercanía de la persona deseada, las actitudes del estilo de «conquista» se van transformando en las de «soy una persona buena y te ofrezco mi amistad». Pero luego sufro a raíz de esta situación porque no es lo que yo deseo.
>
> Sustancialmente dejo que la otra persona tome la iniciativa. *(C.)*

La pareja, al final, es un esfuerzo, una lucha. Por un lado está la necesidad de dejarse ir en las pulsiones y en lo que —movido por la necesidad neurótica— piensa que es su felicidad: tener una unión con el otro como forma de llenar su vacío existencial (al ser un subtipo sexual). Por el otro, es fuerte la necesidad de ser libre:

libre del perseguidor, libre de la amenaza. Es como si la contrafobia le permitiera silenciar su instinto sexual, haciéndole más fácil elegir la soledad, como un lugar donde puede «descansar».

La liberación solo puede llegar cuando se da cuenta de que las relaciones son una creación, una obra de arte de la cual él es el autor, o mejor, el coautor. Cuando se permite vivir el aquí y ahora profundo, que es consciencia, y puede confiar en que todo viene de la naturaleza profunda y que amar es fluir y danzar con el otro. Cuando se da cuenta de que el verdadero coraje está en amar, y la felicidad está en sentir que sabe amar. Y saber amar casi siempre pasa por saber sufrir por amor.

9

PERSONAJES HISTÓRICOS: OTTO VON BISMARCK

Por Marco Lozzi y Grazia Cecchini

Otto Eduard Leopold von Bismarck-Schönhausen nace en 1815 como un aristócrata prusiano de la rígida y autoritaria casta de terratenientes *junker*.

En el centro geográfico de Alemania septentrional, en una tierra pobre y triste, los prusianos constituían una población de gran voluntad, resistente a las duras fatigas, vigorosa a través del uso de las armas y orgullosa de sus éxitos militares. El país tenía una organización de tipo militar y sus habitantes estaban acostumbrados a una férrea disciplina. La «nación del deber» se extendió a todas las clases. Siempre listos para afrontar la fatiga, severos con ellos mismos y con los demás, los ciudadanos prusianos, del primero al último, se sentían obreros de la misma fábrica. Prusia era una potencia esencialmente militar, con una buena burocracia, próspera en el comercio y en la literatura.

Hasta sus treinta y dos años Bismarck se divierte, en una vida turbulenta, inquieta y ruidosa. Alto, fuerte y deportista, se retira luego al campo, para vivir como un simple caballero. Contrae matrimonio y busca integrarse: se dedica a la política y obtiene un nombramiento en el Landtag unificado (parlamento prusiano).

1847-48. Revolución de Berlín contra el Rey. Bismarck lucha por el reconocimiento del *derecho divino* y otras prerrogativas del Rey, y este, Federico Guillermo IV, lo premia confiándole cargos importantes: será miembro de la segunda Cámara del Landtag prusiano hasta el año 1851. Dotado de un gran temperamento de combatiente y sangre fría, está siempre listo para imponer (con sólida confianza en sus propios criterios) sus ideas claras y precisas sobre cualquier cuestión. Se impuso a sus adversarios ya desde las primeras discusiones parlamentarias. Estos, aun odiándolo, se vieron obligados a reconocer sus dotes de brusca franqueza, coraje masculino e ingenio. De sus discursos surge el perfil de una persona insolente y sarcástica que lucha contra el liberalismo revolucionario imperante de la época.

Se reconoce en Bismarck la arrogancia en la expresión de sus opiniones del eneatipo Seis sexual. Esta actitud se apoya en la convicción de estar siempre del lado de la razón, de ser superior a los demás, de conocer «la verdad» o cómo se deberían hacer las cosas, así como en la determinación de presentarse como una persona «coherente», que hace lo que dice, que no admite dudas o contradicciones.

El subtipo sexual del Seis no tolera la ambivalencia e intenta dominarla a través de actitudes seguras y de la no aceptación de la ambigüedad, ya sea en sí mismo o en los demás. Reconocemos también en Bismarck la ironía como rasgo típico de su carácter: un modo de expresar la rabia y también un sentimiento de superioridad, despreciativo sobre todo hacia los débiles, los hipócritas y los embusteros.

Esa actitud coherente e ideológicamente correcta se refleja también en su oratoria, que con el tiempo refina: improvisación simple, directa, franca; no utiliza el arte de la retórica sino un lenguaje familiar. De sus discursos surge una fuerza natural del lenguaje que responde al particular talento de aclarar las cosas, de calificar con un adjetivo situaciones, hechos e individuos, dando a la palabra un reforzado valor personal de expresión, esa marca original que transforma el discurso más común en una obra de arte inimitable. Usa el arma de la ironía, mezclada con una pizca de auténtico humor que vuelve aceptables las cosas más graves, y con un gran sentido de la oportunidad.

La fuerza de voluntad está entrelazada con el aspecto práctico, positivo y realista de su actuar. La dureza muestra el lado brusco del carácter, casi militar, que no conoce otra ley que no sea la de la fuerza y el interés supremo del Estado que gobierna.

Si bien el eneatipo Seis sexual es un carácter ambivalente —y por tanto con dificultades para tomar decisiones y plasmar una acción concreta— es seguramente el más activo de los subtipos del E6, pero su acción suele estar motivada por una reacción defensiva y sostenida por un ideal convertido en ideología. En el caso de Bismarck, la ideología del Estado fuerte refleja la necesidad de adherirse a un grupo de pertenencia que lo proteja y se proteja, una necesidad de estar del lado de los fuertes y los justos. Podríamos suponer que el segundo instinto activo en él sea el social, que refuerza la adhesión a normas sociales claras y observadas por todos, rayando incluso el fanatismo. Eso explica también su aversión hacia el liberalismo (como si este representase una libertad peligrosa para el grupo).

Sus principios son: fe indiscutible en la Monarquía, leal devoción a la dinastía, respeto por la tradición nacional y espíritu religioso contra el radicalismo exótico (que proviene de valores externos). A primera vista, es sustancialmente un antediluviano muy ligado a la tradición de casta, a una conciencia religiosa simple y a un instintivo desprecio de la democracia como producto de la falsa vida urbana, contrapuesta a la sana y sencilla vida de campo.

«La libertad es un concepto vago.» «La libertad es un lujo que no todos pueden permitirse.»

Es embajador y los diez años de actividad diplomática (hasta 1862) confirieron un equilibrio a su carácter. El contacto cotidiano con el extranjero le abrió al mundo. Desarrolló más control sobre sí mismo y sus horizontes se ampliaron. Inventa la así llamada *Realpolitik*, una política de la realidad cuyo dogma era: «Alcanzar el objetivo con el medio más rápido, seguro y eficaz, ¡sea cual sea ese objetivo!»

Esta afirmación implica no solo la búsqueda de una acción eficaz, sino también la voluntad de controlar el ambiente y a las personas. El control del eneatipo Seis contrafóbico se produce a través de la intimidación, previendo los peligros y también a través de un constante control de sí mismo: no ser incoherente, así como no entregarse a inútiles «sentimentalismos» porque representan una debilidad.

Bismarck afirmaba abiertamente que lo útil era la medida de todo. Para él, todo aquello que no rinde es, en política, un prejuicio del cual es necesario liberarse. Consideraba la imaginación y el sentimiento como dos grandes enemigos a combatir.

Sobresale como hombre de fuerte voluntad. Una anécdota describe este rasgo del carácter. La *Dieta* de la Confederación Germánica lo había enviado a Frankfurt como representante de

Prusia. En el cuarto que le habían asignado en el hotel no había campanilla y, si bien la había reclamado, no había sido instalada. Una mañana hubo un gran alboroto en el hotel a raíz de una serie de disparos. Todos corrieron hacia su habitación pensando en lo peor, en una tragedia; encontraron allí a Bismarck que, con mucha calma, dijo que había adoptado ese sistema para llamar al camarero. Naturalmente obtuvo la campanilla.

Era precisamente el hombre que necesitaba el Rey para llevar a cabo su obra. Y Bismarck precisaba de alguien que le hiciera saltar del otro lado del precipicio ante el cual se había detenido.

De 1862 a 1890, sin interrupción, será Primer Ministro, luego Canciller y al mismo tiempo ministro de Relaciones Exteriores.

Parecería que en el Rey de Prusia Bismarck hubiese encontrado la autoridad fuerte que reconoce digna de sus servicios, pero no para someterse sino para desarrollar un rol importante a su lado.

Los baluartes de su pensamiento y de su acción son la hegemonía prusiana en Alemania y la formación de un Estado que se extendió hasta el Imperio alemán de los Hohenzollern.

Inicia de este modo un programa político que lleva a Prusia a transformarse en un Estado dominante. Primero, del mundo germánico, y luego, europeo: Austria, Hungría, Italia, Francia... hasta el II Reich alemán y Versalles. En pocos años, especialmente después de 1870, reformó todo: la administración, la justicia, las finanzas, el ejército.

Inspirado por una ideología de unidad y de un Estado fuerte que protege a sus ciudadanos, y sostenido por la convicción de que es necesario ser fuertes para prevenir la destrucción, Bismarck está convencido de que Prusia deberá conquistar el mundo.

Su historia política está marcada por guerras externas e internas: en las *Dietas*, primero contra los revolucionarios y luego contra los ministros austriacos; las guerras danesa, austriaca, francesa; en el interior, apoyando a la Iglesia católica y la democracia social. En todas las batallas logró siempre aislar al enemigo con una habilidad diplomática realmente genial.

A falta de enemigo, un verdadero estadista se lo tiene que inventar

Para todos los subtipos del carácter Seis, el mundo se divide en amigos y enemigos. En el caso del E6 sexual, el enemigo es un estímulo que alimenta su fuerza y le hace sentir siempre preparado contra un posible ataque. Es como si el enemigo pudiese ayudarlo a sentirse más «compacto» y sólido. Esta actitud está también sostenida por la desconfianza de base que le dice que nadie es en realidad un fiel aliado.

Leyendo sus discursos, sus cartas familiares y las misivas no políticas, se revelan varias notas de una poco sospechada y más verdadera humanidad. Se percibe la atención hacia la naturaleza, la nostalgia de la vida campestre, el placer de los argumentos espirituales, de la ciencia, del arte y, en especial, de la poesía. Bismarck se nutre de las muchas lecturas de los mejores poetas —clásicos y modernos— que conoce y recita de memoria, y cuyas abundantes citas entrelaza con sus discursos políticos. Pero también está el interés profundamente humano por los humildes, por los obreros, los campesinos; el deseo sincero de ayudarles, el esfuerzo generoso para servir a la causa de la justicia, de la verdad y de la paz. (Aquella formidable fuerza del Estado que el destino pondrá en sus manos y que a menudo Bismarck pondrá al servicio de la guerra, de la potencia y de la ambición.)

Durante la fase final de su vida política está muy presente la lucha por la democracia social, que desarrolló paralelamente a las decisiones del gobierno a favor de la clase obrera y a la creación de un código de leyes sociales, resumido en las tres grandes leyes sobre el seguro en caso de enfermedad, accidente, vejez e incapacidad para trabajar.

Los ideales de justicia e igualdad, típicos de este carácter, no se unen a un sentimiento de compasión, no derivan de un afecto materno que permitiría no solo *proteger* al otro sino también ofrecerle esa relación confortante que consuela y acoge. La necesidad de ayudar al otro emana de la *fuerza*, de una actitud paterno-patriarcal que Bismarck asume como deber y por la cual lucha tenazmente.

El instrumento para lograr los grandes propósitos fue la Fuerza material. La base de su pensamiento: «¡La Fuerza antes que el derecho!» Esa idea, puesta en práctica, realizó la obra soñada más rápidamente de lo que nadie pudiese imaginar, y acabó por convertirse en la norma reguladora de la política alemana y, por tanto, del pensamiento nacional alemán durante casi un siglo. Militarización interior y guerras contra los vecinos: *las grandes cuestiones se resuelven con hierro y sangre.*

Bismarck fue el político que transformó a Prusia en el núcleo y el motor de la naciente Alemania, y más tarde en uno de los Estados más importantes de Europa.

Bismarck encarna el principio de la autoridad monárquica con la utilización desprejuiciada de los instrumentos democráticos (sufragio universal) en constante tensión y conflicto con el Parlamento, con formas dictatoriales y *cesarianas* respecto del rigor y del orden. Fue el político más amado y el más odiado. No fue ni un héroe ni un canalla. Representó la ambigüedad y la ambivalencia de Alemania.

Dio inicio al sentimiento de nacionalidad alemana que aún hoy nos acompaña. Mientras Kant, Lessing y Goethe se habían sentido con soberbia ciudadanos del mundo, con Bismarck toma forma el nuevo concepto de nación, el sentimiento de nacionalidad, de conciencia nacional.

Se puede entender bien cómo medio siglo de tal exaltación haya llevado al patriotismo alemán a las más orgullosas y aberrantes exageraciones, y cómo todo ello se ajusta a la ideología persecutoria alemana, que llevó a la masacre de grupos étnicos.

La generación posterior a 1871 (que creció durante el gobierno de Bismarck) acabó por impregnarse hasta tal punto de su propia gloria que juzgó la civilización alemana como superior a las demás y consideró un *deber* imponerla a todo el mundo. ¿Cómo? ¡Con la fuerza de las armas, naturalmente!

El pueblo alemán, persuadido de que era más inteligente, más instruido, más fuerte, creyó que había sido llamado por Dios para imponer su civilización a toda la humanidad, y que frente a esta gran misión, los derechos de los demás podían sacrificarse sin reparo alguno.

Esta característica social corresponde a la individualidad de Bismarck: un impulso narcisista que le hace pensar que es un enviado especial, un héroe salvador de la humanidad. Con ese narcisismo se defiende del miedo de ser atacado, destruido o humillado.

La estructura autoritaria iniciada por Bismarck, con ese toque agresivo y militarista, quedó impresa y llevó a Alemania, primero, al desastre de la primera guerra mundial, y luego, con la determinación de recuperar lo perdido, a la catástrofe del nazismo y de la segunda guerra mundial, con un *caudillo* llamado Hitler como guía.

Aforismos de Bismarck

«Los estúpidos aprenden de la experiencia; yo prefiero aprender de la experiencia de los demás.»

«Nunca creas en nada hasta que no haya sido oficialmente desmentido.»

«Nosotros, los alemanes, somos temerosos de Dios y de nada más en el mundo.»

«Cuanto más fuertes somos, menos probable es la guerra.»

«La política es el arte de lo posible, la ciencia de lo relativo.»

«Si quieres engañar al mundo, di la verdad.»

10

EJEMPLOS LITERARIOS Y CINEMATOGRÁFICOS

UN EJEMPLO LITERARIO
Por Rosa Membrado

El asesino que entregó su arma

Autor: Howard Fast
La Llave, Vitoria, 1999

Esta novela es un retrato atemporal de los poderes establecidos y de la relación del ser humano con el poder, en el marco de un sistema político-social totalitario en que el protagonista está a su servicio como brazo ejecutor. Presenta de forma expresiva la psicología de un frío y duro asesino profesional, Richard Breckner, que experimenta un profundo proceso de transformación al conocer el amor, que le llevará al dolor, la rendición y la muerte.

La primera parte se centra en aspectos del personaje relacionados con el *poder,* mientras que en la segunda el foco está puesto en el *amor.*

Conocemos a Richard en acción, cumpliendo con su trabajo para los servicios secretos de su país. Captamos de inmediato la autosuficiencia de este hombre, seguro de su destreza para llevar a cabo el encargo. Su eficiencia está fuera de toda duda, y nadie la pone en cuestión.

La relación de Breckner con la organización y con los superiores, así como con los subordinados, va desgranando diferentes facetas del personaje, y por tanto del carácter E6 sexual.

Breckner es el tipo de personaje que no cae bien, en quien se percibe la arrogancia de fondo a pesar de su actitud comedida y maquinalmente correcta, y que se gana la animadversión, en especial, de aquellos que sabiéndose por encima, no encuentran en él respeto y perciben que no son reconocidos como autoridad. Su jefe le marca el límite: «Haciéndose el listillo no se ganará la simpatía del Departamento»; mientras, las personas que le conocen no saben bien qué pensar o sentir acerca de él.

A pesar de ello, Breckner entabla una relación de mutuo respeto con un superior que dice de la confianza que es «una palabra pequeña para gente pequeña», mientras el respeto es algo totalmente distinto. Pero Breckner no quiere el respeto de su superior, sino que prefiere saber que este confía en él, del mismo modo que él confía en el Departamento —el servicio secreto para el que trabaja— como en una religión.

Desde la falta de confianza en sí mismo hay una necesidad de creer, de confiar en algo superior —lo que Breckner asimila a la idea de religión— que sabe, que controla, a quien uno puede entregarse. En su caso, se manifiesta en la admiración que profesa hacia la jerarquía de la organización para la que trabaja. Esta es la razón por la que puede entregarse a su compromiso con la organización con auténtica fe. A pesar de que habla de su trabajo como algo que hace tan solo por dinero, en realidad lo lleva a cabo por el sentido de pertenencia y de seguridad que le proporciona, convirtiéndose en su religión y en algo que desempeña con entrega y pasión.

Se puede reconocer el idealismo fanático y la búsqueda de

una justicia o verdad suprema que pueda restituirle la certeza, como una autoridad superior que le asegure que está del lado de los justos (o de los buenos).

En cuanto al compromiso entre respeto y confianza, dos grandes valores para el E6 sexual, es notable que alguien a quien le resulta tan difícil confiar en los demás como en sí mismo considere que merece la confianza absoluta, algo que está más allá del respeto.

El de Breckner es un carácter que venera la razón pura como auténtica autoridad, y la objetividad es una aspiración que le aleja del contacto con el mundo emocional. Por el contrario, el malestar es algo que puede percibir a nivel corporal en forma de rigidez o contractura, como un estado ansioso o como una presión mental, pero es muy difícil que pueda entregarse a lo que siente y ser consciente de la emoción concreta o del dolor. Todo su mundo interior se ha «petrificado».

Así, el protagonista duda de sus propias percepciones. Aunque le sobrevuela la sensación de no sentirse bien, no parece seguro de ello, e insiste en «no mirarse a sí mismo». Afirma: «No sé cómo me siento. [...] Hago lo que hago». Se considera a sí mismo una especie de máquina. Y le avergüenza si se siente mal, como una inadecuación, ya que ha de estar siempre a punto para la batalla.

Igual que está cómodo lejos de sí mismo, también lo está lejos del contacto humano, inmerso en el mundo de sus capacidades, que pone al servicio del mundo. Su acción está desconectada de la emoción. Actúa empujado por descargar su ansiedad o su miedo; en un gesto «reactivo». Al no entrar en contacto con su emoción ni con el significado profundo de lo que siente, su cuerpo expresa lo que no es consciente.

Su forma de expresarse es fría, e incluso áspera y confrontadora, aunque Breckner se vive a sí mismo como alguien que contiene la ira. Él se sabe muy competente y superior a los demás porque el control de las emociones le templa para ejercer su actividad profesional y sus responsabilidades, de forma muy eficiente.

El control emocional se lleva a cabo ante aquellas personas que parecen superiores, mostrando ante la autoridad una ambivalencia, desde una prudente distancia, que oscila entre el control de sí mismo y una obediencia solapadamente seductora. Como profesional, está completamente seguro de lo que piensa y así da su opinión, pero una mirada más fría de la autoridad le puede hacer regresar a una posición retraída y servil. Se trata de una mirada que le hace retroceder en el tiempo para conectar con su miedo y recolocarle en un lugar en el mundo que le es propio, un lugar pequeñito, introspectivo y retirado donde pasar desapercibido: mejor no ser visto para poder vivir en paz.

Breckner habla con brusquedad y agresividad a los subordinados o a personas que percibe por debajo para denotar su posición de poder, y hay episodios que le permiten sentirse fuerte, valiente, magnánimo e importante.

Siendo un rasgo del carácter sentirse fuerte, valiente y grandioso, Breckner expresa así la megalomanía:

> ... Y cuando el helicóptero despegó de la plataforma y la gente se veía del tamaño de las hormigas en la calle, me sentí como un dios, lleno de poder y de fuerza. Me sentí bien, y me dije a mí mismo que si me volvía a sentar con los psicólogos, les diría que este había sido un momento en el que me había sentido realmente bien.

Esto es algo que él vive secretamente, ya que lo más tranquilizador para Richard es la sensación de pasar totalmente desapercibido: «Ni felicitaciones ni reprimendas; yo no existía; me abandonaron [...] nadie se fijaba en mí».

La seducción que Breckner siente por el poder, por pertenecer a un colectivo selecto, se revela en breves pensamientos:

> Le daba a uno la sensación de ser parte de una élite que no se parecía a ninguna otra. Se decía que solo había noventa y dos hombres con licencia para matar y eso significaba algo. No puedo expresar con palabras lo que significaba, pero cuando ibas por la calle sabías que eras diferente, y cuando te miraba una chica como lo hacía ahora esta, sentías que la diferencia se notaba.

Breckner es considerado un hombre directo y brutalmente sincero: dice lo que piensa, piensa estratégicamente, y elimina lo que hay que eliminar, también «la charlatanería y la paja»; no es emocional.

Aparece la ambivalencia entre dominación y sumisión, respecto de la autoridad externa y de su propia autoridad. Actuar en primer lugar para disculparse después y sentirse culpable es uno de los síntomas de renuncia a la propia autoridad, por la falta de seguridad en sí mismo.

Breckner se ve profundamente afectado por el encuentro con el hombre a quien tiene el encargo de asesinar. Se trata de un reconocido líder espiritual que comprende que Richard ha venido a matarle. Este hombre no teme a la muerte y, con autoridad genuina, pide ver a su verdugo. En contra de lo que Breckner quiere creer sobre sí mismo, el otro detecta en él el miedo. Le rebela y enfurece el aplomo que muestra el que va a morir, cuando le dice: «Los hombres mueren, Breckner. Ese es el ineludible destino del ser humano. [...] No tuve miedo al nacer».

Richard Breckner parece captar cómo el miedo le tiene sometido, cómo él mismo pone su vida en manos de una entidad jerárquicamente más grande, y así no es libre en absoluto. Por el contrario asume un riesgo muy grande; lo intuye cuando afirma:

«Yo vivo en el filo de una navaja y algún día me resbalaré y me cortaré».

Breckner alude a la «fugaz sensación» de que realmente la vida tiene sentido («a veces encuentro sentido a las cosas, un sentido de quién y qué soy yo»), sensación que se desvanece súbitamente dejando un vacío inexplicable y deprimente.

El mismo hecho de no saber «qué es lo que intentaba recordar o por qué» manifiesta una desconexión con el ser interior que le deja en una especie de limbo, un lugar entre el Cielo y la Tierra, una promesa de paraíso que intuye, también fugazmente, aunque no tiene constancia de haberlo conocido. Lo que destaca es la falta de arraigo vital, el que contribuye a que la vida tenga sentido, y una actitud de estar a la espera a que pase algo que le dé sentido por fin.

El protagonista describe las escenas con todo detalle, evidenciando el control de un mundo que hay que vigilar para estar bien prevenido. Toda la atención está focalizada en lo cognitivo, afuera, mientras adentro prevalece una desconexión que da lugar a cierta confusión emocional.

Asimismo puede ser duro, incluso hiriente o escabroso sin sentir nada. Mientras no se da la oportunidad de vivir con fluidez una experiencia, el protagonista vive protegido habitando únicamente en su cabeza. Es un ser pensante, evaluador, crítico, acusador y juez de la vida que le pasa por delante, de los demás, y también de sí mismo, de lo que hace, dice, o no hace ni dice.

Su coraza sólida e impenetrable, constituida por capas de razonamientos, le impide ser visto por cualquiera, y le protege de los juicios ajenos y del daño que estos le podrían infligir.

Esta es la vida de Richard Breckner cuando conoce a Patience, una mujer que despierta su interés genuino y cuyo contacto le facilitará experimentar el amor. Patience Quigley es la esposa del siguiente hombre que Breckner tiene instrucción de asesinar.

A pesar de su interés por ella, Richard incluso alardea de no ser sentimental, de no «caer» en el mundo de las emociones, como algo que habla de su fuerza aparente, mientras que en realidad, se siente como un niño en terreno desconocido, donde su vulnerabilidad, que él vive como debilidad, queda de manifiesto y le pone en riesgo.

El encuentro con Patience, que dice de sí misma que es «condenadamente sentimental», es un detonante para que Breckner se adentre en lo desconocido, al principio de forma reactiva, para demostrarse que puede salir indemne, sin ser rozado por el sentimentalismo.

Hay algo desgarrador en cómo Breckner le habla a Patience de su cacería y muerte de otro ser humano. Lo hace con una transparencia obscena que muestra la ética materialista por la que el fin justifica los medios, y con la que se burla cínicamente de los idealismos. Y se expresa así a pesar de afirmar que a ella la ve como una mujer y que «no había visto a una mujer como una mujer desde hacía mucho tiempo».

Pat, después de escucharle, ve su honestidad y no le juzga, que es lo que Richard más teme. Ante una persona que le reconoce así, se puede relajar, puede rendirse.

Parece que algo empieza a ceder en el protagonista cuando se encuentra con el amor, como si reconociera que ese sentimiento en su corazón es el lugar de la verdad, lo único a lo que puede entregarse finalmente, con fe, y descansar.

Su acercamiento al amor es un proceso lento, con paso inseguro y reflexionado, que convive con los sentimientos de no ser digno de amor. Sin duda, la frescura emocional de la mujer le ayuda a sentirse y a expresarse de forma espontánea pero, cuando se trata de responder preguntas sobre los sentimientos, Richard se adentra de nuevo en razonamientos y evita, con actitud confrontativa, mostrar la intimidad de su emoción, que se convierte en un laberinto donde se pierde.

> Yo estaba muerto, pero estaba escuchando sus palabras, así que una parte de mí debía seguir viva. Ella había dicho llanamente que se había enamorado de mí, y yo estaba intentando comprender eso.
>
> «¿Me quieres, Breck?», me repetí a mí mismo hasta que me resultó molesto. «Defíneme el amor», me dije a mí mismo. Había conocido muchos años atrás a un misionero católico en África que hablaba mucho de amar a Dios, y creo que le llamé mentiroso ruda e insultantemente. ¿Dónde estaba el objeto de su amor? Yo mismo era un punto en el vacío, y después ese único punto se había disuelto.

Este carácter vive de algún modo esperando un despertar, sintiéndose muerto en vida, detenido en el tiempo en lo más profundo por su miedo. Su estrategia es adoptar la postura de fuerza que le aleje de la emoción del miedo y le permita sentirse intensamente vivo, como una vida sustitutiva.

Al E6 sexual le sana el contacto con personas espontáneas, en quienes puede reconocer y aceptar al niño interior que tanto le cuesta encontrar en sí mismo. Esto significa aceptar que otra forma de vivir en el mundo es posible, y esto sin riesgo de perecer. El amor es un detonante para Breckner, que aterriza en la realidad y se da cuenta de quién es verdaderamente, sin más escudos, esto es, sin proyectar más sus impulsos y pensamientos asesinos en la organización y en sus superiores.

Pat intuye en Breckner su dificultad para amar y para sentirse vivo. A pesar de esto, es una mujer enamorada que sigue con valentía sus sentimientos y su intuición. Comprende que él no sabe qué hacer con sus propios sentimientos amorosos. Niega estar enamorado y quiere dejar su corazón a salvo. Breckner se da cuenta de que la experiencia del amor le está cambiando y trata de analizar lo que le está sucediendo. Se mantiene impenetrable y niega con firmeza sus emociones.

La experiencia amorosa saca lo mejor de Richard, que se rinde y descubre lo que es confiar. A través del amor conoce lo que es la entrega y el encuentro auténticos, y recupera un aliento de vida («en su boca, que se asfixiaba y se ahogaba»).

Paradójicamente, el amor también le pone en contacto con su miedo más profundo. Patience le dice que él no puede sentir su propia sensibilidad, lo que hay de amable y bueno en él, pero Breckner no puede creerlo. Sospecha que Pat quiere manipularle con estas palabras, y vuelve a dudar de lo que percibe a través de sus sentidos.

El siguiente diálogo con los representantes del Departamento para el que trabaja, la autoridad a la que se ha entregado durante años, evidencia el cinismo que sostiene el sistema y a aquellos que contribuyen a su sostén:

> —Esto es lo que es [un asesino], Breckner, ¿sabe?, y el engaño es el amor. La simple y espantosa belleza del asesino está en que no se engaña a sí mismo; él es la verdad, el hecho profundo y básico de la existencia del hombre sobre la tierra. El amor es la mentira, la pobre, barata, triste, corrupta mentira que solo trae desesperación y confusión. Usted cree que ha encontrado el amor, Breckner. No. Oh, desde luego que no. Solo ha encontrado confusión y desesperación.
> —Entonces debo vivir con la confusión y la desesperación.
> —O morir con ellas. No cambiará de idea, ¿verdad?

Pero Richard Breckner, después de conocer el amor, comprende que su camino pasa por transitar esta confusión, por desprenderse de la coraza que se ha construido para proteger con fiereza la vulnerabilidad de su interior, y desarmarse.

Para Breckner, «deponer las armas» significa entregarse, tras confesar, para salvar la vida de la mujer que ama. Ante la conciencia de que ha llevado una existencia desconectado de la vida, de los seres humanos, su entrega con coraje es un último gesto, con el que paga el precio por su vida vacía y sinsentido.

> Ahora está acabado, y yo sentado aquí, con una dolorosa sensación de vacío, es como si lo poco que quedaba de mi propio ser se esfumara. Estoy muy cansado, y soy incapaz de pensar; desde luego, incapaz de sacar cualquier conclusión racional de lo que he escrito. Lo que tengo delante simplemente empieza en un punto y acaba en otro punto, pero de esa manera es tan revelador y sensible como la mayor parte de las vidas de nuestro tiempo. Una vez fui Richard Breckner, pero cuando me pregunto lo que soy ahora, no obtengo respuesta. Me miro a mí mismo y solo veo el vacío, ¡y por Dios que me he mirado! Es como mirarse al espejo y ver, no la propia imagen, sino los tres mil millones y medio de rostros de la humanidad entera. Y mirar de nuevo para encontrar solo el vacío.
>
> Tal vez solo un único y efímero hilo que me ata a otro ser humano cuyo nombre es Patience Quigley.
>
> Pero cuando miras de nuevo, eso también se ha ido.

UN EJEMPLO CINEMATOGRÁFICO

El tormento y el éxtasis

Título original: The Agony and the Ecstasy
Basada en el libro de Irving Stone
Dirección: Carol Reed
Año: 1965
Protagonista: Charlton Heston (Miguel Ángel)

Sobre el artista

Miguel Ángel nace en 1475, en Caprese, un pueblo de la Toscana del que su padre era alcalde. Fue el único artista de la familia. Comenzó estudiando la piedra y luego el mármol, la materia prima de los griegos, y el material que el joven Miguel Ángel prefería trabajar. Soñaba llegar algún día a Florencia, donde el príncipe Lorenzo el Magnífico propiciaba el arte.

La batalla de los centauros, creada cuando tenía diecisiete años, revela su pasión por el vigor expresivo y físico de los cuerpos que se entrelazan con una mezcla de placer, rebelión y dolor. También en su escultura de Baco se percibe la irónica satisfacción del sátiro/demonio que induce a la tentación a Adán, como si Miguel Ángel pretendiese denunciar el juego universal entre el bien y el mal. Lo mismo sucede con la obra *El día y la noche,* en que la luz y la oscuridad se contraponen y las máscaras expresan los miedos nocturnos. Es ya evidente la pasión por la fuerza, expresada en la intensa expresión de los rostros y las miradas dolorosas y lánguidas.

Son también importantes las obras que parecen inconclusas,

como si no hubiese querido que la formalidad interfiriese con la expresión humana y la realidad interna, que no puede encerrarse en una belleza finita. Asimismo se manifiesta la muerte, sobre todo en las distintas piedades que esculpió, en las cuales la compasión de la Virgen se une a la expresión dolorida y temerosa de Cristo.

La mirada atemorizada se encuentra también en el *David*, representado en el acto de iniciar una batalla: la típica mirada del eneatipo Seis contrafóbico.

Otra obra colosal es el *Moisés*. Terminada esta pieza de viva expresividad, Miguel Ángel dio un golpe con el martillo en la rodilla de la escultura, diciendo: «¡Y ahora, habla!» La perfección en cada detalle la alcanza con la *Piedad* expuesta en San Pedro, mientras que su herencia artística escultórica es la *Piedad Rondanini*, sobre la que trabajó once años: Miguel Ángel ya no busca la perfección estética para dejar espacio al dolor humano.

Pero la obra que le hace inmortal es la Capilla Sixtina en Roma: no una escultura sino un fresco. La película narra el proceso de su creación por Miguel Ángel Buonarroti, «un artista que no quería pintar».

La película

La primera escena nos sitúa en una cantera de mármol, de la que extraen el bloque que se transformará en el *Moisés*. A continuación, una batalla y la entrada triunfal del papa Julio II en Roma. Mientras, Miguel Ángel trabaja en su estudio y desprecia las hazañas del Papa. A quien le dice que debería rendir honores al Pontífice, Miguel Ángel responde que lo que él está haciendo es más importante que cualquier batalla y que en Roma solo piensan en beber, comer y fornicar.

El personaje presenta los rasgos principales del eneatipo Seis sexual: crítico con todos y todo, arrogante y convencido de estar del lado de los «justos». Otra de sus características es postergar, invadido por un perfeccionismo que quiere eliminar cualquier riesgo de error, y atrapado en la duda ante cada acción que quiere llevar a cabo. Bramante, el arquitecto de la Basílica de San Pedro, sigue provocándolo haciéndole notar que él lo tiene todo aún en su mente, mientras que su proyecto arquitectónico de la catedral ya está en marcha. Por toda respuesta, Miguel Ángel afirma que la catedral de Bramante será hermosa sobre todo porque será la sede de la tumba de Julio II que él mismo está esculpiendo. He aquí otros rasgos del carácter: la arrogancia, la competición y la megalomanía.

Julio II convoca a Buonarroti para regañarle a causa de unos sonetos suyos que desacreditan al Papa describiéndolo como un conquistador belicoso. Miguel Ángel responde acusándolo de no haberle pagado algunas obras acabadas y recordándole que había sido él mismo el que le encargó una estatua que lo representase con una espada.

Miguel Ángel parece no tener miedo a enfrentarse con el Papa y a discutir con él; no tiene pelos en la lengua, si bien acepta estar a su servicio para tener la ocasión de construir su tumba. Como le hace notar Julio II, a Miguel Ángel le motiva el deseo de ser famoso más que el espíritu de servicio. Mientras el Papa habla, el escultor soporta en silencio, se rigidiza y es clara la rabia que siente por no poder reaccionar.

En esta ocasión Julio II le muestra la Capilla Sixtina y le pide que pinte el techo; Miguel Ángel reacciona con furia: ¡Él es un escultor y no un pintor! El Papa insiste hasta que Miguel Ángel cede, en el momento en que el Papa le desafía diciéndole que se niega por miedo de no estar a la altura.

Un eneatipo Seis contrafóbico no puede aceptar que se ponga en evidencia su miedo porque ahí le tocan la parte más sensible de su principal defensa: ser fuerte para ocultar la vergüenza por ser un miedoso. A través del desafío consigue ponerse en acción y no dejarse paralizar por la rabia, y parece que Julio II lo sabe.

Si bien desea que Julio II lo reconozca, Miguel Ángel no puede aceptar el autoritarismo y la sed de poder del Papa, cuya autoridad ambiciosa y explotadora contrapone a la autoridad humana de Lorenzo de Médici, idealizada como buena. Es una necesidad básica del E6 sexual distinguir claramente el bien del mal para protegerse de ser víctima del mal y asegurarse de que está del lado del bien. Además, Buonarroti no acepta que su arte pueda ser «dirigida» y no puede reconocer que pintar el cielorraso es una gran obra. Se siente humillado y está convencido de que el Papa quiere destruirlo.

En un encuentro con Tessina, la hija de Lorenzo de Médici, justifica su negación con mil argumentos contra el Papa y con el deseo de aceptar el encargo de construir un puente en Turquía. Cuando la princesa lo pone ante el hecho de que él es un artista, responde: «El arte no es solo un buen dibujo... y tampoco belleza; el arte es una idea [...] Estáis tratando de cambiar mi mente».

Se siente rodeado y la duda lo atormenta. No sabe qué decidir: aceptar el desafío y emprender una obra que no sabe si le permitirá emerger y que no le gusta, o escapar, siendo fiel a sus ideas sobre el arte y a su necesidad de sentirse libre de la autoridad. La princesa le conoce muy bien y le pone ante su rebelión compulsiva, lo desafía respecto a su necesidad de desobedecer: «Has hecho siempre lo que querías».

Es evidente que entre él y la princesa de Médici hay sintonía y una recíproca atracción. Mientras hablan, Miguel Ángel trata de rozarle la mano, que ella delicadamente retira. Él se retira inmediatamente. Este hombre volitivo y fuerte frente a los sentimientos parece tímido y dispuesto a renunciar ante el mínimo gesto de rechazo.

Al final Miguel Ángel acepta el desafío: inicia los trabajos en la Capilla Sixtina entre muchos conflictos y con una rabia que se desencadena contra su propia obra y le hace destruir algunos frescos ya acabados. Huye de Roma y el Papa le promete la muerte si no termina de pintar el techo.

En su fuga, solo en lo alto de una montaña al amanecer, mientras contempla la inmensidad del cielo, Miguel Ángel entra en contacto espiritual con la grandeza de la creación: «Dios creó al hombre a su imagen y semejanza». Percibe una grandiosidad que le ayuda a trascender la creatividad egoica en que se encuentra atrapado, una creatividad narcisista y heroica basada en el deseo de inmortalidad.

La pantalla se oscurece para indicar la transformación. Miguel Ángel se deja capturar y vuelve a ver al Papa para mostrarle la nueva creación: toda la capilla será decorada, y no solo el techo. Miguel Ángel discute con el Papa personalmente sobre el precio, pero lo que más le importa ahora es ser un canal para representar la grandiosidad de la creación de Dios. Como comenta Julio II: «No está proyectando un techo, está proyectando un milagro».

Se dedica completamente al trabajo, pero el Papa sigue sometiéndole a la dura prueba de la obediencia. Miguel Ángel se rebela, lo desafía, pero se debe a una autoridad de la que no puede escapar. Está elaborando la relación con un padre autoritario, injusto y que no corresponde a sus ideales, pero que al mismo tiempo le está ofreciendo la posibilidad de realizarse.

Cada vez que lo ve, Julio II pregunta: «¿Cuándo acabarás?» Y él responde: «¡Cuando acabe!» Un intercambio de palabras que recuerda el principio de la sinfonía *Heroica,* de Beethoven, que Claudio Naranjo comenta como la actitud reactiva y arrogante de quien responde a Dios ¡poniéndose a su misma altura!

Miguel Ángel se encuentra nuevamente con Tessina y hablan de la vida amorosa. Tessina ha sido, y es todavía, su amor imposible. Ha sentido una pasión sexual solo hacia otra mujer, pero sin amor, y eso lo dejaba vacío. A Tessina le dice que no tiene tiempo para el amor. «Dios me ha dado el poder de crear.»

Miguel Ángel habla como si no estuviese destinado a amar, a tener una familia, a tener hijos. Si observamos esto a la luz del carácter, reconocemos la separación entre sexo y amor que establece el eneatipo Seis sexual por miedo a fundirse con el otro, a ponerse en manos de alguien que un día podría rechazarlo o maltratarlo o incluso abusar de él, con pánico a la dependencia. Reconocemos la pasión sexual transferida al trabajo para evitar el riesgo de una relación íntima.

Un grupo de cardenales visita la capilla que Miguel Ángel está pintando. Es un escándalo: los purpurados no pueden tolerar los potentes cuerpos desnudos de los santos. Empieza una discusión en que Miguel Ángel defiende su obra afirmando su coherencia con las enseñanzas cristianas y con la voluntad de Dios: Él ha creado los cuerpos desnudos. Dios ha creado al hombre a su imagen y semejanza y Miguel Ángel es su emisario.

La megalomanía de Miguel Ángel no tiene límites y su fuerza radica en la coherencia entre el pensamiento y las acciones. También este es un rasgo típico del carácter: la convicción de tener razón está sostenida por la coherencia, por una exacerbación del pensamiento ético. Buonarroti está dispuesto a todo para defender su posición ante quien pretenda ejercer una autoridad sobre su arte. Julio II lo regaña por su insolencia pero al mismo tiempo le da permiso de seguir, a pesar de los cardinales críticos.

Miguel Ángel se ve obligado a suspender el trabajo por un accidente debido al cansancio. Es la ocasión para que vuelva a sus antiguos conflictos y al impulso de rebeldía. No quiere volver al Vaticano, no quiere trabajar en la Capilla Sixtina. Pero el Papa lo desafía nuevamente anunciándole que encargará la cúpula a Rafael Sanzio. El Pontífice se aprovecha de los rasgos neuróticos de Miguel Ángel, sabe que necesita del desafío para encontrar la energía y completar su obra.

El Papa, bajo presión a raíz de los ataques militares al papado y deseoso de vencer sus batallas incluso a través de las obras de arte y arquitectónicas en curso en el Vaticano, entra en un conflicto áspero con Miguel Ángel porque quiere abrir al público la capilla inconclusa. El artista se niega rotundamente y Julio II le golpea con un bastón: «Es la última vez que soporto tu insolencia; tu encargo se acaba aquí».

El Papa sufre por la decisión que ha tomado, no solo por propio interés, sino también porque en realidad aprecia a Miguel Ángel y sabe que su crecimiento pasa por la sumisión, por la aceptación de límites. Si no lo vigilase, se perdería en sus pensamientos, sus dudas y sus miedos. Pero Miguel Ángel no sabe ser hijo; la autoridad para él es una amenaza a su persona.

Cuando Julio II pasa por las calles de Roma para ir a la guerra, Miguel Ángel hace una reverencia, pero en el momento en que el Papa está por detenerse para mirarlo, levanta orgullosamente la cabeza y el Papa retoma su camino. En la expresión de Miguel Ángel se revela el dolor por no ser comprendido, pero el problema es que él quisiera ser aceptado tal y como es, sin deponer las armas.

Rafael, el llamado a sustituirlo, va a visitar a Miguel Ángel y, después de haberle expresado su admiración, le pone frente al dilema de la relación con el Papa:

RAFAEL: Yo pienso que deberías pedir disculpas al Papa.

MIGUEL ÁNGEL: ¿Por haber sido golpeado como un siervo desobediente?

RAFAEL (*riéndose*): ¿Qué es un artista en este mundo, sino un esclavo de los ricos y de los poderosos? Antes de empezar a pintar, necesitamos encontrar un patrón, un mercader, un príncipe o un Papa. Debemos reverenciarlos, ponernos de rodillas y besarles las manos para tener la posibilidad de hacer lo que queremos, y si no, morir.

MIGUEL ÁNGEL: Si de verdad es así, yo no soy un artista.

RAFAEL: Tú eres un artista, no tienes alternativa.

En realidad, Miguel Ángel no tolera que la capilla haya sido mostrada al público antes de que fuera terminada; él quería demostrar su completa magnificencia. Tessina, presente en la escena, da en el blanco.

TESSINA: ¿Por qué piensas que quería mostrar la obra? ¿Quizá porque sentía vergüenza?

MIGUEL ÁNGEL: ¡Claro que no! Al contrario, estaba orgulloso.

TESSINA: Entonces lo insultas porque quiere mostrarte al mundo. [...] Te ha vigilado día y noche, te ha defendido de los críticos. Esta obra de arte para él se ha transformado en una obra de amor.

MIGUEL ÁNGEL: ¿De amor?

TESSINA: Sí, de amor. Volvemos siempre a lo mismo, ¿no es cierto, Miguel Ángel? A ese sentimiento que parece que no eres capaz de comprender.

MIGUEL ÁNGEL: ¿Ha sido amor lo que ha hecho?, ¿golpearme con un bastón?

TESSINA: El amor nos lleva por caminos extraños. El lenguaje del amor no es frío e indiferente, es tormento y éxtasis; a veces, ambos al mismo tiempo.

Tessina le habla de los sentimientos y de las distintas formas en las que se manifiesta el amor, pero Miguel Ángel no sabe reconocer el amor, quiere encasillarlo en sus categorías mentales de bueno y malo, y no tiene confianza en el hombre y en el amor. No reconoce el amor de un padre cuando se oculta detrás del autoritarismo o el atropello.

Después de los diálogos con Rafael y Tessina, Miguel Ángel comprende que debe dar el paso de la verdadera devoción: pedir permiso para terminar la capilla. Cuando lo hace, el Papa acaba de volver gravemente herido de una batalla. Le dice a Miguel Ángel que en pocos días el poder ya no estará en sus manos. En Florencia sus enemigos han fundido el bronce de la estatua que Miguel Ángel había creado en honor de Julio II para construir un cañón.

De todas maneras, le da el permiso para volver a la Capilla Sixtina.

El artista parece entender en un instante el modo en que el Papa había defendido su obra. Le besa la mano con un real sentimiento de reconocimiento. Julio II le dice: «¿Ves, hijo mío, cómo nos entendemos cuando tú no gritas?»

Miguel Ángel vuelve a su trabajo. Una noche encuentra al Papa admirando la representación de la creación del hombre, Adán.

Julio II: ¿Así lo ves [a Dios], hijo mío?
Miguel Ángel: Sí, Santo Padre.
Julio II: Ni enfadado ni vengativo, solo así. Fuerte, benévolo, amoroso. Pero también conoce la rabia.

MIGUEL ÁNGEL: Pero la creación es un acto de amor.

JULIO II: Tú tienes lo que yo necesito. Tú puedes pintarlo así.

MIGUEL ÁNGEL: Sí, y le estoy muy agradecido por el regalo que me hizo.

JULIO II: El más perfecto de los regalos. Si pudiera vivir otra vez, creo que me gustaría ser artista. Lo que has pintado, hijo mío, no es el retrato de Dios, es una demostración de fe.

MIGUEL ÁNGEL: No creía que la fe necesitase una demostración.

JULIO II: No, si eres un santo o un artista, pero yo soy solo un Papa. Te lo agradezco. Y así es como ves al hombre (*mirando a Adán*): noble, bello, sin miedos.

MIGUEL ÁNGEL: ¿Y cómo debería verlo, si no?

JULIO II: Como es: corrupto y malo [...] Tu pintura es bella pero falsa.

MIGUEL ÁNGEL: Yo no puedo cambiar mis convicciones.

JULIO II: Sí, me has enseñado que es perder el tiempo tratar de hacerte cambiar de parecer. ¿Cómo llegaste a esta conclusión?

MIGUEL ÁNGEL: Mi idea de la pintura es que el hombre ha aprendido la maldad de sí mismo, no de Dios. He querido pintar al hombre como fue creado al principio de todo: inocente y todavía libre de pecado, agradecido por el don de la vida. [...]

JULIO II: Podrías ser un sacerdote mejor que yo, Miguel Ángel.

Julio II le confiesa a Miguel Ángel su dolor por haber fracasado como soldado de Dios, la única cosa que sabía hacer. Es un momento mítico: el padre reconoce que el hijo lo ha superado, confiesa su envidia y su fracaso y, al mismo tiempo, reconoce el valor del hijo que ha triunfado.

Miguel Ángel encontró por fin la confianza en su interioridad, pura e inocente. En la representación de Adán trasciende su carácter y se reconoce bueno, deja de rechazarse a sí mismo.

Ahora puede ayudar al padre que muere. Y puede por fin reconocer que Julio II estaba llevando a cabo una batalla mucho más grande de lo que él pensaba. Más allá de lo criticable de sus formas, ciertamente incoherentes con el credo cristiano de paz y amor, en su rol de Papa estaba tratando de defender la fe apostólica. Y tenía claro que el arte es un canal de la fe.

Miguel Ángel, trascendiendo la lucha contra el padre, encuentra la fe: su profunda naturaleza. Las categorías rígidas y racionales de este E6 sexual se derrumban.

JULIO II: Son extraños los caminos del Señor. Somos sus instrumentos... ¿A ti qué te ha enseñado el Señor?
MIGUEL ÁNGEL: Que no estoy solo.
JULIO II: A mí me ha enseñado que el mundo no está solo.

11

Chistes y viñetas

Capitán Spavento

Entre las máscaras italianas, el Capitán Spavento se empeña en mostrar cuán bello, potente, temible y, sobre todo, valeroso es. A diferencia de otros, no tiene máscara, pero sí una expresión feroz, así como unos bigotes vueltos hacia arriba que parecen «perforar el cielo». Dice ser un gran soldado, pero en realidad es un fanfarrón, a quien más que combatir le gusta contar batallas imaginarias. Se le conoce por diversos nombres: Escupe Fierro, Bombardón, Sangre de Fuego, capitán Matamoros o capitán Cocodrilo.[27]

---

27. Claudio Naranjo, *El eneagrama de la sociedad*, La Llave, Barcelona, 2007.

La caricatura del carácter suspicaz fuerte (contrafóbico) es Popeye, con su invulnerabilidad, sus músculos y sus ojos salidos de las órbitas (de donde procede su nombre: *pop-eye,* 'ojo saltón').[28]

28. Ibíd.

El ángel de la guarda

Era un hombre que no podía dormir por las noches. Fue al doctor y le explicó que en las noches sentía presencias, ruidos sutiles, como si alguien se moviera por su casa; alguien que lo miraba, lo controlaba; mejor: lo perseguía.

El médico, muy escéptico acerca de la realidad de lo que le contaba, le recetó una pastilla para que se la tomara al acostarse.

Pero él seguía sin poder dormir y volvió varias veces al médico. Este le preguntó finalmente qué era lo que sentía *exactamente* cuando se acostaba y apagaba la luz. El hombre le explicó que escuchaba un aleteo en el techo de su habitación.

El doctor, exhausto, le prestó una pistola y le recomendó que la usara cuando escuchara ese ruido.

Así lo hizo.

Al día siguiente, se lee en el periódico: UN HOMBRE MATA A SU ÁNGEL DE LA GUARDA.

12

PROCESO DE TRANSFORMACIÓN Y RECOMENDACIONES TERAPÉUTICAS

Para el Seis sexual, iniciar un proceso de transformación significa reconocer que la motivación nuclear de su comportamiento y posición existencial es el miedo. Darse cuenta de que su necesidad de ser fuerte e insolente, su arrogancia y su agresividad, ocultan un temblor ante la vida.

> A nivel emocional, el contrafóbico siente miedo, pero hay una redefinición del mismo en términos de obstáculo, límite y defecto vergonzoso del que se debe liberar. Para esto, desarrolla una serie de comportamientos cuyo objetivo es convencerse a sí mismo y a los demás de que no es víctima del miedo. Ser *descubierto* como miedoso significa reactivar la sensación de indignidad e inseguridad que trata de esconder a través de su pasión específica: la *fuerza*.[29]

La voz del niño interior ha sido sofocada para construir un personaje adulto que sabe enfrentarse a la vida, que no necesita de nadie. Es importante volver a dar voz al niño que necesita protección, que necesita un contacto amoroso y cálido, para llegar a

29. G. Cecchini, «La transformación en el E6 sexual», en C. Naranjo, *27 personajes en busca del ser*, La Llave, Barcelona, 2012.

tener confianza en que es una persona digna de existir, de ser vista, una persona amable. Necesita a alguien que le transmita la dignidad de ser frágil, de sentir miedo.

Los subtipos sexual y social del E6 no reconocen tener dificultades y, si las admiten, intentan por encima de todo resolverlas por ellos mismos. Creen que ningún profesional puede saber mejor que ellos lo que les sucede, ni mucho menos que tenga capacidad para ayudarles. No pueden confiar y abrir su corazón corriendo el riesgo de ser nuevamente ridiculizados o humillados por la naturaleza de sus sentimientos.

> El psicoterapeuta ante el que me encontraba sentada me dio un *feedback* después de escucharme. «Si decides dejar la pareja y separarte, no hará falta hablar de terapia de pareja, obviamente; pero, en cualquier caso, por lo que has explicado, necesitas ayuda. Te recomiendo que busques quien pueda acompañarte.»
>
> Estas palabras cayeron como una sentencia en la que el veredicto era que yo era culpable por no tener una mejor vida, una mejor personalidad, una mejor familia... Yo era ahora culpable e impotente para solventar mis asuntos yo sola, por mí misma, tal como había hecho siempre. Me ponía en contacto con mis terrores más profundos, y que yo expulsaba de continuo fuera de mí. Escuché que yo estaba loca. *(R.)*

Para tener confianza en un terapeuta, el Seis sexual debe sentir que este respeta su vergüenza por ser débil y que puede ayudarle a vivir el miedo como algo natural; quizás se trate de sentir que es normal ser «niños».

Pero para llegar a eso y entrar en un proceso terapéutico, la persona con este tipo de carácter debe trabajar la *idea loca* de que quienquiera que reconozca su miedo puede hacerle daño, invadirle o burlarse de él. Por eso es muy importante que sienta el aprecio del terapeuta.

Un aprecio recíproco, porque ningún E6 contrafóbico se pondría en manos de un terapeuta que no considere competente, válido, profesionalmente correcto. Esto podría constituir un límite, porque su admiración a la autoridad está basada en referencias racionales. Pero es necesario que acepte este límite para abrirse y empezar a tomar en consideración el mundo emocional.

> En un momento muy difícil de mi vida, en el que estaba saliendo de una relación con un «maestro» por quien me había sentido, en los últimos años, maltratada y explotada, decidí iniciar un análisis. Aunque yo era una terapeuta gestalt, elegí un psicoanalista. En la primera sesión le dije que le había elegido porque no quería ningún tipo de contacto físico ni visual, y porque era un profesional de edad madura. El miedo a sentirme invadida y manipulada era tal que recurrí a una relación terapéutica que me asegurase un máximo de profesionalidad aunque ello hubiese implicado una relación fría. Esto me permitió confiar y llevar adelante el análisis. *(G.)*

Si el terapeuta es capaz de unir a la competencia profesional una comprensión cálida, hay buenas esperanzas de que el E6 sexual «caiga» en la red de la relación terapéutica y comience a despojarse de la armadura.

> Encontrar un terapeuta que me ayudaba a trabajar sintiendo su apoyo, confrontándome desde un lugar que yo sentía muy respetuoso, y que ahora puedo reconocer también como amoroso, que me permitía empezar a desandar el camino hacia mi dolor original, reconociendo y respetando mi mapa, y a quien yo podía igualmente admirar por sus valores destacados, fue la clave para quedarme y entrar en el proceso. *(R.)*

Y también, de la mano del terapeuta —como una imagen poderosa amenazante—, el proceso de cambio pasa por empezar a confiar en que sí hay alguien, en que sí puede ceder el control y descansar en otro, como germen sobre el que construir la seguridad en sí mismo. A partir de ahí, es más fácil descubrir que el territorio es mucho más rico que lo que el mapa mostraba, y arriesgarse a explorar.

Es, esencialmente, un aterrizaje desde lo cognitivo o mental «ahí arriba» a la realidad «aquí y ahora», poniendo en juego lo corporal como apertura a lo emocional.

Ha de tomar conciencia de la coraza física, de las contracturas silenciosas. Debe abrir la puerta del cuerpo con las llaves de la relajación y la respiración; darse cuenta de cómo el estómago, los intestinos y el corazón se han endurecido. Por eso, lo mejor es que a una terapia «verbal» la acompañen ejercicios o prácticas que le ayuden a recuperar la flexibilidad. Son seguramente útiles el yoga o las artes marciales (que muchos practican), pero a nivel más profundo inciden más las que no requieren una disciplina o un control, como el masaje o la danza.

> Para reconocer el control que inconscientemente ejercía sobre el cuerpo ha sido inesperadamente útil aprender a bailar el tango. Pude entonces tocar con mis manos la dificultad para entregarme, para seguir a mi compañero de baile, porque estaba siempre pendiente de los movimientos para hacerlo todo bien, en lugar de disfrutar del abrazo y de la música. *(G.)*

Otro paso, tras el reconocimiento del miedo y de la coraza, es aprender a no reaccionar a la defensiva, a escuchar y permitirse ser tocado por lo que el otro dice, sin responder con rapidez para evitar el contacto emocional y el miedo a ser agredido. En el momento en que reconoce su comportamiento reactivo de invasión y agresión, el Seis sexual puede escuchar el miedo a sentirse herido y dar espacio al dolor de sus heridas. Pero, sobre todo, puede darse cuenta de cómo controla al otro y quiere dominarle para que se vuelva inocuo.

> En una situación en que me estaba sintiendo ofendida y maltratada, me di cuenta de cómo recurría impulsivamente a la rabia y a la crítica. Hice entonces un pacto conmigo misma de no responder a nada de lo que me dijeran. Solo así me di cuenta de cómo la agresión y la rabia

eran un modo de mantener el control de la realidad, una especie de deseo de paralizar al otro para que no me dañara. *(G.)*

En la contención de la agresividad reactiva, ayuda mucho darse cuenta del mecanismo de defensa que es la proyección. El trabajo con la gestalt es precioso: cada *silla caliente* que ayude a desvelar la proyección es un paso adelante hacia la calma, la relajación. Disminuye el nivel de ansiedad y el pensamiento es más lúcido, menos «laberíntico». El E6 sexual se da ahí cuenta de que el mundo es distinto a como pensaba, de que los seres humanos son diferentes de como los creía entender. El mundo parece menos peligroso, y baja la intensidad de la paranoia. Aparece una comprensión: no todo el mundo vive con miedo; las personas que expresan sus sentimientos no son ni frívolas ni banales; los que apuestan por vivir no son unos incautos. Es importante darse cuenta de cómo utiliza la crítica y la duda para justificar la parálisis de la acción y la extrema cautela.

Reconocer cómo posterga sus acciones, su timidez e inhibición, cómo no se da en las relaciones y cuán inalcanzable es le ayuda al E6 sexual a quitarse la máscara. A ver la falsedad de su fuerza, su cinismo y su pragmatismo. Y que no tiene razón. Si bien esto crea un estado de inseguridad y una sensación de pérdida de la identidad, necesita que le ayuden a detenerse en ese estado y a sostenerlo para que pueda entrar en la búsqueda de una fuerza distinta, la que viene de las profundidades, de la confianza en uno mismo.

La entrega, o *rendición* (otra forma de llamarla), que apela directamente al núcleo neurótico del E6 sexual, es clave en el proceso, y la actitud para una evolución. La entrega le pide a este carácter un acto de fe, que deje de lado la duda, la racionalización y el pensamiento obsesivo y persecutorio, para empezar a confiar en las propias percepciones y en el desarrollo de la intuición, con conciencia del vacío donde es necesario entrar para acceder a una nueva experiencia de vida, a un renacimiento.

> Seguir la sabiduría animal: «ofrecer el cuello», el mantra: «no hacer nada», y la máxima gestáltica: «y eso también soy yo» (vulnerable, frágil, tierno, vergonzoso, miedoso...), a fin de alcanzar un estar suave, lento, calmo, amoroso.
>
> En el proceso Fisher, donde el lobo que emergió de mis entrañas era oscuro, dentelleante, voraz y legitimador de su agresividad, sentí recuperar mi aullido; entonces empecé mi camino de sanación, de transformación. Años después, en un trabajo de grupo, el terapeuta invitó: «Y ahora, invocáis a vuestro animal de poder para que os guíe en vuestro compromiso, para que os calme, os dé fuerza ante el reto presente y no fácil que habéis adquirido con vosotros mismos...».
>
> De repente, enfrente de mí, un lobo de ojos amarillos, con una mirada lánguida, me muestra comprensión, aceptación y ternura. Siento que es el verdadero camino. *(L.)*

El trabajo para el Seis sexual conlleva deponer las armas, poniendo atención en cómo y para qué se arma, a cada paso, en cada interacción. Es el paso previo a soltar y ponerse al servicio sin más intención o, mejor dicho, con el servicio como única intención.

El mapa del eneagrama permite ir cada vez más a lo profundo en la conciencia de sí en el presente. A un E6 sexual le facilita comprender cómo cada cual es diferente de los demás, despertando a un humilde sentido de compasión y aceptación del prójimo, limando la aspereza de los juicios. Simultáneamente es una vía para aceptarse, juzgándose menos y abrazándose a sí mismo compasivamente.

A partir de ahí, el gran potencial del eneagrama reside en el camino en espiral hacia el descubrimiento del núcleo del carácter, el origen o «punto cero» de la neurosis, para vivenciar el sí mismo interrumpido y reiniciar el camino de regreso desde una nueva familiaridad con el propio ser más auténtico.

Redescubrir la parte femenina/maternal es básico. Experimentar lo hermoso y consolador que es abrazar y ser abrazado, y quedarse en el abrazo disfrutándolo. Sus abrazos son por lo general rígidos, fuertes y siempre fugaces; no soporta el vínculo, no sabe estar en la relación sintiéndose libre. Es importante que se dé cuenta de que su tan proclamada autosuficiencia no es otra cosa que la fuga de la intimidad, el miedo a perderse.

Lo que más ayuda es una relación terapéutica constante, para que aprenda a tener confianza en las relaciones humanas y a captar el valor de ser cuidado.

Sin duda alguna el Seis sexual, como todos los esquizoides, necesita «perder la cabeza», reconciliarse con la parte instintiva y depositar el placer en lo más alto del altar de sus valores. En este sentido, el programa SAT ha sido para todos los entrevistados aquí la revolución emocional, intelectual y espiritual. Todos sienten que han sido sometidos, por fin, a una fuerza centrífuga que les ha permitido entregarse y experimentar el placer y la libertad.

El teatro, el movimiento auténtico y espontáneo, el trabajo con la voz y la convivencia son las medicinas reales. El teatro es un camino maestro para desintegrar las proyecciones y nutrir la capacidad de ponerse en el lugar del otro. El teatro/clown, sobre todo, le permite no creerse demasiado sus «razones» y enfrentarse al «ridículo» que tanto teme. Es un poderoso antídoto de la timidez.

El fruto más importante del movimiento auténtico es conectar el cuerpo con la acción esencial: una acción que no viene de la cabeza sino del contacto con todo el organismo. Es un ejercicio providencial de confianza en la autorregulación organísmica y de entrega a las propias emociones.

> Cantar. Cuando canto conecto con mi corazón, se abre un canal de pura emoción que me arrastra, me lleva, me llena. Me siento más vivo,

> más humano. También me pasa cuando recito, bailo, amo. Sí, esto es así cuando se para mi cabeza: cuando me dejo tranquilo, la sensación es de paz; mucha paz y libertad. *(J.)*

Si este carácter se convierte a Dionisos, puede encontrar su salvación, al mitigar un Apolo rígido e inflexible. Dionisos es danza, placer y locura, algo que el E6 sexual necesita: salir de la lógica, abrirse al misterio y reconocer la limitación de su mente racional, lo ridículo de su pretensión de tener todo el Universo en su cerebro.

Una cuestión importante durante el proceso de transformación es la recuperación del amor erótico, la sensualidad, la entrega orgásmica y estática al otro y al placer. Recuperar la sacralidad del sexo, llegar a reconocer que el cuerpo es un templo.

Se abre también un espacio de libre creatividad, un espacio que al carácter Seis le cuesta ampliar, por su dificultad para abandonar el control de su hemisferio racional.

El trabajo con la familia interior es un momento crucial para el contrafóbico. Ante todo, para aprender a transformar la agresividad en una rabia orientada. El enfado inocente del niño sale del silencio y atraviesa el muro que ha construido, en un primer paso hacia el reconocimiento del amor y de la necesidad de amor.

A partir de ahí, puede entrar en el proceso de comprensión del agresor, de verlo como a un ser humano y abrir las puertas al perdón. Reconociendo la identificación con el agresor, el E6 sexual toma por fin conciencia de su carácter patriarcal sin máscaras ideológicas defensivas: el autoritarismo, la agresión, el control racional, la competición.

Se trata de un proceso fundamental de integración, en el cual puede unir al bueno y al malo, a la víctima y al agresor, y reconocerse entonces a sí mismo en la integración de las partes, superando el autorrechazo causado por la identificación con la parte malévola y culpable.

> Conduzco desde hace muchos años el trabajo sobre la familia interior en el SAT 2. Dándome esta tarea, Claudio me ha dado la ocasión de vivir constantemente en un baño de comprensión y perdón, que me ha ayudado a reconstruir completamente la relación de amor con mi madre y con mi padre, y me ha permitido vivir la muerte de mi madre como la más alta experiencia de amor por ella. *(G.)*

El coraje

El coraje es la virtud que neutraliza el Miedo. Para el Seis contrafóbico, se trata del coraje de no defenderse, de entregarse, de arriesgar la muerte de su coraza.

Coraje para actuar, para equivocarse, para no justificarse, para no acusarse ni acusar, para aceptar las consecuencias. El error no es fatal, se puede recomponer, se puede pedir disculpas. «Caer no significa morir, no significa no válido, no significa descrédito». Coraje para desarmarse, para abrirse a la ternura. Rendirse en el plano cognitivo (aceptar que no tengo razón), emocional (a lo desconocido) e instintivo (sentir la acción).

Volver una mirada digna hacia uno mismo. Recomponer el diálogo con el niño interior para transformar al monstruo: de niño malo a niño asustado.

> Sentir por pensar; no hablar, no justificar, no analizar, dejar estar, Ser. Mostrar mis equivocaciones, mis torpezas. Conectar con mi necesidad de mostrarme necesitado. Darme permiso para el dolor, darle tiempo y espacio, mostrarlo por derecho, para no olvidarme de mí. *(L.)*

Este carácter patriarcal, que hace hincapié en la racionalidad, debe integrar la compasión hacia su niño interior, que no ha recibido protección, y hacia el otro que le ha herido. Solo descubriendo la fuerza sanadora del amor puede abrir las puertas a la espiritualidad.

Por mucho que el E6 sexual pueda convertirse en un fanático, nunca deja de dudar ni se adapta fácilmente a los dogmas. Su desconfianza es tal que no logra unirse a alguien o a algo. Con su ambivalencia se encuentra fuera y dentro al mismo tiempo, y así no alcanza un sentimiento de pertenencia. En el momento en que logra reconocer la autenticidad de lo que siente puede aceptar que forma parte de un grupo, de un todo.

La práctica del coraje abre el camino a la entrega, a la fe en la autorregulación organísmica. Implica la confianza en que el mundo tiene una justicia y una belleza naturales y en que él forma parte de ese mundo, percibiéndose digno y no maldito. No hay nada más que hacer; puede dejarse en paz. Abrirse al otro sin preguntarse si será confiable, disfrutando de la oportunidad del placer, el amor y el afecto, pudiéndose separar del otro sin sentimiento de culpa, pudiendo construir su proceso de diferenciación, con el coraje de arriesgarse a perder la relación.

La meditación es el antídoto del sufrimiento y la neurosis. Cierto es que, al principio de las enseñanzas, las personas mentales saben muy bien manipular la meditación, llevándola a un simple estado de relajación y de calma. Pero si se prolonga la práctica, el individuo puede encontrarse con la agradable sorpresa de *insights* que no llegan de una comprensión intelectual sino del silencio de la mente. Esto, de por sí, alimenta una sensación de fe.

La meditación zen, para este tipo de carácter, es una medicina: detener la mente, limpiarla y admitir el valor que había dado a una mente pequeña y repleta de pensamientos. En el momento en que logra contactar con la «gran mente», es como si el mundo se abriese a través de una respiración espaciosa y amplia.

> ¿Por qué será que cada vez que me reconozco en lo que me he negado, en lo que he perseguido, me siento en paz, y menos ansioso de llevar a cabo grandes gestas?
>
> ¿Por qué será que cada vez que me ablando, bajo la espada, asumo mis actos y sobre todo no los justifico, muy dentro de mí siento descanso y ganas de ser calmado, recogido, acompañado? (L.)

La fe es el espacio en que el E6 sexual puede encontrar salud mental y espiritual. Puede lograr la fe en sí mismo cuando por fin acepta la fe en algo más grande, que no logra analizar, encasillar. Al final, se ve obligado a rendirse y puede descansar, y empezar a respetar a su alma y a creer en su profundidad.

> Durante una profunda meditación, abrí los ojos y vi a Claudio en un estado de beatitud. Me sentí pequeña y estúpida porque hasta ese momento no había visto cuán grande era su enseñanza y cuán presuntuoso había sido pensar que le había «entendido». Esa beatitud iba más allá de cualquier explicación cognitiva, me revelaba un estado del ser absolutamente desconocido. *(G.)*

¿Cuál es la experiencia del vacío para un E6 sexual? Danzar con las incoherencias de la vida, con la conciencia de que la vida se puede vivir solo muriendo. Mientras esté tan a la defensiva por su supervivencia no puede dejar espacio al vivir. Mientras luche por no sentirse precario no puede gozar de la libertad de ser impermanente.

E6 SEXUAL:
UNA AUTOBIOGRAFÍA

Por Maria Grazia Cecchini

Agradezco a Claudio por ayudarme a entrar en el relato de mi vida, que él registró con gran atención y paciencia durante un largo viaje a Alemania.

Soy la última de cinco hermanas

Mis hermanas se encargaron siempre de recordármelo, tanto en el buen sentido (ser yo la pequeña) como en otro que no lo era tanto: yo era una especie de quinta rueda del carro. De mi nacimiento, mi madre siempre ha contado que me parió tan fácilmente que *no se dio cuenta.* Siempre lo he visto como una historia simbólica: ¿Continuó luego sin enterarse de que yo había nacido? Yo era pequeñísima, tanto que entraba en una caja de zapatos, y bastante feíta.

Estos son los primeros mensajes que recibí y en los que creí firmemente: siempre me he sentido la más pequeña, siempre he tenido miedo a estar de más, siempre he tenido miedo a que se olviden de mí y nunca me he sentido bella, llegando a pensar, en algunos periodos de mi vida, que era absolutamente fea.

Ninguna de las hijas tenía una habitación propia y, aunque la hubiéramos tenido, mi madre habría ocupado todo el espacio. Yo vivía con la sensación de que no había lugar para mí. En realidad, para mi madre no era que yo estuviese de más; todas sus hijas lo estábamos. Ella no tenía vocación para la familia, sus sueños habían sido otros. Nosotras, las hijas, le pesábamos.

Yo era muy silenciosa. Trataba de entender dónde me encontraba. El mundo me parecía ruidoso y confuso y nunca sabía dónde meterme. Era flaquísima y mi madre me llevaba continuamente a médicos que me daban vitaminas y hierro para hacerme engordar. En realidad, me sentía bien físicamente. ¿Quién sabe?, tal vez no quería que me vieran. Mi mejor fantasía era ser invisible. También tenía un pequeñísimo amigo invisible que nadie podía descubrir y que estaba siempre conmigo.

Para mí estaba claro que lo mejor era que el mundo fuera lo más estable posible para que no pasaran desastres. El peor era la rabia de mi madre. Su furia explotaba de repente. Yo no encontraba justificación para aquellas explosiones, todas las causas me parecían demasiado pequeñas para una rabia tan grande. Vivía en estado de alerta porque todo podía provocar una catástrofe. Aunque un vaso se cayera en una habitación donde yo no estaba, automáticamente me sentía en culpa y presa del miedo.

Pronto empezó para mí una vida en estado de alerta y control; lo importante era evitar un error fatal. Ya a los cuatro años había descubierto que leer y escribir eran un gran refugio, pasaba las tardes así y eso me daba también la posibilidad de mantenerme quieta y en silencio sin aburrirme. Cuando caminaba o iba en el autobús, leía todo lo que pasaba ante mis ojos, los anuncios...

Era una especie de atención obsesiva que me distraía de todo lo demás.

Yo vigilaba a mi madre, tanto para evitar problemas como para captar un momento en que pudiera acercarme. Cuando ella estaba en calma yo aprovechaba para tocarla y, de noche, cuando dormía con ella (por el poco espacio que teníamos en casa), le apretaba el brazo. Recuerdo la sensación del miedo a perderla. Podía matarse o abandonarnos, podía destruirlo todo, incluidos nosotros.

Observaba mucho, todo. Observaba todo lo que hacían ella y mis hermanas para estar lista a defenderme. Aprendí a leer los gestos, los movimientos, las miradas. Era capaz de moverme en la oscuridad total sin tocar ningún objeto.

Mis hermanas fueron un gran apoyo, sobre todo cuando mi madre se volvió más agresiva. Sentía una fuerza colectiva para resistir a mi madre. La angustia y el miedo que no podía contener sola se hacían más sostenibles si los compartía con ellas, con quienes viví también algunos momentos de alegría.

Me sentía en deuda con ellas, como si me hubiesen salvado la vida. En las relaciones con las mujeres revivo el miedo a la envidia, la facilidad con que puedo sentirme traicionada, el dolor que siento si percibo un engaño. Siempre he buscado la lealtad como valor absoluto, incluso eligiéndola en lugar de la libertad.

No recuerdo contacto físico afectuoso. Yo no lo buscaba, creo que ni conocía esta posibilidad. Cuando ocurría (raramente), lo vivía como una especie de milagro que debía coger al vuelo porque desaparecería al instante.

Creo que toda mi familia me percibió desde el principio como una «extraña» por mis silencios impenetrables, por mi modo de moverme sin hacer ruido. El silencio era mi refugio y mi fuerza. Nadie podía entrar dentro de mí.

Otra protección fue la escuela. Ahí estaba contenta porque tenía algo que hacer, visto que en casa no se podía hacer nada. Los juegos no estaban permitidos. Muy pronto el cuarto de baño se volvió el único lugar donde encontrar refugio entre las hermanas.

Comenzando a frecuentar el mundo externo empecé a sentir vergüenza

La vergüenza más grande era la pobreza. Una vergüenza tragada de mi madre, que vivía como grandes afrentas el no tener dinero, haberse casado con un campesino y no ser reconocida por su origen noble (obviamente en decadencia pero vivido hasta el final como un honor). Siempre anduvo peleándose con la vida y con quien estuviera a su alrededor por haber perdido sus gloriosos orígenes. El desprecio era su sentimiento más habitual hacia los demás.

Yo, ya de pequeña, pensaba que el origen de todos los males era el dinero, la diferencia entre pobres y ricos, porque eso era lo que hacía sufrir a mi madre y provocaba peleas entre ella y mi padre. Mucha violencia y continuos ataques. Mi padre era un hombre muy tímido y totalmente sometido a la furia de su mujer. Y nosotras, las hijas, debíamos mantener una distancia de seguridad para no desencadenar una explosión de su furiosa envidia.

El periodo más difícil fue entre los cuatro y seis años porque mi madre tuvo que salir a trabajar (solo dos años y fue un infierno). Aquello era una verdadera afrenta para ella, y la culpa obviamente era de mi padre, que no podía mantener a la familia, y de las hijas porque éramos demasiadas.

El infierno de mi madre se desataba de repente, cualquier motivo era bueno. En pocos segundos rompía objetos y platos, nos amenazaba con un cuchillo en la garganta, lanzaba gritos imposibles, se tiraba al suelo en ataques convulsivos y llegaba a amenazar con tirarse por la ventana. Nosotras nos quedábamos aterrorizadas, inermes; alguna trataba de calmarla inútilmente, otra intentaba pararla... Para mí todo era incontenible, ni siquiera podía llorar. Me quedaba petrificada, a veces trataba de rezar.

Yo dormía en el cuarto de mis padres, lo cual significaba que no había posibilidad de salida… La energía pesada y amenazante se me quedaba adherida a la piel. A veces mi madre se daba cuenta de lo que había sembrado y lo compensaba trayéndome un vaso de leche… Yo la engullía, y con ello tragaba tantas cosas: el deseo de que todo terminara, el veneno que de todas formas persistía en aquel vaso, y tal vez también una esperanza de que más allá de todo aquello, ella me quisiera, o al menos me quisiera proteger, o por lo menos quisiera ser perdonada, o por lo menos… Se había terminado.

Recuerdo a mi hermana escondida debajo de la cama por miedo a ponerse un supositorio, y a mi madre levantar la cama de hierro con una sola mano para sacarla de ahí. Me era fácil identificarme con mi hermana y por tanto, aunque nunca fui golpeada, siempre me sentí en peligro físico. Aprendí a tener los ojos abiertos, a controlar a mis hermanas con la mirada para interceptar cualquier gesto o comportamiento que pudiera desencadenar el infierno, sobre todo a las dos que eran más valientes y rebeldes. Yo estaba dispuesta a renunciar a todo: a jugar, a divertirme, a hablar, y quería que ellas hicieran lo mismo. Todos quietos, todos callados.

Si debía pedir permiso para salir, ir a ver a una amiga o a hacer algo, mi primera reacción era de miedo; después las palabras comenzaban a circular por mi cabeza. Buscaba las justas para decir en el momento preciso. Todo eso requería energía y mientras tanto, el tiempo pasaba. A veces lograba pronunciar algunas frases en el último minuto, otras veces era mejor renunciar. Acumulaba rabia y frustración.

A veces sentía que si no hubiera nacido mi madre habría estado más contenta. Su frase más usual era: «Vosotras sois mi mierda. Así como os crié, os destruyo». Yo no me sentía realmente una mierda, más bien *todo* me parecía una mierda, pero sabía y creía firmemente que habría podido destruirnos. Y en el fondo sí, me sentía una mierda.

Cada vez que tenía ocasión de entrar en un lugar nuevo, de conocer gente, me avergonzaba. Tenía siempre miedo de hacer algo equivocado, de romper cualquier cosa, de no hablar bien. Yo no sabía bien qué cosas eran equivocadas y cuáles no, así que me sentía siempre torpe y al borde del error.

Cuando comencé a ir al colegio tuve la percepción de salir al mundo oficial con mucha vergüenza. No era apta para aquel mundo. Era como tener la marca de los judíos en la Alemania de los arios.

La única solución era portarme bien, ser obediente y hacerlo todo bien. Mi madre no estaba muy interesada en cómo me iba en la escuela, no exigía nada excepto que todos siguiéramos su ritmo.

La maestra de primaria me trataba bien, era dulce, me ponía buenas notas. Yo estaba maravillada, me parecía increíble y temía que todo terminara, que un día me equivocaría y ella dejaría de tenerme aquella consideración. La única esperanza era escribir y leer bien y tener los cuadernos ordenados.

Pero me daba cuenta, también, de que no quería que ella me felicitara porque en un primer momento me ponía contenta pero luego me venía un miedo tremendo: que mis compañeras pudieran sentirse mal y que no me miraran más a la cara. Como pasaba con mis hermanas: Si mi madre me tomaba en brazos o si le llevaba buenas notas, no quería que ellas lo vieran porque tenía miedo de que me dejaran de lado. Y ellas representaban la esperanza de una vida no siempre de mierda.

Cuando tenía que ir a lugares nuevos encontraba mil estrategias para no ser visible; llegaba a permanecer horas sentada para no levantarme delante de todos, ni siquiera si necesitaba ir al baño.

Recuerdo un episodio donde tuve un momento de redención. Cada año se hacía el recital de fin de curso y la maestra siempre daba las partes a las mejores. Sucedió que una de las compañeras elegidas se puso enferma y la maestra me escogió para reemplazarla. Tenía, máximo, ocho años y recuerdo que no sentí ninguna vergüenza al subir al escenario. Me sabía el texto perfectamente y no me equivoqué en nada. Fue un milagro: finalmente puedo estar en un lugar adecuado y la gente me puede mirar. Tenía el permiso, aunque fuera precario y como sustituta.

Me avergonzaba de mí y envidiaba a las otras niñas

Envidiaba a las niñas que tenían madres buenas que les preparaban la merienda, las niñas que llevaban el cabello largo y hablaban con voz dulce. Me parecían tan limpias y educadas… Envidiaba a las niñas que hacían danza clásica, con su tutú y sus zapatillas rosadas. Esto no era para mí, este era un mundo al cual no podía acceder. Yo me sentía sucia, como si estuviese infectada por los gritos y por la pobreza; mi madre era mala y todos en casa eran unos maleducados.

Yo no quería que mis compañeras de colegio conocieran a mi familia, que descubrieran la verdad. Mi madre odiaba a las amigas de sus hijas y cuando las encontraba no se ponía límites con sus comentarios despectivos. Mi madre era densa, sexual, decía lo que quería.

Mi segunda hermana era «limpia» porque era educada y amable. Hoy puedo decir que es un eneatipo Tres conservación y que esta limpieza tenía que ver con un cierto comportamiento ético y también con un cuidado de las formas que para mí era tranquilizador. Echar siempre afuera lo sucio hacía daño, a mí me hacía daño. Hoy entiendo mejor que lo sucio tenía que ver con la locura, pero entonces para mí la locura tenía una explicación clara: violencia y pobreza. Todo dependía de eso; mi madre nos había transmitido implícita y explícitamente una óptima interpretación de nuestro infierno.

Pero nada debía transparentarse, hacia afuera debíamos mantenerlo como un *secreto*, nadie debía saber de nuestra condición. Creo que esto alimentó un clima persecutorio que yo absorbí totalmente. «Nadie debe saber de dónde vengo.» Esta actitud hacia el mundo externo me ha acompañado hasta la vida adulta. Dentro de mí quedaba un sentimiento de inferioridad, una vivencia de precariedad y un temor a poder ser expulsada de cualquier lugar.

Yo no podía ser parte de ese mundo porque había nacido diferente. Era un mundo donde había cosas bellas y yo no era parte de la belleza, yo no tenía belleza. Solo podía cultivar algunas cosas bellas en secreto, por ejemplo dibujar. Tenía siempre miedo de ser ridícula, como un siervo que se toma la libertad de comer de la mesa de los príncipes: si le descubren será castigado y ridiculizado.

El mismo miedo a ser ridícula lo tenía a vestirme demasiado femenina. Como una sensación de no ser digna. Era mejor no dejar ver demasiado la feminidad, más por el miedo a ser ridícula que por el de atraer a los hombres.

Cuando mis hermanas compraban algo nuevo para vestirse

lo escondían en un papel de periódico para no hacerla enfurecer. Siempre era mejor no distinguirse. Ahora puedo decir que se trataba de puro miedo a la castración. La madre envidiosa era la amenaza más fuerte que yo y mis hermanas vivíamos. Cuanto más crecíamos las hijas, más se sentía ella amenazada y más explotaba de odio. Le faltaba todo, le faltaba la juventud.

Mi madre idealizaba a sus hermanos varones y a una hermana que había muerto joven, como si ella no tuviese el valor de la hermana muerta y mucho menos el de los hombres; era *nada* incluso para su madre, como mucho una camarera. Su padre murió joven y a los trece años comenzó a trabajar. Había acumulado mucho resentimiento, pero siempre defendía a su madre y a su familia.

Unos diez años antes de su muerte la acompañé a su pueblo en coche y, por primera vez, le hablé de su vida. Le dije: «Tu madre no fue una mujer santa, no te trató bien». Primero se puso a la defensiva pero luego empezó a hablar de injusticias y heridas de su infancia.

En un momento determinado le dije: «El problema es tu hermana». Y mi madre: «¿Cómo?, ¿mi hermana? Ella murió joven, aquella santa mujer era bellísima». Pero ya estaba abierta a escucharlo todo: «Porque esté muerta ¿debemos verla eternamente como la mejor del mundo? Y tú ¿qué sabes cómo sería ella si hubiera vivido tanto como tú? No vale más que tú porque esté muerta o porque fuera bella».

Se quedó escuchándome pero le era difícil renunciar a la envidia: «Tenía un marido que la cuidaba, que era tan bueno…». Yo no aflojaba: «No, para nada. Su marido era un presuntuoso autoritario que siempre quería tener razón. Mucho mejor el tuyo, que por lo menos te dejó hacer lo que quisiste».

Nuestra relación cambió después de este viaje. Ella tenía noventa años y yo, cincuenta.

Pero volvamos a mi infancia. Cuando llegó el día de mi primera comunión, mi madre, siempre en la onda de aparentar un alto nivel, me compró un vestido bellísimo: de encaje, con aros en la enagua para mantenerse con vuelo. Aquel vestido me hacía aparecer, me sacaba de la invisibilidad y sobre todo era tremendamente femenino. Y de eso yo tenía miedo. Era mejor no levantar la cabeza.

La «justicia» me ha acompañado siempre: debía ser respetada, era como la garantía de que todos tendrían aquello que les correspondía, que nadie sería maltratado. Sufría por las injusticias en la escuela entre mis compañeros, sufría por las injusticias en el mundo, mis ojos eran particularmente sensibles a las injusticias.

Hacia los siete u ocho años íbamos a ver la televisión a casa de unos vecinos y todavía hoy recuerdo el asco que sentía cuando el hijo, de mi edad, me tocaba. Él continuamente quería abrazarme y besarme y nadie me defendía. Yo no tenía el coraje de rebelarme y no pensaba, claro, que mi madre pudiese renunciar a ver la televisión por mi causa. Mi única defensa era la petrificación del cuerpo, así lograba resistir. Mi cuerpo desaparecía (defensa que he vivido otras veces cuando he aceptado relaciones sexuales no deseadas). Yo creo que allí se instaló la convicción de que en el sexo debía defenderme y que ser mujer comportaba necesariamente no tener libertad de elección. El placer y el deseo tenían algo peligroso. Jacqueline, una amiga clarividente de Claudio Naranjo, me dijo que en esa ocasión yo cerré las puertas a la feminidad. Era solo un juego de niños pero no estaba lista siquiera para jugar.

A mí me gustaba gustar a los niños pero tenía miedo de que se notase que ellos me gustaban. No quería ser motivo de burlas y también temía que se aprovechasen; no sabía bien cómo pero me parecía que luego no sabría echarme atrás. Cuando mis amigas ya salían con chicos yo solo los miraba totalmente inhibida. Soñaba el encuentro con los hombres, pero encuentros tan románticos que se quedaban dentro de mi cabeza, no llegaban ni siquiera al cuerpo. Todo el campo del Eros lo vivía entre el tabú y el miedo, aunque sintiese que algo ahí me atraía. Lo único que tenía claro era que no sabía salir de una relación y habría sido capaz de sufrir las peores atrocidades por no poder decir que no. La sumisión a mi madre me había marcado para todo tipo de relación, incluida la sexual.

Un día una amiga (mucho más despierta que yo en el campo sexual) me invitó a una fiesta. El impacto fue desagradable porque estaban todos alterados y medio desvestidos, excitados por el verano, la casa libre y las florecientes hormonas).

Me senté tímidamente con un gran deseo de irme ya desde el primer momento. Se me acercó una muchacha y me dio un beso lamiéndome la mejilla con la lengua. Sentí un asco increíble, como si me hubieran violado. Una reacción inadecuada a un gesto, sin embargo, insostenible para mí. Escapé corriendo.

Sentí mi cuerpo cerrarse, yo no estaba abierta a la sexualidad, era algo que no conocía y, sin saber en absoluto el motivo, me asustaba. Me daba miedo aquella energía que llevaba a las personas a hacer cosas sin control. Este temor afectaba a toda la esfera del placer. Yo había aprendido el placer en pequeñas dosis, el placer tocado y dejado, nunca una inmersión total. No recuerdo haber practicado la masturbación de pequeña; a veces tenía fantasías que oscilaban entre el impulso romántico (totalmente escondido dentro de mí) e imágenes donde era excitada sexualmente por alguien.

Me era muy fácil enamorarme: si me gustaba un chico yo lo miraba sin que nadie se diera cuenta, fantaseando con que me mirara y se enamorara. Muy a menudo me enamoraba de alguno que ya estaba en pareja, tal vez para reforzar la convicción de que tampoco este era un mundo al que pudiese pertenecer alguien como yo.

A los doce años me extirparon las amígdalas y ya de vuelta en casa, una noche, vomité sangre coagulada. Mi madre, en mitad de la noche, corrió a la calle, sacó de su cama al médico y lo arrastró a casa, mientras mi padre continuaba durmiendo. Esta era mi madre: la misma furia con que odiaba la ponía en acción para resolver y diría también que para amar. Y este era mi padre.

Este episodio representa también el único momento de mi vida en que me sentí una niña «normal»: mi madre me preparaba comida especial y mis hermanas mayores hacían turnos para leerme cuentos de hadas. Podía quedarme en cama, no hacer nada y tener atenciones. Además conocí los cuentos de hadas, en los que me perdía con placer. Los que más me gustaban versaban sobre hijos que se perdían en el bosque, ogros al acecho y madrastras que querían matar a sus hijastras.

Desde siempre me habían apasionado los santos, sobre todo los mártires, como San Sebastián, un jovencito que valerosamente se había dejado asaetear para que no le robasen la hostia. Me parecía que los santos eran personas buenas y valientes, lo contrario que yo; ellos habían recibido el premio de la santidad, del amor infinito de Dios. ¡Cómo habría querido eso yo también! Hacía vanos esfuerzos, esperando que la Virgen se me apareciera como había hecho con Bernardette. Si hubiera sucedido se habrían lavado todas mis culpas.

En catequesis conocí a una niña que había nacido el mismo día que yo. Era agitada, despierta, no tenía vergüenza y yo, no sé cómo, me dejé llevar: nos subíamos a las mesas, desordenábamos las sillas, gritábamos… cosas impensables para mí. Yo no era yo: estaba como transportada por una fuerza mayor. Se había como abierto una tapa. Fue así que comencé a tener una doble vida: en casa era silenciosa, quieta, obediente; afuera, elocuente, desvergonzada y ruidosa. Íbamos con las amigas a tocar los interfonos, gritábamos por la calle. En la escuela comencé a hablar muchísimo, tanto que era reprendida continuamente. En conducta tenía malas notas pero me salvaba el resto de buenas calificaciones. Creo que así comencé a disolver un poco el ansia y la parálisis. Ahí se desencadenó la contrafobia.

Abandoné toda ilusión de ser buena y santa. Había pasado a la otra orilla. Era rebelde, estaba del lado de los que molestan.

La gran ausencia: mi padre

Mi padre era un militar jubilado por una enfermedad contraída en la guerra. Era un desconocido: yo no sabía bien qué trabajo hacía, luego entendí que de contable en un parque de atracciones, esto también tenía algo de vergonzoso. Prefería pensarlo como soldado de guerra, cuando estuvo preso en Albania. Prefería imaginarlo como un héroe, aunque de heroico tuviera bien poco. Me aferraba a su nombre: Giuseppe, como Giuseppe Garibaldi, héroe de dos mundos, mi ídolo, o como Giuseppe Verdi, expresión musical de la unión de Italia. Hombres fuertes y seguros, que habían hecho grandes cosas.

Mi padre no contaba con gestos heroicos en su biografía y si hubiera habido algo admirable él no se lo habría creído, o mi madre habría encontrado el modo de ocultarlo o menospreciarlo. Así que no sabíamos gran cosa de él, era un hombre sin pasado ni presente. No solo inaccesible por su ausencia sino también mantenido a distancia por nuestra madre.

Era mucho más parecido a otro Giuseppe famoso: el padre putativo de Jesús. Ese hombre humilde, bueno, que aceptó por obediencia o por fe a una mujer extrañamente embarazada. Un carpintero. Seguramente este José era más parecido a mi padre. Un icono de la bondad.

Solo de mayor logré ver la cobardía detrás de la bondad, las ventajas de la debilidad.

Tal vez no conocía siquiera su rostro por las pocas veces que lo veía, pero recuerdo que encontré una pequeña estrategia para tener contacto con él. Cuando comencé el colegio me inventé que no sabía hacer divisiones y le dejaba una pequeña hoja con las operaciones por resolver. Este gesto tenía la ventaja de no ser amenazante para mi madre (no era gran cosa como relación) y mucho menos para él (¡seguramente sabía hacer las operaciones!). Ciertamente era un gesto paradójico: para que se acordaran de mí debía centrarme en algo que no supiera hacer, más que esperar que me vieran por un logro.

Pero tampoco estaba en mi índole mostrar mis partes débiles porque eso me habría expuesto a mi madre, ante la cual era mejor ser fuerte. En cualquier caso, era mejor ser autónoma. Y de todos modos era verdad que sabía arreglármelas.

Tengo solo un par de imágenes de niña con mi padre. Una, era domingo, mi padre tenía un pajarito en una jaula. Alguien dejó la jaula abierta y el pajarito voló. Fue la única vez que le vi llorar. Lloró con una tristeza profunda. Esta imagen se me ha quedado clavada porque ese hombre era nada, era inexistente. Fue como haber descubierto que él existía, que tenía sentimientos, al menos por el pajarito.

La otra imagen: Estábamos en su pueblo, había una fiesta y una orquesta comenzó a tocar un vals, él me tomó y me sacó a bailar. ¡Otra cosa imposible de creer! Todavía recuerdo la percepción de mi cuerpo bailando con mi padre.

Después perdió el trabajo y se pasaba los días en casa. Las

peleas entre él y mi madre se volvieron más ásperas. Él comenzó a decaer y a deprimirse y yo comencé a sentir un asco hacia él, físico. Había algo en él que era turbio. No le había hecho nada malo a ninguna de las hijas, no sé de dónde venía. Creo que había comenzado a abandonarse. Una vez recuerdo que entré en el cuarto donde estaba el televisor y él estaba tocándose. Sucedió otras veces tener que vivir su presencia pesada, no limpia. Tal vez la sexualidad con mi madre había acabado; él comenzó a hacer cosas sin tanto cuidado de si las hijas estaban presentes, y yo, de nuevo, frente a la incomodidad, me insensibilicé y me alejé de él.

Yo no les pertenecía a ellos y ellos no me pertenecían. Este era mi modo de sobrevivir.

Cuando a los veintiún años comencé la formación en gestalt con Pio Scilligo, le pedí entrar en psicoterapia. Su respuesta fue: «No puedo hacerte terapia porque debo dar el lugar a las personas que son más frágiles psicológicamente y necesitan mayor ayuda terapéutica».

¡Entonces, si estás sana, eres admirada y valorada pero no puedes tener los cuidados y la ayuda que deseas! Al final, ser fuerte era la única solución. Nadie había estado ahí para recoger mis necesidades. No había ni madre ni padre para mí.

De mi padre aprendí el miedo a vivir. Eso era lo que yo veía en su rostro, en su relación con mi madre y con el mundo exterior. Aprendí de él a callar. Con una diferencia: yo me volvería suficientemente fuerte como para aguantar a mi madre, cosa que él no estuvo en disposición de hacer.

Mi padre murió en 1980, a los cinco meses de mi matrimonio. Tal vez para él fue la señal de que yo no volvería a casa. Se dejó morir en el hospital donde estaba internado para un tratamiento preventivo de enfisema pulmonar. No era grave. En un determinado momento rechazó los cuidados y la comida.

Para mi diplomatura me había regalado su reloj de oro de bolsillo, bellísimo. Y me lo robaron. No estaba lista para tener algo valioso de él.

Comienza la adolescencia

Con la llegada de la adolescencia desarrollé una constante y silenciosa preocupación por cualquier síntoma físico. Cualquier cosa que sucediera en mi cuerpo me despertaba fantasías de muerte o de graves enfermedades. No sentía la posibilidad de comunicar a nadie este miedo porque frente a la enfermedad mi madre aumentaba su nivel de ansiedad e histeria, o se apuraba para estar mucho peor ella, de modo que estuviera más necesitada que yo.

Comencé a ir sola a los médicos de la sanidad pública. Esta hipocondría representaba un modo para prestarme la atención que no recibía, quién sabe si para sentir mi cuerpo o la existencia misma. Mi cuerpo representaba la parte más precaria de mí; el peligro corría por el cuerpo.

En la adolescencia se volvió aún más clara la rabia que tenía adentro, hacia todos, hacia el mundo, mi madre y mi familia. Me encerraba en el baño y descargaba la tensión golpeando fuerte con los pies, en silencio. Solo mucho después tomé conciencia de que estaba acallando mi parte más auténtica, de la que subsistía solo una sombra y aprendí a desconfiar. Nadie me había enseñado que justamente esa parte profunda era mi ser, lo único que permanecía indemne.

Conocí a Di Bella, profesora de Letras. Una mujer maravillosa, maternal, fuerte. La primera que me dijo: «Eres inteligente, puedes aspirar a más, tienes el don de escribir, eres apta para el liceo clásico».

Mi sensación fue la que debió haber sentido Lázaro cuando Cristo le dijo: «Levántate y anda». Alguien me había visto, alguien pensaba que yo podía salir de los suburbios, de la mierda. ¡Sí! ¡Lo haría! ¡Quería intentarlo! Fue la primera vez que tuve consciencia de mi actitud ante un desafío. ¡No quiero morir aquí!

El liceo clásico era para niñas educadas, para los ricos. Jamás pensé en poder entrar allí. Mis hermanas habían comenzado a trabajar muy jóvenes. Lo máximo que mi familia llegaba a proyectar para una hija era contabilidad o magisterio. El liceo clásico significaba entrar en el mundo de «los otros». Se concretaba mi fantasía de niña: «¡Un día me iré de aquí!» Y por «aquí», podemos entender «todo».

El liceo duraba cinco años. Significaba cinco años sin trabajar. ¿Quién me pagaría la escuela? ¿Cómo se lo diría a mi madre?

En este caso ser la última hija fue una suerte: mis hermanas ayudaban económicamente en casa y yo podía beneficiarme. Y así fue: entré en el liceo. Era 1968.

El primer día quedó grabado en mi corazón y mi cerebro. Me tocó el único curso femenino de todo el liceo debido a que mi madre no había previsto mi inscripción y ya no quedaban plazas en las secciones mixtas. Me molestaba porque habría sido una perfecta ocasión para acercarme al mundo de los hombres. Además, en mi clase no se enseñaba inglés y tener que contentarme con estudiar español era otro motivo para enfadarme. ¡Pensaba que el español no me serviría de nada en la vida! Ningún mago me advirtió en sueños que de mayor iba a encontrar a Claudio Naranjo.

La docente de Letras (italiano, latín, griego, historia y geografía) era una bruja. Un vejestorio todo vestido de negro, que nos puso en fila y juró hacernos la vida imposible. «El liceo clásico no es para pobres ni para inmigrantes, les prometo que la mitad de ustedes ¡se retirará a mitad de año!»

Aquella bestia nos enseñó a odiar la escuela. Pero dentro de mí la respuesta fue clara: «¡Veremos quién gana! Tú no me echarás». Cómo podría, aquella vieja barbuda criminal, una vez que yo había atravesado finalmente la puerta del camino de mi salvación.

Debí reforzar mi carácter, la *fuerza*: debo llegar, debo llegar; no puedo perder lo que me han dado. Mi cuerpo pequeño y el rostro imperturbable escondían una increíble tenacidad. Nunca he renunciado ante los desafíos, han sido el motor para seguir adelante.

En aquella época, mi hermana la cuarta, a sus dieciocho años se quedó embarazada. Era como estar al borde del abismo. ¿Cómo reaccionaría mi madre? Dicho y hecho: la echaron de casa y le prohibieron dejarse ver en el barrio. Se casó y se fue a vivir a un pueblo cercano a Roma. Fue un desgarro inesperado. Era la hermana con quien jugaba, mi aliada, con quien me apretaba fuerte en las noches de rayos y truenos: la única ocasión en que me permitía un abrazo consolador.

Cambio de héroes

Tuve la suerte de una compañera de pupitre excepcional. Antonella venía de una familia completamente diferente a la mía, la que yo me imaginaba como la familia ideal. De padres profesores, una familia *limpia*, con una casa llena de libros, ordenada y tranquila. Pasaba mis días allí. Fue mi iniciadora, de los libros de literatura que me prestaba al compromiso social y el amor por los Beatles y a los tejanos y camisetas de segunda mano.

Fue también quien me regaló una caja de pinturas al óleo. ¡Un objeto impensable! Yo amaba pintar pero solo en mi imaginación, por miedo al ridículo, a la reacción de mi madre y mis hermanas... Pero ahora la caja era real, y comencé a pintar por las noches, cuando todos dormían, o no estaban, cerrando cuidadosamente la caja cuando empezaba a escuchar ruidos de gente andando por la casa.

Mi compromiso social comenzó gracias a Don Sergio, un sacerdote sardo que nos enseñaba «religión», entre comillas, porque la suya era una religión completamente nueva para mí: hablábamos de los hechos cotidianos y principalmente de nuestras vidas. Comenzamos, con Antonella, a frecuentar un grupo de chicos que él había formado y que se convirtió en nuestro oasis. Las tardes las pasábamos entre partidos de voleibol, discusiones y trabajo social con los niños del «barrio bajo». Parecía que mi vida comenzaba a tener sentido.

Era 1968. La Unión Soviética había invadido Checoslovaquia y, en el 69, Jan Palach se inmoló para protestar contra la dictadura soviética. Comenzaba el movimiento estudiantil en Europa y empezamos a frecuentar las asambleas de estudiantes y trabajadores. La profesora sádica nos castigaba, cada vez que íbamos a las asambleas, con exámenes imposibles para «rompernos los huesos». En el 70, cuando el movimiento político invadió nuestras vidas, con mi grupo de amigos abandonamos la Iglesia y nos pasamos al grupo de los comunistas. En el campo social pude expresar toda mi rabia y sentía que eso me daba libertad, podía liberar la energía que acumulaba en casa.

El horizonte se hizo mucho más grande, y si en casa vivía una claustrofobia, afuera volábamos, entre reuniones, manifestaciones y comportamientos antisociales. Empecé a robar en las librerías «porque la cultura es un derecho de todos»; en los supermercados «porque ¡es justo que las riquezas se repartan!» En las acciones atrevidas me sentía más dentro de la vida.

A los quince años conocí a un chico de diecisiete, largo, flaco y con una enorme nariz. Antonella me comunicó un día que yo le gustaba. Recuerdo todavía mi incredulidad. ¿Cómo era posible que alguien me hubiera visto sin que yo me hubiera dado cuenta siquiera? Cada vez que un hombre se ha interesado en mí, mi primera reacción ha sido siempre de sorpresa. Entraba como en una suspensión del pensamiento y del sentimiento, esperando tal vez que los acontecimientos esclarecieran si era real o no.

Luego de saberlo comenzó el tormento. ¿Qué hacer? ¿Qué pasaría? ¿Me gustaba realmente? ¿O no? ¿Era demasiado alto? ¿Demasiado flaco? Su nariz, ¿demasiado grande? ¿Era mejor esperar? Mi cabeza funcionaba a mil: era y es el lugar donde giran los acontecimientos para que el cuerpo y el corazón no sean golpeados, fragmentados, amedrentados.

Hasta que sucedió. En una fiesta entre amigos «se manifestó» y yo dejé que las cosas pasaran en un mutismo emocional y relacional tal que no sé cómo tuvo él el coraje de seguir adelante. Yo prefería no hablar, prefería acercarme físicamente para decir «sí», bromear para decir «aquí estoy». Las palabras directas o que indicaban sentimientos eran como piedras, volvían las cosas demasiado fuertes y yo sentía que no manejaba esa intensidad. Mejor no hablar porque en el silencio me muevo mejor, puedo negarlo todo o fantasearlo todo. ¡Las palabras me clavan!

Me hicieron falta años para poder sentir el placer de decir «te quiero», para saborear la belleza de las palabras que expresan sentimientos. Solo con Claudio cambié mi registro y se transformaron en nutrición y vida. Mi cuerpo ha aprendido a abrazar de un modo distinto: sintiendo el cuerpo del otro, respirando el calor que emana de él, amoldándose como un niño que duerme en los brazos de su madre. Y más allá de la esfera sexual, que antes era el único marco donde me permitía esas sensaciones.

Con mi primer novio mi vida cambió. Encontré en él aquello que había olvidado, envenenado, y a lo que había renunciado sin siquiera darme cuenta: el contacto, el calor, la sensación vital de ser amada por mi novio y que yo lo amaba. Esto me hacía feliz al despertar por las mañanas y me daba coraje para vivir, para experimentar: con él comencé a poner a prueba mi cuerpo: a nadar, esquiar, ir a caballo y en moto. Si él me tomaba de la mano yo podía afrontar la muerte, es decir, podía afrontar el Miedo.

Entendí mucho más tarde, gracias a la comprensión de mi carácter, ~~y de~~ cómo el enamoramiento significaba para mí fuerza para sostenerme. Estar enamorada me hacía sentir segura y me daba una especie de combustible, tanto en los momentos de aburrimiento cotidiano como de apatía profunda, de falta de sentido existencial. El compromiso social y político también le daba sentido a mi vida pero el fuel era el enamoramiento. Era mucho más fácil ir a la escuela sabiendo que allí estaba él.

A la vez, albergaba un rechazo instintivo a dejarme tocar por los hombres, que iba a la par con una fuerte atracción. Se trataba de un miedo al deseo mismo, a dejarme ir, a perderme, a ser invadida o aniquilada. Para protegerme de estos sentimientos debía estar bien segura del hombre al que me acercaba, y en general escogía chicos tranquilos, gentiles y silenciosos, y al mismo tiempo fantaseaba con aquellos que eran más «despiertos», más agresivos. La vergüenza de exponerme fue siempre un obstáculo enorme. Siempre esperaba que me respondieran: «Pero ¿quién te crees que eres? ¿No ves que eres fea?»

El último año de liceo, el conflicto con los fascistas se había vuelto insoportable; todos los días se alineaban frente a la escuela decenas de furgones de la policía. Sentía el estrés pero no podía aflojar. Nunca abandonaría mis luchas ni a mis compañeros, no podía ceder al temor; me habría avergonzado ante mí misma. Sentir miedo habría sido como traicionarme.

Pero una tarde, atravesando la calle con mi hermana, un coche me golpeó (ligeramente) y se me vino todo el miedo encima. Aún recuerdo el temor en todo mi cuerpo. Aunque no tenía ninguna herida sentí como si la muerte hubiera venido a visitarme. Hasta aquel momento no había considerado que verdaderamente podemos morir. Comencé a tener ataques de pánico, ansiedad a mil y un fuerte dolor en la nuca, como si cediera y la cabeza no se pudiera sostener. Pasé dos meses en cama esperando morir. Mis compañeras y mi novio me venían a ver pero no podían hacer nada, recuerdo sus caras desesperadas por no poder ayudar, yo estaba segura de que moriría.

Años después entendí que aquellos ataques de pánico no estaban solo ligados al estrés de los enfrentamientos políticos sino también a la decisión de la única hermana que quedaba conmigo en casa de casarse, a la perspectiva de quedarme sola con mis padres.

Paradójicamente, estar en pareja me volvía más segura con los otros hombres y, por lo tanto, menos vergonzosa. Mi permití flirteos que luego se volvieron relaciones extraconyugales. No podía renunciar a la energía que me daba el enamoramiento y, parecerá absurdo, pero no sentía culpa. No consideraba aquellas historias como traiciones. Yo sabía que le amaba, que nunca lo dejaría, y tal vez eso me daba una justificación. Aquellas traiciones eran también estimuladas por una vida sexual demasiado tranquila. Nuestros encuentros sexuales se habían quedado en la adolescencia, yo me sentía amada pero no deseada. Durante muchos años esto me bastó porque tenía necesidad de amor, de calor y de protección. Sin embargo, él me amó, me amó como ninguno, era increíble cuánto me amaba, muchísimo, yo era la primera, siempre. Como comentó Claudio: «Este fue otro regalo de la vida».

La relación con mi marido se basaba en un contrato terapéutico implícito: Nos dábamos aquello que no habíamos tenido de la familia, éramos compañeros y aliados, la protección era nuestro vínculo y eso nos permitió vivir una adolescencia y un matrimonio que reparó muchas heridas infantiles. Obviamente, este tipo de «contrato» no permitía grandes crecimientos y entonces comenzaron las crisis. La primera fisura llegó con mi entrada en la psicoterapia.

Había elegido la Facultad de Psicología. En realidad habría querido estudiar arquitectura y tal vez, si hubiera sido más valiente, habría luchado por ir a la Academia de Bellas Artes. Los obstáculos eran los de siempre: las dificultades económicas de mi familia y la falta de confianza en mí misma. El arte permanecía en la esfera de los sueños, un campo no destinado a personas como yo. Sin embargo la psicología me gustó de inmediato y el ambiente era vivo y políticamente activo; sentía que iba por un camino que de todos modos era el que deseaba: hacer algo por los demás, algo para mejorar el mundo.

Era el periodo de la lucha contra la psicoterapia, contra el mundo científico académico. California llegaba a Italia con las canciones, los poetas y la liberación sexual. La psicología humanista era nuestra referencia. Mi marido tocaba la guitarra y tomábamos cerveza soñando con ir algún día a la cuna de la renovación, con una mochila y haciendo autostop. Me sentía en el centro del mundo cuando me subía a un camión que nos llevaba al mar, o durmiendo en la playa en un saco de dormir.

Pero dentro de mí, en un nivel no totalmente consciente, yo sabía que no me entregaba completamente. Tenía una permanente sensación de vivir en la ventana. Me resultaba claro que mis amigos arriesgaban más, yo sentía que sobre mi cuerpo y mis actos operaban acciones de control. Como lanzarse en paracaídas con un certificado que garantiza que no te harás daño.

Mi fuerza estaba en mi mente: sabía que entendía las cosas velozmente, sabía analizar lo que pasaba y mis amigos se divertían conmigo porque tenía la broma y la ironía fácil. Pero la fuerza tenía también reveses críticos. Una vez un amigo me dijo: «Si tú dices que la Tierra es cuadrada, todos nosotros debemos darte la razón e incluso te creemos». Yo me quedé sorprendida, no era para nada consciente de esta conducta, no llegaba a comprender qué quería decir. La misma sorpresa que sentía cuando alguien me decía que al primer contacto resultaba antipática. No era consciente de mis modos bruscos o agresivos. Dentro de mí me sentía tan tímida que no era capaz de asumir ese espejo. Era tan feliz de tener relaciones afectivas que no podía imaginar que mi rabia no se expresaba solo contra mi madre o la familia, sino que se había transformado en un gesto y una actitud habituales.

Entran en mi vida la gestalt y el Ministerio de Exteriores

Mientras el psicoanálisis, el conductismo y la terapia sistémica estratégica estaban en el ojo del huracán de las críticas de la antipsiquiatría y del movimiento estudiantil de psicología, la terapia gestalt llegaba con las ondas de la liberación sexual y, por tanto, llamó nuestra atención. Corrían voces de que en los grupos de gestalt la gente tenía libertad de expresión, libertad de gritar o llorar y, sobre todo, libertad en el contacto físico.

En la Universidad de Roma, el profesor Scilligo acababa de regresar de Esalen y era alumno directo de Jim Simkin, colaborador directo de Fritz Perls, el fundador de la Gestalt.

Quedamos extasiados: vivacidad, afectividad, lenguaje normal y directo. Decidimos inscribirnos en su grupo de terapia. La noche después del primer encuentro tuve un sueño: Pio Scilligo me dice que no puedo participar en el grupo porque las inscripciones están cerradas ¡y no hay sitio! He comenzado esta biografía diciendo: «Soy la última de cinco hermanas». El trabajo terapéutico había comenzado.

Sentí que la Gestalt estaba en sintonía con mis ideales políticos. Luchábamos por la liberación. Yo quería liberarme de la jaula familiar, quería la independencia y la transfería a la lucha social: liberar a los oprimidos. La actividad política se hacía más adulta: reuniones en la universidad con el colectivo político, con los partidos extraparlamentarios... Estábamos ocupados todos los días.

No terminaré nunca de agradecer a la vida por haber nacido en el momento justo para vivir mi adolescencia en los años setenta. Mientras hoy muchos setenteros se arrepienten de haber perseguido estos ideales, yo sigo siendo una entusiasta.

Lamentablemente, a los diecinueve años tuve que ponerme de empleada; la vida me concedió solo un año de estudiante libre. Pero conseguí conciliarlo y no renuncié a la intensa vida de la Universidad. Una de mis hermanas tenía una amiga que trabajaba en el Ministerio de Asuntos Exteriores y, desgraciadamente para mí, había salido un puesto a concurso; no pude decir que no.

Fue un golpe duro: para mí era una contradicción existencial trabajar en un ministerio. Intenté no ganar el concurso escribiendo sobre un tema de italiano supercrítico políticamente, pero lo gané igualmente. Me contrataron.

Aún recuerdo el primer día: era un edificio blanco enorme, cuadrado, la típica arquitectura fascista. Di un largo paseo por los alrededores con amargura en el corazón, no quería entrar. Tenía en la cabeza la novela *1984* de George Orwell, y de hecho era así: un lugar donde se pretendía hacer lavados de cerebro.

Me asignaron un puesto como secretaria de un diplomático insoportable, maleducado y arrogante, seguro de ser superior al resto de la humanidad por su origen noble. Así descubrí que en la Tierra existían todavía los nobles y que realmente se creían de una raza superior. No sabía si reír o llorar en aquel mundo ridículo, hecho de reverencias, corbatas formales y diálogos inútiles.

Y ¡de inmediato me di cuenta de que sabían todo de mí! Había tenido el privilegio de ser asignada a la Oficina Diplomática del Presidente de la República gracias a que escribía correctamente en italiano y, sobre todo, gracias a ser hija de militar. «¡Se darán cuenta de qué clase de hijas de militares son!»

Mantuve oculto mi trabajo durante años a todos los compañeros de universidad. Aunque estaba obligada a trabajar por problemas económicos, me avergonzaba haber entrado en una institución estatal. Iba contra mis ideales. Y así, también en este caso, doble vida: por la mañana, empleada; por las tardes, activista de izquierda. Me sentía un poco aislada de mis amigos, que disfrutaban plenamente de la vida universitaria, pero tener dinero en el bolsillo era una tranquilidad impagable. Me sentía más autónoma. Además, daba una parte del salario a mi madre y esto me otorgaba un cierto poder ante ella.

Sin embargo, me tocó sufrir humillaciones constantes: los nobles diplomáticos se sentían con derecho a tratar a los empleados como inferiores, sin respeto de ningún tipo. Era 1974, afuera los obreros del metal se congregaban en la plaza, los estudiantes de todo el mundo se rebelaban… Y dentro del Ministerio de Exteriores cuatro gatos trataban de detener el tiempo pretendiendo ser reconocidos como condes o príncipes.

Fui convocada por el jefe de la secretaría porque mi ropa no era adecuada: faldas con flores y zuecos de madera, ¡símbolos de *mujer feminista*! (Quién sabe si se dio cuenta de que no usaba sujetador.) Tuve el coraje de responderle que tampoco su ropa era adecuada: usualmente, no frecuentaba a hombres de traje y corbata. ¡Estábamos a la par!

Por fortuna, un año después entraron nuevos empleados: un grupo de jóvenes. Me pareció renacer, en breve armamos un grupo político y un colectivo feminista de autoconciencia. Comencé a divertirme con mis nuevos compañeros, luchábamos contra los sindicatos institucionales y éramos abiertamente vigilados.

En 1977 murió Giorgiana Masi, una joven de diecisiete años, asesinada de un tiro durante una manifestación. El terrorismo ya había invadido el movimiento estudiantil. Aunque sería mejor decir que lo habían invadido los servicios secretos provocando su fracaso, por el miedo al terrorismo y por los efectos de la heroína, el arma blanca con que fueron adormecidos tantos compañeros.

Me subió el nivel de ansiedad, me atemorizaba ir a las manifestaciones, me sentía menoscabada y devorada por mi conflicto entre el miedo y el heroísmo. Al año siguiente, 1978, fue secuestrado Aldo Moro, destacado demócrata-cristiano, autor del famoso *compromiso histórico* que debía llevar a un gobierno presidido por Giorgio Andreotti y apoyado por el Partido Comunista. Se exacerbaron los controles y las leyes antiterroristas. Uno de los autos de la emboscada tenía placa diplomática y yo trabajaba en la oficina que las expedía. Todos nos asustamos, ya no había espacio para los grupos extremistas.

Un día, cuando volví a casa, encontré todo patas arriba: la policía había entrado y revisado todo, sin autorización. Por suerte ya había tirado los periódicos y libros comprometedores. Tuve durante meses el teléfono pinchado.

Continuamos nuestra lucha fundando el sindicato de la CGIL en el Ministerio de Relaciones Exteriores: una especie de escándalo nacional porque era identificado como el sindicato comunista.

Me comprometí con el sindicato hasta el punto de ser elegida representante en el Consejo de Administración del Ministerio, donde se decidían las promociones de los diplomáticos. ¡Comenzaron a respetarme!

Comenzaba para mí una exposición al público bastante fuerte y también una carga de responsabilidad de la que no obstante estaba orgullosa. Sentía que alguien me reconocía un valor y que yo seguía mis principios. Hoy reconozco cuánto me movía la ideología, cuán rígida podía ser en mis juicios y hasta qué punto mis batallas estaban sostenidas por ideas. Todo el bien que sentía que hacía por los demás, tanto a nivel político como terapéutico, estaba teñido por razonamientos sobre la justicia, la libertad y la igualdad en una visión dicotómica del mundo, de buenos y malos.

El trabajo en el sindicato me ayudó a crecer. Participé en mesas de negociación que duraron un año, cara a cara con Giulio Andreotti. Me sentía segura, me gustaba esta confrontación par a par con la autoridad. Una tarde, después de un encuentro extenuante, Andreotti me dijo: «Es usted muy inteligente, señorita, lástima que no esté de nuestra parte». Y la contrafóbica respondió: «También usted, ministro. Lástima que no esté de nuestra parte».

Mi novio se había enamorado de una jovencita. Eran tiempos de *pareja abierta*, que era vivida como un hecho «normal». Él ya había tenido algunas relaciones con compañeras de mi escuela, pero esta me tocó fuerte porque sentí que él estaba muy atraído sexualmente, y ahí colapsé.

Durante el tiempo de su traición (que no debía llamarse «traición» porque era políticamente incorrecto según la ideología de izquierdas), apareció un colega del ministerio. Ocho años mayor que yo, casado y con un hijo. Muy guapo. Para mí era perfecto: estaba ya en una relación y yo no me comprometía. Durante casi dos años lo disfrutamos. Lo más divertido era hacer el amor dentro del ministerio, que estaba lleno de rincones y esquinas apartadas. Rebeldía y clandestinidad eran una mezcla explosiva. Cuando empezó a presionarme, lo eché del coche con un grito y corté. Ninguna emoción, tampoco me importó lo que sentía.

Al acabar la escuela de Gestalt —tenía veinticuatro años—, Pio Scilligo me propuso colaborar como docente. Mi primer paciente fue un chico de dieciséis años, diabético, con una escoliosis gravísima que lo obligaba a usar corsé, y varias tentativas de suicidio. La contrafobia me ayudó a no tener miedo, comencé con entusiasmo, le ayudé a asumir su homosexualidad... y se sacó el corsé ortopédico que había llevado durante años. Me lo encontré una noche en una discoteca romana bailando feliz. Empecé así a hacerme conocida en el mundo de los homosexuales y a emprender una nueva batalla política, por sus derechos. Todo tipo de abuso me tocaba profundamente y a través de estas batallas sociales rescataba mi propia vivencia de exclusión.

Me había titulado con una tesis sobre los niños con leucemia y sus familias. Un trabajo emocionalmente chocante: iba al hospital casi todos los días y no tenía ningún instrumento para afrontar el dolor. Nadie me había avisado tampoco de que morirían uno por uno, sin esperanza (así era en aquella época). Yo sostenía el impacto sin pedir ayuda, apoyándome en la *fuerza* y alejando las emociones de mí; no conseguía llorar, no conseguía decir nada de lo que sentía: seguía adelante porque así debía ser.

Siempre recordaré a Stefano, el primer niño al que asistí y que una mañana cualquiera ya no encontré en su cama. Hoy, escribiendo, puedo sentir el dolor y también el impulso de llorar; en aquella época todo se quedaba dentro de mí, en un silencio petrificado.

Este sacrificio emocional me trajo un fruto: la publicación de un libro. Mi tenacidad se reforzó para bien merced a la gratificación narcisista. ¡A los veintiséis años tenía un libro publicado! Todo parecía ir en la dirección correcta, o sea, la del rescate social.

Como en la infancia, todo lo que me daba placer y satisfacción lo tenía escondido. Era como vivir con una espada de Damocles sobre la cabeza: «No te dejes ver, te puede pasar algo». Ese algo, comoquiera que sea, tenía siempre que ver con las relaciones afectivas. Un sentimiento de inquietud me acompañaba de continuo. Con mi familia volvía la de siempre: un silencioso cordero con una bomba escondida.

El mismo año de la titulación, 1979, me casé.

Había calculado que con el permiso de matrimonio que me daría el ministerio podría completar mi tesis. No pensé ni por un minuto en una luna de miel o algo por estilo. ¡Además, la ideología de izquierda no admitía tales superficialidades!

En febrero del 80 muere mi padre. No quise ver su cuerpo muerto, le tenía un miedo horroroso. El mismo día del funeral, en el viaje de regreso de su pueblo en la montaña, donde lo habíamos enterrado, tuvimos un tremendo accidente de coche.

Manejaba mi cuñado. Íbamos él, mi hermana, mi marido y yo. Recuerdo solo la imagen del auto deslizándose hacia un precipicio y mi grito desesperado: «No quiero morir». La vida apenas comenzaba, no podía terminar así. Después, la oscuridad.

Me despierto con mi cuñado al lado lamentándose. Comienzo a gritar el nombre de mi marido, que me responde desde el fondo del barranco. Como un rayo, sube la montaña, me coge y me arrastra al borde del camino. Sentí el amor inmenso que nos unía. Él tenía 23 fracturas en sus dos tobillos. Él, tan miedoso, en ese momento era heroico; yo tan fuerte, en aquel momento estaba llorosa y temblando. Mis hermanas me hicieron llamar a mi madre por teléfono para decirle que estaba muy bien, ¡todo arreglado! Ella no había ido al funeral de su marido porque era «demasiado estresante para ella». Quizá no podía verlo enterrar por todas las veces que lo había amenazado de muerte...

Fue una larga convalecencia sumida en el miedo. Tenía miedo de todo, de un terremoto, de las multitudes, del ruido. No quería ir al cine, a conciertos ni a ningún lugar donde no hubiera vía de escape fácil. Mi marido pasó meses en silla de ruedas.

Fue un acontecimiento que nos unió profundamente pero yo sentía que no nos ayudaba a crecer. Nuestra unión, una vez más, se basaba en la mutua protección. Él estaba muy contento de poder contenerme en mis ataques de miedo, tal vez sentía que finalmente tenía un rol de hombre a mi lado. Pero el precio era demasiado alto para mí.

Ayudada por la psicoterapia, no me dejé atrapar por la parálisis. Al contrario, el contacto con la muerte me impulsaba a vivir más intensamente mis emociones, era más consciente de que la libertad era algo más que la independencia económica. Comencé a no soportar el nivel de dependencia e inseguridad de mi marido. Él no lograba encontrar un camino de realización. Yo sostenía todos los gastos, incluidas las vacaciones, que debían ser preferentemente en lugares conocidos y desarrollarse con el mismo guion: mar, pesca subacuática, comer, dormir y comenzar de nuevo, sexo excluido, obviamente.

No le gustaba hacer nuevos amigos, no le gustaban las aventuras. Yo, por una parte aceptaba este estado de «protección» y, por otra, buscaba intensidad fuera de la familia: enamoramientos y encuentros interesantes en el ámbito de la psicoterapia y del sindicato. Sentía que lo amaba, sentía que nunca traicionaría nuestra alianza pero el amor no basta para hacer pareja. Mi estima por él era profunda porque reconocía su inteligencia, sensibilidad y honestidad moral, pero no era un compañero para volar alto. Acumulé mucha rabia, no podía aceptar que alguien con tanto talento se mantuviera como una víctima de la vida. Él se quedaba quieto y yo me movía en mil direcciones. Esta unión me impulsaba a un movimiento sin descanso: externo, con muchas actividades, e interno, para calmar mi ansiedad y mi rabia.

Fue fácil dejarme ir en una relación con un colega. Él era divertido, lleno de iniciativas, me buscaba, le gustaba, y esto me daba la carga energética para sentirme viva. Nunca pensé en dejar a mi marido. Digamos que, en mi megalomanía, estaba convencida de poderlo mantener todo en pie. Incluso íbamos todos juntos de vacaciones (eran amigos) y yo, en medio de los dos, revolcándome en la escisión que me permitía tener lo que necesitaba, sin vergüenza y sin ninguna responsabilidad por los sentimientos de mi marido. Mientras mi amante presionaba para que yo tomara una decisión, mi marido fingía que no se daba cuenta de nada y la crisis se profundizaba. Él soportaba porque no me quería perder y yo me aprovechaba, cínica y cobarde al mismo tiempo. No conseguíamos hablarnos claramente, no expresábamos las emociones; solo mucho silencio, mucha culpa.

Probamos a separarnos. Duró solo un verano, volvió a casa, a mis ojos incapaz de estar solo, incapaz de crecer. Después de uno o dos años, no recuerdo, se encontró con una antigua compañera de clase, una mujer de vida «normal», necesitada y dura al mismo tiempo. Tal vez él se sintió más cómodo, y ahí nos separamos definitivamente. Yo nunca dejé de creer que volvería, me parecía imposible una vida sin él. Soñaba con que él cambiaba (era muy poco consciente de cuánto debía cambiar yo), que volvía a casa como un héroe audaz, pero no fue así. Me pidió el divorcio y se casó con la otra, de quien tuvo un hijo.

Cuando nació su hijo interrumpimos toda comunicación. Era demasiado. El tema maternidad fue como un sótano cerrado durante mucho tiempo con cartel de prohibido entrar.

La maternidad perdida y la reencontrada

Un recuerdo vivo: tengo catorce años, estoy en la casa de montaña de la familia paterna. Hay una señora con dos hijos de vacaciones, hablamos de familia y de niños, y yo digo en forma definitiva: «Yo no tendré hijos nunca». Ella se asombra y me pregunta por qué. No recuerdo la respuesta, quizás algo de que los hijos son difíciles, una amarra, una cárcel. Hay otras cosas importantes.

En realidad esto es lo que he puesto en práctica en mi vida. Un razonamiento desnudo y crudo, completamente desconectado de las emociones y del cuerpo. En un cuadro de negación de la feminidad, la maternidad no tenía espacio, pero pensaba sobre todo en el modelo de madre recibido. Solo gracias al eneagrama, muchos años después, con la conciencia del núcleo motor de mi carácter (el miedo escondido tras la fuerza) y del suyo (la envidia bajo forma de odio), pude comprender que yo no quería hijos porque nunca habría podido soportar la rabia que yo sentía hacia mi madre. Pero era también portadora del *mito* que ella y mi padre, en formas diversas, transmitían: los hijos traen problemas y frustraciones, hacen la vida difícil, no te puedes ir nunca más. La pareja es una cárcel donde el otro es un torturador.

Yo, única entre mis hermanas, he cumplido el mito: no me casé por la Iglesia, traicioné y no tuve hijos. Me realicé profesionalmente, soy libre (¿libre?, solo hoy puedo entender que la libertad es algo más profundo y que requiere otra evolución). Mi rebeldía no fue otra cosa que una lucha contra mi madre y al mismo tiempo una actuación de sus deseos más remotos.

Lo que mi madre más amaba eran los viajes, yo vivo en aviones moviéndome de un sitio a otro, y mientras ella estuvo viva siempre me envidió y lo sostuvo al mismo tiempo. Cuando pude entender que en el fondo, y a su manera, era la persona de la familia que más me apoyaba en mi *expansión,* comencé a mandarle postales desde cada lugar que visitaba.

Cuando nació el hijo de mi marido hice cuentas con la pérdida. Un hijo con él habría sido muy amado, pero surge espontáneamente otro pensamiento: me habría ligado definitivamente a él, de quien fue tan difícil separarme.

Hube de afrontar un segundo luto cuando me debieron sacar el útero por un fibroadenoma peligroso: adiós definitivo a la posibilidad de ser madre. Afortunadamente estaba en análisis y pude elaborar el proceso y abrir un nuevo camino a la maternidad, que floreció en mi trabajo con Claudio Naranjo y que va a la par con la integración de las partes proyectadas sobre mi madre. Abriéndose la compasión, he podido sentirme «madre». Una vivencia y un sentimiento bien distintos del impulso protector que sentía hacia los oprimidos del mundo o hacia mis pacientes. Entonces estaba motivada por la necesidad de rescatar, de igualdad y de justicia.

Sentirme madre surge de un deseo físico y afectivo de que el otro esté bien y sea feliz. Es una mezcla de placer carnal y de goce al ver a una persona crecer, y también el goce de la renuncia y del cansancio. Vivir la tristeza de ver al hijo partir, crecer, separarse; un dolor dulce y amoroso. Nutrirme de la capacidad de amar, aunque el otro no me gratifique o corresponda porque está bien que se vaya. Hoy puedo decir que tengo hijos y me llena de amor preocuparme a veces por ellos y sufrir por sus dolores.

La meditación

Al término de la Escuela de Especialización en Gestalt, Pio Scilligo propuso a sus colaboradores un ciclo de encuentros sobre terapia familiar. Conocimos así a cuatro exponentes de relieve de la terapia sistémica en Italia: Maurizio Andolfi, Carmine Saccu, Paolo Menghi y Anna Maria Nicolò.

Fue una especie de relámpago que me abrió un espacio inesperado, no solo en la profesión sino también en mi visión de la vida. Me apasionó y, junto a un grupito de amigos/colegas, nos inscribimos en la Escuela de Especialización en Terapia Sistémico-familiar. Entramos un grupo «avanzado» de terapeutas, ya con una profesión más o menos desarrollada. Teníamos la fortuna de formarnos directamente con los directores de la escuela.

Paolo Menghi era uno de los dos docentes del primer bienio. Una persona que fascina al instante, que habla de Gurdjieff, de yoga, meditación y ego. En un momento de crisis con mi amante y de confusión total con mi marido le pido un encuentro. Me recibe, me escucha y después me propone una sesión de yoga y meditación. Otro desgarro en el cielo de mi existencia. Salgo del encuentro con una sensación inolvidable de estar muy mal por mis problemas personales y, al mismo tiempo, muy bien. Descubro una posibilidad de ir más allá.

Comienzo a frecuentar los grupos de yoga de Paolo. Él sigue a un maestro indio sij, Yogi Bhajan, que vive en California, y tiene el proyecto de fundar un instituto para la integración del yoga, la meditación y la psicoterapia. Entusiasmada de experimentar este nuevo mundo, me siento parte de un grupo de pioneros. Entro en una disciplina nueva para mí, que soy bastante indisciplinada, y durante diez años me despierto a las 5:30 de la mañana, me ducho con agua fría y practico dos horas de yoga. A la noche, una hora más.

Mi mundo se ampliaba, mis ideales respiraban en un espacio más amplio. Aun cuando en este ámbito no me sentí nunca en sintonía con Menghi: él era un burgués de alto nivel, amante del éxito y del dinero. Este aspecto fue siempre una sombra sobre la actividad que desarrollé con él durante tantos años.

Hacia 1986 entro a formar parte del Centro Mandala y trabajo con Paolo Menghi para organizar cursos y encuentros. Me convierto en profesora de yoga. Mi compromiso es cada vez más grande y llego incluso a abandonar la Escuela de Gestalt, Sentí mucho dejar a Scilligo, así como a los compañeros, pero me sentía llamada hacia otra parte. Queda en mi corazón un gran reconocimiento por haberme acompañado en el primer paso hacia mi realización personal y profesional.

Comienza la inmersión en el mundo sij. Me inspiro con las noches meditando y cantando mantras, con las lecturas del libro sagrado, con los rituales. Me parece haber vuelto a mi pasión infantil por la oración y los santos, pero con una conciencia totalmente nueva. Tomo un nombre espiritual. Luego me parece el momento propicio para dejarme ir y decido vestirme de blanco y ponerme turbante. ¡Se necesita coraje en Roma!

Nunca había aceptado ninguna credencial de pertenencia, ni siquiera en *Vanguardia Obrera,* con aquellos compañeros del activismo político. Creo que le hizo bien a mi crecimiento dejar de estar dividida y asumir la responsabilidad de estar en un solo lugar, tuve experiencias fundamentales, como los retiros en Francia y Nuevo México varios años seguidos, donde aprendí a adentrarme en zonas geográfica y existencialmente desconocidas.

Una metáfora de aquel periodo fue un largo viaje que hice sola de Nueva York a Los Ángeles: expansión, amplios valles e inmensos rascacielos, música por la calle en Boulder, el campus de Chögyam Trungpa, miedo y entusiasmo de perder los habituales puntos de referencia, yo sola a bordo de un cochazo en las rectas y kilométricas avenidas estadounidenses. Paolo había entendido que yo debía salir de mi territorio conocido.

El yoga me sanaba el cuerpo y la mente, se transformó en una pasión. Comencé a practicar artes marciales y descubrí que podías caerte y volverte a levantar. ¡No era tan fácil morirse!

Después de unos años, Paolo Menghi decide separarse de Yogui Bhajan. Es un golpe para mí. Un desgarro. Intuyo que este movimiento no es bueno.

Paolo, de una personalidad narcisista, a los primeros golpes del maestro se rebela; inicia su propio recorrido como maestro. Empieza para mí una relación con él llena de conflictos, dudas y desconcierto. No me gusta su posición autoritaria, aunque sigo apreciando su inteligencia y sus enseñanzas espirituales.

En el 92 Paolo me pide llevar un grupo de diecisiete personas (entre docentes y alumnos) en el desierto del Sáhara. Diez días con la responsabilidad de trabajar con cada uno y con las relaciones entre ellos, manteniendo la intensidad y la constancia de la conciencia. Un desafío que enfrenté con entusiasmo y éxito. Nunca olvidaré este viaje y me han quedado muchas ganas de repetirlo.

1991 y 92 son años de infierno. Me siento atascada, a menudo humillada. Decido irme, aún bajo su presión porque siente que no me adhiero. Paolo intentó desacreditarme y crear una oposición contra mí en el grupo. No lo consiguió gracias a mi actitud correcta y ética, y al respeto que me tenían. Al revés, algunos se van al mismo tiempo que yo; personas que he reencontrado más adelante en mi camino espiritual, y otras que luego se volvieron mis alumnos. En cualquier caso agradezco el gran trabajo sobre mi narcisismo, aunque me haya costado caro y haya alimentado mi pasión, *la Fuerza*, a la que debí recurrir para soportar los dolores, las heridas y las pruebas a que me sometía. Por una parte, me ayudó y, por otra, me sumergió en mi carácter. El sentido del deber y el de culpa se habían amplificado a la enésima potencia. Aprendí a soportar la vergüenza y la exposición pública de mis defectos. Fue tan duro, tan duro, como educar a un niño a base de látigo; te queda la herida. Todo fue muy violento.

Una cosa buena fue el aprendizaje del trabajo con el cuerpo. Esto me ayudó a desarrollar una gran creatividad: inventé e integré, gracias también a muchísimas experiencias que me permití con profesores de diversas escuelas de tradición oriental y occidental.

Creo que a Paolo le faltaban dos cosas fundamentales: la conciencia de tener necesidad de algo más grande que lo contuviese, y el amor desnudado del ego, un amor limpio del deseo de ser reconocido y adorado. Espero que ver ese fallo en él me ayude a verlo cada vez más en mí.

Cuando salí del grupo me sentía *sin piel*, o sea, desollada viva. Estaba sola porque había dejado mi mundo profesional, mis amigos, mi familia. Estaba sin dinero y con una gran sensación de vacío. Sentía que lo había perdido todo.

Me faltaba la actividad ferviente, de grupo, los rituales y las prácticas que me inspiraban. Recuerdo que encontraba un poco de consuelo yendo a una pequeña iglesia de mi barrio que se llama *Quo Vadis* (¿Dónde vas?). Era el único lugar silencioso y sagrado donde me encontraba con un Dios que no sabía qué o quién era y al que pedía ayuda desesperada. Me encontraba conmigo misma, y en ese momento era simplemente una criatura sola.

Había dejado la casa donde vivía porque no podía pagar el alquiler. Tuve que vivir también seis meses con mi madre... La misma humillación, la misma invasión, el infierno en que me había desplomado estaba completo. Debí confrontarme con las dinámicas antiguas, con mi incapacidad de hacer frente a esta mujer, a pesar de haberlas pasado de todos los colores. En ciertos aspectos me sentía una niña y en otros, que había crecido profundamente.

Siento la necesidad de volver a los orígenes, de limpiarme de tantas estrategias y manipulaciones que habían sido el hilo conductor en la gestión del Mandala. ¿Cuál era el límite entre la obra del maestro y la manipulación? ¿Cuál era el límite entre obediencia al maestro y sumisión? ¿Cuál era el límite entre el trabajo sobre el ego y la tortura? Y ¿qué era, a fin de cuentas, un maestro? Estaba exhausta. Sufría la falta de un proyecto común con un grupo, estaba aterrorizada por la destrucción que había vivido. Sufría por una fuerte sensación de injusticia y también de haber sido explotada, económica, psíquica y espiritualmente.

Hoy soy consciente de mi dependencia, sobre todo en las relaciones afectivas importantes, y puedo así asumir la responsabilidad de haber soportado tantas cosas que no consideraba buenas para mí ni para los otros, en virtud de una búsqueda eterna del padre y de un lugar de pertenencia, y también de algo más grande que pudiese dar sentido a mi existencia.

Hoy puedo decir que Paolo fue uno de los canales más importantes de mi búsqueda; agradezco haber *superado* y sobrevivido al alto precio que debí pagar.

Me ayudó continuar con mi práctica cotidiana de yoga y meditación y con las artes marciales. Había desarrollado una buena capacidad de trabajar con mi cuerpo y con el de los demás, había aprendido a ser sensible a los mensajes del cuerpo. Eso marcó un cambio en mí como terapeuta porque me abría un canal perceptivo sensible al cuerpo de mis pacientes. Seguí practicando quince años aikido, que, desvinculado de conseguir más fuerza, se había convertido en una meditación activa. Vivía pidiendo dinero prestado y devolviéndolo en una cadena hecha de amigos y bancos. No podía permitirme siquiera un café en un bar. Por fortuna, en el plano concreto de la vida tengo una gran capacidad de adaptación.

Me hicieron falta dos años para reconstruir un contexto en el cual vivir. Allí comencé a dar clases de yoga y meditación. Tenía también algunos pacientes. Retomé el contacto con la universidad y durante tres o cuatro años reencontré la felicidad en la enseñanza y la investigación.

El arte también me ayudó a recuperarme. Frecuenté casi cuatro años una compañía de teatro callejero donde aprendí a arriesgar con el cuerpo. Me ayudó mucho para salir de los carriles disciplinarios del yoga y las artes marciales. Retomé la pintura.

Pero dentro de mí estaba todavía fragmentada. Decidí retomar la terapia pero no confiaba en aquellos que conocía, sentía que debía ir al fondo, entender (¡obviamente!) los mecanismos que me habían llevado a tamaño desastre. ¿Cómo había podido someterme a una dominación tan fuerte de otra persona? ¿Había algo más que la búsqueda de un padre? ¿O no era consciente de hasta qué punto este padre ausente había creado dentro de mí un vacío?

Encontré un psicoanalista junguiano y en el primer encuentro le dije que quería entrar en análisis, sentarme en un diván y no mirarlo a la cara. Creo que entendió perfectamente, y así comenzó un viaje que duró siete años y medio. El profesor Montecchi, experto en abuso infantil, logró acoger mi alma, y yo empecé a pensar que tal vez la tenía. Sostuvo mis aventuras extraanálisis, entre ellas el SAT, apoyándome y transmitiéndome mucha estima. Trabajó para hacer salir a la luz de mi conciencia la transferencia hacia él, pero esa puerta estaba cerrada herméticamente. Creo que pude admitirlo conscientemente solo al final del recorrido, pasando por las heridas del amor que él me ayudó a no evitar.

En 1996 fundé la Asociación de Arteterapia Atmos, con la intención de crear un espacio mío donde poner en práctica creativamente todo lo que sabía y sabía hacer.

Paolo Menghi, que murió en 1998, muy joven, me había dejado otro regalo (es interesante cómo se repite el hecho de que un maestro me entrega a otro: Scilligo me había hecho conocer a Paolo, y él me hizo conocer a Claudio Naranjo). Era 1986 cuando Paolo me mostró un folleto de un encuentro dirigido a psicoterapeutas de la gestalt y conducido por Claudio Naranjo. Paolo me dijo: «Ve a ver de qué se trata, esta persona viene de California y trabaja con terapia y meditación».

El impacto fue fuerte, me conmovía la simplicidad que transmitía la profundidad de sus palabras, cómo se concatenaban experiencias a diferentes niveles. Sobre todo me conmovió su persona: la calma, la estabilidad, un carisma intrínseco y una actitud de familiaridad.

Al año siguiente asistí a otro taller con él y conocí a Paco Peñarrubia y Memo Borja. Un trabajo intenso sobre la agresividad. Me tropiezo con un terapeuta italiano sádico que me aniquila con su expresión de rabia; Memo se da cuenta y me salva. Me encuentro en una cama, bien protegida por una manta que me mantiene caliente y una mujer que Memo puso a mi lado para asistirme hasta que me recuperase. No puedo olvidar la atención afectuosa y la intuición que tuvo de mi profunda necesidad: una madre que contuviera mi miedo y mi angustiosa impotencia.

Este episodio contribuyó a mantener un vínculo con Claudio Naranjo, tanto que un año después de haber salido del Mandala lo busqué. Al cabo de un año supe del programa SAT. Una colega me prestó el dinero y fui a España con un grupito de italianos.

El SAT, Claudio y la espiritualidad auténtica

Al escuchar que las personas lo llamaban «maestro» me vino un poco de alergia y, al mismo tiempo, me chocaba que todo el ambiente fuera familiar, íntimo. Claudio hablaba y bromeaba con estudiantes y colaboradores, ninguno se ponía militarmente de pie cuando él entraba a la sala. Me parecía que podía relajarme. De todos modos, pedí un encuentro con él para decirle que yo estaba muy interesada en su trabajo pero que me quedaría solo si no se pretendía de mí que lo reconociera como maestro (un acto de pretensión cuya única justificación era que estaba aterrorizada de recaer en las redes de un maestro). Él fue tan gentil que me desarmó: «No te preocupes, ahora no necesitas ningún maestro». Qué decir… ¡una gran compasión!

En la introducción a un capítulo escrito por mí en el libro *Gestalt de vanguardia*, Claudio escribe: «Grazia… por quien me sentí inspeccionado desde una cautelosa distancia». ¡Qué vergüenza!

Nunca más dejé a Claudio. Había entrado en otro viaje. Cuando tomé más confianza, le pedí una entrevista y me armé de coraje para decirle que desde que había dejado a mi marido me había cerrado totalmente al sexo. No sé si era un sentimiento de culpa por haberlo «abandonado» lo que me hacía autocastigarme, o el miedo a recaer en la trampa de la pareja. En resumen, no me sentía libre y estaba dormida sexualmente. No recuerdo sus palabras exactas pero a mi regreso a Roma, el día siguiente, encontré a un hombre.

Descubro finalmente la sexualidad. Lo sorprendente fue que me sentía desinhibida y apasionada. Hacía años que no tenía sexo y lo que había tenido con mi marido y los otros hombres había sido extremadamente «normal». Me sumergí en la sexualidad. Estaba claro que Claudio me había abierto una puerta profunda y sutil. Como él mismo me dijo: «Había crecido por dentro y por lo tanto también sexualmente, aun sin tener sexo»

Después de un primer periodo apasionado, este hombre comenzó a desaparecer y volver, para otra vez desaparecer; toda una historia que por un lado alimentaba la pasión y, por otro el sufrimiento. Si tenía el coraje de distanciarme, él volvía más seductor que nunca. Fue la primera vez en mi vida que me dejé vivir un enamoramiento loco. No comía, no dormía, fumaba muchísimo. Dolor y pasión.

Me dejé ir en una sexualidad creativa, carnal, adulta. Un espacio donde sentirme presente. Por primera vez sentí la sacralidad de mi cuerpo y del sexo. Nunca me había permitido perder la cabeza. Pero pronto comenzaron años de infierno por no saber jugar entre distancia e intimidad. Pesaba 45 kilos.

Mi psicoanalista, por su parte, frenó cada tentativa mía de escapar, de poner en acción defensas racionales, y entonces toqué fondo. La depresión se hizo camino con pensamientos autodestructivos y síntomas psicosomáticos. La puerta del amor me costó una operación de útero por un fibroma enorme.

También otras veces mis pasajes más profundos han estado marcados por enfermedades físicas, como si el cuerpo gritase en lugar de mi corazón.

Pero aprendí mucho: el sufrimiento me hizo más blanda, podía sentir la necesidad visceral de ser amada, la belleza de amar, la necesidad (siempre negada) de un hombre a mi lado (aun si sabía que no era él).

Hubo otro encuentro importante: un hombre con quien sentía una fuerte sintonía, compartíamos un espíritu de búsqueda y una sexualidad más madura y sutil. Muy pronto se convirtió, a mis ojos, en el hombre ideal, pero obviamente él no estaba enamorado de mí.

¿Por qué digo *obviamente*? Había reaparecido dentro de mí la sensación de inadecuación, de no ser una mujer posible para ningún hombre. La distancia que él ponía me hacía daño en lo más hondo, y cuanto más daño me hacía, más me batía yo en retirada. No lograba hablarle o expresar emoción alguna. Cuando la historia terminó, después de varios años de encuentros esporádicos, sentí que me cerraba como se cierra una silenciosa puerta de hierro. Solo un par de personas sabían lo que yo estaba viviendo, porque la vivencia del rechazo me cerraba la boca y el corazón. Vivía una vez más en la clandestinidad emotiva.

El amor erótico se transfirió al trabajo y el sexo puro lo jugué en encuentros ocasionales, más o menos interesantes. Lo nuevo era que lo buscaba y no me hacía problemas con eso. Podía irme a la cama con un hombre que había conocido dos horas antes y, si no encontraba nada interesante, desaparecía. Como si el sexo hubiese tomado el lugar que le correspondía y no fuera ya usado como moneda de cambio para sentirme aceptada o amada.

Mi feminidad se beneficiaba: me sentía viva, deseada y cortejada, y estaba experimentando una libertad que antes era solo un tabú. Había pasado la vergüenza de dejarme ver mujer y tampoco la timidez era ya una condena. Tengo la sensación de haber integrado una parte importante que en el pasado estaba alienada y sumergida por el miedo, la vergüenza y la inhibición. Nunca me había sentido tan contenta en mi cuerpo; sentía que lo habitaba en todos sus matices.

Creo, sin duda, que el trabajo más sutil que he hecho sobre mi feminidad fue producto de mi trabajo con los transexuales. Durante varios años me ocupé del cambio de género tanto a nivel terapéutico como político. Los transexuales dedican toda su vida a ser reconocidos como mujeres: modifican su voz, cuidan su vestimenta, transforman su cuerpo para que lo que sienten interiormente se corresponda con la superficie visible.

Las dos mujeres que más me ayudaron fueron Lulú y Ángela. Lulú era una transexual de edad madura, refinada e inteligente, que cuando entró en una relación más íntima conmigo comenzó a mostrarme el modo en que yo descuidaba un bien precioso: ser mujer (aquello por lo que ella, en cambio, debía luchar). Un día me dijo: «Tú escondes tu sexualidad, tu feminidad, mientras nosotras las transexuales arriesgamos la vida por ella».

Ángela, en cambio, tenía la feminidad en el alma: delicada y amorosa. Su modo gentil de ser mujer me permitió aprender mucho sobre mi modo masculino y rebelde hacia cualquier forma de ternura, sobre todo en la relación con los hombres. Ángela soñaba con ser amada y tenía una comprensión natural hacia los límites del ser masculino. Les reconocía diferentes y como tales los buscaba y amaba. Aprendí de ellas la belleza de la diferencia entre hombres y mujeres.

Después de algunos años dejé ir los «encuentros sexuales». Ya habían cumplido su función y comenzaba a sentir un cierto vacío. Tomaba fuerza el deseo de una expresión madura y más completa en el encuentro con un hombre, aun sabiendo que todavía no había logrado el equilibrio entre la necesidad de intimidad y la defensa contra ella.

Una vez terminados los SAT hice mi primer retiro. Tuve un gran sentimiento de paz y expansión pero como si todo se apoyara en un hoyo negro: la profunda desconfianza de mí misma. Claudio me visitó y le hablé de mi sensación de indignidad, una enfermedad de la que no lograba curarme. Él me dijo: «Nosotros, los seres humanos, somos todos hijos de Dios».

Una expresión que puede parecer simple, pero en realidad me tomó años reconocer mi naturaleza como otra cosa que la identificación con mi familia. No podía verme como «yo» porque estaba demasiado apegada a no ser aquello que rechazaba de mi madre o de mi padre. Cuando, en una *línea del tiempo* —trabajo de regresión del SAT— logré ver a mis padres solo como canales que habían hecho posible mi existencia, sentí que salía de una trampa y pude comenzar a mirarme a mí misma y entrever la posibilidad de contactar con mi naturaleza «divina». Allí comencé también a reconocer quién era Claudio.

Después del retiro, Claudio me invitó a llevar una formación en terapia sistémica relacional para terapeutas de la gestalt, durante un SAT 3. ¡Contrafóbicamente dije que sí!

Hoy puedo ver que Claudio tenía, y tiene, una visión a largo plazo de mis potencialidades profesionales. Así fue como en 1994 comenzó una colaboración que no se ha interrumpido nunca, una navegación en mar abierto, dentro y fuera de mí. Recontacté a Carmine Saccu, que había sido profesor mío, genial y creativo, y emprendí la escuela de formación para formadores.

Me hice docente de la Escuela Romana de Psicoterapia Familiar. Fue una gran experiencia pero el ambiente no correspondía con mi «camino»: mis colegas eran profesionales serios pero totalmente escondidos tras la máscara del terapeuta, subterráneamente competitivos. No había espacio para desarrollar la autenticidad que estaba aprendiendo en el SAT.

No puedo mantener un orden en la descripción de mi viaje hacia y dentro de la espiritualidad y la relación con el maestro. Me dejaré transportar por las imágenes.

Antes que nada, ver quién soy: el miedo, las alarmas con las que siempre he vivido, se vuelven una guía para comprender mi vida, mis gestos cotidianos, mis acciones, mis sentimientos y, sobre todo, mis relaciones. Veo mi oscilación entre el entusiasmo por vivir y las fantasías de muerte, de suicidio, que conscientemente nunca viví como posibilidad concreta sino como una actitud de fondo de negarme, de criticarme y castigarme duramente.

Fantasías que siempre traté de alejar proyectándolas hacia fuera: criticando, acusando y castigando. Los monstruos danzaban con el amor y la dicha de los descubrimientos que estaba haciendo con las personas que he conocido estando con Claudio. Cada una es un pedazo de mi vida, vínculos profundos que me han permitido retomar mi historia, no para interpretarla sino para revivirla y ver en ella el sufrimiento y los obstáculos. La hermandad sincera y la competitiva, el compartir los ideales y la hipocresía, todo estaba y está junto. No se puede separar el bien del mal dentro y fuera de mí, solo se puede vivir.

A lo largo del recorrido hay millares de piedras. Con Ginetta, compañera de SAT, nos encontramos en una experiencia: una unión de piel, nos fundimos físicamente y parecía que cada una se fundía consigo misma; nos nutrimos del encuentro carnal, sin contenidos, como si mi cuerpo hiciera de espejo al suyo y el suyo al mío. Como comerse para incorporarse y transmitir a las células un sentido de pertenencia. No se puede estar en relación si no hay unión de los cuerpos. El vínculo biológico es simbólico, igualmente significativo y fundante. Así como con cualquier familiar, el vínculo afectivo permanece más allá de los contenidos, de la cercanía y la distancia, de las heridas y las desilusiones. Empieza a hacerse camino un amor que va más allá de las formas y los contenidos.

Con otra compañera del SAT, Assumpta: ojos en los ojos, amor, sintonía, seguridad. En un determinado momento su cara se llena de arrugas, se deforma. Me asusto, tal vez debería alejarme pero me quedo. Miro al monstruo y no pierdo el amor. Este monstruo me ama. Puedo reconocer la existencia de mi madre, sin negarla para eliminar el miedo y el dolor que me provoca. Como si dos icebergs dentro de mí se acercaran el uno al otro.

Durante un trabajo con la música, un llanto surge como un río sin que yo ponga ninguna intención. Me encuentro dialogando con Dios, le pido perdón por ser tan pobre. Comprendo cómo mi precariedad económica se vincula con mi baja autoestima y mi falta de cuidado hacia los talentos que me han sido dados. Me doy cuenta de que mi profundo rechazo a mí misma me aleja de mi ser profundo. Me estoy pidiendo perdón a mí misma y me perdono. La locura, tan temida, comienza a revelarse en sus aspectos más creativos y espaciosos pero también pavorosos. Todas las personas de la vida ordinaria se me aparecen con máscaras de falsedad. Voy hacia Claudio y le hablo del miedo de no poder vivir en el mundo ordinario con esta visión. Y él: «Déjate ir con la música». Lo acepté como una enseñanza de aprender a practicar.

En este despertar de la conciencia veo a Claudio, y siento la arrogancia y la vergüenza de mi ignorancia. ¿Cómo había podido creer que la fe residía en la comprensión intelectual?

Me parece que finalmente puedo empezar a descansar en la confianza. No siempre puedo saber hacia dónde estoy yendo y él me está guiando en este océano, y cuando arribo a un puerto reconozco un espacio mayor dentro de mí, la experiencia de existir más allá de lo que me sucede. Toda la vida he aspirado a encontrar una especie de autoridad divina que pudiera decirme: «¡Ok! Vas bien», y ahora me encuentro con que nadie me dice «vas bien» pero empiezo a creer que la entidad divina está más dentro de mí de cuanto podía imaginar.

Otro paso es el encuentro cara a cara con el miedo: experimento realmente el demonio que había tratado de evitar, esto es, el miedo al miedo. No aguanto, no quiero morir y no sé si es bueno o si obstaculiza mi camino. En cualquier caso lo he visto, ahora sé de qué estoy huyendo. Siento vergüenza de mi cobardía pero puedo mirar cada hecho, persona y movimiento interno bajo este lente. Haber visto al monstruo me permite aceptarlo.

Mientras tanto, la menopausia. Durante más de un año, en las típicas vigilias nocturnas revisité toda mi vida de relaciones. Desde la infancia hasta el momento presente, aparecieron todas las personas que me acompañaron durante la vida, en un viaje emocionalmente turbulento. Cuanto terminó, sentí que completaba mi elaboración psicológica.

El 2013 fue un año tormentoso, en el centro del tormento está mi relación con Claudio. Lucho todas las noches con mis pensamientos. Me doy cuenta de que mi mente está librando una guerra en todos los campos hacia un pasaje importante: confiar.

A nivel afectivo, sé que por primera vez en mi vida no me iré de esta relación importante pero no sé cómo permanecer porque mi mente quiere seguridad, quiere entender todos los movimientos del otro, quiere estar segura de que no será destruida, se apega todavía a conceptos de justicia, lealtad, verdad, sin capacidad de ver más allá de los hechos y de las personas físicas. Me confunden las incoherencias de mi entorno. No tengo la fuerza para sacar fuera la verdadera intensidad del miedo, de la rabia y del dolor y entonces todo se transforma en analizar los detalles para buscar confirmación sobre en qué estoy, cómo encontrar mi centro más allá de lo que pasa con las personas. Me enfermo de nuevo, pero esta vez tomo de lleno la oportunidad de volver a la esencia de las cosas, trascender lo aparente y entregarme. Yo creo que empiezo a sentir una diferencia entre confianza y fe.

La integración en marcha

Con el nacimiento de la Fundación Claudio Naranjo en 2008, el proyecto de Claudio «Cambiar la educación para cambiar el mundo» comenzaba a tener casa, una casa todavía en construcción y espero que siempre en evolución. La visión social de Claudio contiene en sí muchos aspectos de mi vida, de mis ideales, de mi sentido de ser en este mundo. Significa continuar mi lucha por un mundo más sano pero esta vez en un marco que integra una multiplicidad de niveles y que trasciende mis idealizaciones psicológicas y afectivas. Hoy es para mí un compromiso con la vida y la humanidad, siento finalmente una valentía sana: el quehacer más importante de mis miedos y mis cobardías. Si hay necesidad, luchamos. Claudio me indica un camino que integra el proceso terapéutico de conocerme a mí misma, el compromiso político y social y el sentido de una conciencia espiritual.

En mayo de 2013 muere mi madre a los 98 años. Me informan de que lleva algunos días en estado de inconsciencia. Yo estoy en Puebla, México. Tomo inmediatamente un vuelo y llego a Roma cuando ella aún está viva. Le apoyo una mano en el corazón, la miro... Ella abre los ojos. No sé si me ve pero esa mirada entrará en mi meditación como la capacidad de ver desde otro punto de vista, tal vez el de los muertos.

Entrada la noche, mis hermanas y yo volvemos a casa. A las cinco de mañana, sueño. Estoy frente a un túnel negro; al fondo, una luz de una claridad nueva para mí. Tomo a mi madre de la mano y le digo: «No tengas miedo, yo te acompaño». Suena el teléfono, es mi hermana que me avisa de que mi madre ha muerto.

El funeral es frío, seco. Nadie derrama una lágrima. Un cura incompetente e inconsciente de su misión facilita la extrañeza. No me resisto y me expongo en un acto de valor frente a toda la familia: Declaro nuestra infancia difícil, agradezco a mi madre por haber vivido el tiempo suficiente para permitirme comprenderla, por haberme dado el tiempo de poder sentir el amor escondido tras su odio. Aparece alguna lágrima también en los ojos de mis hermanas.

El drama de nuestra relación concluye en Chiapas, en una ceremonia organizada por mi amigo Gerardo y conducida por una chamana indígena. Siento que este es el verdadero funeral.

Agradezco a Claudio por confiarme, en estos últimos años, la conducción del trabajo con los padres en el SAT 2. Es ahí donde he elaborado todo mi recorrido con mi madre y mi padre, es ahí donde he recorrido el camino del perdón.

En el segundo retiro con Claudio se abre un importante avance hacia la autenticidad: Una noche siento el cuerpo petrificado, ninguna sensación; un cinismo lo pone todo en cuestión. Por fortuna sigue viva la meditación, así que continúo meditando con pasión y, finalmente, una claridad: mi ambición. Una vez más me veo queriendo alcanzar un lugar especial para sentir que puedo existir: ser santa, estar iluminada o no sé qué. Me doy cuenta de que no es una aspiración limpia porque está siempre la esperanza de ser visible, sobre todo a los ojos de Claudio, para que mi Ego encuentre su gloria.

Entro en una sensación de soledad inmensa pero al final de los diez días de retiro me siento más inocente, más simple. Soy la que soy, debo decidir si quiero mi felicidad así como soy, así como viene, y en realidad no sé bien ni cómo soy ni qué vendrá. Me siento ligera, me parece haberme dado cuenta, de manera elemental, de que solo hace falta vivir.

Desde entonces se ha instaurado en mí una calma nunca antes conocida. A veces me encuentro esperando estar ansiosa pero la ansiedad no llega. Llegan los problemas pero no son problemas. Esta sensación se ha ido consolidando más y más hasta llegar a hoy, donde mi mayor aspiración es cultivar cada vez más la vivencia (y espero, también, una virtud) de desapego, que me permite observar todo desde una distancia de claridad.

En otra experiencia entro en un mundo paralelo poblado de espíritus que encuentro con naturalidad, sintiéndolos como si fueran personas de carne y hueso. Esta experiencia tiene el significado de creer en lo invisible; tal vez se abre la puerta de la fe.

En la relación con el maestro, siento que finalmente entré en este espacio y siento una vida más llena de sentido porque mi camino espiritual parece no estar ya al servicio de mi sufrimiento psicológico y afectivo. Después de tantas batallas con los maestros, finalmente mi conciencia y mi conocimiento se han abierto. No es fácil de explicar; lo único que tengo claro es que he dejado de buscar un padre ideal. Acepto haber tenido el que tuve, lo reconozco y le pertenezco.

Lo quería distinto, lo quería héroe. Ahora aprecio el afecto tímido que me dio, aprecio que nunca me negó como hija mujer. Siento que éramos iguales: dos miedosos. Quién sabe si él sentía que yo era como él. Me parece que, finalmente, le dejo ir en paz. Y desde que por fin eximí a Claudio de esta búsqueda neurótica, siento un reposo en su Guía.

Paralelamente, ha habido un cambio en mi relación con la obediencia. Siempre he oscilado ambivalentemente entre la obediencia ciega, por miedo a ser castigada, y la rebelión contra el poder de la autoridad, cualquiera que fuese. Hoy estoy viviendo la obediencia al Maestro como un acto de libre voluntad. No sé si llamarla *obediencia*; tal vez es rendirme a algo más grande, que ya no importa si entiendo intelectualmente. Claudio me transmite sus enseñanzas para mi camino espiritual y yo estoy a su disposición para recibirlas y ponerlas en práctica. Es una gran tarea que me permite, cada día, observar los mil aspectos de mi ego para que sean solamente útiles. Estoy disfrutando el viaje. Estoy disfrutando de ser una terapeuta simplemente presente que tiene fe en que lo que sana es la presencia y el amor. No hacer.

En el último encuentro con él recibí otra enseñanza: «Comienza a apreciar que los frutos que cosechas no son los tuyos».

Traducción: Verónica Baeza

LIBRO TERCERO

ENEATIPO 6 SOCIAL

Coordinador y autor
Iñaki Zapirain Iturraran

Colaboradores
Unai Totorika
Pablo Pérez
Pedro De Casso
Javier Egurzegui
Aitor Ozerin
Lía Molinari
Elizabeth Rodríguez
Rosa Rebollo
Itziar Ibarluzea
Roberto Ferro
Luis Ignacio Galíndez
José Zarauz
Claudia Swain
Gerardo Ortiz
David Arizaga
Sagrario Carrasco
Elizabeth Domínguez
Adrián Galindo de Pablo

I

LA PASIÓN EN LA ESFERA DEL INSTINTO: CÓMO ACTÚA EL MIEDO EN LO SOCIAL

Diversas disciplinas (la psicología social, la antropología o la psicoterapia grupal) señalan la existencia de una pulsión, de un «apetito» social encaminado hacia una arcaica sed de pertenencia y de ser vistos, al establecimiento de vínculos y al encuentro esencialmente humano.

Pero cuando el miedo y las ansiedades asociadas a la honda inseguridad de este carácter invaden el instinto social genuino, este va tornándose en una especie de pasión, con sus movimientos reactivos, que van desde una afanosa búsqueda de validación y aprobación hasta una ansiosa búsqueda de seguridad en el otro, el grupo o el ideal.

Este despliegue de conductas compulsivas va «cubriendo» un íntimo sentimiento de vacío vital con las «vendas» de distorsionadas ideas asociadas al anhelo de reconocimiento: Si consigo por fin la anhelada aprobación puedo ser parte, tener un refugio y calmar la ansiedad.

Y así, desde su infancia en la esfera familiar, el E6 social fue desarrollando un ideal de sí enraizado en la captación y obediencia de las normas y códigos imperantes. Su férrea adhesión le aportó un sentimiento básico de ser aceptado y de pertenencia.

Pero más allá de esta compulsión a la aprobación, él quiere poder y se pone a buscar parcelas de poder que le permitan sentirse más valorado, más reconocido. Este impulso topa no obstante con su tendencia a la obediencia y a la sumisión, con la exigencia interiorizada de adhesión a las normas y al grupo, con su miedo a la autoridad. Esta ambivalencia le genera una lucha interna, entre los polos del *buen hijo legal* y el impulso rebelde a *tomar el lugar del padre*.

La rabia que resulta es amenazante, por lo que ha de ser reprimida, y esta nueva tensión va generando síntomas que van de la rigidez a la ansiedad crónica.

La salida habitual a tanta tensión paralizante es el aferramiento a ideales, que lleva a identificaciones dogmáticas con líderes, códigos, tótems… a menudo con fanatismo. Es una adhesión al poder patriarcal que le aporta pseudoseguridad, pues la renuncia a ejercer la libertad le ahorra las tan temidas equivocación y culpa. Y le salva, sobre todo, de su íntimo sentimiento de vacío. «Pertenezco, luego existo» podría ser su ecuación vital.

Recorramos a continuación los patrones reactivos de este carácter.

Control y rigidez

Un aspecto llamativo en esta tipología es su rigidez. Una actitud de corrección, adecuación al entorno y autocontrol reprime la espontaneidad. Un estado de alerta, de *hipervigilancia,* activa un continuo escaneo de las expectativas del ambiente, en un esfuerzo de adaptación.

Uno de nuestros colaboradores relata esta atmosfera:

> A mis padres apenas les veía. Mi padre, catedrático de Derecho, encerrado en su despacho. En su presencia me sentía envarado, tieso. Mi madre, medio ciega, leyendo o con dolor de cabeza. Más bien la huía también. Me entretenía básicamente solo. La costurera de la familia era mi referencia: me cuidaba, me contaba cuentos, me llevaba consigo a visitar a sus amistades... Ella se convirtió también en mi refugio, sobre todo frente al pánico que me inspiraba mi hermano mayor, de genio muy fuerte, que me pegaba.

La aparente posición de seguridad y autodominio va acompañada de una vivencia interna de estrés y angustia. Parece una tipología adaptada pero hay disociación y escisión.

> Me controlo desde la rigidez. Mi postura corporal la percibo rígida en esos momentos, siento tensión, a veces aprieto las quijadas. Y una sensación en el pecho que me oprime; es una exageración en mi sentir el miedo, cobardía e inseguridad, que no le muestro a nadie; sin embargo, eso siento.

Sumisión y obediencia

La sumisión a la autoridad y al grupo sí es patente. El temor al rechazo, la crítica o la reprobación dibuja una compulsiva obediencia a lo establecido, en lo laboral como en la intimidad o lo social. Una rebeldía no expresada se plasma en una conciencia crítica acusada, con mucha exigencia.

Estas personas «serias» y responsables, con su «máscara» de afabilidad, viven una tortuosa obsesión por cumplir con lo que se espera de ellos y con la norma.

Un participante en los encuentros de este subtipo comparte:

En mi trato inicial con las chicas, entre los diecisiete y los veintitrés años, me preocupa ante todo ser muy correcto y detallista, y presentarme como alguien cultivado e «interesante», pero inhibiendo toda manifestación de acercamiento físico. Es la forma de «respetar» a la mujer que me han enseñado en la familia. Acudo a guateques y fiestas de noche, hasta tengo éxito con las chicas, y también caigo bien socialmente, pero en ocasiones me siento «fuera» de ambiente, cortado e inhibido. Simultaneo vida social, estudio y «compromiso» religioso con una organización universitaria católica, a cuyo frente está un hermano mío, once años mayor que yo, jesuita, prototipo modélico en la familia.

Miedo a equivocarse

El miedo al error es un tormento. Equivocarse va asociado a una sensación vergonzante, al enorme esfuerzo por realizar lo correcto, a la parálisis, la duda y, por supuesto, a una tendencia al aislamiento y la rumiación obsesiva, donde se disparan los bucles ideacionales, razonamientos de posibilidades de actuación y eventuales consecuencias...

Mostrarse con naturalidad resulta muy amenazante. En su mundo interno, repleto de códigos de conducta, la conciencia distorsionada es un tribunal con juicios, premios, alivios y sentencias coercitivas. En esa atmósfera judicial, punitiva, él es el implacable juez de sí mismo, su peor enemigo.

Exigencia

La exigencia en el meticuloso cumplimiento de las normas genera enormes dosis de *sentimientos de culpa* corrosiva. La sintomatología va desde la *ansiedad difusa* (inquietud motriz, rigidez, hiperactividad...) a los sentimientos de *angustia* (preocupación y *rumiación* anticipatoria), pasando por la parálisis y una desvitalización que en ocasiones se torna melancólica (con vivencias depresivas por no alcanzar determinados logros, o severas autocríticas que le sumen en una honda desvalorización).

Aparecen brotes de irritabilidad y accesos agresivos con personas de confianza con las que siente que posee el control. Muchos describen *burnout,* manifestación de la queja por el peso de exigencias ilimitadas

Desconfianza

La actitud de *desconfianza* convierte a los E6 sociales en vigías al acecho de eventuales rechazos.

> Mi principal miedo es la no aceptación de la gente. Por más que haga, tengo ese sentimiento de no caer bien, de ser fría, de que mis conversaciones pueden tener una carga agresiva. Pienso que me rechazan, que quieren más a otros. Es pura especulación negativa que me hace tener desconfianza de la gente: no me dicen la verdad, hablan a mis espaldas, me pueden lastimar, abusar de mí, burlarse de mí... Y mi postura es de vigilia. Dudo cuando me dicen algo, pienso que no comparten toda la información.

Ansiedad

La ansiedad es en el E6 social una turbulencia constante. Por un lado están los temores concretos: ser aceptado por la autoridad de turno, el miedo a no encajar... Por otro, una ansiedad flotante, como una corriente eléctrica en permanente estado de «encendido», que lleva a una alerta crónica. En esa «nube» con cargas eléctricas emergen todo tipo de fantasmas. Es el miedo a todo, el *miedo a la vida*, con una enorme imantación de *negatividad.*

> Me da miedo la vida: una enfermedad, una catástrofe, que muera alguien que quiero, carencias económicas... Es como si supiera que en algún momento viene algo feo que me va a lastimar. Entonces estoy alerta, cuido mucho mi salud... revisiones médicas, seguros. Como si teniendo la certeza me tranquilizara un poco; si me anticipo me hace sentir seguridad.

Cualquier catástrofe puede llegar en cualquier momento; hay que estar en guardia.

> En mi infancia, en la escuela o en el barrio, mientras mis compañeros jugaban libre y alegremente, yo siempre tenía una sensación de alerta, de que algo iba a suceder, nos iban a regañar o «alguien extraño o peligroso» iba a interrumpirnos. En el peor de los casos, yo iba a ser el «culpable del suceso».
>
> Me sentía el vigía del grupo, encargado de que no molestáramos a nadie con la pelota, con nuestro juego... para no sufrir represalias. Solo estábamos a salvo si actuábamos correctamente, si seguíamos las normas de «obligado cumplimiento». Nunca tuve una sensación de disfrute total; carecía de espontaneidad, sentía una felicidad a medias. Un «sí, pero...».
>
> Esta sensación me ha acompañado toda mi vida y en todos los ámbitos: laboral, familia, pareja... Si bien con la ayuda de la terapia he podido relajarme y confiar un poco en la vida.

El deber

Desde el desamparo originario, el miedo omnipresente le conduce a la compulsión del cumplimiento de las expectativas, en un desesperado intento de aprobación. Su mundo interno son reglas que obedecer.

Va cristalizando una escultura rígida: un cuerpo envarado, alerta, y diálogos internos de ensayo y respuesta.

El universo interno carcelario produce un *desplazamiento energético*, un viraje hacia afuera, proyectando lo ingerido de la atmósfera normativa, y huyendo de sí mismo para encontrar asideros y anclajes.

Va configurándose un mundo de posibles inclusiones y exclusiones, con sintonización y obediencia de las reglas escaneadas e imaginadas.

El cumplimiento del deber se instaura cual patrón férreo, y conlleva un aprisionamiento emocional y una «máscara» de seriedad, neutralidad y confiabilidad. En esta compulsión a la corrección, destacar resulta amenazante.

Los «ladrillos» conductuales de la escultura existencial son: meticulosidad, precisión, rectitud, orden, rigidez horaria, control y el aferramiento a cánones racionales e ideológicos.

Idealismo

El *desamparo* inicial de la vida, las interrupciones afectivas precoces y los temores inoculados por los progenitores dejaron una huella de tal calado que la desconfianza quedó instalada en el organismo.

El siguiente relato lo muestra con crudeza:

> Con ocho meses, mi madre, poco niñera, por circunstancias de la guerra y para asegurar mi supervivencia, se ve obligada a dejarme ir con la nodriza a vivir con su familia. Con casi dos años, me separan de ellos para reintegrarme a mi familia de origen. Parece que entre tres adultos no podían arrancarme de los brazos del ama. Es un largo viaje de rodeo, que dura dos meses, con una recalcitrante diarrea, a cargo

> de Rafaela, a quien aprendo también entretanto a llamar «mamá». Al llegar, mi primera reacción con mi madre real fue rechazarla y llamarla «idiota». Se esforzaban en explicarme que esta era mi madre, y no ninguna de las otras dos.

Ante la sangrante herida de la inseguridad (radical, óntica, primigenia, difusa, global), se impone encontrar asideros segurizantes. Cual náufrago a merced de los oleajes de la existencia, el eneatipo Seis social se aferra a ideales, a los refugios de la razón y a teorías que aporten certezas. O a líderes que, en su grandeza e infalibilidad, encarnen tótems segurizantes de donde tomar trozos de protección. Es una angustiante búsqueda de rieles, de referentes. Se trata de recoger las piezas de un «ánfora» que se hizo añicos en la más tierna infancia.

He aquí la aportación autobiográfica de uno de los participantes de esta red de investigación:

> A la hora de elegir carrera, dudo entre derecho o ingeniería de caminos (profesiones familiares). Estudio derecho, con buenas calificaciones, porque es «lo que toca hacer». Escojo luego preparar oposiciones a abogado del Estado (un cuñado mío ya lo era, y un hermano las estaba preparando), pero tras dos años de estudio intensivo, unas nueve horas diarias, me doy cuenta de que ni siquiera sé en qué consiste eso para lo que me estoy preparando. De niño decía que quería ser «médico».
>
> Me siento en crisis, acudo a ver a un jesuita que, al ver mis dudas angustiosas, me vende que Dios me ha elegido para seguirle como jesuita. El argumento definitivo para mí fue: «¿Tú sabes lo maravilloso que es que, con solo hacer lo que te manda el superior, tienes la certeza de estar haciendo lo que Dios quiere de ti?» Ante esto no me pude defender, y ahí empezaron diez años de vida religiosa que me llevaron al borde de la locura, solo superada por el abandono «total» de mí mismo a la causa de Dios, a través de la entrega a la obediencia, no solo «de ejecución» sino incluso «de juicio», como exigían las Reglas y, por consiguiente, a través del abandono de todo posible resto en mí de sentido común o de «mí mismo». Me acometieron la ansiedad, las dudas, la

disociación mental, pesadillas terribles, culpa, ansias místicas; enfermé del pecho...

A los tres años la cabeza me hizo *crack*, negándose a estudiar más de media hora seguida. Andaba desenergetizado todo el día pero seguía sacando «buenas notas» y los superiores andaban muy contentos conmigo y me animaban a continuar. Renuncié a mi ser, sin siquiera saberlo.

La *incertidumbre* catapulta a este carácter hacia el mundo de los dogmas, los maestros, los partidos políticos... que le habrán de salvar del calvario de la *duda*, al apropiarse de certezas en forma de salvavidas.

La horda en plenitud y homogeneidad, la fuerza de la masa encauzada hacia un ideal se transforma en una experiencia sobrehumana, pseudomística. Grupos uniformados y posiciones heroicas son inyecciones vitales.

Encontramos en los E6 sociales un volcarse en actividades políticas o sindicales con hondo calado idealista y carga utópica, ideas filosóficas e ideales espirituales. En definitiva, refugios ideacionales.

Para mí es necesario, vital, tener un líder a seguir, un guía que me brinde luz a futuro. Que me brinde confianza alguien a quien idealizo, a quien admiro, pues es como si tuviera una ruta que vale la pena seguir para brindar mayores beneficios al todo, dejar un mejor mundo desde mi trinchera. Me percato que soy de causas sociales, de grupos que aporten desarrollo del Ser. Otro punto importante: para mí es mucho mejor si mi guía es del género masculino.

Bloqueo de los impulsos naturales

Hay autodominio de los movimientos espontáneos, sin expresión de las vivencias genuinas y creativas. La norma introyectada impregna su vida de códigos castrantes de la expresión natural del ser humano.

Con la instintividad y emotividad inhibidas, el eneatipo Seis social busca compulsivamente un ancla y una pertenencia grupal en el cumplimiento ansioso y preocupado de las normas vigentes.

El miedoso social vive el *predominio de la función racional*, una tendencia a una *mente filosófica*. Se disocia del espacio corporal, lo cual implica una renuncia a su capacidad de entrega al goce de vivir y un bloqueo de la vertiente celebrativa de la existencia.

Autoacusación

De la experiencia carcelario-tribunalicia, con la consecuente autoexigencia, emerge el miedo a errar y a incumplir lo esperado y lo correcto, que conlleva amenaza de señalamiento, rechazo, exclusión, e incluso vergüenza o humillación.

La lucha interna sumada a la amenaza externa genera un bloqueo crónico en la *duda lacerante*. Se estructura la respuesta de una identificación inmediata de la norma y el autocontrol. La mirada autocensuradora promueve enormes dosis de esfuerzo, con tendencia hacia la *disciplina* férrea, la tenacidad y la *precisión*.

> Cuando decido hacer un trabajo o comprometerme a prestar un servicio soy muy exigente conmigo misma y elijo hacer las cosas como si fueran para mí; eso me da como una confianza interna, saber que se va a entregar lo mejor posible. Es como honrar mi palabra, mi imagen, con impecabilidad, pues ello construye confianza y robustece mi identidad, me da poder. Y eso me lleva a hacer doble esfuerzo, pago facturas físicas altas y tengo mucha energía para llevar a cabo lo que me

propongo, con muchísima responsabilidad; no me permito ir a medias, es una entrega total. Si no es así, me siento culpable y me juzgo en demasía; no descanso y entro en diálogos interminables: estuvo bien, lo hice bien, lo hice mal... Pienso esto obsesivamente; es un fastidio.

Conciencia moralista, punitiva

La conciencia *superyoica*, punitiva y moralista (donde reina el cumplimiento de las normas) da una *posición vital recelosa* que analiza cuidadosamente las opciones relegando las señales de lo emocional y lo instintivo. La filosofía cartesiana ejemplifica esta excesiva meticulosidad a la hora de prevenir el error:

> Del mismo modo que un hombre que anda solo y en tinieblas, resolví caminar tan lentamente y emplear tanta prudencia en todas las cosas que, aun a riesgo de que avanzase muy poco, me preservase muy bien por lo menos de caer.[30]

Y en consecuencia, establece en la primera de sus famosas reglas:

> No admitir como verdadera cosa alguna que no supiese con evidencia que lo es; es decir, evitar cuidadosamente la precipitación, y no comprender en mis juicios nada más que lo que se presentase tan clara y distintamente a mi espíritu, que no hubiese ninguna ocasión de ponerlo en duda.

Ardua tarea la de quien pretende solo admitir algo cuando no tenga el más mínimo motivo para ponerlo en duda; no hay aquí lugar para la intuición ni para la confianza en el instinto. Dado que se presenta como ingente, el propio Descartes prefiere,

30. Véase René Descartes, *Discurso del método*, Tecnos, Madrid, 2003.

en lo que atañe a las costumbres, optar de momento por seguir lo comúnmente establecido, en una «moral provisional» que consiste en

> seguir las leyes y costumbres de mi país, conservando con firme constancia la religión en que la gracia de Dios hizo que me instruyeran desde niño, rigiéndome en todo lo demás por las opiniones más moderadas y más apartadas de todo exceso, que fuesen comúnmente admitidas en la práctica por los más sensatos de aquellos con quienes tendría que vivir.[31]

Una tal *cautela*, vinculada al miedo *a equivocarse* y al *temor ancestral al castigo y a la culpa*, configura una pasión que conduce al cumplimiento de cómo uno ha de ser, en base a la identificación con los valores familiares y culturales.

Filósofos como Kant ilustran, tanto en sus ideas como en sus descripciones biográficas, los aspectos más esenciales del E6 social.

El superyó, todopoderoso juez interiorizado que tiene registrados los códigos con que las acciones pueden ser aprobadas o reprobadas, es el timón existencial que guía, omnipresente, el itinerario vital de este carácter.

Mecanicidad e imperturbabilidad

Tanto ese timón como la propensión eidética, platónica, generan una actitud vital en que reinan la «sequedad», la dureza y el desierto emocional (más allá de una apariencia de afabilidad), así como una *robotización de la existencia* que aporta una vertiente flemática, de cierta impasibilidad, que deviene una fachada de

31. Ibíd.

«neutralidad» con que tapar la inseguridad interna. Es como la imagen del samurái, cuyo código de honor se acompaña de una *actitud de imperturbabilidad*.

Los ideales de corte «caballeresco», incluidos los románticos y los utópicos, implican capacidad de sacrificio, renuncia vital y enormes dosis de tesón, disciplina y aguante. Sirven asimismo para ocultar las necesidades afectivas, que conectan con las «debilidades». El relegarse denota el temor a ser visto, a quedar expuesto y, por tanto, vulnerable a las diversas amenazas del entorno.

Desplazamiento del poder

Aunque el eneatipo Seis social ofrece una postura «responsable», de cumplidor, su movimiento estratégico de *desplazar el poder* hacia los ideales y las autoridades externas le libera de las posibles consecuencias de sus actos, tanto en forma de críticas externas como de culpabilidad.

Así, la sumisión a ideales o autoridades no es un mero acatamiento del orden jerárquico instaurado ni un simple intento de protección por miedo a la culpa o al castigo. Hay también algo más sutil: una retracción, un anclaje «pasivo» desde donde desplaza la propia libertad (de criterio, pensamiento, elección…). Otorga la autoridad al otro, al que imanta de un mayor poder, aportándole dosis de narcisismo. Subyace una *ganancia*, un *beneficio secundario* en el intercambio: «Te obedezco, te idealizo, con lo cual te sientes mejor y más poderoso y valioso. Y desde mi adhesión, puedo calmarme, liberarme del monstruo de la incertidumbre, la duda y la inseguridad, así como de las devastadoras consecuencias de la culpa. Te obedezco y, a cambio, me aportas certezas».

Es el monstruo del *miedo a la libertad,* que emerge con contundencia. Resuenan aquí las palabras de Eric Fromm en su conocido ensayo:[32]

> ¿Puede la libertad volverse una carga demasiado pesada para el hombre, al punto que trate de eludirla? ¿Cómo ocurre entonces que la libertad resulta para muchos una meta ansiada, mientras que para otros no es más que una amenaza? ¿No existirá tal vez, junto a un deseo innato de libertad, un anhelo instintivo de sumisión? [...]
>
> ¿El sometimiento se dará siempre con respecto a una autoridad exterior, o existe también en relación con autoridades que se han internalizado, tales como el deber, o la conciencia, o con respecto a la coerción ejercida por íntimos impulsos, o frente a autoridades anónimas, como la opinión pública? ¿Hay acaso una satisfacción oculta en el sometimiento?

En efecto, casi podría hablarse en el E6 social de un «instinto de sumisión», si no fuera porque las auténticas necesidades instintivas siguen estando presentes, aunque fuertemente penalizadas por una *inflación de la conciencia ética.*

En resumen, un temor crónico de fondo, un miedo a todo, va generando oleajes de ansiedad en una mente hipermoralista, donde impera la normatividad de un severo juez interno. La necesidad imperiosa de aceptación y el hipercontrol reprimen la expresividad, en una renuncia a la libertad y a dosis importantes de poder, que se desplaza a ideales y líderes que aporten, con su certidumbre, la tan anhelada seguridad vital y un alivio de la angustia.

---

32. E. Fromm, *El miedo a la libertad,* Paidós, Barcelona, 2007, p. 31.

2

LA NECESIDAD NEURÓTICA CARACTERÍSTICA

La angustia de base impele al aferramiento a vínculos apegados y «salvíficos» (codependientes, buscando personas dependientes a quienes proteger) y a tótems, ideales que aporten seguridad existencial. Un sinfín de banderas de diversos colores, con el denominador común del Deber.

Se interiorizan aseveraciones como: «Hay que hacer las cosas como es debido», una expresión «eticista», más agnóstica que la alternativa: «Hay que hacerlo como Dios manda». Un ente abstracto, una especie de «ojo» omnipresente Sabe lo que es lo correcto, lo pertinente y adecuado, dentro de un «códice» con una conducta a seguir cual raíl férreo.

> Algunas de mis conductas las hago porque me parece que es lo que debe ser. Por ejemplo, soy administrada, me gusta tener en orden todos mis papeles, pagos de servicios, tarjetas de crédito. No tengo deudas, me generan incomodidad, culpa, estrés, y me resulta fácil estar pagando mis cosas a tiempo pues desde mi visión es lo que procede. Mi casa la tengo como debe estar una casa: ordenada, limpia. Mi ropa... todo me gusta controlarlo, y sé que es rigidez y al mismo tiempo me da tranquilidad, me hace sentir bien. Es como tener un código de ética, como sentirme una buena ciudadana que no le da la lata a nadie.

Esa entidad, que puede ser sustituida por una fuerza suprema, tal vez en forma de masa cohesionada por un liderazgo omnipotente y un norte claro y luminoso, ofrece algo que resulta impagable: la Certeza.

Es necesario comprender la dinámica subyacente de este «debeísmo», esta inflada y contaminada «deberitis» donde el ser transmuta hacia el deber ser, generando un estilo de vida de adhesión férrea a las normas inscrita a fuego en la psique. Señalaremos ahora los aspectos que tejen la formación reticular de esta compulsión «matriz» al *cumplimiento del deber.*

«Debeísmo» y control

La *necesidad de control* opera de asidero donde todos los semáforos internos están sincronizados y automatizados, en prevención de cualquier amenaza interna (emociones, expresiones espontáneas de autoafirmación o agresividad y, por supuesto, las vivencias de corte sexual) o externa, omnipresente en la peligrosa jungla de la vida.

A mayor control de la espontaneidad, menos posibilidad de error y, por tanto, de castigo. A mayor «debeísmo», más seguridad aparente (pseudoseguridad).

Renuncia de sí

El drama del «debeísmo» es su fatuidad, su vertiente ilusoria y virtual. Exige, además, una enorme renuncia. La *renuncia del Ser*, a lo más genuino de uno (los impulsos creativos, los instintos, el disfrute, la entrega a la vida, la intimidad, el flujo relajado...).

Implica una enorme sobreadaptación y un olvido del propio sentir, desestimando las propias percepciones e intuiciones.

Ideal del yo y enemistad interna

Se ejerce un enorme autodominio en aras de un *ideal de ser* inalcanzable. No solo agota por insaciable sino por ser un ojo crítico demoledor, que hace del miedoso social un auténtico enemigo de sí mismo. Ese es su drama principal: el autorrechazo, la autopersecución, la autocensura, la autorrepresión.

Se desplaza la energía desde lo esencial (el cuerpo, los sentimientos, la creatividad...) hacia un mundo de ideales que conlleva heroicos y *esforzados sufrimientos*. Uno *hace lo que debe,* en *obediencia* a las autoridades externalizadas.

> Me persigo yo misma en hacerlo bien, en cumplir mis propios estándares como si fueran los válidos; me autosaboteo, me reprimo. Quiero ser obediente, me someto a mis ideales y a quien le otorgo autoridad.

Funciones del deber ser

Esta dinámica conlleva «beneficios»: la *aceptación* y *reconocimiento,* y *paliar la inseguridad radical.* Desde la falta de un anclaje genuino, el E6 social se abalanza a «abrazar» tótems como árboles gigantescos donde descansar, en la certeza, de la angustia crónica.

Los códigos de conducta interiorizados minimizan los temidos rechazos y aplacan también la conciencia interna, que no es un observador relajado, amoroso, sino un juez abusador en procesos desvitalizantes, repletos de desvalorización y autodesprecio.

Raíces del sentido del deber

Las raíces del sentido exacerbado de deber residen en la interrupción de las necesidades más genuinas del ser humano: aceptación, permiso, calor, protección, contacto físico tranquilizador, sentimiento de estar anclado, arraigado en unas manos, un cuerpo, un pecho, una musicalidad de recepción del mundo.

Las *interrupciones* se dan en una *atmósfera de dictados*, con diferentes formas de invasión y coerción. El niño, la niña, aprende a desconectarse. Las necesidades genuinas son excluidas y sustituidas por dictados, normas de conducta que van esculpiendo una «rigidificación» corporal, psicomotriz, y un congelamiento de las vivencias emocionales, que concluye en la interiorización, con cincel y martillo, de lo que es correcto, aceptable, sentir. Lo que hay que sentir, *lo que se debe sentir.*

Estas esculturas humanas van soportando un «vaciado» del ser que provoca un arrastre energético hacia lo mental, lo normativo, lo ideal. El desenlace es la rendición suprema, el olvido de sí en postración al servicio del deber. Como dotado de un sexto sentido, el sistema nervioso se especializa en ser un canal de recepción de los dictados y valores familiares.

Enajenación y «extranjería»

En definitiva, se produce un movimiento de alienación, de *enajenación*, donde uno se vuelve «extranjero» de sí mismo, volcando hacia el exterior unos ojos exaltados, aguzando la atención para escanear las normas que cumplirá para ser amado.

El ideal de ser, el yo ideal o, lo que es lo mismo, el cumplimiento de lo que se debe ser, cubrirá su necesidad de amor y protección. «Si cumplo, si soy bueno, si soy lo que esperas, conseguiré tu aceptación y por tanto me sentiré amado y seguro».

El viajero E6 Deber se vio arrancado, en lo más hondo, de asideros nutritivos y va a la deriva. La inseguridad radical va asociada a tabúes ancestrales, manzanas prohibidas, al árbol del bien y del mal que partió en dos el Paraíso, disociando la vida misma.

El universo corporal quedó impregnado de barrotes, encerrando los inocentes y genuinos impulsos en *cajas de Pandora* de oxidada cerradura. Los oscuros púlpitos de voces aniquiladoras crearon minotauros amenazantes que hubo que encerrar y amordazar.

Ausencia del derecho a ser

Intramuros hubo un aullido de miedo en estado puro, que nadie escuchó. Ante la *indefensión solitaria*, no quedó otra opción que salir del laberinto transmutado en un ser uniformado, una marioneta manejada por los hilos del *deber ser*.

Del grito primal que dejó de escucharse, del hondo sentimiento de abandono y de *falta de permiso* para la espontaneidad y la curiosidad, brota el sentimiento íntimo de no tener derecho simplemente a ser.

> Recuerdo que en una fiesta, cuando comenté algo mi papá me pellizcó y, cada vez que iba a hablar yo lo veía para ver si aprobaba y si no, entonces no lo hacía. Sentía que debía obedecer pues él sabía más que yo y no quería hacer el ridículo o que mi papá dejara de quererme por mi torpeza cuando opinaba. No tenía su permiso y me parece que yo tampoco me dejaba ser espontánea, preferí callar y no opinar.
>
> Y cuando lo hago, lo hago con mis certezas, con juicios, y por dentro tengo diálogos interminables, manipulativos, con miedo, inseguridad, desconfianza, y es entonces cuando necesito que otro opine, aun-

que muchas veces me doy cuenta de que no sabe, que yo sí sabía. Ahí es como no tener derecho a ser.

Normalidad y sobreesfuerzo

El E6 social sale del *horror vacui* y del pavor a la exclusión mediante el olvido de sí y la enajenación, robotizado por el ideal como rector de la vida, con un desplazamiento del contacto fenomenológico hacia lo mental. La vida queda así circunscrita a una serie de metros cuadrados, calculados, medidos con una coloración judicial, donde existen los buenos y los malos actos.

Solo queda una salida: el cumplimento del deber, desesperado refugio. Clavar las uñas en tótems segurizantes clamando sosiego. A la caza de normas mediante sensores amplificados, hasta dar con la tecla y adherirse a la *norma-lidad.*

En su caída, en su claudicación, se produce una mecanización donde las rutinas se entrelazan con actividades esforzadas. Siempre con la lupa de la Razón. Racionalismo y moralismo exacerbado generan una profunda desconfianza hacia los impulsos, lo espontáneo.

Tal y como señala Karen Horney,[33] la «tiranía de los debiera», ese universo tribunalicio de códigos y sentencias, guarda en su seno la imagen idealizada de sí, las expectativas familiares ingeridas, los valores y normas imperantes. La persona realiza esfuerzos titánicos por obedecer dichos imperativos, como Sísifo encadenado al enorme pedrusco, en su calvario interminable.

El sobreesfuerzo que implica la obediencia compulsiva al deber ser genera, por insostenible, una derrota interna que con-

33. Véase K. Horney, *Neurosis y madurez*, Psique, Buenos Aires, 1970.

duce al autorrechazo. Resulta clarificadora la exposición de Bernard J. Paris:

> Los «debieras» constituyen el fundamento del pacto que el individuo establece con su destino. Sin importar la solución que adopte cada persona, su pacto es que sus exigencias se verán satisfechas si vive a la altura de sus «debieras». Así es como trata de controlar mágicamente la realidad externa obedeciendo a sus dictados internos.[34]

Autorrechazo

Paris describe el *sufrimiento radical* ocasionado y, sobre todo, la autopersecución, el juicio sumarísimo hacia uno mismo, con odio y rechazo de sí.

> El *odio hacia uno mismo* es el producto final de las defensas intrapsíquicas, cada una de las cuales tiende a magnificar los sentimientos de inadecuación y de fracaso. En esencia, el odio hacia uno mismo es la rabia que siente el yo idealizado hacia el yo que uno realmente es, por no ser como «debería». En *Neurosis y madurez*, Horney señaló que el odio hacia uno mismo tal vez sea la principal tragedia de la mente humana. El ser humano, al tender hacia lo infinito y lo absoluto, también comienza a destruirse a sí mismo. Cuando establece un pacto con el diablo que le promete la gloria, se condena al infierno, es decir, al infierno que hay en su interior.[35]

Deber y responsabilidad

Para sentir pertenencia y aprobación, se amplifican la corrección de las formas y la careta de seriedad y persona responsable; se trata de una pseudorresponsabilidad manipulativa.

---

34. K. Horney, *El proceso terapéutico*, La Llave, Barcelona, 2003, p.131.
35. Ibíd., p.154.

El esforzado caminante de esta caracterología va realizando su itinerario vital con un elevado concepto de responsabilidad. Esta palabra deviene una «mochila» repleta de pesadas piedras que representan las normas e ideales de obligado cumplimiento.

Como apunta Paris:[36]

> Horney señaló que los «deberías» y las demandas de la persona neurótica le llevan a sentirse responsable de cosas sobre las que no tiene el control, y que el objeto de la terapia es el de liberarla de sus ilusiones y compulsiones, para que pueda asumir sus verdaderas responsabilidades.

Con el peso tiránico de los *debiera*, el concepto de responsabilidad vital se infla e imanta de exigencias inasumibles: una «sobrerresponsabilidad».

Renuncia al placer

Una punitiva autoobservación con patrones de exigencia y perfeccionismo dificulta la adaptación al entorno y, sobre todo, el logro de un sentimiento de satisfacción personal.

La preocupación por las reglas, la escrupulosidad y la inflexibilidad moral La represión de las manifestaciones afectivas y el refugio en la productividad y los logros laborales conducen a elevados índices de estrés y ansiedad.

Al ser prisionero de una *conciencia severa e inflexible*, y padecer la *tiranía* del sentido exacerbado *del deber*, la vida del E6 social se convierte en una pesada carga, donde el miedo al fracaso, al incumplimiento de las expectativas y a la equivocación se tornan amenazas abrumadoras.

---

36. Ibíd., p.215.

La *mente judicial* reinante lleva al E6 social a ser exageradamente normativo. Se permite muy pocas «debilidades» pero, a diferencia del E1, no es la busca del perfeccionamiento lo que le mueve en su autoexigencia, sino el sentido del «deber» fuertemente interiorizado.

«El valor de la vida, medido por la suma del placer, es inferior a cero» sentenciaba amargamente, en su *Crítica del juicio*, Immanuel Kant, el filósofo que mejor ha encarnado en su vida y obra tal «pasión por el deber»: su conocida formulación del imperativo categórico es quizás la forma más elaborada de sumisión a la *conciencia del deber*.

Thomas de Quincey describe así a Kant:

> Ningún mimo o autoindulgencia encontraban cuartel en Kant [...] Precisamente a las cinco menos cuarto, invierno o verano, Lampe, el lacayo de Kant, que había servido anteriormente en el ejército, marchaba a la habitación de su amo con el porte de un centinela en servicio y gritaba en voz alta, con tono militar: «Señor profesor, ha llegado la hora». Kant obedecía invariablemente esa orden sin retrasarse un instante, como obedece un soldado la voz de mando; nunca, bajo ninguna circunstancia, se concedió un momento de respiro, ni siquiera bajo la rara circunstancia de haber pasado una noche de insomnio. Al dar el reloj las cinco, Kant estaba sentado ante la mesa del desayuno.[37]

Ese juez interno toma su forma más exacerbada en los movimientos de renovación religiosa surgidos en Alemania en el siglo XVII, entre ellos el llamado *pietismo*, iniciado por Philipp Jakob Spener (1634-1705), como reacción evangélica contra el intelectualismo y el formalismo dominantes en las iglesias luterana y

37. T. de Quincey, *Los últimos días de Kant,* Felmar, Madrid, 1975, pp. 40-43.

calvinista. Fue precisamente este pietismo el que inspiró la temprana formación de Kant, a través de la influencia materna.

Para esta concepción religiosa no basta con un cumplimiento objetivo y «externo» de preceptos y deberes, sino que se centra en los sentimientos y la rigurosidad moral, haciendo hincapié en la entrega personal a Dios. El pietismo se posesiona del hombre en su totalidad, de sus intenciones y convicciones, ejerciendo una implacable vigilancia sobre el «corazón», donde ninguna emoción ni movimiento interior, por escondidos que estén, escapan a su ojo vigilante, a su meticulosa fiscalización. Buen sustrato emocional para el surgimiento de un E6 social, del que precisamente Alemania representa el estereotipo nacional.

Los miedosos sociales suelen, paradójicamente, inspirar a los demás confianza y seguridad. Tal vez esta confianza y seguridad surjan de la adhesión, a veces «fanática», a ciertos ideales. Los E6 sociales suelen tener una apariencia flemática, que es la fachada de un miedo interno muy fuerte y se corresponde a la imagen del pistolero impasible ante el enemigo del western.

Tiene este subtipo una necesidad compulsiva de «equilibrio», mucho miedo a que cualquier concesión al impulso pueda ser vista como «excesiva». El lema clásico de la cultura griega parece ser hecho expresamente para él: «Nada en exceso». Cassirer, en su biografía de Kant, habla de su inclinación innata a una «severa moderación», y así también le describe De Quincey: «A menudo hablaba Kant de sí mismo como de un artista gimnástico que había estado cerca de ochenta años guardando equilibrio sobre la cuerda floja de la vida, sin inclinarse una sola vez a derecha o izquierda».[38]

38. Ibíd., p. 44.

Normatividad

Todas las aportaciones reflejan la sensibilidad para captar las normas del entorno. Los E6 sociales poseen auténticos radares que les llevan a sentirse esforzadas máquinas de adaptación compulsiva.

Su mente es un espacio policial, a modo de inspector que va estableciendo directrices, que son más bien recordatorios de cuestiones pendientes. Siempre, por supuesto, prevalece el deber al placer. Muchos sienten la irrupción de la inquietud en los momentos de ocio. Incluso el tiempo libre queda tensado por el aprovechamiento para fines más excelsos.

El «yo debo ser esto o aquello, hacer esto o aquello» es constante. Todos sienten la presencia de un reloj que emite un denso y pesado *tic tac*, un cronómetro que echa presión, señalando, con ojos escrutadores y dedos amenazantes, lo que falta por hacer o lo que habría que mejorar o ajustar. Las órdenes internas van creando plazos que contracturan la mente y el cuerpo.

El E6 social está condenado a servir a una autoridad «externa» pero que a su vez se halla tan adentro, tan tragada en el fondo del estómago que, en un crónico pendular de idas y venidas, el carcelero interior se encuentra con las miradas proyectadas en ojos ajenos, que devienen críticos y juzgadores.

«Debeísmo» y voluntad

Mediante el idealizado valor de la voluntad, los E6 sociales están plenamente disponibles para el cumplimiento de lo que hay que hacer, convirtiéndose en autómatas laboriosos. Sin esfuerzo, la sensación interna es que las cosas no poseen tanto valor.

Así, las satisfacciones de mayor calado no provienen tanto de logros o actividades repletas de disfrute, sino en el secreto goce del cumplimiento de «lo que es debido».

Los «debiera», señalaba Karen Horney, constituyen raíles vitales. Su consecuencia es la pérdida de libertad y el pánico a tomar decisiones, puesto que asumir una determinada opción implica la posibilidad de errar o de no cumplir con las expectativas del entorno (grupo laboral, jefe, pareja...). Decidir conlleva que te puedes equivocar ante ese otro que acepta o rechaza.

David Shapiro, en su obra sobre «los estilos neuróticos», señala que

> el obsesivo compulsivo rehúye el acto de decisión. Para una persona conducida por un sentimiento de presión y guiada por directivas morales, para un rígido soldado dedicado solo al deber y aislado de sus propios deseos, el acto de decidir, que por naturaleza gira alrededor de necesidades y deseos y normalmente trae consigo una sensación de libertad y de libre elección, solo puede ser terriblemente incómodo. [...][39]

Vacío óntico

En definitiva, las pesadas normas le relajan esa íntima instancia donde anida la angustia de no tener permiso para simplemente ser. Desde el desamparo, un desesperado impulso le eleva hacia las normas e ideales inyectados de certezas.

Los E6 sociales son Sísifos que empujan sufridamente las piedras mientras las abrazan, aferrándose a ellas pues llenan el temido vacío y la Nulidad. Nulidad en cuanto no ser, puesto que había que ir a la iglesia, había que renunciar, había que ser aquel ser instalado en la mente del padre o de la madre. Nulidad en

39. Véase D. A. Shapiro, *Estilos neuróticos*, Gaia, 2008.

cuanto a enajenación, puesto que vive rellenando los códigos de vidas ajenas.

Así se perdió en el camino madurativo, olvidándose del cuerpo, los impulsos, el placer, el deseo. Como Ícaro, no para de quemarse, de caer en el *burnout*, enfermando de compulsivo esfuerzo por alcanzar ideales inabordables, quiméricos.

Ideal de ser

La idealización se presenta a menudo en una actitud de «caballerosidad», como una voluntad de ponerse al servicio de un ideal noble o «elevado». Muchas veces idealiza también la relación de pareja, en que el eneatipo Seis social se siente en la obligación de ser también «noble» y «caballeroso».

Esta idealización le lleva a veces a «soportar estoicamente» las dificultades de la existencia, como si el aguante se hubiera convertido en su arma, dada la dificultad de conectar con la agresión genuina.

3

ESTRATEGIA INTERPERSONAL E IDEAS IRRACIONALES ASOCIADAS

El presente apartado desarrolla un conjunto de patrones que conllevan implícitas una serie de ideas irracionales («ideas neuróticas», puntos «ciegos», «creencias matrices»...). Esta constelación brota de un núcleo de distorsión cognitiva (fijación), definida por Naranjo para el E6 como «autoacusación».

Dicha fijación implica una visión maniquea de la vida, punitiva y moralista, dividida entre «buenos» y «malos», jueces y culpables, acusadores y acusados, cumplidores del deber y rebeldes. Coloreada por esa escisión, la representación de la realidad del eneatipo Seis social lo impele a fijar ideales, aferrándose a los dictados de la razón y a los códigos éticos para poder sentir un lugar seguro en el mundo, junto a los que poseen la verdad.

Se trata de una *estrategia controladora*. Es imprescindible controlar el flujo de los acontecimientos, las miradas y actitudes de los otros, la energía de los grupos, los aspectos llamativos del espacio, para descubrir qué es lo adecuado y qué, no.

Reina una desconfianza de fondo. Frases frecuentes son: «Necesito controlarte para saber tus intenciones», o «tengo un impulso permanente de control, de saber que todo está bien y saber qué tengo que hacer».

Aparecen ideas pobladas de *negatividad*. El E6 social siente que las emociones e impulsos son amenazantes. Sentir es peligroso, enfadarse es angustioso, y los impulsos eróticos, sexuales, placenteros, resultan arriesgados.

Uno de los colaboradores relata un significativo suceso de su adolescencia:

> La sexualidad no existía, se disimulaba; cualquier manifestación, incluso de mera curiosidad, era reprimida. Sorprendido por mi hermano mayor cuando un amigo del colegio y yo, con catorce años, buscábamos en el diccionario el significado de la palabra «pene», fui objeto de tal juicio familiar y tal condena de mis «malas compañías» que al día siguiente negué la palabra a mi amigo, que no entendía nada, y perdí la relación con él.

La imperiosa necesidad de *saber qué es lo correcto* para adecuarse a ello y cumplir con lo que se supone que es lo «normal», lo pertinente, lo que encaja en el momento y en el lugar, y por supuesto no salirse de esa línea, implica un enorme esfuerzo para no transgredir y no ser así señalado, criticado o excluido.

Su código interno le dice que es terrible equivocarse. Se han dado tantos episodios biográficos de humillaciones y castigos asociados al error que su mera idea conlleva angustia.

Este relato lo muestra con crudeza:

> El máximo valor en mi familia era la religión: misa diaria, rosario en familia, novenas, procesiones... Y no solo en lo formal, sino como vivencia interna profunda. Los siguientes valores eran la inteligencia y el estudio y, al mismo nivel, el comportamiento intachable. Mi primer boletín de calificaciones escolares, con siete años, fue castigado por mi padre con varios golpes de fusta por traer un 5, aprobado mínimo, en una asignatura.
>
> En otra ocasión, con trece años, única vez que traje dos suspensos, fui obligado por mi padre a azotarme yo mismo la espalda delante de mis hermanos, que apenas contenían la risa, con un vergajo de cuerdas anudadas, el «gato de las siete colas». Luego mi padre, con un beso, me

aseguró que lo hacía por mi bien. Un 9 en «conducta» equivalía a un suspenso acusador: «¿Qué has hecho?»

«Te doy mis ojos.» «Te doy mi voz.»

El eneatipo Seis social pone en el otro su mirada y su voz. Las voces interiores reproducen un sinfín de descalificaciones por no estar a la altura o, simplemente, no acertar. Y la proyección de esas voces puebla el mundo externo de miradas críticas, gestos reprobatorios y dedos acusadores.

Sus ojos son implacables lanzando miradas devastadoras. El E6 social los pierde (solo los vuelca hacia sí mismo para juzgarse), se los ofrece al otro y pierde su voz (su criterio, su sentimiento interno, su percepción).

Buena parte de esa energía oscura se proyecta hacia fuera. Desplazar parte de la tensión psíquica, proyectándosela al otro, produce un alivio parcial. Pero la *identificación con el agresor* va poblando las interacciones de vivencias amenazantes. Es la tiranía de los múltiples ojos que critican, castigan, humillan... Sin filtro, sin integración posible, sin elaboración, sin termostato, el E6 social va tragando las diversas miradas y aseveraciones (reales o imaginarias, proyectadas o no). El mundo se vuelve persecutorio y solo queda cumplir con lo establecido.

Las *ideas persecutorias*, la *autoacusación* y los fantasmas amenazan con visiones de aislamiento, de quedarse en una esquina. Los episodios vergonzantes (escenas escolares de humillaciones, castigos, reprobaciones familiares...), las exigencias de cómo comportarse (dioses severos, autoridades castigadoras...) bloquean la espontaneidad. Descontrolarse es angustioso, por el fantasma de la exclusión y aun la locura. «Si me descontrolo, se van a reír de mí», o «... voy a volverme loco».

El esfuerzo es titánico por resultar homogéneo y uniformado con el grupo (escolar, de amigos, laboral, barrio...). Hay que ser bueno en lo que se hace pero no sobresalir, no llamar la atención excesivamente.

En esta externalización de la vida, en la enajenación, pierde el E6 social su visión, su libertad y la *sonoridad de su voz.*

Sumisión a la autoridad y al ideal establecido

En definitiva, le pide al otro que le diga lo que tiene que hacer. Al poner fuera (en esa autoridad externa asumida, en ese ideal) el eje que dirige, consigue escaparse parcialmente de las consecuencias de sus actos. Me dices lo que he de hacer o capto lo que está en adecuación a los dictados, y renuncio a mí, a mis criterios, a cambio de evitar la duda lacerante y rumiaciones relacionadas con la culpa.

Como muestra, el siguiente relato:

> A mis diecisiete años muere mi padre, sin haber tenido nunca un encuentro personal con él. Me quedo en la referencia del padre severo inhibidor, juez, no del ser humano que era. Yo, desconectado del sentimiento, no registro la pérdida, se diría que no siento nada. Mi madre se queda hundida, yo hacía inútiles esfuerzos por hacerla reír, por consolarla. Le gustaba, ya que ella no podía, que yo le leyera en voz alta a San Juan de la Cruz, Santa Teresa, o algún libro filosófico o místico. Mi madre dice de mí: «Un hijo tan a mi gusto...».

Estrategia bondadosa

Ser bueno. Inhibición y proyección de los sentimientos «negativos». Actitud de «caballero andante».

La sumisión, el «seré lo que esperas» y «haré lo que marques», es un intercambio: «Así me ofrecerás seguridad, certeza...». Exige la disociación, represión y exclusión de la conciencia del sentimiento «negativo» del enfado.

Mediante la identificación proyectiva, proyecta en el otro los sentimientos negados, como si procedieran de aquel. De manera inconsciente, provoca entonces reacciones en el otro que refuerzan ese fantasma proyectado, y finalmente puede identificarse con esos sentimientos.

Con actitudes «bondadosas» (sin darse cuenta de que está enfadado) provoca en el otro irritabilidad y respuestas agresivas, desde las que se ve legitimado. La estrategia de «pseudobondad» excluye las vivencias que tienen ver con la agresividad, el enfado y los impulsos sexuales. Al fondo, reside la necesidad de «inocencia» ante cualquier veredicto del «ojo de Dios».

El fantasma de ser un «niño malo» y por tanto, rechazado, es permanente. La libertad de jugar, de ensuciarse, de tocar y tocarse, de gritar, de enfadarse, de hacer trastadas, de transgredir... quedó sepultada en la infancia bajo los ladrillos de las normas de conducta. Había que ser bueno y tuvo que vaciarse de sí mismo.

Bajo la mordaza y el portarse bien, hay un niño asustado que no puede expresarse con naturalidad, encorsetado con varas de medir. El grito desesperado de aceptación se impone.

Actitud moralista

En las estrategias predomina el peso moral, donde el bien y el mal quedan clarificados. El «debeísmo» genera una mentalidad de severidad, de exigencia con uno mismo y con los demás. Se irrita cuando el patrón de conducta no está bien establecido. Tanto en el trabajo como en otros ámbitos grupales, es intolerante con las ambigüedades respecto al «guion».

Un E6 social relata que en un grupo terapéutico, le devolvieron que era la persona más normativa del grupo y la indignación que sentía cuando algunos no seguían según qué consignas. Su irritación aumentó cuando el terapeuta dio legitimidad a esa descripción.

La existencia de un guion le ofrece cobijo, seguridad, calma. Si no existe un «código» a respetar, que resulte objetivamente justo, la vida se torna imprevisible, amenazante, porque no puede haber suficientes dosis de control. Es como si le quitaran su parcela de poder, derivada de saber cuáles son las normas, las expectativas y las conductas adecuadas.

«Sísifos» andantes, o estrategias desde el esfuerzo

¡Cuántos casos de *burnout* (síndrome del «quemado») pueblan los cuerpos de este carácter! La actitud de autoexigencia, los ideales de sacrificio y esfuerzo generoso y las estrategias de ser un gran trabajador, un esforzado estudioso, cumplir ampliamente con los horarios y dedicarse a actividades «edificantes» o moralmente «elevadas» pueden brindarle una sensación de validación y de ser digno de amor. Muchos E6 sociales tienen el valor del trabajo sacralizado. Lo peor: ser ociosos, que es como ser vagos. En el grupo de los vascos, por ejemplo, se oían introyectos de gran peso: «Los vascos son muy trabajadores», o «...son un pueblo muy trabajador». Ser vago es lo peor.

Muchas personas de este subtipo han sufrido, tanto en la familia como en la escuela, la desvalorización de los pequeños placeres, junto a mensajes del tipo: «Eso sí que te va a dar de comer...».

El eneatipo Seis social percibe a menudo síntomas de un cansancio difuso que está conectado con esa sensación global de sobreesfuerzo vital. Son esfuerzos desmedidos por y para el otro, por ser apreciados. Pero hay una motivación más honda, existencial, de búsqueda. Sísifo no suelta la piedra; sigue alimentando ese esfuerzo, abrazando la roca, por temor a sentirse «suelto», sin nada, y a descubrir el vacío de sí.

«Tener razón»

En los refugios racionales el E6 social se siente más seguro, puede comprender el mundo, recurrir a cartografías, a teorías que llevan mapas de la vida y del ser humano. Muchos han sufrido «ataques» de lecturas de filósofos, de psicólogos, que les ayudaron a entender la psique, el universo, Dios...

Es la razón que crea monstruos, que dirime verdades y falsedades desde esa lógica, descalificando la de los sentimientos. Muchos E6 sociales coinciden en constatar un secreto e íntimo desprecio por los sentimientos. Por incomprensibles y por incontrolables (eso también resulta descalificador: el poco autodominio).

En mi fuero interno, muchas veces he sentido un secreto goce por mis capacidades de tesón, sacrificio y autodominio, con un íntimo desprecio por las expresiones emocionales de descontrol, que me parecen síntomas de debilidad.

Son sentimientos amenazantes el dolor; la tristeza; el miedo, temido, descalificado como debilidad o cobardía; y la alegría celebrativa. La neutralidad y la contención vital son patrones instaurados automáticamente. La razón crea el monstruo de la «normalidad».

Actitud paternal

En la estrategia de «caballero andante» reina la generosa posición dadora, en contraposición al recibir (amor, atención...), que implica apertura, receptividad y vulnerabilidad.

En las relaciones íntimas, en los grupos... en todos los ámbitos adopta el E6 social una estrategia crónica de posturas paternales, de proteccionismo, ofreciendo conocimiento, guía intelectual, confiabilidad.

El fantasma es el miedo a la entrega, a una posición de receptividad que impela a abrirse, rendirse y confiar. «Si me entrego, me voy a quedar expuesto, vulnerable». Irrumpen la angustia de la frustración, del vacío, y la dificultad para aflojarse. Esa disponibilidad confiada es el gran reto, el gran aprendizaje de la vida de un eneatipo Seis social. Confiar en que algo bueno aparecerá, le nutrirá; que el otro desea lo mejor para él.

Al fondo de su ser, emerge el niño indigno de amor. Sin esfuerzo no hay recompensa. Esta es la cruda «verdad», el mensaje interiorizado en montañas de ascensos pesarosos, bañados en sudorosas lágrimas de sufrimiento callado, en el páramo desértico.

Indigno porque el no hacer, el simplemente recibir, implica la irrupción de una angustia aguda como una espada, de un clavo que deja el cuerpo encogido. «Si no hago nada, no pueden quererme, no me van a aceptar y prestar atención. ¿Cómo me van a querer por mí mismo, por ser quien soy? ¿Simplemente por ser?» Aprender a soltarse en el ámbito del amor, a relajarse, a dejarse expuesto y entregado a la pareja, es su gimnasia espiritual.

Entrega y confianza, paso a paso, hasta toparse con aquel ser frágil, pequeño, humano, renunciando a las «heroicidades» de las conquistas infinitas, de los retos elevados.

Estrategias autoinculpatorias

La fragilidad del fondo de su ser (más allá de la careta de autocontrol), vuelve al E6 social hipersensible hacia las críticas. Y antes de cualquier crítica externa le induzca un sentimiento de falta, se lanza a crudas autoacusaciones que le desvitalizan pero le salvaguardan de la angustia de la humillación.

Aquel niño humillado, aquella niña humillada, se esconde en las mazmorras tapándose los oídos y los ojos porque no puede soportar la indignidad. El organismo se inunda de temor ante posibles críticas que, al despertar las heridas sin cicatrizar del niño avergonzado, resulten humillantes. «Si me critican, me muero; si me acusan o señalan, me muero de vergüenza. No lo voy a poder soportar.»

«No soy digno de que entres en mi casa, en mi morada, pero una palabra tuya bastará para sanarme». La levedad, la ternura, la suavidad del afecto genuino van aflojando capa a capa la armadura. Cada palabra de amor, mirada compasiva o gesto de empatía desde el otro y desde sí mismo bastarán para sanarle y hacerle sentir digno de amor.

> No soporto equivocarme, me juzgo severamente, me duele, me enoja y me acuso pues es como si soltara un poco la válvula de presión, y luego me encuentro con que me doy cuenta de varias cosas en el trabajo, con mi equipo, etc., y soy una acusona. Es como validar que tengo razón o que el otro necesita un castigo. Más que necesitar un castigo, por lo menos que sepan que se equivocó o que, por su culpa, se alteraron las normas, las reglas, el sistema. Aquí soy muy severa (en realidad, era… ahora he bajado mucho esto) y no me callo; es como una necesidad de acusar al otro.

Superioridad moral e intelectual y dominancia

La estrategia compensatoria de su sumisión y desvalorización es la superioridad moral e intelectual. El cumplir lo establecido o que se esfuerce sobremanera, compulsivamente, le brinda una posición interna en que *puede exigir* una determinada respuesta. «Me esfuerzo, luego te puedo exigir.» El esfuerzo le avala moralmente, haciéndole sentir «bueno» desde su código de justicia personal.

El refugio en la teorización le sitúa más allá del bien y del mal, más allá del caprichoso y subjetivo devaneo de los sentimientos. «Puedo ser más objetivo y poseedor de la verdad, puesto que la visión clara del conjunto me avala.»

Adopta posiciones de dominancia y control sobre aquellos que considera más íntimos, cercanos o inferiores, bien porque son más emocionales, porque *saben menos* que él o porque son más «irracionales» o con menor experiencia de la vida.

Desde el abismo, grita el monstruo de la rabiosa certeza: «¡Tengo razón!, ¡poseo la verdad!» Más al fondo, el niño agazapado, paralizado de miedo y profundamente solo. La desesperanza y la inseguridad profunda pueden generar reacciones agresivas o totalitarias. Muchos E6 sociales, mediante la política o los ideales religiosos, han dado rienda suelta a conductas dogmáticas y fanáticas.

Solo el rescate de esa criatura sepultada, así como el abrazo y las caricias, cauterizarán sus heridas. Tal vez lágrimas milagrosas desinfectarán las más sangrantes.

4

OTROS RASGOS CARACTERÍSTICOS Y CONSIDERACIONES PSICODINÁMICAS

El temor es crónico en el E6 social. ¿Miedo a qué? Miedo a la vida, al rechazo, al enfado, al conflicto, a la vergüenza, a la humillación, a manifestarse, a ser. La «mundificación», el encuentro con el entorno, es un movimiento plagado de episodios inhibitorios. El entorno se vuelve aniquilador, alienante.

Alienación

La personalidad «temerosa» de anclaje social aúlla un: «me salgo de mí, de mis deseos y necesidades, para captar tus expectativas», «me concentro en lo que deseas de mí» y «me convierto en eso que esperas de mí».

En definitiva, «soy tú», soy «lo que hay que ser». Me vuelvo ajeno a mí y te encuentro adecuándome, normalizándome y ajustándome a lo que espera el mundo de mí.

Un participante compartía estos mensajes introyectados:

> «Nunca seas como tu padre.» Era una de las frases que más me repetía mi madre durante mi infancia. Renuncié al padre para ganarme la mi-

> rada y la aprobación de ella. Muy normativa y exigente, su amor era condicional: «Si te portas mal no te querré», «sé obediente a tu madre».
>
> La lista de introyectos que apuntan en la misma dirección sería interminable. Recuerdo como una constante el ambiente de tensión juiciosa y poca aceptación de mi madre hacia mi padre. En este contexto me perdí, fui devorado. Hoy es el día que recuerdo a mi padre como un personaje no del todo real, un personaje de ficción, como en un cuento.

El poder personal queda relegado en aras de la adhesión a la norma y la sumisión a la autoridad. La aniquilación del permiso vital a decidir desde la propia soberanía culmina en el miedo a la libertad. Se renuncia a lo instintivo cara a la realización de ideales excelsos, en una «salida de sí» para convertirse en «extranjero» de sí mismo.

Lo cotidiano

Señalemos de entrada un tono global contradictorio donde aparece, o bien una rigidez obsesiva, o un alternar el orden y la gestión relativamente precisa con lo caótico.

Ansiedad y rumiación dubitativa. Es omnipresente en lo cotidiano la turbulenta ansiedad, el desasosiego, la alerta. Desconfía del curso de los acontecimientos: algún hecho catastrófico acontecerá. A esta ideación paranoide se suma la duda crónica, pues la decisión no brota de la autoescucha, de la conexión con el espacio íntimo, sino en la pregunta ansiosa de cuál es la opción correcta.

Falta permiso a explorar, a equivocarse (proceso natural de aprendizaje: ensayo y error). La inhibición por miedo a no cumplir con lo esperado genera rumiación crónica.

«*Cronofobia*». El tiempo es vivido como una presencia persecutoria. La «materialidad», las cuestiones cotidianas, se viven con poca ligereza. Los aspectos prácticos, lo económico, la alimentación, entran en fricción con los ideales excelsos y conllevan una vivencia interna del tiempo revestida de angustia. Llegar, no llegar, cómo llegar... La gestión del tiempo es conflictiva, exenta de fluidez. Los relojes se convierten en latidos de exigencia.

Retentividad. El gasto es con frecuencia conflictivo, con culpa y propensión a la austeridad, sobriedad y moderación, desde mensajes en la educación y actitudes vitales captadas en la atmósfera familiar. La retentividad es un asidero de segurización.

Esta posición se ve reforzada por la focalización en lo imperecedero. Observamos una enorme diferencia entre los hábitos asociados a *lo mundano* y a *lo elevado*; entre lo fugaz, «secundario» y superfluo, y lo ideal. Muchos de los gastos permitidos vienen avalados por ser «excelsos» o duraderos: libros, estudios, viajes, música, arte, necesidades familiares, las obligaciones, el trabajo.

En una de las reuniones, una madre comentaba que no permitió a su hijo ir al viaje de fin de curso. Fue el único de su clase que se quedó en casa, a pesar de ser uno de los mejores, académicamente. «Me parecía un gasto superfluo para sus trece años. Y todavía no había hecho ningún mérito especial, más allá de su obligación.»

Actitud metafísica y tabú del egoísmo. Un barniz «metafísico», junto a la propensión a la sobriedad, va forjando una actitud crónica de austeridad que deviene en renuncias cotidianas.

Aparece en muchos casos un bloqueo del permiso: la ausencia de derecho de «darse» o, cuando menos, dificultades claras, en una clara colisión entre los «ideales ascéticos» y los aspectos considerados superficiales, banales.

La imagen, la alimentación (rayando en ocasiones en el descuido, si no llega a ser por las personas cercanas) y otros aspectos materiales cotidianos se sitúan en un peldaño relegado, devaluado o ignorado.

Norma y mimetismo. Una cierta adaptabilidad y mimetismo en los hábitos cotidianos a grupos afines o en vínculos de intimidad flexibiliza sus costumbres, más allá del mantenimiento del tono de austeridad y sobriedad características.

Un compañero reconoce:

> Nunca tengo costumbre de tomar una cerveza, unas aceitunas o un vino por placer al llegar a casa después de un día de trabajo. Me parece algo frívolo. Simplemente siento que no lo necesito. Sin embargo, cuando estoy en algún bar con un grupo de amigos o colegas, de vez en cuando hago el esfuerzo y me adelanto a invitarles. No como motivo de celebración de algo, sino bajo el miedo al rechazo, de no ser aceptado o querido. O bien para adaptarme a las costumbres de dicho grupo.

Esta *metafísica en las costumbre*s, este «ascetismo» que idealiza sobremanera determinados valores, disociándolos de lo mundano, termina excluyendo o minimizando el goce de lo cotidiano. Se da así una «congelación» de las propias necesidades, por considerarlas caprichosas o frívolas, y por la ausencia de derecho, que penaliza gastos banales. El resultado es automatización, una fría austeridad y una sobriedad rígida y forzada.

Hay mensajes familiares de renuncia y aspectos sistémicos en que la muerte de seres queridos y oscuras vinculaciones inconscientes implican vivencias mortecinas.

También se observa una curiosa *diferenciación* entre la *actitud sobria y sacrificada*, y *generosas conductas* que conllevan renuncias (sobre todo en las relaciones íntimas).

Hay *descompensación* entre el *sobreesfuerzo* «heroico», el gasto energético, y las gratificaciones recibidas y aceptadas, digeridas. Subyace un desierto afectivo, un distanciamiento emocional y una crónica insatisfacción valorativa.

El *Sísifo enrocado,* en su titánico desgaste, se esfuerza sin fin en pos de ideales de protección familiar y de Dulcineas. Un despliegue paternal o maternal barniza unos inhibidos amor y entrega de corazón.

Juegos de poder. Desplazamiento de la autoridad

En el ámbito del poder se aprecian una serie de actitudes crónicas, tanto en lo referente al externo como al interno. En un mundo interno con las vertientes valorativa y normativa sobredimensionadas, la postura es de *rigidez* vital, con un déficit de espontaneidad y expresividad natural, así como un rigor y un empeño en la mesura.

Uniformidad y uniformes. Hay en el eneatipo Seis social una secreta fascinación por la fuerza suprema, total. Tótems de voces aunadas, pasos uniformados y uniformes. Ideal unificado. Uniformidad de criterio. Sin fisuras, sin dudas lacerantes. Certeza con valor de fe.

Omnipotencia e impotencia. La angustiante inseguridad de este carácter y su conexión con la fragilidad radical del puesto de cada cual en el universo generan bruscos movimientos de la impotencia a la omnipotencia. El desplazamiento de poder hacia líderes fuertes, ideales elevados, tótems y conceptos va generando una coparticipación revestida de búsqueda de omnipotencia y rebelión contra la vulnerabilidad.

> Es importante para mí tener un líder a seguir y también me doy cuenta que me gusta el poder, estar cerca de gente que tiene poder, ahora estoy cerca de dos personas que admiro, el Dr. Claudio Naranjo y el Dr. Fernando Flores. Uno está en el Ser y el otro en el Hacer, ambos me parecen brillantes, son unos genios y disfruto de saberme cerca de ellos. Me doy cuenta de que tengo una facilidad para acercarme a gente que tiene poder. Ahí no dudo, no tengo miedo; al contrario: me da seguridad creer que cuento con esos pilares.

El E6 social, por su hipersensibilidad a posibles rechazos, entra en *conflicto* a la hora de *expresarse libremente*. Teme llamar la atención de un modo que pueda resultar vergonzante, reprobable o conflictivo para el grupo o los líderes (jefes, maestros...).

Se repiten, en los relatos, los episodios de invasiones donde la individualidad se vio castrada, en el grupo familiar, la iglesia, la escuela y en situaciones sociales donde la libertad de expresión se vio abusivamente comprimida.

Una elevada carga moral y de exigencia transfiere la energía y el poder personales a la adaptación al entorno. Las carencias afectivas y relacionales se han compensado con *posturas adaptativas*. El E6 social ejerce el *control como actitud vigilante*: Pone en marcha su radar, su «vigía», a la caza y captura de cualesquiera normas de funcionamiento vigentes.

La elevada presencia de «debeísmos», de exigencias interiorizadas, la actitud de *adhesión a la normatividad externa,* implica sumisión hacia ese «otro» (autoridad, grupo o ideal totémico) que desplaza el centro gravitacional de la persona, que sufre un desajuste, un descentramiento.

Comenta uno de los participantes en los encuentros:

> En la época en que trabajaba en una importante multinacional de consultoría, era recurrente mi caída en un pozo de crisis personal, más que profesional. Las estrictas normas de conducta y de imagen, yo enfundado en trajes impecables, la obediencia a las directrices de los superiores y el pánico a equivocarme en la toma de decisiones hacían que reiteradamente me preguntara: «¿Quién soy?, ¿qué hago aquí?» No tenía respuesta. Me sentía totalmente aniquilado como ser humano. Después venía la crisis profesional; por muy interesantes que fueran los proyectos, no era persona.

El desplazamiento de la propia fuerza hacia personas o grupos imantados de certeza, amparo, inclusión y pertenencia, apacigua la angustia de fondo. Podemos observar así conductas de absoluta fidelidad a la empresa, el equipo, la tribu, el líder, el jefe. De esta posición emerge el cumplimiento obsesivo, exhaustivo, la exigencia y la inhibición de actitudes críticas. Aparece también la *supresión de la rebeldía*, en forma de autoinvalidación, hostilidad volcada contra sí, etc.

La omnipresencia de la Culpa

La Culpa aniquiladora. La culpa ocupa un lugar esencial en la vida cotidiana de este carácter. Es una culpa primigenia, mítica, religiosa. En muchos de los casos compartidos el factor eclesiástico ha jugado un papel principal. La mirada severa del dios de los hombres. Mirada aniquiladora, omnisciente y todopoderosa, que ejecuta condenas eternas.

El «síndrome Raskólnikov». La culpa tiene tres tiempos: un preliminar (rumiando posibilidades en el bucle de la indecisión), el salto al abismo de la acción y un corolario donde la expiación se une a la rumiación.

Se produce lo que podríamos llamar el «síndrome Raskólnikov» (el protagonista de *Crimen y castigo*), con su temerosa búsqueda de castigo por los «crímenes» realizados o imaginados, que es fuente de un profundo sufrimiento.

En un *desplazamiento energético vertical, e*ste carácter mental, que racionaliza masivamente los conflictos, sube la energía a un mundo de abstracciones.

Autoacusación. Acusación por las elecciones, por lo que podía haberse mejorado, logrado. Acusación por lo que no fue. Mediante innumerables proyecciones y la *identificación con el agresor*, o asunción sin filtro de los juicios externos, vive asediado por ojos persecutorios. El encogimiento es crónico.

Adicción a la culpa. Una cuestión fundamental es el manejo del sufrimiento de la culpa. Culpa presentida, sentida y pensada. De la *pre-ocupación* a la *post-ocupación.*

El tiempo rota sin cesar en círculos. Angustia y pesar previos a cualquier decisión. La presión, el peso de acertar, de realizar lo correcto. Angustia y pesar en el momento de la decisión. Parálisis, actuación compulsiva, acción esforzada. Aparece el carcelero de la conciencia: brota la rumiación posterior. El peso terrible de la responsabilidad invita, en numerosas ocasiones, al castigo anticipado.

El E6 social no solo paga un precio por la pérdida del derecho a ser, a expresar la propia fuerza, sino que la realización del deseo, si se da, conlleva un grado de sufrimiento.

Culpa y sobreconciencia. La conciencia interna no se halla edificada como un testigo silencioso sino que resulta un carcelero. Dejó de ser conciencia para convertirse en «sobreconciencia». La culpa se instala no solo por no evitar los impulsos indebidos, sino por no acertar con lo correcto, lo absolutamente debido.

La conciencia sobredimensionada conlleva un exceso de responsabilidad o más bien, un exceso de «habilidad» para responder a las expectativas del exterior, ya sean explícitas o implícitas, visibles o imaginadas.

El miedo a la libertad

El temor al ejercicio de la libertad, a la asunción del propio criterio, al uso legítimo de la agresión saludable y a la autoafirmación expresiva conlleva pesar. Con la norma no solo interiorizada sino incrustada, cualquier acto espontáneo de disensión se convierte en terrible transgresión.

El ojo de Dios y los ojos de los dioses humanos se apoyan en el peso de la Historia y del tiempo mítico (la caída del paraíso por la desobediencia primigenia), al que se añade al tiempo autobiográfico, emocional, del individuo, repleto de consignas y escenas coercitivas.

Temida y evitada, la libertad constituye uno de los tabúes principales. Dado que la desobediencia implica una probable exclusión, viene revestida de una angustia radical.

En la mayoría de casos se observa un *continuum* de ocultación, un «cortinaje», de neutralidad ante la amenaza de la libertad, con todas sus posibilidades. En esta invisibilización existencial, el conformismo es sistemático. Resulta más seguro camuflarse en el grupo, en la abstracción, en el dogma de fe, en los líderes.

Inseguridad primigenia e incertidumbre. Este carácter duda de sí mismo y de los otros. Sufre el *síndrome cartesiano del genio maléfico,* creación «paranoide» de una mente poderosamente cuestionadora tanto de sus percepciones como de la realidad en sí misma.

Entonces, o bien se zambulle en el vacío mismo del cuestionamiento, la duda persistente y la falta de confianza y de fe, o bien se lanza ansioso por los «atajos» (en forma de ideales, dogmas y liderazgos sobrevalorados y secretamente enjuiciados...) de unos raíles prefijados.

La sexualidad y el cuerpo deshabitado

Es el suyo un *cuerpo deshabitado*, alienado, desidentificado, donde un desplazamiento energético genera desvitalización, rigidez, tensión física y psíquica.

Esta enajenación implica el alejamiento de la realidad corporal, una focalización hacia lo mental y una desconexión de las sensaciones, con la consiguiente inconsciencia de las vivencias corporales. Así, el cuerpo es vivido como algo disociado: un ente energético que emite señales más o menos agradables, que sufre síntomas, que en ocasiones pesa y generalmente resulta extraño, expresando un torrente de informaciones incomprensibles e incluso amenazantes.

Sexualidad oscura. Diferentes personas reportan mensajes y actitudes maternas de un profundo rechazo a la sexualidad. Comentarios explícitos, caras de asco o actitudes más sutiles, donde el mero hecho de haber sido concebidos iba ya asociado a un trance oscuro, pecaminoso. En el origen, las sombras.

> Viví un renacimiento: en mi nacimiento sentí en el cuerpo el rechazo de mamá por no haber nacido varón. Me parece que eso me alejó de ella desde niña, y lo vine a entender apenas hace un año.

Aparecen así los *cuerpos enrocados*, enervados, contracturados, que despliegan movimientos robotizados, manejados a golpe de control por un yo ideal, racionalizado.

Estos *cuerpos tensionados, deshabitados del deseo*, caminan esforzados por raíles encajados en los códigos del deber. Antes la obligación que la devoción.

Estos *cuerpos deserotizados* caminan desvitalizados o están clavados en estacas de rigidez para no escapar del control de los impulsos y las sensaciones corporales. Recorren el espacio con rostros «neutros», como autómatas constreñidos.

Evitan la carga energética, la excitación vital (colocando sordinas o distractores mentales) y vagan sin sentido, habiendo perdido la brújula de su deseo. Adaptados al entorno, sometidos al ideal de la austeridad, se dispersan en circuitos de hiperactividad. Va dibujándose así una existencia marcada por la *desactivación del disfrute*.

Del fondo emergen los míticos castigos primigenios, así como una maduración infantil repleta de «guadañas» cercenadoras del placer: desde el juego hasta el disfrute del chupar, gatear, mear, cagar... explorar.

Leyes civilizatorias se imponen sobre la asunción legítima del placer, con loas al sufrimiento, la compulsión al sacrificio, el ideal del trabajo y una vida desarrollada con el sudor de la frente.

Propensión a los ideales y refugios psíquicos

La orientación idealista de este carácter le confiere a su realidad una cualidad teoricista cuasi religiosa. El maternaje deficitario, junto a un padre afectivamente ausente (por exceso de normatividad o por ausencia afectiva y física), así como la omnipresencia de ideales y expectativas cargadas de mandato, van tejiendo una ausencia de sí, un vacío interno que se halla conectado con una inseguridad primigenia, radical. El refugio mental se convierte en un escondite seguro, en un agarradero ante ese fondo de desamparo.

> Mi padre abusó sexualmente de mí, mi mamá no me defendió. No le dije a mamá de papá porque ella le tenía miedo y porque él me amenazaba con lastimarla si yo hablaba. Fueron muchos años de esto, además mi papá salía mucho de viaje, mucha ausencia, y cuando estaba había mucha agresividad, golpes, regaños, y mi mamá no hacía nada. Es como tener ausencia de mamá o percibirla débil, y ello me alejó más de ella. Siendo la jueza que soy, quería portarme bien, como si eso alejara los impulsos de mi papá. Por otro lado lo admiraba muchísimo, por su inteligencia. Había mucha confusión en mis afectos, sobre todo en mi adolescencia.

El «bosque desencantado». El desarraigo afectivo materno y la ausencia paterna se rellenan con ideales y los valores del sentido del deber, la obediencia a las reglas del juego social y el cumplimiento de la norma.

Al quedar desinvestido del deleite y la gestión agradable de las cuestiones básicas de la vida cotidiana, pierde su vínculo energético y afectivo con el flujo vital. Esta pérdida de imantación, esta «salida» del río de la vida, de la materialidad, del cuerpo vital, le desvitaliza y le posiciona en la austeridad existencial, teñida de un vacío carente, hecho de arena del desierto, resignado, de renuncia asumida.

Esta posición implica distancia emocional, desafecto y deserotización. Un déficit de ligazón afectiva y placentera que provoca rutinización. En definitiva, estos quijotescos caminantes, obsesionados con los molinos de viento, no dialogan con los Sanchos, ni siquiera pueden verlos (ni aprender de ellos). Se configura una disociación sin puente alguno que dé acceso, desde la orilla de los ideales, a los deleites básicos de lo cotidiano.

Domesticación y obediencia

La infancia colonizada. En las autobiografías, el recorrido madurativo se halla repleto de golpes a la creatividad. Los abusos de poder, donde el adulto va apropiándose del espacio infantil, van imponiendo la corrección, la sobreadaptación, la domesticación. Van «matando» la individuación y la diferencia. Las escuelas repletas de mensajes culpógenos y las conductas dictatoriales van sellando la sed exploratoria y la expresión natural.

La distorsión de la conciencia. La conciencia, hermoso faro de lucidez, descubrimiento e iluminación, deja de ejercer su amorosa observación contemplativa para devenir tribunal severo que ejerce una sofocante presión de selección y filtro. Va contaminándose ante las cascadas de mensajes negativos, que se vuelven introyectos, y se torna un agente de autopersecución.

Las elecciones no se hallan arraigadas en el poder personal, en la fuerza genuina de la necesidad y el deseo. Primero se produce una castración, un marchitamiento de las posibilidades que ofrece la vida, pues las opciones se hallan reducidas: hay que elegir lo que es lo adecuado, lo que es debido.

Asoma la lucha interior. El tabú del egoísmo, con su trasfondo de desamor a uno mismo, conduce indefectiblemente al dolor y la soledad. La «pérdida del alma», y el vacío asociado, llevan a abrazar con desesperación la razón, el deber, el Dios que está en los Cielos, que ofrece un refugio en el desierto de las ideas.

Se van debilitando los cimientos de la autoconfianza, destruyendo la esencia misma de la voluntad suprema, que reside en la fe (en la propia percepción, el propio criterio, la intuición). La autoinvalidación y la enemistad interior generan, en fin, enormes grietas en los puentes que le conectan a la vida.

5

EMOCIONALIDAD Y FANTASÍA

El color del control

El clima emocional de este carácter es otoñal, melancólico y gris.

No solo contiene el flujo de las emociones, del que se siente desconectado, sino que incluso desconoce su fuente. Desde la atalaya de la razón, en la cumbre del monte calvario, sede de renuncias, sacrificios y anhelos de aceptación, los sentimientos resultan unos auténticos desconocidos.

El mundo emocional deviene una especie de yacimiento arqueológico, tal vez no de mucho valor. El arqueólogo mira con una mezcla de desdén e irrealidad esos curiosos fenómenos que brotan de algún extraño manantial.

La confusión y la desconfianza reinan en el eneatipo Seis social a la hora de afrontar los sentimientos. No son vivencias que fluyan por el organismo y que uno se deje movilizar, compartir. Para el «robocop» cualquier alteración de la estabilidad resulta amenazante.

Las interrupciones del devenir madurativo, en experiencias tempranas de desconexión organísmica e intensa introyección, vuelven su universo interno metálico, con dureza emocional y motriz.

El miedo en todos sus afluentes: a sentir, a descontrolarse, a lo desconocido, a equivocarse («asegúrate de no fallar, que es peligroso»)... Ante la duda usa la cabeza, examina los pros y contras. Es mejor atenerse a lo establecido. «Ten cautela; duda de tus impulsos y emociones, que te pueden hacer perder el control y la objetividad; es mejor esperar y abstenerse cuando dudes o no tengas claras tus opciones...».

Las múltiples invasiones (introyectos tragados) dejaron al robotizado cumplidor de las normas con la sensación de extranjero de sus propias emociones.

El cisma originario, la disociación primaria, causó insensibilización. Una potente contracción sepultó sensaciones, sentimientos y conciencia de los mismos.

Llegan luego los bloqueos de la espontaneidad. Un delirante sentido de «objetividad» conduce a la rigidez expresiva. El mecanismo psicológico de la retroflexión, que inhibe la corriente energética genuina y la vuelca hacia sí o contra sí, genera la inhibición y, con ella, un clima gélido y duro donde reina la fantasía de dotarse de seguridad en el control.

La atalaya de la razón

Ante la pérdida de contacto, encuentra refugio en los torreones desde donde divisar las amenazas. En su fantasía, al E6 social la atalaya de lo racional le parece más segura pues refuerza el sentimiento de control. Vive en un mundo cartesiano, donde la cautelosa racionalización, o *duda metódica*, puede «controlar» al «genio maléfico» que hace perder la objetividad.

> Creo que la realidad es eso que pienso. Hay muchas personas que se apoyan en sus sentimientos, cuya realidad es emocional. Para mí, la

> realidad es una especie de texto que elaboro mentalmente, con imágenes, frases... Todo puede convertirse en una película o en un libro. Así, veo lo que pienso, siento lo que pienso, actúo como pienso, las personas son como pienso, el mundo es lo que pienso o como lo pienso.

La descripción de esta mujer resulta clarificadora del universo mental de este carácter, con su desconexión emocional (la vida, los otros son como los pienso), los mensajes tragados (la razón me aporta control, seguridad) y el desplazamiento de la realidad emocional y somática hacia ámbitos más elevados. Desde los refugios mentales va conquistando territorios de seguridad puesto que lo abstracto, lo teórico, es más confortable que lo concreto y, por supuesto, más manejable que el mundo emocional. Los miedos a perder la cabeza, ser señalado o resultar excesivo se suman a ideas tóxicas interiorizadas sobre los sentimientos como síntomas de debilidad.

Desocupación

Las estrategias de obediencia, cumplimiento de la norma y orientación hacia teorías y autoridades conllevan la sensación vital de desocupación, de vaciamiento de sí, que queda registrada en sentimientos de desrrealización, sinsentido y temor omnipresente a la muerte.

Al poner el acento en ese otro que aprueba o condena, se «sale», se olvida de sí mismo. La fantasía implícita es que el cumplimiento del deber ganará el reconocimiento y la seguridad anhelados. Pero se deja mucho en el camino: el precio es resultarse ajeno. La sensación de pérdida de Ser es una vivencia global de fondo, que afecta seriamente a su posición en la vida.

La «afuerización» implica autoanulación. El miedo a vivir, a sentir la vida desde el corazón, desde el cuerpo, lleva al E6 social a momentos de desierto y melancolía, de sentimiento de ausencia vital, de soledad y de tristeza. Al fondo de una aparente rectitud, el sentimiento de estar perdido, confuso y aislado.

Como caballero andante, necesita sus libros de caballería para percibir que existe un sentido, una certeza que llene su vacío interior. Una grandiosidad que llene esa percepción vacua de la vida y de su mundo interno.

Escisión

Las tempranas interrupciones del sostén acogedor y del derecho natural de simplemente ser y sentir las propias necesidades y emociones, producen la pérdida de conexión y una vivencia de escisión. Los puentes del contacto quedaron rotos, lo cual da lugar a un «yo dividido».

Es recurrente la evitación de la interioridad, sostenida por el fantasma del vacío, de no encontrar nada ahí. Esto provoca desesperanza, compulsión por el hacer y sequedad emocional.

En un movimiento de «parentalización», el niño no solo aprende a cumplir las expectativas de sus progenitores: «Seré lo que esperas que sea. Seré tu ideal». Sino que, en ocasiones, invierte su rol, actuando como soporte del padre o de la madre: «Me ocupo de tu felicidad por amor de hijo, por pura fidelidad y necesidad imperiosa de afecto».

Se genera una posición «dadora» que evita la receptividad, la vivencia de apertura emocional que, para un carácter donde la necesidad de control es imperiosa, resulta de lo más amenazante pues implica situarse en vulnerabilidad, sentirse expuesto y le confrontan con el miedo a confiar: en el otro y en la providencia divina.

Es por esto que su rol es el de ofrecer esfuerzos generosos, no solo para sentirse digno de amor sino también menos frágil. Evita el miedo a la dependencia en los vínculos íntimos haciendo que le necesiten. «Doy, te doy, me siento seguro y además, bebo de tu capacidad de sentir».

Miedo a sentir

En lo más hondo yace el miedo a sentir, la «caja de Pandora» de los sentimientos.

Miedo a sentir el miedo, un no poderlo sostener con naturalidad, escuchándolo para ver qué tiene que mostrar. Pues el miedo mismo se convirtió en enemigo feroz. Miedo al miedo, a sus aterradores fantasmas. Solo sujetando y sosteniendo el miedo puede este carácter descubrir los monstruos imaginarios que pueblan su mente y convertirse en cazador de fantasmas, para convertir la vida en algo mucho más liviano.

Miedo a sentirse triste y, por tanto, frágil, por la amenaza de la aniquilación y la desesperanza.

Miedo al enfado genuino y a la rabia, por las funestas consecuencias que acarrearía, por los fantasmas de rechazos y exclusiones.

Miedo a ejercer la libertad. A sentir la intensidad de la vida, la alegría. Al placer, al disfrute, por los mensajes de seriedad y renuncia. Miedo al descontrol genuino del goce.

Poder vivir la vida, poder simplemente explorar, ser.

6

INFANCIA

La llegada al mundo. Manos ausentes

Muchas vidas, en este carácter, quedaron marcadas por nacimientos traumáticos y enfermedades o separaciones afectivas tempranas, donde se interrumpen las necesidades primarias. O por la emocionalidad conflictiva en alguno de los progenitores, o situaciones de angustia por precariedad física, emocional o económica.

Veamos este informe de infancia:

> Cuando acabó la protección de la lactancia materna comencé a tener frecuentes infecciones de garganta con importantes subidas de fiebre. Con nueve meses me llevaron a un médico especialista que creyó descubrir una «sombra» en mis pulmones. Conforme a su diagnóstico indicó el tratamiento oportuno. A juicio de otros profesionales de la época, sin embargo, era demasiado agresivo para un niño de menos de un año.
>
> Tres meses después de empezar con él, desarrollé una fuerte reacción consistente en asma y una erupción en forma de granos en toda la piel y el cuero cabelludo. Mi madre cuenta que a veces tenía que sacarme al balcón a respirar cuando me asfixiaba y que, durante varios años, cada vez que me resfriaba, cosa que ocurría al parecer con frecuencia, volvía a tener bronquitis y dificultad para respirar. Me queda el claro recuerdo de crecer con la conciencia de ser enfermo, débil de salud.

> Los primeros tiempos fueron realmente de angustia para mis padres, que temían por mi vida. Y creo que es desde aquellos primeros tiempos que tengo grabadas las palabras de mi madre: «Pobrecito», «qué lástima de hijo»..., cargadas de una pena y acompañadas de una sobreprotección que tan poco me han ayudado en mi autoestima.

R. D. Laing señala,[40] en su concepto de *inseguridad óntica*, la intensa contracción ante la ausencia de asideros esenciales: esas manos que calman y ofrecen el cobijo imprescindible a la extrema vulnerabilidad del bebé.

Tal y como resaltaba E. Erikson, ¡qué necesario resulta el contacto físico en los primeros peldaños de la existencia! Necesario para respirar con calma y cadencia, para sentir que existe un hueco donde residir y ser recibido, acogido.

Los brazos y manos son la morada primigenia de un anclaje esencial donde sentirnos seguros y percibir e interiorizar, en todo el organismo, una vivencia básica de confiabilidad.

Es inexorable el peso que tiene la acogida básica para configurar en las entrañas una sensación de confianza en la vida. La pérdida del contacto nutritivo primario instaura la angustia radical, el vacío sin nombre, que conlleva el apego ansioso y una ansiedad paralizante, evitativa.

Desde la «colisión», el *crash*, se quiebra el ánfora protectora original y se instaura la ansiedad de abandono. Es el feto flotante en el universo infinito de *2.001, Una odisea en el espacio.*

---

40. Véase R. D. Laing. *El yo dividido. Un estudio sobre la salud y la enfermedad*, Fondo de Cultura Económica, México, 1975.

El nido

Al interrumpirse los primeros eslabones del ciclo de satisfacción de las necesidades, el desvalimiento crea la tela de araña de la inseguridad básica y la desesperanza.

La primera contracción madurativa dará paso a una «disolución», un vaciado de sí, donde la disociación y la enajenación se cristalizan. La explosión interna crea una fisura, una división de orillas sin puentes, repleta de antagonismo. El miedo a la vida toma cuerpo.

> Aprendí a refugiarme, a zambullirme en la geografía del nido, a salvo de las pesadillas imaginadas. Aprendí a elevarme en nubes repletas de juegos y fantasías. Desarrollé la imaginación hasta el infinito. Imaginé vuelos en alfombras mágicas desde mi refugio solitario, próximo a los movimientos repletos de ocupación de mi madre. Ella trabajaba, se sacrificaba, pero ¿dónde se dirigía su pensamiento?
>
> Cuando mi padre llegaba de buenas conversaba con sus hijos, nos sentaba alrededor de la mesa y nos contaba historias que le pasaban cuando se iba de viaje, y era fascinante escucharlo, me encantaba sus narrativas, sus encuentros con fantasmas, con brujas que se le aparecían de noche y desaparecían delante de él después de darle un mensaje secreto de la vida. Ahí yo me decía que quería portarme muy bien, seguir las reglas de casa, estudiar mucho, tender mi cama, porque pensaba que eso lo ponía de buenas y no nos pegaba entonces y lo amaba profundamente. Mucha incertidumbre, ansias de cómo llegaría... ¿De buenas? Cabía la posibilidad.

Una de las heridas del niño o niña futuro E6 social es el padre ausente. Una ausencia que puede ser física o emocional. En algunos casos sus abrazos no llegaban. En otros, hemos podido observar un padre rígido, severo, moralista, controlador, invasivo. En ocasiones, con maltrato físico o psicológico.

¡Qué importante resulta el abrazo del padre, su mano! Una

presencia que aporte una sensación de «espina dorsal», de columna que vertebre el proceso madurativo del niño.

Pueblan la realidad paterna de esta tipología: ausencias prolongadas o dedicaciones laborales excesivas; ausencia de respuestas afectivas; silencio; exceso de normas; un elevado nivel de exigencia, que deja al niño o niña en estado de disminución e infravaloración; o conductas hipermoralistas e incluso abusivas (que generan temor al castigo, vergüenza y humillación). Así se va generando la herida de la ausencia del padre, en estos «hijos del silencio».[41]

> De mi padre no recuerdo momentos de cercanía, acogida o calor; más bien frases y actitudes de exigencia, su mirada y su cara seria cuando no le complacía lo que yo hacía. Unas veces se quedaba mirando así; otras veces se retiraba enfadado y otras, lanzaba improperios. No recuerdo momentos de satisfacción en su mirada hacia mí... *(L.I.G.)*

Una mujer compartía así las experiencias con su padre:

> A veces se ponía a gritar frenéticamente; otras, tiraba objetos o rompía alguna cosa. Peor que el cachete era la amenaza. Siempre la amenaza. Además, su frase favorita: «¡Ten cuidado!» No recuerdo caricias, afecto. Hace poco me comentaba que los niños le ponen nervioso, que le impacientan... Cualquier cosa en las tareas cotidianas o en la casa que no entraban en su previsión o no encajaban, suponían respuestas de ira y enfado. Al final se me mezcló el miedo a mi padre y el miedo a la vida. *(S.)*

Los «colegas» de eneatipo constatan, junto a la herida del padre «ausente», la de una madre sobreprotectora, que inocula elevadas dosis de miedo a lo esencial de la vida. Es una inyección de alerta no solo por fobias concretas, sino también de un temor

41. Véase Guy Corneau, *Hijos del silencio*, Circe, Barcelona, 1991.

difuso y permanente, de desconfianza inespecífica, que genera un estado constante de ansiedad.

Estas son las experiencias compartidas del vínculo con la madre: «Ten cuidado con esto, con lo otro... Al cruzar la calle, mira por dónde vas. Cuidado, cuidado... Uufff». Siempre el ¡ten cuidado! La disposición materna incluye una frialdad emocional, un acento en la acción en contraposición al afecto directo, una distancia donde el niño no se siente visto.

Los sentimientos quedan, así, bloqueados:

> Tienes que aguantar, por la paz un Ave María; hay que sacrificarse, es mejor callarse, piensa bien antes de hablar, es mejor que no vean lo que sientes, hay que conformarse, la vida es dura.
>
> Así era con mamá: aguantar los enojos de mi padre, que golpeen a sus hijos, no decir nada, no hacer enojar al otro, llorar donde no te vean, no muestres tu dolor, no opines porque puedes estar equivocada, tu pórtate bien y no hables, sé calladita, bien portada, hay que obedecer a tu papá, él sí sabe, tiene razón, hay que aguantar, tenemos de todo, no nos falta nada, hija.

Son mensajes que se clavan en el organismo a fuego, dejando incrustados «cristales» que pinchan cada vez que aparecen determinados sentimientos.

En mi caso se hizo omnipresente la fobia de mi madre a las arañas. Se desvaneció cualquier instancia de confianza en la divina providencia. Los rezos de mi madre, voces de temor y angustia, imploraban un *No*, que no ocurriera nada malo, ningún castigo de Dios Padre. Eran oraciones en negro, en negativo; de penitencia, suplicantes.

Otra persona comparte una escena con su madre:

> Desde pequeño me he sentido inseguro, desprotegido en todos los lugares, con sensación de desamparo, con adultos que me podrían prote-

> ger pero en los que no podía confiar ciegamente, que en cualquier momento me podían dar la espalda o yo podría sentirme rechazado. Jugar con chicos mayores a veces suponía ser víctima de novatadas; cosa que me ocurrió desde los tres años.
>
> Cuando los mayores me hacían novatadas de todo tipo e iba a casa llorando, recibía la bronca de mi madre, que incluso me volvía a pegar: «La culpa es tuya por jugar con chicos que no son de tu edad». *(U. T.)*

Culpa, contracción y bloqueo. Seriedad que encierra dolor. Acorazamiento. Vaciado de sí, asumiendo ropajes que no son de la propia talla, sino de otra, inalcanzable. Pero no hay más remedio que ponérselos para ser aceptado y querido.

Ropajes de ideales mortecinos (de resignación, aguante y sobriedad). De tíos muertos, curas, profesores… de cómo funcionar y cómo ser.

La salida al mundo

La salida del nido, la escolarización, se halla poblada de sumisión, autoritarismo, exigencia, voces silenciadas, uniformidad, imposición de normas y más normas de conducta y obediencia ciega. El encuentro con el mundo son sentencias sobre el bien y el mal, códigos de corrección o incorrección, y supervivencia desde el esfuerzo de adaptación y adhesión al deber. Los profesores y la Iglesia se encargaron de velar por la realización de una vida «como Dios manda», siendo «como es debido».

> Sin darme cuenta, o más bien ocultándomelo, me convertí en esclavo de férreas normas, esclavo del deber ser.
>
> Tenía que hacer tantas cosas y de tantas maneras que terminé exhausto, contaminado, empachado, atiborrado de pesos y exigencias, directas o sutiles, bajo la amenaza no solo de un humillante castigo

(como los de la escuela) sino también de un aplastante manto de culpa por generar decepción.

La coincidencia en estos patrones de escolarización es casi unánime.

Era buen estudiante, nunca el primero, para no sobresalir, me mantenía en una honorable segunda o tercera posición, que era menos expuesta, incluso me dejaba ganar para no ser el primero.

Sentía pánico ante los abusos de poder de los profesores, los compañeros, los matones de la clase; sentía miedo, impotencia.

Fui cagado a clase y una y otra vez escuchaba los comentarios burlones del profesor, sintiéndome humillado, avergonzado.

Y luego, la Iglesia y el ojo de Dios que todo lo ve, que todo lo juzga con electrocutadora severidad y castigos infernales.

Una persona comentaba:

Mi primer deber era ir al Cielo, lo cual era tan importante que pensé que una forma de cumplir era morirme siendo niño, ya que mi padre me había dicho que los niños siempre iban al Cielo. Pero la iglesia tenía otros deberes que permitían menos atajos, como ir a misa todos los domingos y fiestas de guardar. *(J. Z.)*

Incluyo de nuevo una aportación personal:

La Iglesia y sus representaciones inundaban mi ser cual tentáculos abrasadores. Así, emergía el castigo divino, el ojo omnipresente que todo lo ve, el juicio final, el pecado original, la sempiterna y ancestral culpa.

Perspectiva gestáltica de la génesis y psicodinámica del subtipo

Unas pinceladas, para finalizar, desde la perspectiva gestáltica, sobre la génesis de este carácter. Como mecanismos originadores podemos pensar en:

- Introyectos asumidos, del tipo: «No me puedo fiar de mí mismo», «si me salgo de lo mandado soy culpable, «los que saben lo correcto son los mayores», «hay que ser correcto», «hay que esforzarse», «solo si cumplo lo mandado estaré a salvo», «mejor me callo», «yo no sé», «mejor controlar», «mejor no dejarme ver, mejor aparentar», «mejor aguantar, mejor adaptarme aunque no me guste», «en caso de conflicto llevo las de perder»...
- Proyecciones correspondientes, como: «¡Cuidado!, peligro si me ven que me propaso, si no soy correcto», «la autoridad tiene el control», «si no cumplo me pueden castigar», «es peligroso soltarse, dejarse ir», «es menos peligroso culparme que agredir»...
- De tales introyectos, con sus correspondientes proyecciones, se derivan retroflexiones de cuanto pudiera provenir del propio sentir espontáneo en la mayoría de situaciones. Lo cual acarrea somatizaciones: rigidez expresiva, ansiedad, encogimiento...
- Las *interrupciones* del espontáneo fluir infantil pudieron traducirse no solo en una inhibición expresiva de los impulsos (interrupción del *ciclo de satisfacción de necesidades*), sino llegar incluso a la insensibilización a tales impulsos (el ciclo ni siquiera se pone en marcha).

Se va cristalizando un carácter con duda paralizante y miedo a lo desconocido. Buen trabajador, cumplidor, la tendencia es a imponerse rutinas (ritualizarse), y racionalizar, buscando seguridad en los saberes, con desconfianza e incluso desconocimiento de la intuición.

Mecanismos:

- Introyectos como: «¡Cuidado!, asegúrate de no equivocarte», «atente a lo que ya conoces», «examina con atención todos los pros y contras», «no te precipites», «mejor atente a lo establecido», «en la duda, abstente», «cumple tu deber y te sentirás seguro», «saber es fuente de seguridad», «si mantengo mis criterios soy fuerte»...
- Proyecciones correspondientes: «Hay muchos que no saben, les puedo ayudar», «lo desconocido, los cambios, pueden ser peligrosos», «otros se pierden porque no se atienen a lo correcto», «quien me exige decisiones es peligroso», «si hago lo correcto, puedo sentirme seguro ante los demás»...
- Retroflexiones derivadas de tales introyectos y proyecciones: inhibición de la despreocupación, de la confianza en el propio sentir, encogimiento.
- Las interrupciones pueden llegar también aquí no solo a la inhibición expresiva, sino incluso a la insensibilización a los propios impulsos espontáneos.

7

PERSONA Y SOMBRA: LO DESTRUCTIVO PARA SÍ Y PARA LOS DEMÁS

La *persona* es la «máscara social», una parte de nuestra personalidad desarrollada según un patrón adaptativo. Es la envoltura de nuestro yo, la parte de «relaciones públicas», la que deseamos o permitimos que vean los demás. Se originó para ajustarnos a las expectativas de nuestros padres, profesores y sociedad en general durante nuestro proceso madurativo.

Las otras cualidades que se consideran censurables, inaceptables, se reprimen u ocultan. De esta forma, nace otro ámbito de nuestra personalidad (subpersonalidad), llamado «sombra».

La aceptación o reconocimiento de nuestra «sombra» resulta una tarea difícil y temida, además de dolorosa, por lo que la evitamos con variados mecanismos de defensa, que van de la negación a la proyección.

Máscaras

La «escultura» aparente es de formalidad, autodominio y confiabilidad, de persona racional y equilibrada. Más allá de su timidez en situaciones novedosas o con personas desconocidas, se muestra afable, dentro de la sobriedad. Con capacidad discursiva, puede elaborar sólidas argumentaciones y resultar un asesor convincente.

En el ámbito familiar adopta un rol paternalista y la tendencia al control le vuelve preocupado. En el laboral, la relación con la autoridad es de acatamiento con dedicación ilimitada.

La sombra consigo mismo

Las vivencias atribuladas conllevan reacciones psicosomáticas y autoagresión. La contracción interna le robotiza con mecanismos inhibitorios de la espontaneidad.

El implacable «ojo crítico» le va paralizando en una rigidez vital, con una coreografía interna de códigos, juicios y sentencias, en un estruendoso bucle de inquisitoriales diálogos internos. La vivencia íntima es una cruenta atmósfera de polarización con un yo dolorosamente escindido.

La sombra en lo relacional

Está en hipervigilancia al mundo para escrutar señales de intencionalidades ocultas y acechantes acontecimientos negativos. Es el monstruo de la mirada paranoide, con ideación obsesiva y defensividad.

Con la autoridad, tras la máscara de ciega obediencia subyace la desconfianza con movimientos internos de actitud crítica, rebeldía pasiva (e incluso activa) y una ambivalencia que se traduce en una paralización de la entrega y la implicación.

La cesión del poder a la autoridad es una estrategia de alimentar el ego del jefe con la adhesión leal. Como contrapartida, proyecta en él la propia responsabilidad vital. El E6 social se aferra al guion establecido por la autoridad (concreta o abstracta) y evita así la angustia de la elección, de decidir por sí mismo, con todas las posibles catástrofes asociadas al error y la equivocación. La «piel de cordero» es su estrategia manipulativa: el otro le aporta certezas que le eximen de la incertidumbre.

La rígida sumisión a la autoridad conlleva movimientos compensatorios polares de dominancia, exigencia desmedida y autoritarismo, con conductas incluso tiránicas y descargas de ira y agresividad.

Y el cumplimiento del deber implica posiciones dogmáticas y fanáticas, con lealtades férreas que excluyen las disidencias. La libertad se torna una opción amenazante, tanto interna (riesgo de error, culpa, exclusión...) como externa, pues el otro puede romper sus preciadas certezas. La cohesión, la uniformidad y la obediencia ciega a una causa común o a un líder devienen perentorias.

En el grupo primigenio (la familia), el eneatipo Seis social aprendió a absorber las múltiples cadenas normativas, asideros de aceptación y pertenencia. La indigestión de códigos se acompaña de la asunción de secretos familiares: muchos coinciden en haber sido víctimas de confidencias con grandes dosis de toxicidad. Esto les cargó de emocionalidad negativa hacia el padre o la madre, con el efecto de paralización, inhibición y, por supuesto, una posición de «adultez» precoz, de parentalización (oscura inversión en el rol genuino de, simplemente, niño, hija), que les transmutó en seres «mayorcitos», bondadosos, leales a los códigos explícitos y secretos de la familia. El niño inocente, creativo y juguetón quedó sepultado por las exigencias tóxicas del clan.

La ingestión venenosa de escenas coercitivas y mensajes normativos gestó el tiránico ideal, el cumplimiento sin límites y los dogmas de fe. La exigencia feroz.

En el ámbito laboral, y en otros, emerge una competitividad vinculada a un secreto sentimiento de superioridad y de tener «razón», amparado en constructos racionales, que llega al ciego dogmatismo. El terror al error conlleva una actitud congraciadora, con deseos de aplauso y de sentirse mirado. La contrapartida es una posición perfeccionista desde el juez: «Yo cumplo, sigo el guion, por lo que me siento completamente legitimado para regular las leyes de funcionamiento». Desde la atalaya de la razón, se convierten en jueces poseedores de la verdad. El luminoso idealismo, las hermosas utopías y excelsas intencionalidades se van tornando en «guadañas» con que lanzar a la hoguera las disidencias que cuestionen la tan ansiada certeza.

Desde la gris robotización y la desértica seguridad emocional emerge la patología de la normalidad, con su rutinización, ritualización y control de la espontaneidad. Es la sombra de la Norma-lidad: inautenticidad, repetición, aburrimiento y cansancio vital.

La sombra alargada de Sísifo

Los continuos esfuerzos a que se lanza el E6 social conllevan un síndrome de «quemado». La piedra granítica es empujada una y otra vez, de modo compulsivo, sin límites, puesto que «si no me esfuerzo, no me querrán». No solo la soporta de modo resignado sino que la abraza, se aferra a ella clavando las uñas, para percibir que existe un sentido. Un sentido de sacrificio por algo más grande, sublime. Un tótem al que adorar que le calme la angustia y le libre de decisiones vitales. Que le haga sentir la vida, aun volcando el peso sobre él.

El precio de este gran desgaste autolesivo, el agotamiento, el cansancio crónico, queda fijado en el cuerpo dolorido, incrustado en las articulaciones y en las entrañas.

La desconfianza

El E6 social vive en la amenaza permanente. Desconfía del flujo natural de la vida, convertido en un tenebroso río turbulento, cual vigía de un barco al acecho de monstruos marinos. Ese estado de tensión invade todas las relaciones interpersonales. Y como un celoso carcelero en guardia permanente, la desconfianza en sí mismo devora los aspectos más inocentes de su mundo interno.

> Yo encuentro que el desamor conmigo misma es porque me doy cuenta de mis inseguridades y miedos al realizar algo y necesitar la aprobación del otro. Me agobio, me enojo, me inquieto, me angustio. Siento el tiempo encima y es entonces que no para mi mente, como un hámster corriendo en tantos pensamientos que me desgastan. Me doy cuenta, es como si me saliera de mi cuerpo y me viera desde lejos: cómo sufro en vano, sin sentido, cómo me encuentro en un infierno.
>
> Entonces me caigo mal, me digo: «¿De qué me han servido mis cursos si en vez de progresar voy para atrás?» Me doy cuenta de mi sombra y más mal me caigo. Es como dijo una vez el Dr. Claudio Naranjo: «Va un hombre al oculista porque ve puras manchas y quiere tener más claridad. El oculista hace unos lentes, les pone líquidos, los refuerza y se los da al paciente a que los use. Le pregunta: "Y ahora, ¿cómo ve?" "¡Mejor, mejor, ahora veo las manchas bien claras!"»

Agresividad

Más allá de la careta de cumplidor afable, y a pesar de la rigidez (inhibición constante de los impulsos naturales y espontáneos), salen del armario expresiones sombrías.

Pese al intenso conflicto que le supone al E6 social la vivencia y expresión de la agresividad (con mucha represión y bloqueo), aparece no solo la agresión pasiva, sino una «dureza» gélida, metálica y gris, con una retirada afectiva rotunda y radical.

Junto a estas expresiones de aniquilamiento sutil, se permite reacciones iracundas y explosiones agresivas con personas cercanas o que son de «otro escalafón» (diferente al de los líderes idealizados). Los hijos, las personas queridas, la pareja, los alumnos... pueden ser receptáculo de los rayos y truenos encerrados en su «caja de Pandora».

La sombra en la intimidad

La posición autoinculpatoria le genera al E6 social múltiples manifestaciones psicosomáticas y mecanismos autolesivos. No solo es fruto de la presión interna de ideales inalcanzables y normas agotadoras, sino también un oscuro ejercicio defensivo, en angustioso intento por evitar condenas desde el exterior, Tales condenas son fantasmas de voces catastróficas, provenientes de una infancia y adolescencia llenas de humillaciones, rechazos y castigos. La propia intimidad queda rendida en la «nube negra» flotante del autodesprecio.

La consiguiente posición de exigencia y desconfianza hacia el mundo exterior se ejerce evidentemente con mayor intensidad en relaciones donde la exposición de la intimidad, de la afectividad, queda más patente.

Así, en la relación de pareja, en el ámbito del amor, la cerrazón y la armadura del control se interponen de lleno en el flujo del encuentro, ante el dar y el recibir, la fragilidad y la ternura.

Los afluentes de la desconfianza son la dureza, la sequedad, la distancia emocional y física, la falta de expresiones tiernas explícitas así como de implicación afectiva (más allá de expresiones sexuales), la suspicacia, la espera pasiva y la negatividad.

El E6 social lanza rayos escaneadores en busca de temidas señales de traición o invasión, de gestos que puedan inducir asomos de duda, de cuestionamiento, con el temor al abandono y a la pérdida como telón de fondo.

Esta posición paranoide va acompañada de actitudes compensatorias, como el paternalismo y la guía, que se apoyan en un racionalismo con implícitas dinámicas de posesividad y tiranía.

La dificultad para la entrega es pánico a dejarse ser, dejarse llevar. Al salto al vacío. Es, en definitiva, miedo al amor.

La sombra en la espiritualidad

Para empezar, la pseudoespiritualidad de los dogmas. La tiranía del dogma edificado, no desde el amor a la humanidad y a la vida, desde la entrega al misterio, sino en una compulsión a la búsqueda de certezas.

Más allá de los ideales altruistas emerge la soberbia, la sensación de omnipotencia, la ingratitud (por el mero hecho de la existencia) y la competitividad y exigencia dirigidas ¡hacia el mismo Dios! El eneatipo Seis social es un secreto juez de las actuaciones de Dios. Está enfadado con Él, resentido incluso, le acusa, envidia su poder y crea «éticas supremas» que le suplanten.

El E6 social va estableciendo pactos secretos con Dios y con el diablo disfrazado de Dios, entrando a base de desmedidos esfuerzos en delirantes creencias donde resulta especial a los ojos del «Padre Nuestro», que le salvará incluso de la muerte. Secretamente puede entrar así en ideaciones locas de inmortalidad.

La cobardía espiritual le impide soltar los «sucedáneos» para adentrarse en la verdadera fe y abrazar al dios que reside en el fondo de su alma, inundándose de la luz divina que bebe de la esencia eterna. Atado al control, el E6 social teme la libertad total de la suprema entrega al Ser interno luminoso, a la corriente de la vida. Una entrega confiada al misterio y a los hilos del destino generados por el «arquitecto divino».

Destructividad y retroflexión

El dialogo interno del E6 social es poco cariñoso. Negativo consigo mismo, la rumia y la murmuración son conductas habituales.

Debido al miedo y la ansiedad, a menudo la introspección y el hablarse a sí mismo son *procesos de aislamiento* y medios para una relación fantasiosa con lo externo. Las frecuentes autosuficiencia y grandiosidad son más aspectos del aislamiento que un autoapoyo genuino.

En el mundo aislado del eneatipo Seis social, por la dificultad en el manejo de la ira y de la culpa derivada de ella, aparecen fantasías de agresión, destrucción... El imaginario se llena de «sacrificios», «luchas», «disciplinas», «castigos», «control»...

La *rigidez corporal* se convierte en el «carcelero» de los impulsos sexuales y agresivos, apareciendo a menudo expresiones corporales como movimientos congelados.

El *comportamiento autodestructivo* del E6 social se manifiesta a través del sobreesfuerzo en la *realización de la norma* o idea externa sobrevalorada. El suicidio es poco probable, pero si aparece se puede catalogar como «suicidio altruista», al que se llega por la excesiva integración en un grupo, sacrificándose el individuo por unos fines sociales, por una causa ideológica o religiosa.

La vergüenza es un sentimiento que acompaña la experiencia de vida del eneatipo Seis social como un «no estar bien» y «no ser suficientemente apto». La idea que abraza le sirve, en suma, para ocultar esta vergüenza.

La *culpa* es un sentimiento que acompaña al E6 social y con ella va no solo el temor al castigo sino también el resentimiento frente a los «deberías» y a las expectativas introyectadas, autoimpuestas o impuestas por otros. Los gestaltistas S. y A. Ginger[42] definen la retroflexión como «una inhibición masoquista permanente de las pulsiones, o al contrario, una exacerbación de las satisfacciones narcisistas», considerando la culpabilidad no como un resentimiento no expresado y proyectado, tal como sostenía F. Perls, sino como un sentimiento de retroflexión.

Tras las *proyecciones* del superego (autoacusación) y del ello (impulsos no aceptados) acusando a otros con pretensiones de autoexculpación, encontramos *introyecciones* previas, que son la base del sentimiento de culpa. En la medida en que seamos capaces de detectar estos *introyectos* que dan lugar al sentimiento de culpabilidad, y de dirigir la rabia, la frustración y el dolor hacia el exterior, haciendo el contacto adecuado, la retroflexión de estos sentimientos que acompañan a la culpa dejará de ser necesaria.

La *compulsión* también acompaña al eneatipo Seis social. En ella la persona tiende a pasar directamente de la sensación de la necesidad a la etapa de la acción, saltándose dos pasos: el darse cuenta o conciencia, y la energización o movilización. Esto crea un patrón inmediato o impulsivo de acción. Asimismo en el acto compulsivo, las funciones de contacto y de asimilación o

42. Véase S. y A. Ginger, *La gestalt. Una terapia de contacto*, Manual Moderno, México D. F., 1993.

realización, así como el tiempo de retirada para integrar la experiencia, se reducen y evitan, impidiendo que el sujeto aprenda de lo vivido.

El *sentimiento de inferioridad* surge ante la vivencia de no ser nunca suficientemente válido para las expectativas de los padres. Las normas y deberes impuestos por estos de manera autoritaria e incluso tiránica nunca son satisfechos, no reconociendo los logros o reconociéndolos fríamente.

Bien y mal es el juicio parental que le sirve al hijo para valorarse y valorar su comportamiento, siendo el amor y la aprobación de los padres sus garantías de seguridad. Al no obtenerlas, esta falta de valoración y la ansiedad que conlleva le llevarán a crear dentro de sí un yo ideal que responda a las exigencias paternas para intentar merecer su reconocimiento.

Esta figura paterna interiorizada será tan exigente, fría y tiránica como su vivencia de los padres y seguirá, dentro de sí, descalificando y desvalorizando todo lo que haga. El complejo queda así fijado y la convicción de no validez es reafirmada una y otra vez por este padre interno.

Todo esto se acompaña de miedo a la hostilidad de los padres (por no hacer las cosas como ellos quieren), que hará que intente evitar el peligro escondiéndose, ocultándose de ellos.

8

EL AMOR

Este carácter se topa de inicio con una mirada reprobadora que le divide en luchas internas con el desamor como telón de fondo.

En el encuentro con los otros, los hermanos humanos, presenta defensividad: se resiste ante todo tipo de amenazas, en su desconfianza omnipresente. Las posiciones de alerta y control sostienen el timón del viaje relacional. La distancia gélida esculpe su rostro.

¿Dónde quedó la empatía? La mirada con los ojos del corazón quedó oscurecida con parches adheridos a los párpados y la naturaleza es una gran desconocida.

Las madres y padres de este subtipo se abalanzan sobre libros de pedagogos y pediatras al encuentro voraz de respuestas, más allá de la propia escucha y la confianza en el natural despliegue madurativo del bebé y en las señales emitidas por el organismo. La atención *correcta*, la fase concreta *acertada*, el chupete, el biberón, el destete, la guardería… En lo más hondo, la enorme desconfianza, la negatividad y el temor crónico taponan las respuestas genuinas del cuidado maternal.

En cuanto a la vía al amor de pareja en este carácter, va desde el aislamiento y el narcisismo hacia la alteridad y el encuentro revelador, donde los cuerpos y las almas se conocen y reconocen.

Como señala Jung,[43] «es una concepción necia la que tienen los varones. Creen que Eros es sexo, pero yerran: Eros es estar vinculado».

Distorsiones y obstáculos en el amor

Los peldaños ineludibles del peregrinaje hacia el encuentro amoroso son respeto, empatía, ver al otro, desear su felicidad y vincularse: salir del aislamiento para crear espacios de intimidad. Se trata de capacidades básicas en un río rebosante de *obstáculos y bloqueos*, de vivencias y concepciones distorsionantes, como la evitación, la ilusión de control, la entrega compulsiva, la intolerancia o el miedo a ser devorado, invadido y a perderse en el otro.

Este es un carácter de control, contención y cautela. Con *el control* bloquea la emoción, sirviéndose de los mecanismos de racionalización e idealización.

> Me vuelvo exigente conmigo. Pienso que todo marcha bien desde este control y me bloqueo. Trato de mejorar este funcionamiento con cada vez más autocontrol y autoexigencia, ya que el mecanismo «parece» que me funciona. Estoy totalmente desconectado de mis emociones. Olvidado por completo de mí. Y con toda la energía desplazada a mi mente controladora.
>
> Se cierra el bucle con mi autoexigencia, el no permitirme errores. *Tengo que* ser perfecto en todos los planos: física, corporal, mental, intelectualmente, para que todo marche «bien» y me quiera mi pareja.
>
> Esta exigencia también la proyecto en ella: tiene que ser perfecta en todo lo que hace, dice —las emociones me parecen caóticas—... y así no siento crispación y frustración en mí. No hay disonancias, luego todo está perfecto. «Es correcto.» Todo está bien. «*Es como tiene que ser.*»

---

43. Carl Jung, *Sobre el amor*, Trotta, Madrid, 2005, p. 25.

Este comentario es esclarecedor de una armadura de control y exigencia ante las vivencias amorosas, que resultan amenazantes y son, por tanto, soterradas. A pesar de una cierta afabilidad y conductas congraciadoras, la posición es de *dureza global*, con distancia emocional, ausencia de implicación y de entrega genuina, y evitación de la intimidad como motor necesario e hilo conductor del encuentro amoroso.

Abrirse al amor implica, en este sentido, la mayor de las amenazas, pues confronta al eneatipo Seis social con sus fantasmas más temidos. En el núcleo mismo del carácter se halla el *miedo al amor*. Veamos sus mecanismos defensivos y los obstáculos al encuentro amoroso.

Su vínculo es ansioso. Está en alerta, al acecho de las actividades de la pareja con una fantasmática catastrofista y persistente negatividad. Hay un profundo miedo a mostrarse, por el abandono imaginado. «Si me conocen de verdad, se darán cuenta de que soy un fraude y me rechazarán.»

Al fondo de la desconfianza, el convencimiento de no ser merecedor de amor y una sepultada vivencia de desamparo e inseguridad óntica. El control deviene posesividad, recelo y dominancia que a su vez generan bucles de sufrimiento y angustia.

Otra vía de protección de las ansiedades y del miedo al amor son el *aislamiento* y los *refugios psíquicos,* como la atalaya del *racionalismo*, con una sobrevaloración de la lógica abstracta que implica desdén por los sentimientos, por temor al descontrol emocional y por la dificultad de gestionar el flujo de las vivencias más allá del férreo control y el comedimiento.

Algo que revelan frases como:

> Me descoloco fácilmente cuando hay una demanda emocional. Miedo a conversar, por si algo puede ir mal en la relación, o no sepa atender sus demandas emocionales. Miedo a la confrontación. Me bloqueo y

me voy a la mente. Casi siempre termina doliéndome la cabeza después de una conversación de pareceres emocionales. Las cervicales, contracturadas.

La *posición* activa, «*dadora*», este papel de cuidador tan activamente manifestado, encierra un sutil «beneficio»: evitar la apertura que conduzca a la entrega al otro, en una receptividad donde hay vías de acceso a las hondas heridas que residen en su memoria somática. Se trata de una *entrega defensiva:* conductas activas que ofrecen atención, consejos, protección, generosa disponibilidad... El pararse a recibir las caricias resulta de lo más amenazante.

Lo señala la siguiente aportación:

> Evito el conflicto. Lo temo. (Mi madre no tolera el conflicto; lo he mamado desde siempre. En casa siempre ha habido un manto que tapaba toda disensión.) Es decir, siento miedo a que mi pareja me confronte con algo que ella vea o piense y, sobre todo, sienta que yo he hecho mal. Que me hable de sentimientos «negativos» o de que yo no haya cumplido, o haya fallado en tal o cual cosa. Me viene en esto la manipulación amorosa de mi madre, los introyectos: «Si no te portas bien, *ama* se va a enfadar, y no te voy a querer». «Hay que ser obediente».
>
> Para no llegar a ese conflicto («no te quiero porque has fallado»), necesito ser obediente y sumiso, llegar a todo, planificar y controlar todos los movimientos míos y del otro. Me vuelvo una persona neurótica y rígida. Con toda la energía desplazada a la mente. Me vuelvo frío, calculador de pros y contras. Y sobre todo, miedoso de cometer errores y del posterior reproche.
>
> Este miedo me bloquea, me vuelve poco espontáneo, me pongo atento y servicial y siento que si lo controlo todo voy a ser «perfecto», «todo va a ir bien», «no cometeré errores». *(U.T.)*

Más allá de esta máscara de disponibilidad, una puerta permanece cerrada. Algo en el interior se resiste. Es la *resistencia sin nombre*, difusa y silenciosa. Está en el diafragma, en el plexo solar o en una especie de aura protectora que impide una entrega global, íntima.

Es la «desnudez» temida, la exposición evitada, la angustiosa vulnerabilidad. El pánico conlleva retracción y una sostenida actitud *callada* de *no rendición* al descontrol.

La *compulsión a la aprobación* conlleva entrega desmedida, esfuerzos heroicos que responden a una tóxica distorsión cognitiva: la confusión entre cumplir las expectativas del otro y ser amado. Como dice un E6 social: «A veces el amor para mí termina siendo un trabajo, un esfuerzo, pues estoy atento, estoy pendiente de no meter la pata; veo lo que hace, observo...».

La normatividad no solo se convierte en obstáculo del amor sino que evita también la alegría de vivir, el amor a la vida misma.

La sobreprotección materna, con inoculación de temores e interrupción afectiva y de contacto físico profundo, más la invasión paterna de normatividad, con ausencia afectiva y de guía genuina configuraron, junto con otros factores, una «telaraña» que impide el acceso a registros de apertura, entrega y vulnerabilidad.

> Muchas conversaciones emocionales las tomo como un reproche a algo que estoy haciendo mal. No estoy a la altura.
>
> No soy suficiente. Miedo a no ser suficiente. No soy espontáneo. Culpa. Me dejarán. No me van a querer.
>
> Debería ser más espontáneo. Tener ideas para satisfacer a mi pareja. Planificar el día perfecto. Me siento exigido. Me quedo rígido. Me bloqueo. *(U.T.)*

La *rigidez*, la rutinización y la vía compulsiva, junto a mecanismos como la idealización, sirven de refugio. La robotización y el automatismo conductual, que mantienen el *statu quo* de un organismo en desconexión emocional,

Otro asidero de *metálica defensividad* es *la seguridad del juez*.

En muchas ocasiones, el E6 social se ve oscilante en su autoestima y en la posición adoptada ante el otro. Por un lado, superioridad desde un promontorio de racionalismo y paternalismo (guía protector, consejero...), con dosis de altanería y supremacía ante esas molestas irrupciones llamadas emociones. Por otro, una sensación de torpeza y desconocimiento del lenguaje emocional que implica servilismo, desvalimiento y actitudes regresivas.

Como señala otra aportación:

> No me coloco en una relación de igual a igual. Mi ansiedad me coloca en una posición infantil, de inferioridad. Me voy al niño desvalido: necesito al otro. Pero desconfío. Desde la baja autoestima y el bloqueo, no me siento con energía, y se cierra el círculo con más autoexigencia, rigidez y más culpa: no soy suficiente.

Los esfuerzos titánicos, incluyendo la sexualidad compulsiva o la necesidad de agradar y complacer, van gestando la red de codependencia. Voy ofreciéndote todo un despliegue de atenciones, voy adentrándote en mi red y consigo que me necesites, con lo que incremento mi seguridad y, de paso, bebo de tu emotividad y amorosidad. Soy un «oscuro vampiro» que chupa afecto y vida a través de la entrega del otro, a través de las necesidades del otro, en una captación «vicaria» del amor.

Los *ideales* románticos son nubes doradas donde instalarse, elevándose de las limitaciones y heridas. Esos atajos resultan a veces escaleras a un amor que salta por encima de la desvalorización interna. Y otras, un refugio ideal, la «quijotesca» creación de una ínsula salvífica donde resguardarse de los males del mundo. Tras los espejismos, confrontada la cruda realidad, los Ícaros de turno caen agotados.

El E6 social acuerda pactos secretos de «ilusión», de idealización del otro. Y establece un *vínculo simbiótico*, fusional, de emocionalidad regresiva, con una expectativa idílica donde se siente a salvo de todo peligro mientras realiza en ese otro las anheladas demandas internas. En este oasis pseudomístico brotan manantiales de «completud» y amor incondicional.

¿Qué hay tras la puerta de la cerradura oxidada? Miedo y más miedo. A ser, a fluir, a necesitar, a sentirse frágil, pequeño. A reabrir las heridas.

Reza el imperativo bíblico: «Amarás al prójimo como a ti mismo» y el E6 social desplaza la atención hacia afuera en busca desesperada del amor pero, al final, se olvida de sí.

En este carácter no solo se produjo una contracción corporal, emocional y del alma, sino también una interiorización de esquemas valorativos tan brutal que con la autocrítica severa se genera indignidad. Y no podemos amar a otro si vivimos en un clima de atribulada condena, culpa y reprobación.

Al fondo del abismo, el niño criticado a la mínima, sin posibilidad de aprender de las equivocaciones, cayéndose y levantándose. El no merecimiento del amor.

La búsqueda del amor

Una importante movilización de energía hacia la conquista del amor se traduce en un paternaje / maternaje repleto de *actitudes paternalistas*. Con esta estrategia, que minusvalora los aspectos emocionales, el E6 social se ofrece como «guía» y consejero, de buenas argumentaciones. Puede lograr que la otra persona se sienta cómoda y segura, y dependa así de sus generosas aportaciones de amor protectivo.

La «máscara» de «pseudobondad» implica autoexigencia. Se pone a disposición del otro, a cumplir sus expectativas desde la *renuncia de sí,* dando prioridad a la persona amada (necesitada desde lo más hondo de su ser),

Desde la «caballerosidad» (sea hombre o mujer), realiza todo un despliegue de servicios para sentirse merecedor de amor. Esta *actitud servicial,* junto a una *adaptabilidad,* tejen una fina red donde poseer sutilmente a la persona amada.

Estas actitudes son refugio de seguridad, al salvarle del amenazante encuentro genuino. Su fragilidad queda salvaguardada, queda resguardado del pánico al rechazo y la indignidad, pero el amor implica desnudez. Corporal, emocional, mental, espiritual; un movimiento de exposición en que uno se presenta al otro. «Hola, esto es lo que soy, este soy yo. Me siento frágil y tembloroso, necesito que me mires bien.»

El único movimiento salvífico es saltar al abismo. Es un salto interno, al encuentro con la propia intimidad, con su alma. Ya no necesita huir de sí y desplegar su energía hacia afuera. Puede, encontrarse con su «llama de amor viva», con Dios dentro de sí.

Los tres amores

Partimos de la teoría clásica de los tres amores, que diferencia el devocional (amor a Dios), el materno (ágape, amor compasivo, al prójimo) y el erótico (lo placentero, el niño interior). Predomina en el E6 social la vertiente devocional, con menor presencia del amor compasivo, maternal, y quedando aún más relegado el erótico.

Dinámica de la devoción. «Teopatía».

«Padre Nuestro que estás en los Cielos…». Dios se halla solo en los cielos. Filósofo «quijotesco», el eneatipo Seis social focaliza la mirada existencial en lo celeste. El *eidos* platónico omnipresente, el refugio mental como escondite ante el vacío interno fruto de un déficit afectivo.

Esta inclinación a ideas, tótems y autoridades idealizadas deviene una oscura postración, sumisa y forzada en una desesperante demanda no de cualquier respuesta sino de certezas. La devoción queda al servicio de lo grandioso que pueda paliar ese sentimiento interno de insignificancia y de estar perdido en el mundo, en una existencia sin sentido.

La purificación de los aspectos contaminantes de este amor pasa por el encuentro de almas, la compenetración. Como señala Erich Fromm, «el amor es la penetración activa en la otra persona, en que la unión satisface mi deseo de conocer. En el acto de fusión te conozco, me conozco a mí mismo, conozco a todos...».[44]

Así, la oración de este carácter se torna: «Padre y Madre Nuestros, que estáis en todas partes, incluso en mí, y desde mi intimidad puedo percibiros...». Renuncio al control, renuncio a «empujar el río» y a exigirle al mismo Dios cómo deben de ser las cosas, sin gratitud. Desde la acción compulsiva voy hacia el «hágase Tu Voluntad», que me lleva a bañarme en el río de la vida. Más allá de la biblioteca virtual de la mente, un encuentro desde la intimación, íntima-acción contemplativa.

Dinámica de la compasión. La caída.

Desde la escisión con el pecho-cuerpo materno, que se hace interna, el E6 social fue cayendo en una pérdida de la armonía original con la naturaleza. La conciencia inquisitorial, las exigencias desmedidas, son desamor culpógeno. El amor compasivo es

44. E. Fromm, *El arte de amar*, Paidós, Barcelona, 2009, p.39.

respeto. Los ideales, inalcanzables de tan elevados, son un oscuro juez cuya mirada anula la consideración y el respeto hacia los actos, impulsos y exploraciones.

El eneatipo Seis social aprendió a olvidarse de mirarse con benevolencia y con ternura. ¿Cómo mirar al otro, si no sé mirarme bien? ¿Cómo aceptarle y enternecerme de su sufrimiento y limitaciones? ¿Cómo ver los errores como genuino aprendizaje?

El control lo cuestiona todo, todo lo etiqueta. Los ritmos corporales quedan desatendidos. Las personas de este subtipo coinciden en una tristeza de fondo, el dolor de ese cuerpo siempre relegado, pospuestas sus demandas genuinas. La primacía es de la suprema razón, la torre de control allá en lo alto.

Tal vez la semilla de la actitud compasiva hacia uno mismo germine en una «caída» existencialmente pedagógica, espiritual. Desde esta derrota iniciática puede brotar un: «¡Me veo!, ¡te veo!» Desde la rendición emerge el íntimo itinerario al abrazo a la vulnerabilidad. Puedo así recibirme y recibir; darme y dar. Veo mi llama y veo la tuya.

Dinámica del goce. Las lágrimas de Eros.

El niño Eros está sepultado. El eneatipo Seis social sufre una desidentificación del cuerpo, que se vive ajeno. Deshabitado, el cuerpo queda a merced de las nebulosas de la razón, entre las correas de la inhibición y normas civilizadoras. Una invasión de leyes coercitivas deja al placer relegado ante ideales épicos, excelsos.

La Caída del Paraíso. Eros pliega sus alas y tapa su cuerpo, llorando encogido al Cielo. Culpa mítica, primigenia, sexual. Añoranza del paraíso perdido. Manzanas prohibidas de tiempos inmemoriales inundan el psiquismo con dioses severos, portadores de maldiciones eternas.

Las heridas transtemporales van cosiéndose con las castraciones del placer. Miradas y palabras que cercenan los brotes del impulso, que paralizan manos curiosas, acariciadoras.

Culpa difusa, originaria, donde la concepción anida entre las sombras del pavor ancestral. Culpa cosida a extraños habitantes internos y a misteriosas corrientes de vida.

Los sonidos paridos por naturalezas múltiples se vieron ahogados por furiosas embestidas de control. Artificiales deidades investidas de terror taponaron los cráteres de los volcanes del ser.

Las pulsiones más oscuras van asociadas a loas al sacrificio. Una abnegación masoquista. Es el ideal de la muerte en vida, la renuncia de sí y la destrucción del cuerpo, como receptáculo del bestiario y la animalidad. Eros llora en la oscuridad.

Orgasmo, muerte y renacimiento. La ilusión del control. Tras la desconfianza, la inhibición. Y aún detrás, el pánico a la Vida. Vida incontrolable, preñada de misterios y enigmas. Vida amoral, premoral, antimoral. Vida impredecible, sin certezas.

Los jinetes temerosos estrujan a los caballos del instinto. La eyaculación es liberadora de tensión. Es eyaculación reguladora, en contraposición al orgasmo descontrol, al orgasmo apertura radical, orgasmo entrega, en definitiva, al orgasmo muerte. Muerte expansiva, precursora del renacimiento.

Encuentro fusional. La carencia afectiva cristaliza en una enorme hambre de contacto. Pero el torrente instintivo aúlla sus demandas. Inunda el espacio vital generando una sexualidad compulsiva, relaciones fusionales o una sublimación en actividades de corte idealista.

El vínculo se convierte en simbiótico, adhesión a otro cuerpo en una sinfonía de aferramiento y anhelo de deshielo. Tanto lo masculino, por agotamiento, como lo femenino, por exclusión, se hallan dañados.

La sexualidad es enormemente activa e intensa. Implica control, esfuerzo por agradar y el imperativo de ser un buen amante. Se prioriza la gratificación de la pareja, «cumplir» con el «deber» amoroso. Este olvido de sí se refleja en la dificultad de «parar» y de recibir caricias. Es más fácil actuar, dar placer para, finalmente, sentir el derecho a la gratificación personal. Es una sobreentrega para sentirse merecedores de amor. El temor a ser rechazado o a mostrar el «lado oscuro» le inhibe. El hambre de ternura y el despertar instintivo les confieren una componente compulsiva. El encuentro sexual es requerido como fuente de descarga de ansiedad, un soltar tensión que relaje. Esta necesidad genera asimismo fases de masturbación compulsiva, que reflejan retroflexión y aislamiento.

La culpa sexual. Experiencias familiares y escolares han invadido su universo de introyectos, miradas tóxicas, gestos negativos y mensajes explícitos e implícitos de corte culpógeno que penalizan gravemente el placer, el cual queda asociado a castigos eternos.

La vertiente celebrativa de la existencia se halla relegada. Son muchas las personas que refieren experiencias castrantes en colegios católicos, con el calvario y el cargar con pecados ajenos como modelo de vida en este «valle de lágrimas».

El derecho al placer y la autoescucha, aspectos esenciales de la dimensión erótica de la vida, quedan bloqueados por el anatema del egoísmo. Donde «egoísmo» significa disfrute, entrega y permiso.

En este carácter la componente sexual resulta, en definitiva, un magma turbulento, donde los cortes energéticos sufridos a lo largo del devenir madurativo (amamantamiento, gateo, educación de los esfínteres, placer sensorial) por un sinfín de normas coercitivas, han generado una dinámica de inhibición, tensión y angustia.

Los elementos instintivos, al juntarse con etéreos ideales de carácter destructivo, han generado una compleja trama de impulso, anhelo de placer y culpa. Una danza entre lo más vital y pulsátil y lo mortecino y volátil; entre lo más expansivo (tendente a la entrega descontrolada) y lo más retirado.

9

PERSONAJE HISTÓRICO: OTTO ADOLF EICHMANN

> El E6 social es frío, muy formal [...] siente un gran amor por la precisión y una intolerancia por la ambigüedad. [...] Deber: es más que estar solamente preocupados por el deber, pues los Seis sociales están preocupados ante todo por el punto de referencia. Tienen la mente de un legislador, las categorías claras. Y si alguna vez quisieran convertirse en seres humanos, primero necesitarían volverse locos y olvidarse de todos los puntos de referencia. Necesitan olvidar el deber —nada de deber— y conectar con el instinto y la intuición, con la vida. [45]

Estas palabras de Claudio Naranjo nos sirven de fuente de inspiración para atender un ejemplo paradigmático del E6 social en desequilibrio. Nos adentraremos en la psicología del nazismo y en la «monstruosa» figura de Adolf Eichmann (coordinador de la deportación a los campos de exterminio) como plasmación del desarraigo emocional, rigidez y escisión que concluyen en la destructividad. Alguien a quien la pasión de la obediencia y el ciego sentido del deber convirtieron en un masivo exterminador.

---

45. Claudio Naranjo, *Carácter y neurosis,* p. 288.

El hecho de llevar la máscara puesta permanentemente la convierte también en invisible para su portador. Al ser integral e insospechada, limita el ámbito de la acción, pues reduce la relación con los otros a una línea ascendente/descendente cuya cúspide es, en este caso, el *führer*. Él manda. Las opciones: obedecer o ser exterminado. En esta pétrea dinámica vertical, no cabe otro movimiento, y mucho menos el horizontal, de tú a tú. La única vinculación posible es la sumisión.

En la maquinaria destructiva del nazismo asoman aspectos psicológicos y simbólicos. Una salvífica visión cohesionadora se ancla en un ideal estático-estético de darwinismo social, elevado a la enésima potencia por la fuerza de la masa, que levanta oleadas de seguridad. Los caminantes adheridos a la masa se sienten plenamente seguros en su periplo hacia ese destino radical, que impide cualquier reflexión, toda duda.

Erich Fromm señala aspectos como el autoritarismo, la destructividad y la conformidad autómata, esenciales para comprender la supresión de la libertad y la dinámica sadomasoquista:

> El primer mecanismo de evasión de la libertad es el que consiste en la tendencia a abandonar la independencia del yo individual propio para fundirse con algo, o alguien, exterior a uno mismo, a fin de adquirir la fuerza de que el yo individual carece.[46]

Este ideal fortalecedor será representado simbólicamente, cual tótem sagrado, por el águila imperial. La rapaz que, en la cima de la cadena trófica, no siente compasión por sus presas.

Desde las sombras del desarraigo emocional, la fragilidad excluida y la insoportable inseguridad radical nacen los ideales destructivos, dogmas e imperativos: certezas absolutistas. La otra

46. Véase E. Fromm, *El miedo a la libertad*, Paidós, Barcelona, 2007.

punta del arco de esta tensión es un estado de alerta. La amenaza es constante y puede venir tanto de los otros como de uno mismo.

Señala Eric Fromm:[47]

> La esencia del carácter autoritario ha sido descrita como la presencia simultánea de tendencias impulsivas sádicas y masoquistas, entendiendo el sadismo como el ejercicio de un poder ilimitado sobre otra persona y teñido de destructividad en un grado más o menos intenso; el masoquismo, en cambio, como un impulso dirigido a la disolución del propio yo en un poder omnipotente, para participar así de su gloria.

Se genera así una dinámica polar entre un ego inflado (el führer y la maquinaria nazi) y una masa de individuos «normales», donde la persona deja de ser ella misma para convertirse en un autómata.

La «maquinaria» nazi (el propio Hitler, Goebbels...) conocía ese «anhelo de sumisión y obediencia», como ponen de manifiesto su propaganda y manejo de las masas.

La ideología nazi, con su sumisión a líderes y símbolos, y el odio a grupos étnicos donde verter resentimientos y frente a los que sentirse importante y omnipotente, generó grandes adhesiones. La admiración por las entidades supremas y el desprecio a la debilidad fueron dinámicas de cohesión social.

La estrategia de exterminio conocida como «solución final», diseñada con absoluta precisión por Eichmann, tiene como condición de posibilidad una ausencia afectiva para con el otro, con una falta de escucha radical, ontológica.

Se trata de un empoderamiento que excluye la duda y la sombra. Impregnado de un ideal —puro darwinismo social— de «ser superior», como el águila o el león, y, cómo no, de la

47. Ibíd., p. 316.

educación. Primero se le enseña al individuo a sacrificarse en aras de algo más grande: la totalidad. El propio führer lo expresa:

> Solamente el idealismo conduce a los hombres al reconocimiento voluntario del privilegio de la fuerza y el poder, transformándolos en una partícula de aquel orden que constituye todo el universo y le da forma.

El fin de la educación es pues enseñar al individuo a no afirmar su yo. En palabras de Goebbels: «Ya en la escuela, el muchacho debe aprender no solo a quedarse en silencio cuando ha sido justamente reprendido, sino también a soportar en silencio la injusticia». He aquí la semilla de la sumisión a la autoridad, la esencia de la sombra del deber.

Ejemplo de este germen destructivo es el oficial de las SS Adolf Eichmann. Este conocido «monstruo» es retratado por Hannah Arendt[48] como organizador de la matanza de multitud de seres humanos desde una perspectiva que reclama una asombrosa inocencia del deber.

A eso se refiere Arendt cuando introduce el concepto de *la banalidad del mal,* en cuanto inconsciencia: lo que hizo Eichmann fue simplemente *en cumplimiento del deber.*

A propósito del juicio de Jerusalén, que terminó con la sentencia de muerte de Eichmann, la autora resalta la incapacidad absoluta del deportador nazi para considerar nada desde el punto de vista del interlocutor. Su lenguaje era burocrático, incapaz de hilvanar dos palabras que no fueran una frase hecha. Arendt se pregunta si fueron estos clichés los que llevaron a la consideración

48. Véanse H. Arendt, *Eichmann en Jerusalén, un estudio sobre la banalidad del mal,* Lumen, Barcelona, 2000, y *Eichmann y el Holocausto,* Taurus, Madrid, 2012.

de Eichmann, por parte de los psiquiatras, como alguien terriblemente «normal».

> Eichmann, que nunca había tomado una decisión, que siempre procuraba actuar amparado por las órdenes recibidas, que (como atestiguaron quienes trabajaron a sus órdenes) ni siquiera gustaba de hacer sugerencias y solicitaba siempre órdenes, tomó, por primera y última vez una iniciativa que contradecía las órdenes recibidas: en lugar de mandar a los deportados a territorio ruso los mandó al gueto de Lodz. [...] Himmler protegió a Eichmann y el asunto quedó olvidado. Como señaló, «en este caso tuve, por primera y última vez, la posibilidad de elegir».[49]

Arendt señala que

> para Eichmann, el idealista era el hombre que vivía para su idea y que estaba pronto a sacrificar cualquier cosa, en aras de su idea, es decir, un hombre dispuesto a sacrificarlo todo y a sacrificar a todos, por su idea. Cuando, en el curso de un interrogatorio policial, dijo que habría enviado a la muerte a su propio padre, caso de que se lo hubieran ordenado, no pretendía solamente resaltar hasta qué punto estaba obligado a obedecer las órdenes que se le daban y hasta qué punto las cumplía a gusto, sino que también quiso indicar el gran «idealista» que era.[50]

La autora, al verle envuelto en esa aura de normalidad, en actitud de satisfactoria sensación por el deber cumplido, reflexiona:

> Seguramente pensó también que el nuevo método de matar indicaba una clara mejoría de la actitud adoptada por el gobierno nazi para con los judíos, puesto que al principio del programa de muerte por gas se expresó taxativamente que los beneficios de la eutanasia eran privilegio de los verdaderos alemanes... Además, a partir de 1942, había equipos

49. H. Arendt, *Eichmann en Jerusalén...*
50. Ibíd., p. 15.

dedicados a la eutanasia que operaban en el Este, con la misión de *ayudar* a los heridos. Y aun cuando esas matanzas eran alto secreto, muchos estaban al corriente, entre ellos los ejecutores de la solución final.

Eichmann declaró durante el juicio:

> Nadie vino a verme para reprocharme ni un solo acto realizado por mí en el cumplimiento de mis deberes. Ni siquiera el pastor Grüber, que vino a verme y me pidió que aliviara los sufrimientos del prójimo, pero no formuló objeción alguna a los actos por mí realizados, en el cumplimiento de mi deber.[51]

Y en otro momento:

> No perseguí a los judíos con avidez ni con placer. Fue el gobierno quien lo hizo. La persecución, por otra parte, solo podía decidirla un gobierno, pero en ningún caso yo. Acuso a los gobernantes de haber abusado de mi obediencia. En aquella época era exigida la obediencia, tal como lo fue más tarde de los subalternos.

La autora señala que incluso el día de su ejecución, a escasos metros del patíbulo y a minutos de su muerte, su esfuerzo se encaminaba a mantener la posición erguida y una pose de dignidad, para expresar ante la muerte una frase hecha, banal:

> Larga vida a Alemania. Larga vida a Austria. Larga vida a Argentina. Estos son los países con los que más me identifico y nunca los voy a olvidar. Tuve que obedecer las reglas de la guerra y las de mi bandera. Estoy listo.

Arendt explica a propósito de la *banalidad del mal* que

51. Ibíd., p. 96.

> me limito a señalar un fenómeno que, en el curso del juicio, resultó evidente. Eichmann no era un Yago ni era un Macbeth [...] hubiera sido incapaz de asesinar a su superior para heredar su cargo; podemos decir que, sencillamente, no supo jamás lo que se hacía. Y fue precisamente esta falta de imaginación lo que le permitió estar frente al judío alemán encargado de su interrogatorio policial y hablarle con el corazón en la mano [...] únicamente la pura y simple irreflexión fue lo que le predispuso a convertirse en uno de los mayores criminales de nuestro tiempo.

Estamos frente a atropellos a la humanidad causados por un deber de corte «burocrático», en obediencia ciega a una autoridad destructiva, que va a lomos de un ilusorio «destino» hecho de ideales y símbolos de omnipotencia.

Un deber que asume con orejeras la autoridad colectiva y donde la individualidad se ve cercenada. Masoquismo, sadismo y afán de poder envuelven en una espiral destructiva.

Un deber ignorante, ausente de ética, de la mínima escucha de sí, genera locura y masiva participación inconsciente. Un deber irresponsable que, en ausencia de decisiones ni criterios propios, se sitúa a merced de la brutalidad, y la alimenta.

Un deber gélido, donde el otro solo es un superior a quien se debe sumisión radical, o un ser inferior a eliminar o en quien depositar los impulsos más oscuros y destructivos.

Un deber idealista que aspira a soles inalcanzables, escondiendo por completo el corazón, dejándolo ausente de latidos, de compasión, de la mínima empatía. Como señala nuestro «monstruo burócrata», él hubiera sacrificado incluso a su propio padre, primero por acatar órdenes, y segundo por lealtad a los ideales, que resultan lo prioritario y esencial.

Un deber banal, que genera crueldad a raudales desde la más absoluta ausencia de piedad, envuelta en inocente irresponsabilidad.

Arendt concluye:

> En realidad, una de las lecciones que nos dio el proceso de Jerusalén fue que tal proceso de alejamiento de la realidad y tal irreflexión pueden causar más daño que todos los malos instintos inherentes, quizás, a la naturaleza humana. Pero fue únicamente una lección, no una explicación del fenómeno, ni una teoría sobre el mismo.[52]

Es terrible esta aguda comprensión de que la irresponsable ignorancia puede generar una destructividad tan peligrosa o más que los instintos perversos.

Concluyamos con dos frases. Una, la del agente que detuvo al oficial de las SS en Argentina: «Lo más inquietante de Eichmann es que no era un monstruo, sino un ser humano».

Otra, del filósofo Francis Bacon: «Quien no quiere pensar es un fanático; quien no puede pensar es un idiota; quien no osa pensar es un cobarde».

52. Ibíd., p.136.

10

EJEMPLO CINEMATOGRÁFICO

La vida de los otros

Director: Florian Henckel von Donnersmarck
Año: 2005
País: Alemania

Reparto: Ulrich Mühe, Martina Gedeck, Sebastian Koch, Ulrich Tukur, Thomas Thieme, Hans-Uwe Bauer, Volkmar Kleinert, Matthias Brenner, Charly Hübner y Herbert Knaup.

Argumento: República Democrática Alemana, 1984. El capitán Gerd Wiesler (Ulrich Mühe), un hombre solitario, es un competente oficial del servicio de inteligencia de la Stasi, la todopoderosa policía secreta del régimen comunista. Cuando le encomiendan que espíe a la pareja formada por el prestigioso escritor Georg Dreyman (Sebastian Koch) y la popular actriz Christa-María Sieland (Martina Gedeck), no puede ni siquiera imaginar hasta qué punto esa misión va a influir en su concepción de la vida.

(Señalamos las escenas que indican un proceso de cambio con un asterisco: *)

Cien mil empleados (Seguridad) y doscientos mil confidentes salvaguardan la dictadura del proletariado. Meta: «saberlo todo». El Partido es una estructura paranoide; o conmigo o contra mí. Su finalidad, la autoconservación a toda costa. Los que están dentro están obligados a funcionar todos igual. Si no, quedarán excluidos por traidores. Y la exclusión es perderlo todo.

El capitán Wiesler da clases en la Academia de la Stasi. Usa la grabación de un interrogatorio para enseñar cómo debe hacerse, que cosas hay que tomar en cuenta. Ante la observación de un alumno de que mantener despierto a un detenido cuarenta y ocho horas es inhumano, Wiesler marca su nombre en una lista. Explica el significado de las posibles reacciones de un detenido, para saber si es culpable o no. Expresa indiferencia ante sus muestras de sufrimiento: «En un interrogatorio se enfrentan a enemigos del socialismo».

Esta primera escena refleja los aspectos paranoides del carácter de Wiesler: desconfianza generalizada, arbitrariedad, ideaciones persecutorio-conspirativas, suspicacia, hipervigilancia y adecuación de los hechos a ideas preconcebidas, con rigidez extrema a la hora de cambiarlas aunque los hechos las contradigan. El resto es racionalismo, normatividad y cumplimiento del deber. Él funciona como el Partido y, para poder hacerlo, tiene que creérselo. «Saberlo todo» justifica cualquier método (destrucción del otro, del que está «afuera», identificado de forma paranoide como enemigo).

También queda patente su particular idealismo. No se identifica con el socialismo como teoría abstracta, sino con el Partido que lo encarna. Una institución en la que puede incluirse, pertenecer, a cambio de una fidelidad acrítica. Que reúne lo que todos los Wiesler del mundo necesitan: *Seguridad* (no caben las dudas, todo está bien definido… por otros), *reglas* (saber qué hacer en todo momento), *inclusión* (sentido de pertenencia a algo más grande, hermoso, un megasistema familiar idealizado), *protección* (sustento, trabajo, impunidad, función madre/padre) y *poder* (las jerarquías son importantes, todos necesitan tener a alguien por debajo para compensar tener a alguien por arriba).

Su observación de «los otros» comienza en el teatro, mientras contempla con unos prismáticos lo que sucede en el escenario. Condenado a ser eterno observador, al mirar a la actriz que está actuando, Christa-María Sieland (CMS), su expresión parece cambiar por un momento. Luego sigue los movimientos del escritor Dreyman (D.), que saluda a un sospechoso oficial, lo que automáticamente le convierte, a los ojos de Wiesler, en sospechoso él también.

Junto a su habitual actitud de sabueso hipervigilante, por un momento parece perturbado. Los «otros» que va a tener que espiar se le hacen significativos. Ellos viven, se mueven, se relacionan, actúan. Wiesler observa, desde la pasividad, la actividad de los otros.

Después de un día de trabajo llega a su casa, amueblada con austeridad, pocos y sencillos muebles, casi sin adornos. Se prepara una cena frugal y la lleva al salón. Enciende la televisión, donde están hablando de la «solidez de la política económica del Partido». Se sienta a cenar con las noticias. Vive solo.

Su vida privada parece una continuación de la profesional. Aquí se ve su identificación personal con el Partido (representante de sus ideales socialistas). No hay límite diferenciador entre espacio privado y público. No se concede ningún lujo, no parece tener privilegios materiales. Es consecuente con la sobriedad «socialista». Llama la atención que no aprovecha su cargo para mejorar una vida privada que, en realidad, no tiene. Sentido del deber. Normativo, inexpresivo.

Comienza la vigilancia del escritor. Wiesler entra en casa con la policía, que instala los micrófonos. La vecina observa por la mirilla cómo salen del piso. Wiesler se percata y la amenaza con un grave perjuicio para su hija, si le cuenta a alguien lo que ha visto. Capacidad de mando, autoritarismo, hipervigilancia. Observador sistemático. Hipercontrolador y autocontrolado.

Wiesler escucha la actividad del escritor D. y de su pareja. Redacta el informe con distancia y minuciosidad. «Abren los regalos (de cumpleaños) y por los ruidos parecen tener relaciones sexuales.» Reprocha a su relevo llegar cuatro minutos tarde y cuando este hace bromas sobre la frecuencia con que los espiados hacen el amor, Wiesler hace un gesto de impaciencia. Observa vidas privadas, una intimidad de la que él carece. No parece del todo indiferente.

Un superior acompaña al capitán Wiesler al comedor de la oficina. Cuando llegan, el jefe le dice que el lugar donde Wiesler se ha sentado no es *el de los jefes* y este responde que «por algún lugar tiene que empezar el socialismo».

Su superior le comunica que el ministro está relacionado con una de las personas espiadas (acosa a CMS) y le prohíbe que lo mencione en sus informes. Wiesler protesta débilmente: «¿Para eso ingresamos? Juramos ser escudo y espada del Partido». «¿Qué es el Partido sino sus miembros? Y cuanto más influyentes, mucho mejor», le responde el jefe.

Aquí quedan patentes dos visiones opuestas de lo que es el Partido. El idealismo y lealtad de Wiesler frente al pragmatismo trepa de su superior. Se percibe la actitud ambigua de Wiesler ante la autoridad. No se rebela abiertamente; cuando no está de acuerdo calla y obedece, pero no parece aceptar internamente todas las órdenes.

Ordenado, sistemático, disciplinado, tenaz, leal a los supuestos ideales del Partido, dogmático, obediente a la autoridad.

**(00.38.41)* Wiesler dibuja con tiza un plano de la casa del escritor D. en el suelo de la habitación donde hace las escuchas. Marca con las letras CMS (nombre de la novia) una de las habitaciones.

Se instala en una casa virtual, cada vez más dentro de la intimidad ajena, cada vez más patente su propia carencia de intimidad.

**(00.41.30)* El ministro lleva en su coche a CMS a casa del escritor D., depués de haber abusado de ella. Wiesler lo observa y manipula el timbre de la casa del escritor D. para que suene, este salga a la calle y observe la salida de su novia del coche del ministro. «Ha llegado el momento de las amargas verdades», dice.

Está empezando a implicarse personalmente, más allá de lo que le corresponde por su trabajo. Es una actitud ambigua, no queda claro si es por sentido de justicia (o del deber) o por una incipiente envidia. Quizá lo segundo, racionalizado; hay escasa autoconciencia. También puede entenderse como una forma de rebelarse contra la orden explícita de no informar sobre el ministro. No le menciona en sus informes pero provoca un conflicto que podría perjudicarle.

**(00.45.18)* Wiesler escucha con especial interés lo que sigue tras la escena anterior, que él mismo ha provocado: la reacción de la pareja ante lo sucedido. Se le ve inclinado hacia un lado —como para escuchar mejor—, muy pendiente de cualquier sonido. Llega el relevo, le reprocha su retraso de cinco minutos. Se muestra enfadado, en lo que parece una decepción porque la situación conflictiva que él ha provocado se ha resuelto con la reconciliación de la pareja. Y un nuevo encuentro sexual.

Esta mezcla de envidia, agresión sutil, incipiente conciencia de necesidad y demanda de satisfacción, queda manifiesta en su petición del servicio de una prostituta, a la que recibe en su casa.

La relación parece dejarle satisfecho en un principio, vacío después. Cuando ella hace gesto de separarse —se ha acabado el tiempo—, Wiesler le pide expresivamente que se quede un rato más con él. Necesita contacto más allá de lo sexual. Está solo y comienza a darse cuenta.

Emocionalmente frío, rígido psicológica y corporalmente. Gran dificultad para expresar afecto y deseo.

**(00.49.09)* Wiesler entra en la casa del escritor D., observa la cama deshecha y el escritorio, donde tiene unos libros. Más tarde, D. preguntará por un libro de Brecht que no encuentra. Se ve a Wiesler leyendo ese libro en su propia casa; se lo ha llevado. «Fue un día del azul septiembre cuando, bajo la sombra de un ciruelo joven, tuve a mi pálido amor entre los brazos…», lee tumbado en el sofá, la cabeza apoyada en un lateral, sin cojín. Posición claramente incómoda.

La expresión de su cara es opuesta a la habitual, mucho más cálida y sensible mientras lee. Ha infringido una norma de seguridad al entrar en la casa y llevarse un objeto; podría levantar sospechas. Hay cierto estoicismo en el poco interés que parece mostrar por estar cómodo físicamente. Está acostumbrado al rigor físico, a *dar caña* y a recibirla.

D. recibe una llamada de teléfono. Un amigo escritor que estaba en la lista negra se ha suicidado. Conmovido, coge una partitura que le regaló su colega suicida y la interpreta al piano. Wiesler la escucha. La cámara va girando alrededor del capitán mientras su expresión cambia con la música.

El escritor, mientras toca, recuerda unas palabras de Lenin sobre la *Appassionata*, de Beethoven: «Si sigo escuchando, no acabaré la revolución». D. se pregunta: «¿Puede un hombre escuchar esta música, escucharla de verdad, y ser una mala persona?»

Wiesler ha escuchado «de verdad».

(00.52.50) Wiesler coincide en el ascensor con un niño, que le pregunta si es de la Stasi. Le dice que, según su padre, los de la Stasi son hombres malos que meten a la gente en la cárcel. Ante esta excelente definición, el capitán comienza preguntándole: «¿Cómo se llama tu….?» pero se interrumpe y concluye la pregunta con «… pelota?»

El cambio se ha iniciado con claridad en Wiesler. Deja pasar la oportunidad de atrapar a un «traidor». Comienza la transición de un pensamiento heterónomo a uno autónomo.

*Wiesler escucha la conversación entre el escritor y su novia. D. le pide que no vaya al encuentro con el ministro, que no le necesita. CMS le responde que él también se acuesta con el Sistema, que «decide a quién se interpreta, quién actúa y quién puede dirigir». El capitán parece conmovido. Llega el relevo, que interrumpe la escucha y deja inconcluso su desenlace para Wiesler, que le pasa los auriculares con pesar. El relevo le promete un informe detallado, viendo su dificultad para irse.

Wiesler parece estar humanizándose y tomando conciencia de los mecanismos internos del Partido, en su vertiente más corrupta y autoritaria. Va cobrando forma su rebelión soterrada contra la autoridad del Partido, que representa cada vez menos los ideales en los que cree. Una autoridad personificada por el ministro, cara visible del nepotismo.

Mantiene una actitud ambigua. Por un lado, la aparente aceptación de las consignas de sus superiores le evita el duro castigo que le acarrearía su incumplimiento (exclusión, en el mejor de los casos). Por otro, manipula ciertas acciones —amparado en el poder de ejecución que le da su cargo— en contra de la superioridad.

(00.59.25) Wiesler sale muy turbado del turno de escucha y entra en un bar casi sin darse cuenta, tropezando con algún transeúnte. Poco después entra CMS y se sienta cerca de él. El capitán se acerca y le habla como si fuera un admirador entregado. «Soy su público», le dice.

Regresa a su turno y lee en el informe que CMS ha regresado a casa sin ver al ministro.

Doble victoria. A favor de los sentimientos y en contra del autoritarismo.

(01.09.51) Wiesler escucha en una conversación que planean pasar a alguien oculto en el maletero de un coche hasta el otro lado del Muro. Hacen bromas sobre la escasa capacidad de la Stasi para descubrirles. Es una prueba para saber si hay micrófonos en la casa; si descubren al fugado, confirmarán que sí. Las burlas sobre la incompetencia de la policía provocan a Wiesler, que inicia una llamada a la guardia fronteriza. No la concluye. Por esta vez.

Aquí se muestra uno de los aspectos caracterológicos de Wiesler: cómo responde a las provocaciones. Si ponen en duda su capacidad (ya que forma parte de la Policía objeto de las burlas), peor aún, si se burlan de ella, responde en forma de espiral, intentando demostrarla, por un lado, y castigando a quien ha osado ponerla en duda, por otro. De todas formas, esta dinámica de acción-reacción se ve interrumpida porque Wiesler se está situando en otro lugar, y es capaz de contenerse.

En sucesivas escenas se ve cómo Wiesler omite información importante en sus informes.

Wiesler discute con su compañero de escuchas, un subordinado, sobre el significado de una conversación en que D. proyecta escribir un artículo que sería censurado en la RDA. Trata de quitarle importancia y ante la insistencia del compañero de que parece sospechoso, le dice: «Piensa demasiado. ¿No será usted un intelectual?» El otro lo niega enérgicamente (no hacía falta) y Wiesler le aconseja que «deje que sean sus superiores quienes piensen».

Se muestra autoritario con un subordinado, en un tono que no se permite con sus superiores jerárquicos. De nuevo queda expresada la polaridad caracterial sumisión-autoritarismo, aunque en este caso sea para favorecer a los más débiles, usando las armas del Sistema para rebelarse contra él.

**(01-19-52)* Wiesler va a ver a un superior para contarle el proyecto sedicioso de los conspiradores. En el último momento, tras saber el tipo de medidas represivas a las que sería sometido el escritor D. tras su detención, rectifica y pide menos vigilancia, hacerse cargo él solo de las escuchas. Su jefe sospecha, cree que le está ocultando algo. El capitán sostiene la tensión y no dice más.

Wiesler sigue en su proceso de rebelión soterrada. Oculta

datos importantes, miente, manipula, actúa fuera de las consignas oficiales. Protege a sospechosos que aún —esto es importante— no han hecho nada peligroso para el Sistema, desde un punto de vista no paranoide. Parece salir progresivamente de la paranoia persecutoria de ataque preventivo.

Autocontrol, reserva, defensividad, rumiación. Su foco de fidelidad va cambiando, pero su actitud es la misma; lealtad sacrificada pero no incondicional.

Wiesler es llamado por su jefe para interrogar a CMS, que ha sido detenida por consumir medicamentos ilegales (trampa tendida por el resentido ministro). Le ordenan que averigüe dónde está escondida la máquina de escribir con que se redactó el artículo ilegal publicado fuera del país. El jefe le pregunta si sigue apoyando al bando correcto. Wiesler responde: «Sí».

El interrogatorio da resultado. Wiesler se pone las pilas y utiliza toda su habilidad manipuladora para asustar a CMS y sacarle la información. Nueva muestra de ambigüedad ante la autoridad. Se emplea a fondo y consigue que la chica se chive. No parece alegrarse. Mantiene su papel de buen funcionario que sigue en el bando correcto, pero al mismo tiempo está planeando qué hacer para evitar que el escritor D. sea detenido por el chivatazo.

Lo consigue, pero sospechan de él y es degradado.

En la escena final se ve a Wiesler trabajando en una oficina de correos, en un empleo simple y repetitivo. Su postura y su cara son impasibles, cumpliendo su tarea, sin ninguna expresión de rebelión y siguiendo en su obediencia y sentido del deber…

II

UN MONÓLOGO TELEFÓNICO Y DOS VIÑETAS

Gila y la guerra

1. Lo bueno que tienen las guerras es que te hinchas a matar y la policía no te dice nada.

Un día maté a treinta y tantos, pasó la policía y yo les dije: «¡He sido yo! ¿Y qué?»

Y dejé el tanque aparcado en doble fila a ver si se lo llevaba la grúa.

¡Anda, que le meto un cañonazo en la boca...!

2. (*Escena de trinchera. Se incorpora Gila y coge el teléfono. Inicio de «monólogo»*).

¿Es el enemigo? ¿Ustedes pueden parar la guerra un momento? [...] Que si pueden parar la guerra un momento. [...] Sí, sí, ahora le escucho.

Una pregunta: ¿Ustedes van a avanzar mañana? [...] ¿A qué hora? [...] ¿El domingo? [...] ¿A las siete? [...]

Estamos acostados en ese momento. […] Sí, sí, después del fútbol. […] ¿Van a venir muchos? […] ¡Hala, qué bestias! Yo no sé si habrá balas para tantos. Bueno, nosotros se las disparamos y ustedes se las reparten.

Por cierto, ayer estuvo el espía de ustedes, sí, Agustín, uno bajito, vestido de lagarterana.

[…]

¿Podrían parar la guerra un momento? Una hora o así, que es que se ha atrancado el cañón. Es el sargento, que ha metido la cabeza y no la puede sacar. […] Sí, sí, tiene razón, a lo mejor disparando se nos desatranca. No se nos había ocurrido.

Bueno, entonces quedamos así. Hasta el domingo.

¡Que usted lo mate bien!

Estas dos viñetas enormemente gráficas, realizadas por el humorista Chumy Chúmez, resultan ilustrativas para la caracterología investigada.

12

PROCESO DE TRANSFORMACIÓN Y RECOMENDACIONES TERAPÉUTICA

Al inicio de cualquier cauce terapéutico, es necesario configurar un *vínculo* que resulte un motor de la *confianza*. Generar un *espacio* físico, emocional, psíquico, donde poder zambullirse en el propio espacio interno, que es el más amenazante. Para descubrir que, más allá del horror al vacío y las voces autocensuradoras, existen vivencias plenamente humanas y creativas. Generar un progresivo edificio de *intimidad* y contacto, más allá de la metálica y fría desconexión.

Hay otros elementos que resultan imprescindibles:

- El difícil *reencuentro con el mundo emocional*, atravesando resistencias y temores. Saltar al abismo de las emociones, renunciando a la comodidad pseudosegurizante de la «atalaya» mental. Para descubrir finalmente que los monstruos se originan precisamente en la razón.
- Más allá de compulsiones y de la indolencia hacia lo propio, rescatar presencia, un «estar» más conectado, sin sobreesfuerzo. Más allá de la mecanicidad, el automatismo y el olvido de sí, caminar hacia la intimidad con la guía de la intuición.

- La *incursión en el laberinto interior* para ver al temido «monstruo» interno, encerrado y amordazado, para descubrir que es un aliado imprescindible, un aspecto fundamental de nuestro ser. Ese «monstruo» deviene el sabio animal, el sabio Eros, el organismo instintivo. Tras este viraje hacia el núcleo excluido, puede permitirse un mayor apoyo en lo sensorial, lo energético y lo intuitivo, más allá del aferramiento a referentes rígidos, dogmas y teorías encorsetadas y encajadas a la fuerza.
- La *conexión con el cuerpo*, con la sensorialidad, con ese fondo repleto de sensaciones caóticas, indiferenciadas, que devienen auténticos indicadores y «faros» de conexión con lo más hondo. Un fondo sensorial que puede parir raíces y generar anclajes que nos aporten una gozosa sensación de verdadera seguridad y de arraigamiento: en uno mismo y en la vida, en conexión con las misteriosas leyes de la naturaleza.
- Supone, este enraizamiento, un *despertar corporal,* un despertar de la «memoria emocional» impregnada en la contracturada musculatura.
- La creación de un espacio de confiabilidad que conduzca al «descontrol» y al apoyo en lo espontáneo y natural, más allá de los dictados de las normas.
- El encuentro terapéutico se halla impregnado de la tiranía del deber ser: ser un buen paciente o cumplir con lo que uno imagina que el terapeuta espera de él. Por ello, generar un espacio de honestidad, de permiso, donde lo incorrecto e inadecuado (a nivel cognitivo, mental, emocional y corporal) y, sobre todo, lo irracional, tengan un buen lugar.
- Captar el *modelo de autoobservación*. Su mirada no es benevolente sino de autoacusación y condena, fruto de códigos de conducta e ideales. Ha de transmutarla.

- Entender los mecanismos del destructivo *juez interior*, captar sus voces inculpatorias, los mensajes tóxicos interiorizados. Ese juez tragado requiere de un «exorcismo» para poder abrazar el cuerpo-mente y la vertiente celebrativa, gozosa y espontánea de la existencia.
- Desarrollo del *amor empático*, compasivo. Primero hacia uno mismo y, desde esa semilla, poder ver al otro en todas sus dimensiones. La enemistad interior requiere practicar una *visión amorosa de sí*: un «bien mirar» con ternura y el abrazo al *niño frágil* y desamparado.
- Desarrollo de una posición de «pedagogía del error» que disuelva, capa a capa, la torturadora autoexigencia.
- Respeto por sus sentimientos: el dolor, la rabia, la alegría y el goce placentero... Desde el encuentro íntimo consigo, abrir el cauce de la expresividad con grandes dosis de permiso hacia sentimientos reprimidos. El despliegue de emociones como la ira o la tristeza (junto a la transgresión de pesadas normas incrustadas), permite salir de la culpa condenatoria, neurótica, y conquistar cotas de libertad.
- Transmutar la *compulsión*, con su desgaste y acción esforzada, mediante una *pedagogía de la lentitud*, la levedad y los aspectos contemplativos.
- Una pedagogía de la intuición, para soltar el control, confiando en canales más «irracionales» desde donde optar y decidir libremente. Dejando ir el obsesivo anhelo de patrones y referentes mediante la confianza en las voces sabias de su interior.
- Algo tan básico como el respeto por uno mismo. Que viene etimológicamente de *respectus* ('consideración, miramiento'), *respicere* ('mirar atrás') y *spectare* ('mirar'). Simple y llanamente, mirar con consideración.

Un aspecto esencial es la inmersión en la vertiente espiritual de la existencia, transmutando los dogmas sustitutivos (ideales interiorizados) y encaminándolos a la comprensión de la «noche oscura del alma» para, al atravesarla, pasar de la fe oscura a la luminosa, hacia un credo genuino donde lo divino se halla en el seno de uno mismo.

Transitar así de la omnipotencia de la razón y los dogmas de fe hacia un rendirse y lanzarse al río de la vida. Del latín *reddere*: 'entregar'. Y desde una vivencia íntima de honra y gratitud hacia lo sagrado, rescatar el «Hágase Tu Voluntad». Al fin y al cabo, ni fuimos dueños de nuestro nacimiento ni lo seremos nuestra muerte; ni siquiera de los avatares de la existencia, que desde su programación este carácter pretende controlar.

Soltar el control desde una perspectiva existencial, comprendiendo lo absurdo y delirante de la ilusión de control mental, a fin de crear encuentros más auténticos. *Entregar* a la divina providencia su poder de destino implica la práctica de una «gimnasia» psicoemocional: dejar entre paréntesis determinadas ideas para simplemente dejarse llevar por el flujo de los acontecimientos, con *entrega* a uno mismo, al otro, a la vida y al Arquitecto Divino.

El salto «a pecho descubierto» al río del placer, el goce, el éxtasis, el erotismo, la *sexualidad*, deviene inmersión necesaria, abismal, que enciende las hogueras interiores para devolverle al cuerpo su sacralidad. El instinto culmina por escalera directa en la llama amorosa, en el Ser.

Transitar así del desarraigo al encuentro con uno mismo, con el alma. Una «animación» que pasa por el rescate del corazón y la escucha íntima de los propios sentimientos, el fuego del instinto puro y, sobre todo, de la propia «voz».

En el silencio más íntimo, conectarse y amarse para superar

la enemistad interior y encontrar el «alma perdida» que promueva la secreta alquimia que crea la confianza y la fe. Es esta fe la que conduce hacia el poder genuino.

Cauces terapéuticos

En cuanto a las técnicas y propuestas más específicas, resulta esencial:

- Ante la *división interna,* la fractura íntima de este carácter, generar puentes en el yo dividido con el *trabajo terapéutico de las polaridades.* Para la tensión entre los jueces interiores, la razón omniabarcadora y el ojo crítico, de un lado, y el cuerpo, las sensaciones, los diversos sentimientos e impulsos y las vivencias «irracionales», del otro, resultan muy sanadores estos ejercicios integradores. Bien en la forma tradicional, estableciendo diálogos con sillas o cojines, bien con dibujos, diálogos escritos, cuentos con protagonista y antagonista...
- El *rescate del cuerpo.* Recuperarlo en un proceso que comprende la sensorialización. Esta captación del mundo de las sensaciones, del fondo sensorial de base, implica una reconexión y arraigamiento en lo que somos: cuerpo. Sentir que *soy mi cuerpo.*
- Percibir el mapa de la contracción corporal, captar la metálica y gélida desconexión, los bloqueos y retenciones energéticas o la rigidez, resulta un paso preliminar para después, con técnicas corporales, reencontrarse con ese rico magma de sensaciones. Una inmersión donde sentir que existen cimientos poderosos.

- Este anclaje genera un *despertar corporal,* con corrientes energéticas y las huellas de nuestra memoria somática. Brotan aquí *sentimientos* que, más allá de los temores iniciales, pueden ser comprendidos, abrazados y expresados.
- La respiración. Esa respiración minimizada, retenida, olvidada.
- Las *técnicas respiratorias*, para percibir su flujo (bioenergética, biorrespiración, hiperventilación, centros de energía, yoga, respiración holotrópica...), resultan auténticas «llaves» de acceso a la *sensibilización*, recuperación y apertura de canales somáticos. En definitiva, somos respiración. Nacimos con el grito primal, aquel primer soplo de vida.
- Sentir el oxígeno que entra en nuestro organismo, tomando aire, tomando vida, sentir la energía que se expande por dentro en las retenciones y la exhalación liberadora, implica un aprendizaje en el arte del flujo vital.
- *Conciencia* y *percepción*. En este estilo cognitivo, el ojo de la conciencia, la focalización, resulta encorsetada y con un tipo de atención aguda pero fija y estrecha. El «darse cuenta», el percatarse, deviene interpretativo y tendente a «calzarse» en patrones faltos de flexibilidad. Es imprescindible un desarrollo del «libre pensamiento», del flujo espontáneo de la conciencia, donde los fenómenos siguen su curso. Es como convertirse en un paciente pescador, que permanece simplemente atento, abierto ante las diversas irrupciones. Prácticas como el *flujo de la conciencia*, el *continuum* de la conciencia o la asociación libre resultan aquí altamente terapéuticas. Devienen una «gimnasia» de *flexibilización de la conciencia* que afloja la rigidez mental, verbal y, por tanto, conductual. Propuestas que amplíen la creatividad, visualizaciones, el permiso a los contenidos irracionales y las «locuras», o el trabajo de sueños, son enriquecedores en grado sumo.

- Para este estilo de vida uniformado y contenido, de poca espontaneidad y naturalidad, son necesarias tareas de aflojar, soltar el control.
- *Ejercicios corporales* como el *trance-movimiento*, *técnicas expresivas* de descontrol o la *danza* amplían la creatividad y ayudan a disolver la opresión del controlador interno. Soltarse, dejarse llevar, fluir en la corriente del impulso que nace y renace, más allá de la planificación y la previsión, saltando las barreras de la mirada crítica. Soltar el encorsetamiento obsesivo y saltarse los raíles de la norma para adentrarse en el río del juego y el disfrute.
- Resulta un excelente cauce terapéutico el uso del *teatro* y la *dramatización creativa*, para poder jugar, explorar y vivir diversos roles.
- Técnicas como la *amplificación* o la *exageración* de actitudes y papeles que jugamos en la vida, o de aspectos que pueden aprisionarnos, son un excelente modo de ampliar la conciencia. Un ejemplo es la dramatización del juez interno. Expresarlos de un modo amplificado incrementa la conciencia de sus modos de manifestación, así como la captación de mensajes interiorizados que vociferan en el interior, impulsándole al constreñimiento y la contención.
- Jugar a ejercer de jueces, inquisidores o cardenales sermoneadores amplía la conciencia de estas entidades internas. Desarrollar personajes como el *bufón* interior es una excelente vía para *desdramatizar* la existencia, relativizar una concepción angustiosa de la vida, así como para saltarse el aferramiento a las normas y la sumisión ante la autoridad. El uso del humor, la risa y el absurdo cercena voces severas que embadurnan las vivencias del E6 social de seriedad y oscuridad.

- En ocasiones resulta conveniente el uso de «choques» paradójicos, que intensifiquen lo denso y «pesado» por saturación. Son propuestas donde se exponen variables contradictorias para la mente, o generadoras de confusión, para saturar y provocar cansancio, rendición, y un giro hacia orillas no transitadas o desconocidas.
- Para desmantelar el tribunal interno, el juez, el instructor, el profesor exigente, el dogmático idealista, el inquisidor... es imprescindible el *análisis de los introyectos* o mensajes que ha ido interiorizando a lo largo de su vida. Investigar esa conciencia «moralista», «debeísta» en sus voces e imágenes. Y para ello, realizar listados, aportar polos opuestos, hacer dibujos, caricaturas, son vías excelentes.
- En el rescate del lenguaje emocional, un movimiento fundamental es la *interiorización en el laberinto interior*, donde reside el *monstruo*. Las visualizaciones y percepciones resultan altamente sanadoras. Mirar de frente a toda esa gama de fantasmas y, sobre todo, al temido «minotauro», al monstruo soterrado y amordazado. Al final del laberinto encontramos al animal herido, atravesado, narcotizado, reprimido. Instinto, agresividad, «rabia asesina» por múltiples episodios donde la genuina emoción, la inocente voz, fue quebrada y cercenada.

  Dar espacio al grito, lanzarnos a la necesaria catarsis, a la expresión gozosa y sana de la agresividad, y abrazar y liberar a ese recluido «monstruo» que deviene fuerza, poder, ejercicio de libertad para poner límites, para decir que no y que sí, para decidir, para expresar el deseo genuino y lanzarnos a una acción fluida.
- En la evolución terapéutica del eneatipo Seis social, la abreacción, la aliviadora catarsis de la rabia reprimida, liberadora,

resulta un peldaño necesario. Peldaño que conlleva un *despertar* y *rescate* de las garras del *animal interno*, que grita derecho a ser. Reivindicar, tomar el poder proyectado y ejercer la temida libertad desde el derecho al error y a la equivocación, incluyéndolos como banderas necesarias para el aprendizaje del vivir.

- Resulta imprescindible la inmersión hacia el *encuentro con el niño interior*. Hacia esa cueva o rincón donde emerge la presencia dolorida, vulnerada, del niño o niña, con sus heridas manando, sin cicatrizar, cubiertas de un gélido espacio. Acariciarlo, abrazarlo y sacarlo de esas tinieblas a la luz dorada para lavarlo, rebautizarlo. La consecuencia será la amorosidad, un incremento de la aceptación y el respeto. Amor hacia sí, hacia el cuerpo que somos, hacia los sentimientos que irrumpen desde la fuente interna, hacia los impulsos e instintos genuinos, hacia las ideas creativas y creadoras. Es un proceso de *rescate de la inocencia perdida* (sepultada bajo los barrotes de la culpa), de *acceso* al temido espacio de la *fragilidad* y de recuperación de la dignidad perdida.
- Así, el juego en la esfera amorosa de la pareja y en los espacios terapéuticos, el *espacio clown*, el payaso, la transgresión y la liviandad (soltando «mochilas» pesadas) son escalones hacia una vida más gozosa, más allá de los asfixiantes principios del deber ser. Más allá de los esforzados imperativos, el leve caminar contemplativo. Las experiencias livianas, las ensoñaciones y visualizaciones creativas, dejándonos ser y sentir, propulsan *levedad* y serenidad. Ejercicios como las *relajaciones*, la hipnosis, los masajes, saunas, la danza, el desarrollo del sentido musical o el movimiento suave, donde el cuerpo encuentra ritmos de alivio, de despliegue silencioso, intimista, natural, sin control ni sobreesfuerzo, devienen cauces de gozosa paz, reparadora, aquietadora de compulsivos bucles.

- Conviene resaltar la importancia, en el devenir terapéutico del E6 social, del desarrollo de la inteligencia y sensibilidad espiritual. De un espacio exento de dogmas y saturación: la meditación, el trance relajante y las vías contemplativas donde la atención deviene flotante y expansiva.
- La naturaleza es fuente inagotable de conexión y profundidad. Nos conecta con la fragilidad real y nos impele hacia una rendición que conlleva devoción, un «agachar la cabeza» ante la enormidad de la existencia y la arquitectura divina. La conciencia sostenida de la finitud y de la muerte («maestra» de vida) abre las puertas del misterio. Un misterio que deviene *tremens et fascinans*, ante el cual solo cabe entonar un «Hágase Tu Voluntad».

E6 SOCIAL:
UNA AUTOBIOGRAFÍA

(Mi viaje mítico particular, o cuánto dura «el regreso a casa»)

Por Iñaki Zapirain Iturraran

1. El ecosistema, o pinceladas desde el trasfondo

Nací en un bello rincón del litoral vasco imantado de mitos, ritos y leyendas. Mi padre, al igual que muchos otros hombres de mi pueblo, se fue a surcar los mares. Me quedé mirando el horizonte. El espacio que rodeaba su ausencia se volvió infinito. Navegante, jefe de máquinas de enormes barcos mercantes, era un incansable y eficaz trabajador. La muerte temprana de su padre dejó en él una honda herida. El barco, el trabajo, fue su prioridad, con obligado cumplimiento del deber.

Mi madre, muy supersticiosa y abnegada, heredó el nombre de una hermana muerta. La vida la invistió de la capa mortecina de algún duelo inconcluso.

En casa de mi abuela materna, resignada y bondadosa, presidía el salón la foto de mi tío Basil, muerto en la guerra civil. Mi tío Iñaki, el siguiente hijo varón de la abuela, se ordenó monje cartujo el año que mi madre estaba embarazada de mí. Me colocó su nombre y él renunció al suyo para llamarse Bruno María. Renuncia, silencio y cilicios en las puertas de las habitaciones. La central de París no permitió acudir a mi tío al lecho de muerte de su madre. Voto de obediencia.

2. *El primer nacimiento*

Nací sietemesino y en estado tan grave que los médicos le recomendaron a mi madre que no viniera a visitarme y ella no pensó en volverme a ver. Era el primer hijo; su abrazo se partió en el estreno de la maternidad.

Quejido intenso, aspecto morado y tóxico, respiración costosa... así rezaba el informe del médico que me atendió. De modo precoz transité por las delicadas orillas que separan la vida de la muerte.

¿Quién me asió, me abrazó en medio de aquel abismo? ¿Dónde se situaron esos ojos que todavía no sabían posarse? Tal vez solo pudieron cerrarse, crispando el rostro y el cuerpo al máximo, ante el pavor sin límites. Miedo arcaico, iniciático.

Después, la gran separación, el profundo abandono. Mi madre, siguiendo escrupulosamente los consejos médicos, se retiró en la casa, en el pueblo. Sola con su desesperanza e impotencia, se hizo a la idea de lo peor. Asumió la tragedia. Mi padre se hallaba navegando.

Yo me quedé en aquella urna de cristal —la incubadora—, en manos de unas monjas que me atendieron con tacto neutro de guantes esterilizados. A solas con mi destino, la divina providencia me devolvió a casa, naciendo por segunda vez el 10 de octubre. A mi segundo nacimiento, la casa se convirtió en una burbuja de protección donde el abrazo temeroso de mi madre generó un apego ansioso; la vida misma era una *amenaza* constante. La existencia se hallaba preñada de peligros y la *sobreprotección* constituía un impulso irrefrenable. Después del angosto pasadizo de los quejidos, después del abismo de la soledad infinita, llegó el aferramiento. El miedo a la vida inyectado del espacio intrauterino. El miedo a la vida desde el abrazo materno, como telón de fondo.

3. *Otros nacimientos y escolarización*

A mi madre los médicos le dijeron que posiblemente yo no salía adelante. Parte de ella se hizo a la idea. Se instauró una pregunta rutinaria: «*¿Bizirik zagoz?*» («¿Vives?»). Mi impulso más animal se aferró desde el desvalimiento con titánicas brazadas, intentando sobrevivir a los embates de las olas que me lanzaban mar adentro. El náufrago llegó al cabo de dos meses al puerto del cuerpo materno. Mi madre, atenazada por la sentencia del médico y presa de sus fantasmas, también se aferró a mí.

En mi memoria orgánica quedaron instaurados la tenacidad y el empuje (cual toro que sigue el color de la vida y no se desvía, convirtiéndose en su sino).

Las llegadas de mi padre, aquel desconocido entregado a su trabajo, con maravillosos regalos traídos de múltiples lugares, reforzaban el esfuerzo por agradarle. Pero siempre se iba y yo me quedaba a solas con mi confusión, abocado a inventarme semáforos para poner orden en mis senderos internos.

¿Cómo manejarme en el mundo? ¿Dónde estaba el manual de instrucciones? Vacío en el solar de la ausencia. Recuerdo el llanto desconsolado, la furia, la rabia ante sus despedidas. ¿Por qué tenía que irse? ¿Por qué tanto tiempo? Mi padre me aseguraba que tenía para mí un caballito blanco en Casablanca. Viaje tras viaje lo esperé. Hasta que un día sentenció que antes de subir al barco, corrió y se perdió. Aquel «mi unicornio», aquella poderosa «ilusión» de niño, se esfumó.

El llanto y la ira no sirvieron. Me cansé, me resigné. Una y otra vez, la aureola de la ausencia volvía a inundar mi espacio interno. La brújula se rompió. Como «hijo de la ausencia», me refugié en mi mundo interno, absorbiendo desde mi «sensor» los temores y esperanzas de mi madre. Como «hijo de la ausencia», me quedé fijado en los rostros de las fotos del salón: el abuelo que me vio nacer, el tío muerto en la guerra y el monje. El muerto idealizado y los ideales de la renuncia y la austeridad supremas.

La escolarización fue traumática. «La letra, con sangre entra». Un idioma «ajeno» (mi lengua materna era el euskera) invadió mi territorio sonoro íntimo.

Aquella profesora que gritaba sin cesar y golpeaba con la regla en los dedos, aquella monja que pellizcaba. Aquel maestro autoritario y humillante, que nos exhibía triunfal por las calles del pueblo, cantando *Cara al sol* con la mano derecha en alto.

De pequeño tuve una paloma mensajera. El vínculo que se creó entre nosotros fue sorprendente. Recuerdo con nitidez sus ronroneos, su collarín verduzco y multicolor. Me trajo muchos mensajes. Aquel ser vivo alado, venido del cielo para hacerme compañía, me tocaba con delicadeza. Era una bendición, un bálsamo y mi secreta compañera del alma.

A lo largo del camino de la vida, he vislumbrado «mensajes» que la vida emite sin cesar. Requieren, para ser contemplados, de una mirada desde el corazón. La mirada inocente del niño. Al poco tiempo me arrebataron la paloma. Se la llevaron. Mis padres se la dieron a un hortelano. Fue enorme el dolor. Con ella se fue un trozo de corazón y destellos de la vida «mágica».

En la escuela aquel niño se vació de sí. Se comprimió convirtiéndose en soldadito de plomo, automatizado, instruido en la norma, el cumplimiento de los deberes, la obediencia a lo que tenía que ser. Los intentos de rebeldía fueron aplastados con comentarios humillantes o con violencia.

Las imágenes de la Iglesia inundaban mi ser cual tentáculos abrasadores: el castigo divino, el ojo omnipresente que todo lo ve, el juicio final, el pecado original, la sempiterna culpa, el demonio, la cruz, la guadaña, el calvario.

Aquel niño atenazado por imágenes de infiernos y castigos aprendió la salvación por la bondad y la sumisión. Siempre la bondad, la obligada bondad. Así fui creando viñetas imaginarias de santos y mártires.

En cierta fase tuve una serie de fiebres recurrentes. En aquellas fiebres podía «salirme» de mí, surcar extraños «viajes». Se me alteraba la percepción. Sentía susto por todo eso desconocido, y fascinación por salir estallando de los asfixiantes muros. Era como si las paredes de la conciencia se desdibujaran y retorcieran, lanzándome más allá. Me sumergía en sensaciones flotantes (fuera del cuerpo), con la apaciguadora vivencia de ser hoja mecida por el viento.

A los seis años me extirparon las amígdalas. Representó mi última batalla, la caída final. El médico y las enfermeras pretendían amarrarme con correas de cuero. En la sala de operaciones, empecé a resistirme con todas mis fuerzas. Grité, grité, mientras me intentaban atar a la silla. Las enfermeras, el cirujano, mi madre… No pudieron. Volvieron a engañarme. Me dijeron que oliera y me anestesiaron. Algo de mí se quedó dormido entonces. Me desperté desgarrado en mi garganta. Derrotado. Me habían cortado el vuelo y mi voz.

Aquel niño se acostumbró al autismo y a la desconexión. Aprendí a elevarme. Me refugié en la imaginación y la búsqueda de códigos, ideales donde ampararme y ser algo más que una angustiosa nada abisal. Aquel niño temeroso de la ley aniquiladora, dejó de sentir y ver para encallarse en la irritante duda.

Una tarde ocurrió un pequeño incidente que para mí tuvo un calado «mágico». Uno de mis tíos me llevó al frontón a ver un partido de pelota vasca. En el descanso estaba bebiendo un refresco en la terraza. Ya lo había terminado y recorría con la mirada los dibujos de las gaviotas en el espacio azul. Justo antes de volver a la cancha, se me cayó el botellín de cristal. El balcón se elevaba a gran altura pero la botella no se rompió y se quedó ¡de pie! allá abajo en el suelo. Me quedé fascinado. Aquel niño supo que no se iba a quebrar y que existía una fuerza por la que se iba a mantener en pie. Esa energía es la magia de la vida. Los niños la perciben.

4. *Erupciones desde las entrañas*

Más tarde, el vínculo con un profesor, dueño de una academia donde estudiábamos, se convirtió en un tenebroso amarre para muchos jóvenes de padres ausentes. Para aquel grupo de náufragos era el único anclaje al que asirse. Pero aquel director envarado de perfección vomitaba fuego, utilizando su posición para disolver a llamaradas su frustración.

Humillaciones, golpes, insultos. El despliegue de severidad y máxima exigencia fue atenazando progresivamente mi mente, amortiguando mi voz en la sordina del temor al castigo y a la equivocación.

Cualquier error suponía la sorna y la alteración del curso de la clase. En muchas ocasiones toda la clase se veía expulsada, teníamos que salir fuera de la academia para volver después y entrar de nuevo a clase recibiendo, uno a uno, un soberano tortazo.

La culminación del tortazo resultaba un extraño alivio, después de la tensa espera, del avance paulatino por el pasillo, imaginando cabizbajo el golpe. La angustia crecía ante la proximidad cada vez mayor. Un paso, otro paso. Cuatro delante de mí, tres, dos, uno… Me tocaba. Paralizaba el cuerpo, la respiración, suplicaba en silencio para que no fuera muy fuerte y ¡zas! Dolor, calor intenso, los ojos humedecidos y al sitio, clavando la mirada en el pupitre para zambullirme en la nada y olvidar una vez más. Como corderos hacia el matadero, caminábamos por un extraño túnel oliendo el temor compartido. Cordero de Dios, que quitas los pecados del mundo…

Mi cuerpo se fue envarando. Me dolían las articulaciones de tanto sujetar mis impulsos, mis gestos naturales. Y los dedos, a veces, de tanto escribir frases.

Se fueron acentuando las sensaciones corporales. La lava fue eclosionando desde unas interioridades que se tornaban desconocidas, ajenas y, por tanto, amenazantes. ¿Qué era eso que emergía? Algo así como un reptil extraño me devoraba por dentro, haciéndome sentir monstruoso.

Los impulsos irrefrenables fueron agolpándose en una coctelera. Ante la escenas televisivas de dos rombos (para mayores de edad), comentarios negativos. Se fue instaurando una creciente enemistad conmigo mismo. Mi organismo bramaba fuego, el minotauro apremiaba con voraces anhelos. Apareció una arrolladora vergüenza. Vergüenza de ser, del cuerpo desnudo, del sexo. ¿Qué fuerza era esa? El monstruo del deseo y del placer, enervando mi cuerpo de desbordantes sensaciones y visiones.

Hasta los guardianes de la moral manifiestan grietas. Y mi cuerpo, que había recibido el impacto de normas severas, también sufrió vivencias invasivas. Aquel niño recibió en la escuela «caricias» que le desorientaron. Extraña norma-lidad.

En eso, unos maestros venidos de fuera me aportaron semillas de sentido crítico, irrupciones de libertad entusiasta, conversaciones en las que me hallaba entusiasmado. Reich y *La revolución sexual*, Fromm y *El arte de amar*, los filósofos, Nietzsche, Marx, Cuba... Algo ilusionante comenzó a emerger.

Así fue como me situé en un espacio ideológico de lucha de clases, del socialismo y de la lucha por la independencia de mi pueblo. Era un hermoso sueño quijotesco. Pero mi quimera se fue haciendo añicos.

Cuando tan solo transitaba por los dieciséis años, se produjo una oleada de movilizaciones en favor de la amnistía de los presos políticos. En mi pueblo se planteó un encierro toda una noche en basílica Santa María. La que otrora había representado un lugar de oscuridad, penitencia, temor al pecado, culpa y castigo eterno, se convertía ahora en un espacio de reivindicación protegido.

La noche iba transcurriendo con una entusiasta sensación de reivindicación, entre personas cercanas, buenos amigos y la madre de uno íntimo, que se hallaba embarazada.

Aquella tranquilidad era un inocente espejismo. ¿Cómo sospechar lo que estaba ocurriendo fuera? En aquellos instantes, el vicario, los curas, estaban en tensas negociaciones para impedir que las UAR (unidad de élite de la guardia civil) entraran en el recinto sagrado a disolver aquella intolerable concentración.

Abruptamente, irrumpió un atronador estallido. Gritos, bancos cayéndose, ruidos de golpes, voces amenazantes, insultos, ¿disparos?, fueron adueñándose de nuestros tímpanos. Imágenes dantescas secuestraron la visión. El tiempo se volvió extrañamente denso imponiendo una cadencia plomiza.

Atrapado en mi estupor e impulsado por el pánico, me vi justo en la puerta de la iglesia, en un tapón humano. Los chillidos fueron un despertador que me impelía a seguir y empujar. Entre el gentío, pude ver a un guardia civil de paisano golpeando con saña a una mujer que, a mi lado, retorcía la cabeza de dolor. Yo solo podía esperar mi turno. Otra vez. En algún momento, me hallé fuera de la iglesia. Aquellos uniformes, aquellas máquinas de golpear, se hallaban frente a mí, en una caótica masa descontrolada. Gritos y más gritos.

A la derecha se impuso ante mí un pasillo de bestias uniformadas conformando un verduzco túnel del terror por el que teníamos que cruzar. En medio destellos de cuerpos retorciéndose. Me convertí en una estatua de piedra.

Extrañamente, salté por encima de un cuerpo en el suelo. Pisé el suelo con fuerza. Primer golpe, ¡zas!, en la espalda. Continué a pesar del balanceo. ¡Aaaay! Segundo golpe, en el diafragma. Fue un golpe frío, como de cañón de escopeta. Esta vez no podía permanecer derecho. Fui cayéndome, pero mi mano izquierda tuvo un impulso de empujar el suelo. No caí. Noooo. Pude apoyar con fuerza el pie derecho, colocar el izquierdo, pero ¡zas! Tercer golpe, también en la espalda. ¡Ahhh!, no pude gritar. Grité hacia dentro. Desde la pura impotencia, golpeé el piso con el pie, me trastabillé pero no caí. Salí del pasillo, del túnel.

Me dirigí a la plaza del pueblo, entre gente corriendo, uniformes enloquecidos, disparos, pelotas de goma. Corría y corría hacia el puerto. Antes de llegar, un grito me paralizó. «¡Alto!» Una bestia uniformada me apuntaba con su escopeta. Otra vez la parálisis, el pánico; otra vez aquellos insoportables latidos atravesándome el cuerpo. La providencia movilizó mi cuerpo justo a tiempo. Me lancé a tumba abierta hacia el puerto, aleteado por el miedo.

Justo al moverme escuché el estallido del arma que me apuntaba. Algo pasó a toda velocidad cerca de mí. Al llegar a casa de mis padres, indignación, miedo. «¡Están matando, están matando!», grité.

Lo extraño fue que no hubo muertos. Sí, la mujer embarazada perdió su criatura. A otra le desfiguraron la cara. Hubo muchos heridos. Muchos. Pudo haber sido mucho peor. Tal vez el manto sagrado mitigó las huellas del hierro en los cuerpos desprotegidos. La rabia permaneció. También la impotencia.

En un encuentro fortuito con un profesor y su esposa psicóloga, hallé la respuesta. Supe que iba a estudiar psicología. Tal vez necesitaba salvarme, conocerme, curarme; Pero otro impacto agudizó el proceso, hasta catapultarme hacia el vuelo necesario.

Fue un suceso misterioso, que alteró el curso de mi vida de manera radical. En plena adolescencia, estábamos en casa mis padres y yo viendo la tele, y apareció un documental sobre una enfermedad revestida de una misteriosa aureola: la epilepsia, (un mal asociado a posesiones demoniacas y demás).

En algún momento de aquel programa perdí la conciencia. Después supe que había tenido un ataque epiléptico. También, que mi madre quedó paralizada y que mi padre reaccionó cuidándome y sosteniéndome. Por fin se hizo presente. Esta enfermedad, sagrada en algunos lugares y maldita en otros, dejó en mi ser una impronta para el resto de mis días.

Tras el susto, la pérdida de control, la intensidad, lo desconocido, sus misteriosas causas, fui sobreponiéndome. El neurólogo que me trató me tranquilizó inicialmente, hablándome de los cambios de la edad, mi nacimiento prematuro como probable causa, junto con las fiebres... Pero incluyó una serie de medicamentos con efectos secundarios que condicionaron mi vida. Cansancio abrumador, pesadez, sedación. Y prohibición del alcohol, algo que en un lugar como mi pueblo y en esa edad marcaba mucho. Me sentí atrapado por el doble mensaje médico: Aparente tranquilidad, no pasa nada, pero ¡toma medicación a mansalva!

En una reunión familiar en la que estaba invitado un sacerdote, amigo de mi tío, al final de la comida procedí con naturalidad a tomar mi medicación de forma abierta. El cura realizó la terrible pregunta. Después de la pertinente explicación, a solas mi madre me lo recriminó, dejando en mí una huella de extrañeza. Había que ocultarlo. Se convirtió en algo avergonzante. Secreto.

Mi organismo, en un acto de suprema rebelión, había abierto la caja de Pandora, repleta de energías ancestrales, demoniacas presencias, divinidades extrañas. Me sentía sobrepasado. ¿Qué misteriosas fuerzas operaban en mi interior? Las convulsiones me acercaban a inquietantes territorios de sexualidad, agresividad, animalidad... El «minotauro» interno, mi ser primitivo había sido sellado, aprisionado durante toda mi maduración.

Pero aquella rebelión, aún desplegada cual vívido sueño, en forma disociada, cual reptil, ser primitivo, *alien*, «niño del exorcista», que tomaba posesión de mi cuerpo, había de ser sofocada, aniquilada, negada. Los ejércitos de la medicina, asociándose a los mensajes de la familia y la cultura popular, imponían silencio y conversión inquisitorial.

Con el tiempo fui leyendo una serie de matices que incluían sensaciones y percepciones extrañas: olores, coloraciones, estados emocionales, percepciones inefables… Eran las «auras». También, ausencias de microsegundos (poderosas presencias) y experiencias «extracorpóreas»: espacialidad, sensaciones flotantes, «salidas del cuerpo» y otras vivencias de difícil concreción.

La enigmática enfermedad que, en el electroencefalógrafo, dibujaba paroxismos irritativos ante la fotoestimulación, guardaba en su seno toda una sabiduría corporal, instintiva, incluso espiritual, vinculada a energías arcaicas. Pero beber de esa fuente precisaba reconocerla, mirarla, escucharla, y yo no me hallaba preparado, ni mucho menos. Requería de todo un proceso vital para encontrarme con semejantes fuerzas y «abrazarlas». Aquella «enfermedad» dibujó en mí una línea divisoria con los otros de mi círculo (amigos, cuadrilla), haciéndome sentir para siempre «diferente», «raro», no adaptado, fuera de sitio.

Mi vocación asociada a los estudios de psicología se vio acentuada, arrastrándome hacia la búsqueda de respuestas.

5. *Mis senderos iniciáticos*

Comenzando a volar del nido

Los estudios universitarios fueron todo un viaje. El impacto inicial estuvo marcado por la adaptación a los estudios con la lacra de la medicación. Aun así, sin saber muy bien cómo, logré sacar las asignaturas con solvencia. Se abrieron puertas. Conocí mujeres, hice buenos amigos y se alzaron las voces de la ilusión, las utopías renovadas, ideales sociales, políticos y filosóficos creativos. Se abrieron las compuertas de la sexualidad. Tuve muy buenas maestras.

Deseábamos cambiar el mundo y hubo un momento en que los espejismos de los ideales parecieron abrazarse con los andamiajes de lo real. Se abrieron nuevos espacios: las fiestas, las celebraciones, la rebeldía estudiantil, el rock, la percusión, la batería, el grupo de música… Hasta que llegó la pianista.

Aquel joven envuelto en la esperada revolución sexual se topó de bruces con dos poderosas energías provenientes de sendas fuentes que no supo manejar, integrar: el fuego sexual y el corazón. Más allá de la poderosa atracción hacia esa mujer que sabía tocar con enorme delicadeza muchas teclas.

Su mirada atravesó sin darme cuenta mi muralla, derritiéndola. Así brotó en mi corazón una extraña semilla: ¿amor? Para cuando quise darme cuenta de lo que estaba ocurriendo, me había marchado lejos, huyendo. Para cuando volví, ella se había ido. Hay heridas que, aun curadas, humedecen los ojos y provocan sonrisas agridulces. Gracias.

Mis primeros viajes.

En el transcurso del periplo universitario realicé varios viajes. Dos a Inglaterra y uno a Irlanda. Con dieciocho, diecinueve y veinte años.

Uno, trabajando en la cocina de un restaurante chipriota como pinche, y por momentos cuidé del hijo del dueño, un conflictivo niño de siete años. Así sacaba algún extra y practicaba más.

Conocí la existencia de bandas como los *mods* y los *rockers*, otras etnias y clanes. Las noches, las discotecas y los amigos que encontré fueron abriendo la mente de aquel joven de un pueblo de la costa vasca, aferrado a una serie de creencias enormemente limitantes. Pude asistir en Irlanda, cerca de Dublín, a un concierto de los Rolling Stones, con un amigo libio y dos japonesas. ¡Excelente experiencia! Cada regreso me llevaba un peldaño más allá.

Recuerdo con agrado y afecto a un humilde profesor jesuita (Agustín Legorburu, tal vez mi primer maestro), que se ofreció a enseñarme una serie de técnicas de hipnosis. Desde la simplicidad y la hondura, me llevó a lugares profundos después de fases de relajación, entrando en dimensiones de luz, de trance que en cierto modo re-conocía. Comencé la formación como psicoterapeuta, en bioenergética y en terapia gestalt.

Aprendiendo el lenguaje de los pájaros. El inicio de mi primera formación.

Comenzó la primera de las promociones de esta formación dirigida por el doctor Antonio Asín. Más allá de lo formativo, mi escultura granítica comenzó a resquebrajarse. Fui transitando como testigo por sucesivas experiencias de catarsis colectivas, de llanto, rabia, accesos de dolor, etc. En el fondo eran cuestiones ajenas a mí. Me hallaba *en-ajenado*, profundamente desconectado.

La presencia del doctor Antonio Asín resultó importante. Era un médico y psiquiatra canario afincado en Bilbao, que venía realizando una audaz y creativa síntesis de las orillas de la ortodoxia con la irrupción reciente y creciente de la psicología humanista en la España de los años ochenta, así como con mimbres más heterodoxos: las técnicas de meditación, el tantra, el cuarto camino, etc. Las diversas técnicas, las dinámicas grupales, las irrupciones de conciencia continuadas... fueron socavando mis férreas compuertas.

El punto culminante de esta primera fase de mi experiencia formativa fue la eclosión de *mi grito primal*. En un módulo, en una de las experiencias, solté el control y me vi arrastrado por una extraña fuerza, una poderosa emoción de rabia sin nombre. Desde una sensación de trance y descontrol, vomité gritos de rabia, aullando agresividad, eructando fuego, rompiendo invisibles pero sentidas cadenas y arrancando sepulturas de frío mármol.

El animal interior, mi minotauro particular, rompió momentáneamente las amarras y encarnó la furia, permitiendo que las manos se transmutaran en puños martilleantes percutiendo los cojines, rompiendo aquel aire repleto de mensajes inhibitorios que aún no había identificado.

Mi animal rescató también la voz, el grito proveniente de las cavernas de las vísceras y de hogueras que me inundaban de calor. Me sentí arder por dentro. Mi volcán, mi dragón, podía por fin, vomitar litros de lava retenida. Toda una vida sepultado entre las lápidas del deber ser. Pero, después de la liberación, emergió una vivencia cruda y lacerante, la angustia.

Resultó un oscuro cincel que fue desgajando capas de desconexión. Mi máscara se resquebrajó. Ya me resultaba difícil mantener rictus de sonrisas prolongadas, canturreando mecánicamente: «Estoy bien».

Las noches de insomnio se impusieron arrancando mi normalidad de cuajo, zambulléndome en torbellinos y remolinos en los que me costaba identificar las miles de vivencias que irrumpían. Mi alma inició su primera inmersión consciente en una larga y oscura noche.

Se abrió la caja de Pandora. Se rompió el ánfora y ya nada sería lo mismo.

No recuerdo bien el cómo de la disolución de la negra sombra. Tal vez, solo se disipó parcialmente durante un tiempo para reaparecer intermitentemente. Resultó esencial sostenerlo.

Las máscaras de bondad, inteligente adaptabilidad, estrategias manipulativas, mis racionalizaciones, mi rigidez y, sobre todo, mis cegueras fueron aflorando. Necesitaba desatar mis dedos, necesitaba entender, respirar, aflojar y mirar mi dolor, mi herida. La inseguridad radical desde mi nacimiento, la ausencia de padre, sus abrazos, su presencia, su calma, sus cuentos acompañando el inicio de las noches. En definitiva, una dolorosa carencia.

Después vino la formación en gestalt, que me aportó un cauce de asertividad, de conciencia, con todo un despliegue de vivencias donde primaban la presencia y una pulsión de autenticidad. También pude formarme más tarde en terapia familiar sistémica y percibir las dinámicas profundas de la familia. Pude romper el hilo de la tóxica lealtad familiar a la fachada asfixiante y a ser el «guardián» de los secretos familiares.

Encuentros con mis maestros.

El encuentro con Antonio Asín había supuesto un antes y un después. Antonio me reconoció. Vio en mí un potencial que le llevó a apostar por mí proponiéndome trabajar con él en su instituto, el IPETG.

Fueron importantes sus enseñanzas sobre el anclaje en el cuerpo y la percepción de las esculturas humanas. Experimenté la misteriosa llave de la respiración, ese vaivén vinculado a las corrientes de energía. Me transmitió la audacia de explorar ámbitos desconocidos. Excelente anfitrión, pude aprender así de terapeutas enormemente creativos y con gran talento. Todo ello me aportó un bagaje de experiencia formativa en terapia corporal, primero, y posteriormente en gestalt. Hasta el encuentro culminante con Claudio Naranjo.

El viaje a la India.

Cerca del cierre de la formación, realicé un viaje que dejó en mí una huella para toda la vida. El viaje a la India. Por aquel entonces daba clases en la Universidad del País Vasco en Bilbao.

Recuerdo las sensaciones, los olores, el caos, los templos hinduistas, árabes, los rezos, las oraciones. Extrañamente me sentía libre y en casa. Recuerdo cómo en un tramo, una mujer febril de desesperación, con los ojos clavados en mí, me ofreció su criatura, su bebé. Balbuceé unas palabras, con mis ojos en shock, y me marché alejándome.

En un destartalado bar compré un botellín de agua. Iba preparado con pastillas, con todo dispuesto para el tema del agua, pero ocurrió. Al rato, un par de horas después, ya comencé a notar sudores, descomposición, vómitos... Ah, ¡el agua! Habría sido rellenada. Para cuando contacté con las personas con las que iba a realizar el viaje hacia Cachemira, en aquella estación, me hallaba en un estado lamentable, sin fuerzas ni para caminar ni para hablar. Costosamente, me vi en el autobús, con los ojos cerrados y abatido. Cada parada aprovechaba para seguir vomitando y buscar algún lugar para cagar y cagar.

En algún momento sé que se produjo un fuerte revuelo en el bus, pues algunos se dieron cuenta de que nos venían siguiendo y la tensión fue enorme ante la posibilidad de que fueran militantes que ya habían realizado algunos actos violentos y secuestros por el conflicto indio-pakistaní. Yo permanecía en un estado semidelirante, como en un sueño.

Al llegar a Srinagar, perdí la conciencia y me desplomé, con el consiguiente susto para los que me acompañaban. Parece incluso que convulsioné. No sabían si era un desvanecimiento o un ataque epiléptico. Lo cierto es que cuando recuperé la conciencia, me estaban llevando a la barcaza, que era un hotel maravilloso en medio del lago de Srinagar.

El dueño resultó ser un hombre de una humanidad inmensa y profundamente espiritual. Me «adoptó» y cuidó con mucha atención. Me transmitió la seriedad de mi estado, pues me hallaba en un estado de gran deshidratación. Al apretar cualquier parte de la palma de mi mano, se quedaba rígida, pues no tenía líquido. El «agua de la vida» de la India me forzó a una dura iniciación.

El encuentro con aquel «maestro» me dejó una enorme huella por su elegancia, su porte y sencillez. Me curó con cariño y afecto. Me transmitió entrega y bondad.

Recordarlo me conmueve. Su presencia, su rostro, su voz y, por supuesto, su entrega y devoción a Dios y lo divino, en sus diversas manifestaciones, sobre todo en las más sencillas y cotidianas, quedaron inscritas en mi alma, resonando sus ecos para siempre en mi ser.

Para alguien tan mental como yo, refugiado en el mundo de las ideas y los ideales, presenciar a alguien tan instalado «arriba» y «abajo» como él, tan conectado en la Tierra y enlazado con el Cielo, resultó enormemente sanador.

Su despliegue de atenciones, buscando remedios, alimentos específicos, plantas medicinales y sus palabras, su escucha, me conmovió. Mi juventud, asociada a mi ignorancia, me jugó una mala pasada y debido a una serie de problemas con los horarios del autobús que nos llevaba a Leh (Ladakh), no pude despedirme de mi curandero, mi «maestro».

El tiempo agrandó esa herida de ingratitud. Nuestro destino es entregarnos. Aprender el arte de Dar. Un arte más sanador que el de pedir y recibir. Los siguientes pasos del viaje iban hacia el pre-Tíbet, con sus carreteras a más de tres mil metros, aquellas montañas con tesoros escondidos en forma de templos maravillosos. Fue mi primer encuentro directo con el budismo.

Y ahí estaban las cumbres, los refugiados tibetanos, la pobreza, la profunda espiritualidad. Accedimos a dos templos y en uno de ellos, tras un largo ascenso acompañados de múltiples fieles, llegamos a un monasterio donde celebraban una hipnótica ceremonia.

Con su potencia y vibración, las largas trompetas arrancaban de cuajo la densidad del espacio, para aullar en los cuerpos y mentes de los presentes. Los enormes tambores vibraban con truenos que destrozaban con su estruendo la normalidad. Las máscaras se deslizaban danzando. Deidades monstruosas, tenebrosas e incluso terribles daban forma a un ejército de «demonios». Toda una serie de fuerzas desconocidas se impusieron. Ecos y más ecos dieron paso a cánticos: profundos murmullos en oleadas irresistibles de manantiales de mantras recorrieron aquel espacio circular en pleno templo. Inefable.

Aquellos ecos se incrustaron en mí, arrasando mi pétrea racionalidad, mis herméticas defensas y las lealtades a dioses severos y destructivos. De igual modo, mi oscuro y secreto nihilismo, tan vinculado a mi juez interior, también se vio trémulo y tembloroso.

El siguiente destino, regreso a la civilización: Delhi, Agra y el monumental y hermoso Taj Mahal, recorriendo un sendero más turístico hasta llegar a la misteriosa Benarés, Varanasi.

Los encuentros con devotos de pequeños templos semiderruidos, ermitaños dedicados al servicio de algo mayor, más grande, renunciando a todo. Las miradas, la bondad, las expresiones de conexión y felicidad. Eso era lo que diferenciaba esta percepción del mundo de los religiosos que había conocido.

Varanasi me fue mostrando imágenes imposibles de olvidar. El viaje nocturno por el Ganges, las pilas ardientes, las cremaciones dibujando los cadáveres cuyas presencias se elevaban en remolinos de humo y fuego. Calcinación. *Calcinatio.* Otros se deslizaban entre la oscuridad, el pavor y la noche universal, por el agua contaminada y sagrada del enorme río.

¡Cómo olvidarlo! Aquel joven, aquel adolescente y niño que era y que siempre se había sentido aterrorizado por la sombra de la muerte, se hallaba ante decenas de cuerpos en calcinación a lo largo de la ribera.

A la mañana, el contraste. El baño, los rezos y oraciones, la vida y la eternidad girando en cada cuerpo anhelante de conectar con Dios. Quedé conmocionado por sus cuerpos, sus miradas en trance. La religión, la mirada a Dios omnipresente. En aquel momento deseé orar así por un momento.

Captar algo, un poco de aquella devoción, concentración, anhelo, conexión. Algo de aquella fe. Aunque solo fuera un segundo. Mi curandero, maestro de Cachemira, aparecía una y otra vez en mi mente.

Y siguió apareciendo a través de otro encuentro, al comprar unas tablas por mi fascinación con la percusión y, sobre todo, con aquel ritmo. Tocaron música por puro placer y éxtasis. Quedé fascinado por el despliegue de sonidos. Eran música. La sentían y la vivían como cauce directo a Dios. Otra vez, la devoción.

Después vino el hermoso recorrido en tren a Katmandú (Nepal). Los monasterios, rezos, susurros y movimientos devocionales. Me sentía cual aprendiz de surf intentando mantenerme ante los impactos... incluyendo a aquel «loco de Dios» que se dedicaba a dar placer a las vacas sagradas y luego daba la mano a los paseantes.

Allí se dibujaron los senderos de naturaleza brutal, los paseos por el lago y, después de un maravilloso masaje que me alivió de enormes «mochilas» de tensión, un sorprendente «viaje». El masajista nepalí nos ofreció además unos hongos que, según él, nos ofrecerían buenas experiencias. Después de haber estado degustando bastantes porros afganos potentes de allá, no íbamos a rechazar semejante opción.

Alquilamos un bote y fuimos a un claro al otro lado del lago. Allá tomamos y nos dejamos llevar. Pese a una fuerte y repentina ventisca y los gritos de la gente de la otra orilla para que volviéramos, por alguna razón mi miedo desapareció. Me sentí firme remando con mi «compañero de fatigas», y de vez en cuando paraba para estallar en risas, llorando de aquella alegre liviandad. Era como contemplar la danza de la vida, con sus riesgos, su misteriosa y desconocida energía. Me reía de mí mismo y de la máscara de miedo perpetuo que me había construido, con alegre despreocupación.

El penúltimo día, caminando por un mercado pletórico de colores, especias, telas y aromas que llegaban a emborrachar, tuve un encuentro con un sij que afirmó poder adivinar unas cuantas cosas de mi vida. Ni siquiera me pidió dinero. En una especie de portal, me miró y me dijo que iba a adivinar el nombre de mis padres. Cerró los ojos y, al rato, tomó un pequeño papel y con un lápiz comenzó a escribir algo con dificultad, lentamente. Cada letra. Al darme el papel leí, petrificado de asombro, sus dos nombres.

Antes de que me repusiera, me dijo que yo había conocido a una chica y que en poco tiempo me iba a casar con ella. Y ahora iba a decirme su nombre. Del mismo modo que antes, escribió con dificultad cada letra pero, al pasarme el papel, ahí estaba su nombre. Finalmente, auguró que iba a tener dos hijos (sin especificar el sexo). Se cumplió tanto la boda como el hecho de que he tenido dos hijas.

Aquel encuentro con el telépata, vidente, adivino... fue la «guinda» de un viaje imborrable, donde la enfermedad, la grave deshidratación, el desfallecimiento, constituyeron la «muerte» de determinadas percepciones, la cual dio paso y me abrió a todo un despliegue de vivencias que aún hoy voy comprendiendo e integrando. Solo tenía veintidós años.
El encuentro con Claudio Naranjo.

El espacio fértil que constituyó el Instituto de Psicoterapia culminó con la llegada a Bilbao del doctor Claudio Naranjo. Fue un taller de fin de semana de terapia gestalt.

Iba a conocer a Claudio, principal sucesor de Perls. Maestro espiritual y médico psiquiatra que, habiendo bebido de las fuentes del esoterismo sufí, había desarrollado una síntesis que abarcaba el Cuarto Camino y diversas fuentes espirituales. Había afinado una herramienta basada en la tipología del protoanálisis, el eneagrama, un finísimo y profundo mapa caracterial y espiritual. Estudioso de la meditación, pionero de la terapia con enteógenos, integrador del proceso Fisher-Hoffman (cuyas semillas había desarrollado y plasmado en un intensivo de enorme excelencia) y auténtico «chamán» en cuanto explorador del alma humana y guía de los procesos terapéuticos desde un enorme conocimiento de la mitología como antorcha y espejo del devenir de la realización humana.

Bueno, allí me vi, en aquel grupo con mis veintitrés años, impactado por su presencia serena, con una extraña mezcla de humanidad e indiferencia. Brutalmente confrontador desde un lugar de centramiento sereno, cual espejo donde rebotaban las diversas estrategias de los participantes. He conocido terapeutas confrontativos y había visto algún vídeo de Perls, pero aquella posición me resultó demoledora.

En aquella época me sentía perdido, bloqueado, y salí al centro, exponiendo mi situación. Atemorizado, allá en medio me expuse, desplegando todos mis recursos seductivos, así como mis sutiles y no tan sutiles preguntas, con mis racionalizaciones y mi rigidez.

Fue desplegando por capas, una tras otra, silencios y gestos que fueron frustrando mis intentos. Ninguna respuesta ni verbal ni gestual ante mis reclamos. Me dejó con mi sequía y soledad. Me dejó a solas con mi íntimo impasse, con mi bloqueo amplificado.

Desde una especie de «íntima indiferencia» fue percibiendo cada milímetro de mis envoltorios racionales, cual lazos en forma de bucles, y simplemente, con su actitud, fueron cayendo.

Escuchó y simplemente señaló y soltó lo que había. Su respuesta final estuvo acompañada de un tono de bisturí, desde una especie de «esto es lo que hay» y ¿quién sigue? Punto.

Con su poderosa «inacción» y agudo discernimiento, me dejó desnudo. Me dejó simplemente en lo que había sin modificar un ápice «eso» en lo que estaba. Desnudez y amplificación. Desnuda presencia.

Después vendrían los siguientes impactos. No eran las técnicas, ante las cuales me hallaba afanado en mi búsqueda de «llaves maestras», sino la actitud, el tono, el clima, la atmósfera creada, desde una simplicidad e inmediatez inauditas, hasta llegar a una hondura sorprendente.

Recuerdo un fin de semana donde, en un potente curso de meditación integrativa, nos guio hacia lugares ignotos. Personalmente, tuve una hermosa y poderosa experiencia de Ser. Simple y llanamente SER.

Repentinamente, mis temores fueron abandonando mi cuerpo y mi mente. Presencia y calma. Hubo momentos donde mi mente buscaba al circuito conocido, al ruido habitual, evitando adentrarse en el temido vacío. Pero por primera vez en mi vida, por unos «eternos» instantes, me hallaba en un Vacío Pleno. Me viví «Siendo ahí», en aquel espacio.

Durante la noche, un colega, fumador habitual de marihuana, me ofreció acompañarle. Repentinamente, una sensación sombría me invadió. Entré en una experiencia vívida de ruptura. Era una sensación nítida, física y enormemente visual, donde mi cuerpo y mis vísceras explotaban. Me vi y sentí desparramado y devorado por lobos. Sostuve el miedo y pude entregarme.

Al día siguiente, cuando le expuse a Claudio mi vivencia, me habló de la imaginería que había tenido, similar a experiencias chamánicas. Pude exponerle mis vivencias con la epilepsia, mi tabú. Me habló de la epilepsia como Enfermedad Sagrada.

Después de estos dos encuentros, vinieron los trabajos de eneagrama, en Bilbao. Era la primera edición en España. Aquel espejo existencial me mostró sin tapujos la compulsión, la rigidez, la sequedad emocional. La ceguera.

Fui vislumbrando las escamas de mi armadura. Mi bloqueo, timidez, temor, ansiedad crónica, donde nadaban vivencias como la inseguridad, la duda y, por supuesto, la omnipresencia del miedo. Y, más allá de la constante percepción del miedo, toda una guerra interior, toda una movilización para controlarlo, extirparlo, calmarlo, sedarlo, bloquearlo... Me encontré cara a cara con el miedo y la angustia. Al fondo, una inseguridad radical sin nombre. Como un aullido vagando solitario en la inmensidad del espacio.

Había aprendido a estar alerta, sin descanso. Ahí estaban todas las reminiscencias de mi escolarización y los abusos que había recibido de aquellos adultos de puños de hierro y corazón de hielo. Vergüenza y miedo. Miedo a Ser.

Descubrí que tenía un tirano dentro. Un tirano forjado en parte como susto y defensa ante el río incontrolable de la vida y sus cornadas. En parte por tantas cargas, piedras condensadas de expectativas y exigencias. El niño sabe, percibe tanto y tanto. Tantas energías imantadas. Con una mirada basta. Como culminación, el juicio, el control y la desconfianza. Me percaté de que había perdido la confianza; era huérfano de confianza.

Me sentía, en el fondo de mí, como el mayor enemigo de mí mismo (perseguidor, culpabilizador, acusador). A partir de aquel curso pude tomar conciencia con toda crudeza del sufrimiento que me generaba. Vislumbrar mis heridas y percibir tanto juicio y deber incrustado.

Además, de tanto cargar con todo ello, vi cómo renuncié a mis ojos. Velos, visiones, ideales y catástrofes me inundaron para desplegar todos mis temores imaginarios, haciéndome uno con ellos. Al fondo, mi «locura» paranoica, el miedo y la desconfianza.

Me había refugiado en una absoluta lealtad a los ideales y, sobre todo, la razón y la(s) autoridad(es). Ahora nacía mi ideal de omnipotencia terapéutica, de buscador que se hallaba en una aventura «heroica», más allá de aquellos seres banales, superficiales, que solo devoraban comida y tiempo. Yo estaba más allá de eso, embarcado en un viaje excepcional.

Del primer curso, vino un segundo y un tercero, hasta el primer taller del Fisher-Hoffman-Naranjo. Abriéndome paso hacia el dolor y la rabia.

Para mí resultó toda una removida de mis cimientos, golpeando las lápidas de mi negación y mi idealización familiar. Fui cortando cadenas de lealtades y comencé a Ver. El omnipresente miedo a la vida heredado de mi madre. Mi prematuro nacimiento, una huella imborrable de susto, angustia y culpa, que intentó compensar de forma compulsiva. La dolorosa ausencia paterna. Finalmente, el ideal religioso aniquilante, tan presente en mi familia, con el infierno de la culpa, el castigo. Al fondo la inseguridad. Una nada negra. Silencio total y oscuridad.

El encuentro con «Memo».

No resulta fácil describir el encuentro con Guillermo Borja (Memo), alguien especializado en la confrontación directa, *psicoanálisis directo*, como a veces lo llamaba él. Terapias potentes en un bar cercano a la consulta, cenas explosivas y catárticas. A cada uno nos tocaba nuestra «ración».

Puedo recordar aquel momento, en un taller de trabajo corporal grupal, donde a un colega y a mí, puestos de pie uno frente al otro, nos gritaba: «¿Cómo muere un guerrero?», una y otra vez. «¿Cómo muere un guerrero?» Dramatizando con movilizaciones y escenificaciones. Puedo recordar escenas caóticas, pero aparece un episodio que para mí resultó esencial.

En aquella época, me hallaba instalado en una turbulenta marejada. Tenía veintitrés para veinticuatro años y por un lado estaba iniciando mi andadura profesional (que estaba resultando positiva y exitosa). El proyecto iba viento en popa. Asimismo, tenía otras actividades laborales en Bilbao, como docente, con lo cual vivía a caballo entre Bilbao y San Sebastián.

Por otro lado, estaba ya saliendo con la mujer con que posteriormente me iba a casar (y que iba a ser la madre de mi primera hija). Era la que había conocido poco antes de mi viaje a la India y cuyo nombre señaló el «telépata» vidente de Delhi. Este encuentro estaba resultando difícil, sobre todo por las resistencias de ambas familias de origen. Los viajes, los cursos de formación y demás habían supuesto la «salida del nido» y, ante las dificultades familiares, planteé a mi novia la opción de la boda. Comenzó la cuenta atrás.

Tocando fondo.

Tras una serie de trabajos en los que sentí una importante apertura, una noche soñé que iba conduciendo un coche y el volante se rompía. Acostado, tuve un extraño episodio disociativo cuerpo-mente, una especie de breve «catalepsia». En lenguaje clínico, una cataplexia (cataplejía), dado que perdí súbitamente el tono muscular, sintiendo a su vez que se me rompía la mente. Estaba paralizado, no podía mover mi cuerpo ni prácticamente articular palabra.

Estupor, confusión mental. Mi pareja avisó a Memo. Al llegar a casa y verme en la habitación, se sentó cerca de mí en silencio. Me miraba y, con mucha paz, me dijo: «Has tocado fondo».

Estuvo acompañándome simplemente en silencio, transmitiéndome tranquilidad. Para alguien tan activo, su atenta quietud fue toda una demostración de amor, cuidándome cual guardián. Nunca lo olvidaré.

Después vinieron los SAT de Babia, en los que participó activamente, además de otros cursos, pero creo que hubo un momento culminante en el que pude devolverle lo que había recibido y expresarle mi cariño y gratitud, mediante el viaje a Méjico, a la cárcel de Almoloya, años después (en la década de los noventa), donde se hallaba preso y realizando una labor increíble con enfermos psiquiátricos abandonados a su suerte en condiciones infrahumanas.

Había tocado fondo pero el «tesoro perdido» de mi cuerpo, mi desconexión vital (mente-cuerpo), había estallado y mi herida se había revertido, convertido en Vocación íntima.

Mi vocación. Inicio de mi andadura profesional. Ser terapeuta.

Comenzó mi andadura profesional con una colega en San Sebastián. Dimos charlas, abrimos el centro y en muy poco tiempo comenzaron a llegar pacientes. Siempre tuve una extraña sensación de que me sentía «llevado» a embarcarme en un proyecto como ese: mi «bautismo». Organizamos un taller sobre la muerte conducido por Memo, que llevó un ataúd y realizó un trabajo memorable. Aquel grupo y mi propia vivencia de la muerte dejaron una profunda huella en mí, cuyos ecos me han llevado a investigar y realizar grupos sobre la muerte en mi recorrido profesional.

Segunda fase. Terapeuta en el IPETG de Bilbao.

Con veinticinco años, acepté entusiasmado la propuesta de Antonio Asín de trabajar en el centro donde había conocido a tantos maestros. Me sentí un terapeuta encogido ante personas de edad superior y casos difíciles. Suponía para mí un pilar de confianza. Los pacientes no solo no se iban, sino que venían más. Después vendría una Tercera Fase, al comprar cuatro socios el local del IPETG (Instituto de Psicoterapia Emocional y Técnicas de Grupo).

Mi primer matrimonio.

Tras mi «vuelo del nido», me encontré con una mujer que anhelaba también soltar sus nudos. Yo tenía con mi madre un vínculo complejo de mucha unión. Era «su» hijo. Aquel encuentro supuso la primera gran ruptura del cordón umbilical. Y mi novia se hallaba inmersa en una telaraña paralela: la cultura del esfuerzo, el deber y el sacrificio.

Nos encontramos dos personas con unas familias de origen con poderosos imanes. En el fondo éramos dos adolescentes aprisionados. Después de los conflictos que se produjeron en ambas, decidí que lo mejor era casarnos. De algún modo, más allá del juvenil amor que nos teníamos, imperaba la necesidad de soltarnos de nuestras familias.

Aquella boda constituyó un corte con muchos ámbitos a los que estaba aferrado y apegado. Me despedí para iniciar otro viaje. Un viaje que comenzaba desde el SAT de Babia en Almería.

Los que tuvimos la suerte de vivir aquello en un contexto como aquel, tanto a nivel del impacto de aquel espacio como del trabajo y la convivencia de todo un mes, pudimos sentir la huella imborrable que nos dejó.

Los SAT en Babia

¡Qué puedo decir de aquellos cursos! Tres años seguidos, un mes cada uno. Toda una iniciación.

El SAT 1. Ya el aterrizaje en aquel paraje, un páramo aislado con accesos esquivando socavones, en medio de un vacío desértico... Su dueño (Ignacio Martín Poyo) lo descubrió, compró y ofreció.

Las mañanas estaban dedicadas a la meditación y a la investigación de los eneatipos, con diversos trabajos de introspección, la inmersión en la familia, etc. Este SAT supuso el encuentro con mi herida. Desde la sequedad de mi rigidez, desde la aridez de mi austeridad, desde el desierto en el que se había instalado mi alma, brotó el agua, irrumpieron mis lágrimas.

Recuerdo como si fuera ayer cómo al tocar una serie de teclas, al expresar en palabras mi infancia ante una compañera, sentí un encogimiento, un colapso y, de repente, un gemido de dolor que dio paso a un mar de lágrimas. Jamás había llorado así. Jamás.

Sentí cómo en mi escultura aparecían grietas por doquier y me derrumbé. Me percaté de a cuánto había renunciado, olvidándome de mis necesidades para convertirme en una máquina de deberes. Me dolía el corazón y el alma.

Un sentimiento de pena que siempre había estado sepultado, como resultado del naufragio de aquel niño que se refugió en la íntima imaginación desbordante y en los juegos solitarios.

La escolarización radical, los castigos, los continuos abusos de poder, aquellos golpes acompañados de humillaciones donde las manos severas marcaban nuestras caras de niños (por equivocarse, por jugar e incluso por reírse) me habían dejado paralizado, atenazado. Y, cómo no, la culpa. La culpa previa, la culpa posterior. Todo un mundo de «crímenes y castigos».

Las tardes en Babia daban paso a sesiones de confrontación, que me llevaron a situaciones de temor y bloqueo puesto que conectaba con todas aquellas escenas de abuso. Mi padre no estaba para defenderme. Necesitaba de él, para que me protegiera de aquellos brutos, sádicos, hijos de puta.

Pasé de la implosión a conectar con una «rabia asesina», una furia que todavía me asustó más. Me di cuenta del animal, del monstruo de la violencia. Necesitaba verlo, sostenerlo, y no fue nada fácil.

Ocurrió algo que no esperaba. Claudio me recomendó una especie de «retiro» en algún lugar más arriba, en la zona escarpada, a cierta distancia. Decidí que sí. No podía permitirme ceder ante el miedo. Me demoré al salir y antes de llegar a mi refugio se hizo de noche. Una noche cerrada donde no podía vislumbrar el camino. No quería volver atrás (tampoco se veía bien) y ni siquiera había encontrado la tienda.

Mi ansiedad aumentó hasta que en un momento dado entré en un estado de conciencia extraño; comencé a caminar ligero, con un nivel de atención inusual. Para mi sorpresa, mis pies se toparon con la tienda de campaña. No pude apenas dormir. Me acompañó toda la noche un miedo difuso, arcaico.

Prácticamente no dormí ninguna de las cinco noches, con los múltiples ruidos de animales que merodeaban (reales e imaginarios) y una amplificación del miedo. Reviví algunos miedos específicos: mi colapso con la agresividad, escenas de rabia inhibida, mi furia, algunas humillaciones... Otros tenían que ver con el temor a la muerte, con la sensación de fragilidad existencial, de estar pendido(s) de un hilo. Era una conexión potente con la vulnerabilidad, el sinsentido y la nada; esa nada que toda mi vida, desde antes de la adolescencia, había percibido y sufrido. Ante la muerte, nada tenía sentido.

Durante el día, me dedicaba a caminar, respirar y calmarme. Era el espacio de mayor tranquilidad, donde poder integrar caminando o meditando.

Creo que esos días resultaron una especie de «hoguera» donde ampliar mis miedos, cocerme e incluso quemarme con ellos, hasta poder abrasar algunos de ellos. Fueron días de intensa focalización en el miedo. Toda una «combustión». Agradecí a Claudio la propuesta de retirarme y poder realizar aquella ignición.

Al regreso, pude integrar buena parte de lo vivido y saborear con mayor intensidad las prácticas de meditación Vipassana. El «baño» sensorial me proporcionó conexión con lo inmediato.

El siguiente verano realicé el segundo peldaño, el SAT 2. Percibir los puntos ciegos y mirar de frente la red de ideas neuróticas me generó un profundo impacto. Necesitaba de esa precisión para ver con lupa los registros del miedo a la vida, al amor, la desconfianza y las ideas que la sostenían. Todas asociadas con un universo hostil y amenazante para mantenerse en guardia. Y el trabajo de renacimiento me permitió revivir registros de mi memoria corporal arcaica.

Por otro lado estaba con mi mujer, con la que ya estaba casado. Ello implicó un trabajo de revisión de múltiples proyecciones y transferencias en el espejo de la pareja. Descubrí una serie de miedos, celos, temores relativos a la dependencia... Al fondo, mi autoestima dañada; al fondo, mi guerra interior, mi desconfianza y, por supuesto, mi miedo al amor. Miedo a la apertura, a la entrega. Toda una escuela. Difícil, dura, puesto que en un momento dado emergieron todos esos fantasmas.

Ser consciente de mi actitud de persecución y «demonización» de mí mismo me puso frente a una honda herida. Me di cuenta de mi profundo desamor, de cómo me pasaba la vida buscando fuera trozos de mí, buscando fuera una aceptación que para nada residía en mí. Tomé conciencia clara de que yo era mi peor enemigo, lo cual me resultó sumamente doloroso.

Como me comentó Memo, nacimiento es igual a destino. Potente ecuación vital, existencial. Como Sísifo condenado a arrastrar una piedra, realizando esfuerzos crónicos por sobrevivir.

Además, necesitaba comprender mi enfermedad y su misterio. Mis mioclonías cargadas de tensión, mi excitación mental, psíquica, mi carga energética. Los tabúes de la sexualidad, el gozo y sobre todo, la agresividad. Aquel animal que llevaba dentro necesitaba ser escuchado, visto, abrazado, encauzado y liberado. Pude dar pasos a través de la expresión corporal.

Luego vino el *renacimiento*. En la piscina, en medio del paisaje desértico. Me dejé llevar y fui trasladándome a una memoria más allá de la razón. Era como una experiencia hipnótica. Me sentí en una rueda sensorial, que me sacaba del tiempo y el espacio.

Sentí una sacudida interna y una aguda angustia, sin nombre, que se fue generalizando, hasta que pasé del encogimiento y la rigidez corporal a un grito acompañado de giros y movimientos algo convulsos. Después, sin saber muy bien cómo ni cuándo, me sentí arropado, acogido por mis compañeros, mis «padres» de renacimiento. Descansé. Era una especie de rendición, de apaciguamiento desconocido, en una especie de somnolencia, de trance.

Descanso de la pelea por sobrevivir. Descanso en unos brazos y un cuerpo cálido en el que sentirme seguro y no en el calor artificial de una máquina acristalada. Allí había calor humano, había calor del padre Sol. Había calor femenino, maternal. Y estaba mi «padre».

Pude ver con nitidez el enorme temor, el Miedo que sentía mi madre. Miedo a la vida. Comprendí sus inyecciones de miedo. La guerra, la muerte, mi nacimiento prematuro, derivando todo ello en una Sobreprotección.

Resultó un SAT, donde de nuevo Claudio compuso una especie de «sinfonía», con introspecciones, regresiones... y la meditación Zen. Esta meditación me aportó centramiento con auténticos baños de seguridad interna.

Al año siguiente, llegó el SAT 3. Claudio mostró una aproximación al budismo tibetano y trabajamos las diversas manifestaciones y cauces del amor... Pude explorar la expresión corporal a través del movimiento, sintiéndome cada vez más espontáneo y libre. Y sentí una gran sintonía con las «lecturas» mitológicas planteadas por Claudio: Gilgamesh y el viaje del héroe, etc.

Al final del SAT, se realizó un curso de parejas con una serie de encuentros interpersonales. No solo pude clarificar mi núcleo de temor: el miedo a ser invadido, sino también ahondar en el aspecto central del miedo al amor. Miedo a la necesidad, a ser devorado, a la entrega. Confianza, Apertura del corazón... Sí, comprendí que resultaba esencial el camino de y desde el corazón.

Tanto en la experiencia final de este SAT como en el retiro del SAT 4, se abrieron las compuertas selladas de mi corazón. Comprendí que primero necesité abrir las compuertas de mi rabia. Después, las del dolor.

Ahora me tocaba dejar que mi pecho se volviera más liviano, que mi corazón latiera más despacio, con más calma, y dejar entrar entre latido y latido las ondas de la ternura, la confianza, la intimidad, el goce...

Después de una serie de experiencias meditativas guiadas por Claudio Naranjo, desde un tejido donde se hilvanaba la respiración, el espacio, el dejarse llevar, incluyendo el fondo de vaivén de la música, repentinamente me encontré viviendo una gozosa experiencia de disolución corporal. Tras un tránsito por una bellísima música (clásica), sentí que unos sonidos de trompeta (tibetana) se lanzaban como rayos hacia mi vientre y diafragma y mi cuerpo se rompía. Después, disolución, levedad y una profunda paz. Pude entregarme al espacio.

Me quedé impresionado con la conducción, la secuencia propuesta por Claudio, la cadencia hipnótica. Todo ello, hilvanado con una costura musical sorprendente, sutil, absolutamente intuitiva y dotada de una sensibilidad impactante para percibir los diversos estados de las personas que participábamos en la experiencia, así como para sentir el alma grupal.

SAT 4. Retiro. Momentos de silencio se instalaron en aquellos días. Gradualmente se intensificó mi encuentro conmigo mismo con las indicaciones precisas y preciosas de Claudio.

Fui transitando de una sensación de profunda desconfianza en la vida hasta la orilla de la confianza, hacia espacios de mayor paz, casi por agotamiento, hasta saborear vislumbres de algo que me conmocionó: irrupciones de Fe. Podía encontrar refugio y coraje en la FE.

No era una fe instalada en dogmas, en ideales. Era una fe vinculada a un estado de confianza interna, de simplemente percibir la presencia de una energía bondadosa, amorosa en la existencia humana. Podía estar en sintonía con esa energía divina, lo cual me surtía de armonía, de una oleada de Paz.

La duda de fondo era la Duda de Dios. Y esa duda me desconectaba de lo esencial, de esa matriz energética divina que gobernaba el mundo. Me había separado, apartado. Enajenado. De mí y de lo divino que había en mí.

Aquel vislumbre, aquella conexión con la fe, me condujo a una vivencia de cariño hacia mí mismo; una energía amorosa conmovedora, tanto desde la vertiente placentera como desde la rendición y devoción a Dios. Sentí un cálido reencuentro con mi tío monje que dedicó su vida al servicio de Dios. ¿Quién era yo para cuestionar su camino? Me di cuenta de mis valores racionales patriarcales y sentí una oleada de ternura hacia mis hermanas y hacia mi madre, por su capacidad de sacrificio y su disposición a la entrega. Y por tanto, hacia la mujer. Al fondo, la bondad natural de mi padre.

Fruto de ello fue una mejora en la comunicación de la pareja, una individuación y un estar mucho más tranquilo y confiado. Fruto de ello fue generándose el impulso de ser padres.

Mi amigo Pedro, compañero de búsqueda, al poco tuvo un accidente de coche. A la salida de una gasolinera, un «ángel exterminador» se lo llevó para siempre. El dolor, la rabia y el miedo me envolvieron. Gracias, querido amigo, por tu amistad y tu enorme vitalidad.

Mi década de los treinta

Mi primera paternidad.

A mis treinta años me vi con una criatura de ojos negros en los brazos. Mi alma se expandió y me sentí en éxtasis. Un poderoso vínculo se fraguó para siempre. Después de un embarazo repleto de entusiasmo, al cabo de unos segundos de nacer, médicos y enfermeras se agolparon en torno a Amaia, mi hija. Un encogimiento atravesó mi cuerpo. Uno de los médicos me señaló su carita. En una de sus mejillas, se dibujaban unas venitas. Comentaron que a lo mejor se ampliaban, que podía constituir un angioma.

Al cabo de dos semanas, se entrecruzó un oscuro torbellino del destino en forma de una misteriosa enfermedad que generaba en ella una serie de laringitis repetitivas. A partir del primer mes de vida, aquella fascinante criatura comenzó a transitar un calvario de ingresos reiterados y dificultades respiratorias.

La angustia, la profunda desazón, el agotamiento, se fueron haciendo cada vez más patentes. Rezaba y rezaba. Oraba el Padre Nuestro y realizaba el mantra de la Tara verde, pidiendo, implorando que cesara. Rezaba pero no encontraba respuesta. Me fui secando.

Se me fueron cayendo las hojas de mis experiencias psicológicas, emocionales, espirituales. Hoja a hoja, fui perdiendo el árbol de mi fe.

No solo me fui instalando en una especie de escepticismo y de sequedad, de nihilismo oscuro, sino que se fue instalando en mi alma un resentimiento hacia Dios. No podía entender cómo podía permitir todo aquello.

Me fui congelando. ¡Cuánto más podía resistir! Me entregué hasta la extenuación. Recuerdo aquellas noches de invierno en el balcón con ella en brazos, para que respirara mejor. Vivíamos en un apartamento elevado, veía el suelo a los lejos y, ante el cansancio y la desesperación, me entraba una especie de mareo asociado a la idea de precipitarme en el vacío para terminar con todo.

Y las noches con la botella de oxígeno en casa, para ponerle la mascarilla a fin que pudiese respirar y no ahogarse. Mi pequeña guerrerita luchaba y luchaba por mantener su respiración. Angustia. Hasta que apareció uno de esos giros misteriosos de la vida.

Una antigua paciente, médico, se fue a Suiza a realizar la especialización en psiquiatría infantil. Un día, al contactar con ella y comentarle lo que sucedía, me habló de un excelente hospital en Laussane y de un equipo de otorrinolaringología. Al poco de contactar con el especialista, fuimos para allá.

De inmediato propusieron el diagnóstico de una obstrucción laríngea y una intervención con láser para eliminarla. Una operación que iba a durar más de nueve horas. Solo tenía dos años. No tengo palabras para describir los niveles de angustia en aquella espera. Efectivamente, encontraron un segundo angioma en la laringe de mi niña y que había que realizar una doble intervención.

Con dos años hacia los tres, la guerrerita comenzó a recuperarse. Infinita gratitud hacia aquel especialista y su equipo. Después de aquello, como había que costear los elevados gastos de las intervenciones, las estancias y demás, me vi inmerso en una intensa espiral de trabajo.

La filosofía y el mundo de las ideas. Huyendo.

Con mi interior resecado y una mochila repleta de cargas, tuve la «brillante» idea de matricularme en Filosofía en la Universidad de Deusto.

Me refugié en un mundo de ideas, trabajando, ocupándome

además de las cosas de casa, de mi paternidad y robándole a las horas de sueño el tiempo para estudiar. El bucle autodestructivo, la espiral infernal ya se había iniciado.

Me era imposible parar. Compulsión y sobreesfuerzo; de nuevo Sísifo empujando una enorme piedra y aferrándose a ella para no derrumbarse y llorar desconsoladamente.

Aquella locura, repleta de nihilismo, me llevó a un funcionar cual autómata. Era una máquina sin sentimientos. Estaba en la fase más árida de mi vida, sosteniendo un sordo sufrimiento, resistiéndome a tope.

Dios me había abandonado; había abandonado a su suerte a aquella recién nacida, mi hija, que había transitado aquel infierno en un largo acto de supervivencia. Caminaba con el alma perdida, en pena, ausente de mí.

No quería sentir y seguramente en el fondo quería «morir». O me paraba o algo tenía que pararme. Mi enfermedad sagrada vino a salvarme, a pararme.

Mi epilepsia. La enfermedad sagrada me rescata.

En esa huida hacia delante, en aquella «muerte en vida», ocurrió lo que tenía que ocurrir. Un día que iba en coche con mi mujer, mi hija y una amiga, en un puente, conduciendo en primera, en un momento en que el coche estaba medio parado detrás de otro, simplemente estallé. Tuve un ataque epiléptico.

Lo curioso era que, habiendo perdido la conciencia, al llegar la ambulancia, no podían despegarme del volante. Dudaron si había tenido un ataque epiléptico o un ataque al corazón. Entre varios consiguieron desasirme. No quería soltar el volante, ni el control, ni las riendas. Me había quedado aferrado.

Al «regreso» de la crisis tuve una hermosa experiencia de

éxtasis y de paz. Vi el susto en el rostro de las personas que se hallaban en la habitación del hospital y no lo entendía. Me hallaba en paz, después de una descarga brutal de energía acumulada y el «regreso» al mundo resultaba una experiencia de estar de nuevo en armonía, de un bienestar maravilloso. Puro Ser.

Pero al poco tiempo me di cuenta de que tenía el sistema nervioso destrozado, con todo ese tiempo privado de descanso y de sueño. Había traspasado el límite.

Entendí aquello que Dostoyevski señalaba (y que Claudio me recordó después): que daba dos años de su vida por cada crisis epiléptica. Eran experiencias espirituales cercanas a vivencias con la meditación que había vivido con Claudio Naranjo.

Había mirado la enfermedad desde diferentes perspectivas: bien como algo mecánico, cual error en mi circuito eléctrico, cortocircuito ante una serie de sobrecargas, bien desde ópticas psicológicas, o el nacimiento prematuro, las fiebres, etc. Pero siempre con temor, hermetismo y una profunda desconfianza, así como con una prevención supersticiosa de corte religioso, como si tuviera el «demonio» dentro.

Claudio Naranjo me ayudó a mirarla no solo con respeto sino incluso con reverencia: era una enfermedad sagrada. No solo me orientó a la exploración del potencial instintivo, de mi «animalidad», sino que la dotó de una dimensión espiritual.

Recuerdo una experiencia con el Daime, en Brasilia. Estábamos todo el día realizando curaciones chamánicas con cánticos y ritmos. Cuando llegó mi momento, al poco de tumbarme, con los cánticos y sobre todo con el tambor, una poderosa oleada energética me inundó el cuerpo. Me estiré al máximo, a lo largo y a lo ancho, sentí mis manos como garras, grité, arañé el espacio, salía saliva por mi boca, me rasgué el cuerpo, me agarré con fuerza, me solté, babeé, sintiéndome una especie de animal, o incluso una especie de fiera demoniaca. No sabía si estaba endemoniado o en un exorcismo o todo a la vez. Mi cuerpo continuó descontrolándose, emitiendo sonidos extraños, y me convertí en puro instinto. De ahí viajé por el tiempo, incorporándome y reincorporándome, una y otra vez, sintiéndome en cuerpos diferentes, alineándose en el tiempo a una velocidad vertiginosa, conectándome a la energía divina pura, a la luz.

Terminé exhausto, abrumado por la experiencia y sin palabras. Apareció una intensa intimidad con mi cuerpo. No solo vivencié y comprendí el torrente energético, instintivo, animal, que se hallaba inmerso en aquellas compuertas laberínticas, sino que vivencié de lleno su dimensión espiritual tal y como me había señalado Claudio.

Posteriormente tuve otra experiencia, también con la ayahuasca y también en Brasil, en la que, para mi sorpresa e impacto, vivencié con total nitidez el viaje epiléptico como un viaje astral. Con la perspectiva del tiempo, puedo ver la profunda dinámica reguladora de la misteriosa enfermedad.

Por un lado, puedo atisbar toda una descarga de tensión, incluyendo la rabia instalada entre la musculatura e incrustada entre las redes eléctricas de mis conexiones. Mi animal interno, desde mis convulsiones, gritó, estalló, soltó. Por otro lado, en la fase del regreso, no solo experimentaba oleadas de éxtasis sino que me instalaba en un tono energético y en un tono respiratorio sorprendente. Transitaba por estados de mucha relajación, instalándome en una respiración suave, absolutamente leve, llevándome a percibir un ritmo vital muy sosegado y con un punto regresivo. En una ocasión, leyendo a Ferenzci, me quedé sorprendido de su apunte del aspecto regresivo en la epilepsia (una «vuelta al seno materno»), que asociaba a ese tipo de respiración: muy relajada, mínima, a veces casi comatosa.

Y estaba la cuestión de lo regresivo desde una perspectiva más radical, de acceso a la muerte y una especie de resurrección. Sí, creo que en momentos necesitaba morirme y renacer.

El segundo viaje a Méjico.

En aquella época, Memo se hallaba en la cárcel de Almoloya y supe por una carta que me escribió, que uno de los reclusos, uno de los enfermos psiquiátricos, había matado a su hija en un acceso de locura, en un brote psicótico, para salvarla de un mundo hostil y amenazante.

Al cabo de poco, un amigo y colega de búsqueda de Bilbao (que fue uno de los que más nos ayudó en la época de la enfermedad de mi hija) y yo, pusimos rumbo a Méjico.

Todo lo que rodeó aquel viaje resultó impactante, pero jamás podré olvidar el rostro de Memo, su conmoción al vernos, el emotivo abrazo, ser testigo de los trabajos increíbles que estaba realizando y sobre todo, el encuentro con los presos, las sesiones de grupo...

Pude hablar con aquel joven que mató a su hija. Para mí resultó un encuentro en una dimensión extraña, misteriosa. Nos miramos a los ojos, hablamos y terminamos en un emotivo abrazo. Sentí resonancias; sentí su miedo, la insoportabilidad de su miedo, su pánico. Sentí comprensión. Percibí cuánto le había removido el nacimiento de su hija, el acceso a una sensibilidad y un amor revolucionarios que amenazaban su acorazamiento. Era su hija y era él.

Y aquel hombre que mató a varios policías... Los extremos de la tensión psicológica y emocional. Pude percibir los extraños aromas y cauces de una locura y una violencia que he sentido siempre dentro de mí. Comprendí las turbulencias que genera el miedo, que puede desbocarse como un río ante una presa. Capté los demonios que genera el Miedo al Miedo.

La llegada de Izpi.

La llegada de Izpi, un perro golden retriever maravilloso, un portento de inteligencia, bondad y luminosidad, llenó nuestras vidas.

Lo que fue de inicio un regalo preciado para mi hija resultó un ángel, hermano, hijo, padre, amigo, animal maestro… Me aportó auténticas lecciones de fidelidad y un aprendizaje en cuanto a sabiduría, inteligencia animal y comunicación telepática profunda. Toda una luminosa presencia.

Mi enfermedad iniciática (la noche oscura).

Tras la sanación de mi hija, un bulto en mi antebrazo derecho me llevó a la consulta del cirujano, que me dijo: «Es cancerígeno. Yo, que usted, iría al hospital por si existe metástasis». Era un linfoma y me plantearon tres dosis de quimioterapia. Sentí la negrura del impacto de las «quimios». Era como si las bombillas de mi mente se fueran apagando. Un sombreado en mis percepciones. Caminaba por un túnel sombrío a paso lento, agotado y nauseabundo.

Era una «noche oscura» sensorial y anímica, una caída celular, energética y existencial. Comencé a percibir las oleadas de los impulsos de muerte, la energía de la muerte misma. Recuerdo la escena en que mi hija, tocándome el pelo, se quedó con un mechón. Me hallaba desconectado de mi alma y caminaba como «alma en pena». Me sentía perdido y reprimiendo mi miedo.

Gracias a Dios, mi fuerte y poderosa fuente de luz, me ayudó. Me curé (diagnóstico claro) pero estaba intoxicado.

Sentí que necesitaba hacer algo. Se me ocurrió que tal vez un viaje pero no sabía adónde hasta que un día, dando un curso, me encontré con una revista de Takiwasi, un centro situado en Perú, que se dedicaba a la rehabilitación de adicciones, dietas y limpiezas con plantas medicinales, incluyendo la ayahuasca.

Las fechas no encajaban pero, casualmente, un chamán curandero del equipo de Takiwasi venía a Barcelona. Tuve con él varias experiencias. En una de ellas accedí a una especie de túnel que me llevó a un espacio oscuro donde se hallaba un ataúd. Me encontraba frente a mi muerte. Mientras la velaba, observé las letras RIP, y escuché: «Descansa en paz». Ahí permanecí hasta un rayo de comprensión final: «No tienes que morir para descansar en paz».

El viaje a Perú.

En Barcelona, el organizador del evento me habló de un chamán asháninca llamado Juan Salazar Flores. Se hallaba en Pucallpa. Resultó ser un hermoso pueblo amazónico con un lago maravilloso, lleno de botos (delfines de agua dulce), pirañas y demás. Estaba cerca de un enorme río llamado Ucayali. Al día siguiente nos encontrarnos con Juan y después de sentir una conexión muy positiva nos pusimos a organizar el viaje.

Después de nueve o diez horas en Land Rover llegamos al río. Tomamos un afluente, navegando varias horas hasta adentrarnos por otro afluente menor. Luego, una caminata de dos horas hasta llegar a un lugar excepcional. Un claro de bosque rodeado de inmensos árboles, los *abuelos*, testigos mudos del paso del tiempo, de una sabiduría silenciosa.

Desde el riachuelo llegaba una bruma, consistente en un vaho emanado por sus aguas, que se hallaban a unos 90 grados. El solo hecho de estar allí, con aquel brutal despliegue de sonidos (de los monos aulladores y de todo tipo de pájaros) me dejaba en un estado de conciencia amplificado. Al día siguiente comenzamos las caminatas, que formaban parte del proceso curativo, inundados por la naturaleza: los árboles, el río y sus formaciones rocosas escultóricas.

Al segundo día, después de una alimentación sencilla, sana, comenzaron las reacciones de limpieza con las plantas medicinales. Después, a la noche, la primera incursión con la planta sagrada.

Allá me hallaba tendido, habiendo tomado el primer vaso. Al cabo de un tiempo se me apareció una enorme serpiente que me miró de frente. Sentí que me protegía, me pidió que me dejara cuidar por ella. Percibí que había realizado un largo viaje para encontrarnos.

Poco a poco me fui quedando en posición fetal. Repentinamente vi cómo se enroscaba sobre mí y comenzó un proceso de sanación. Me hallaba entregado y conmovido, llorando de gozo. Sentía el amor de la madre naturaleza a través de la serpiente. Me estaba proporcionando la incubación que no tuve. Me sentía en éxtasis, en una sensación de absoluta protección. Pude ver claramente que me hallaba en un huevo de serpiente, arropado por mi madre ancestral. Encontré calor, paz y una seguridad inimaginable. Todo un regalo de sanación. Una voz me susurró que ningún mosquito iba a picarme esa noche. Así fue.

La siguiente experiencia tomó otro rumbo muy diferente. Fue difícil pero igualmente sanadora. Al cabo de un tiempo de enorme conexión energética, comenzó un proceso de disolución y muerte.

Recordé la experiencia vivida con Claudio Naranjo, en el SAT, de disolución física, corporal, energética. Aquella experiencia me guio y ahora me tocaba ir más allá. Sentí serpenteantes corrientes energéticas en el cuerpo. Después experimenté un proceso de muerte, diluyéndome en la energía y en los elementos.

Me disolví en la tierra y sentí la energía de su fuego interno Posteriormente me disolví en el agua, tornándome dúctil, adoptando formas diversas, acuosas, para finalmente tornarme aire, vaho, humo... levedad, descenso y ascenso, disolución total.

Comprendí que había venido a esta tierra con la imperiosa necesidad de rendirme, morirme y descansar de verdad; para conectarme con las fuerzas elementales y ancestrales de la naturaleza.

La noche anterior a mi última experiencia con la ayahuasca, las fuerzas de la naturaleza se aliaron para ofrecerme una «sesión» extra. Al atardecer cometí el error de adentrarme en el espacio más frondoso sin la ropa adecuada. Un batallón de mosquitos me invadió. La noche fue infernal. La pasé despierto en estado febril, en ignición, consumiendo energía. Toda una depuración.

Al día siguiente, durante la experiencia diurna, sentí nuevamente la presencia de la naturaleza luminosa como nunca. Conexión con el agua, las piedras, el sol y «El Dorado».

Pude bautizarme en aquellas aguas y aquella tierra, sintonizando con los aromas del conocimiento ancestral, chamánico, y la reverencia a la naturaleza. Bautizarme como aprendiz, desde una absoluta humildad ante la grandeza del misterio. Era toda una rendición del engreimiento de la mente racional, dominante, patriarcal, controladora, escindida. Sentí el dolor de mi separación con la naturaleza, con Dios, con la vida.

Regreso y separación.

Al regreso, paulatinamente fui tomando conciencia de la distancia vital, emocional, espiritual que se había instalado entre mi mujer y yo. Más allá del desgaste del tiempo y del agotamiento que nos había supuesto la enfermedad de nuestra hija, habíamos perdido sintonía y lo esencial se apagó. Tras luchar en equipo como jabatos los dos quedamos en shock. Fuimos conscientes de que solo nos empujaba la inercia.

Con la ayuda de Claudio y de Suzy Stroke, con los que mantuvimos varios encuentros, pudimos mirarnos a los ojos y asumir la verdad. Nos manteníamos unidos por nuestra hija. Y desde esa verdad dolorosa, pudimos asumir la separación, sabiendo que seríamos para siempre los padres de aquella guerrera superviviente.

Me fui dolido, con mis costuras internas rotas pero con un enorme reconocimiento por la entrega de madre y una gratitud inmensa por el regalo de la presencia de aquella maravillosa criatura.

Morir para renacer.

Volví a sentir nuevas oleadas de oscuridad, inmerso como me hallaba en una experiencia de desalojo, de apartarme de aquella criatura que adoraba.

Teníamos un vínculo tan potente, nos relacionábamos con tanto juego, cariño y creatividad, que del hecho de no verla todos los días, de no contarle los cuentos diarios que le contaba, de simplemente llevarla cada mañana al autobús, me dolía el alma.

Me embarqué en una solitaria fase, en un pequeño apartamento, con la ayuda de aquel maravilloso ángel que era mi perro.

Mi década de los cuarenta

De la noche oscura a la expansión.

Me encontré con nuevos y antiguos amigos. Coqueteé con drogas y me lancé a una fase expansiva, tomando una ola que me llevó a explorar relaciones una tras otra. Necesitaba simplemente soltarme, disfrutar y saltar límites.

Sentía que en cada relación me encontraba con mujeres que también se hallaban en crisis, después de haber sufrido pérdidas potentes, difíciles, y que conjuntamente volvíamos a la vida. Me sentí como un catalizador de resurrección.

Mi segundo matrimonio.

Conocí a la que sería mi segunda mujer, una andaluza de Sevilla. Aquella morena de aspecto frágil, sensible, lectora incansable y creativa, me cautivó con su dulzura. El «flechazo» me impulsó en volandas a un oasis. El Quijote cabalgaba de nuevo hacia odiseas sin límites. Nos casamos en Andalucía. Mi padre y yo bebimos vino sintiéndonos muy cerca.

Al transcurrir los meses, del enamoramiento inicial pasé a una simbiosis, llena únicamente de luz. Sencillamente no existían las sombras. No las veía. Aquel hogar que se fue tiñendo de aislamiento, libros, películas y abastecimiento mutuo, comenzó a resquebrajarse. Era solo cuestión de tiempo.

Puedo ver la idealización o mi posición salvadora, donde asumía actitudes paternalistas. Reproducía vínculos de fusión que resonaban con mis apegos infantiles de sostenimiento.

Comencé a transitar de nuevo entre los escombros de todo aquello que se había derrumbado. A rescatarme lentamente, lamiéndome las heridas en soledad.

Reencuentro con Claudio Naranjo.

Fue entonces cuando la vida me ofreció un nuevo encuentro con Claudio Naranjo. Había pasado tiempo sin verle, tal vez demasiado. Pude compartirle mi dolor, así como mi confusión. Lloré, me rendí y me acogió en un silencio respetuoso, acompañado de una escucha milimétrica. Le mostré mi caída, mis lágrimas y le conté las visiones de mi desierto.

Sus preguntas me condujeron a comprensiones de mayor lucidez y fui sintiéndome cada vez más aliviado. Me sentí de nuevo «en casa». Comimos, hablamos de su proyecto educativo, su visión revolucionaria de cambiar la educación para cambiar el mundo.

Paseamos y antes de marcharme, me preguntó por mi trabajo, sobre lo que estaba haciendo, y me invitó a colaborar con él en los SAT. Ahí dio comienzo mi nueva fase, mi andadura profesional y espiritual renovada.

Comenzaba un nuevo viaje con mi maestro. Un viaje más profundo y pleno. Más allá de mis fases oscuras, mis «muertes», mi pérdida de fe, la energía del reencuentro me caló hondo. El «hijo pródigo» volvía a casa.

El regreso a casa en coche, plagado de recuerdos, fue como el barco que vuelve a puerto, despacio, guiado por un faro que no cesa de emanar luz.

Espiritualidad y enteógenos.

Desde mediados de esta década, realicé una serie de viajes buscando la liana que me conectara el Cielo y la Tierra. Básicamente, en Brasil. Una noche, tuve un encuentro con mi animal de poder. La presencia, fuerza y tenacidad de aquel toro negro se fue apoderando de mí. Otra noche, quedé conmovido de éxtasis, en estado de pasmo, boquiabierto, atravesado. Después de que aparecieran unas luminosas figuras geométricas repletas de armonía y de sentir una «disolución» corporal y enorme liviandad, sentí que me quemaba y accedí a un estado de luminosidad y plenitud, de Conciencia Divina, cósmica.

Ningún temor, ningún pensamiento ni preocupación Recibí un enorme baño de Luz. Vivencié una conexión con Dios. Respiraba su respiración y me convertí en un hálito sagrado, sintiéndome parte de ese «todo». Me acaricié con máxima delicadeza y amor, me acaricié cual preciado tesoro, puesto que era parte de la creación divina, era parte de Él. Era Hijo De Dios.

Sentí con nitidez la raíz misma de mi sufrimiento: el estado de separatividad. Comprendí aquello que Claudio había expresado sobre el miedo y la desconexión de la esencia. ¡Era tan esencial! Ahí estaba lo que siempre había buscado. Desde la gratitud a mis padres pude pedir Perdón.

En otra experiencia, excelsa, comencé a ascender y ascender hasta el punto que fui «saliendo de mi cuerpo», viéndome desde arriba. Me hallaba en un Viaje Astral. Fui abriéndome a dimensiones que no sé describir. La voz, que era mi guía, me mostró a Dios y el espacio infinito. Lloré de una íntima sensación de goce. Aparecía ante mí el Misterio. ¡Cuántas dimensiones!

Recuerdo que antes del descenso hacia el cuerpo, sonó una música de violín. Mi energía se fusionó con aquellos sonidos, pudiendo expresarme en movimiento a una velocidad vertiginosa y, desde esa frecuencia de onda, sintonicé con mi *cuerpo sutil*. Fui comprendiendo, impactado, lo que subyacía a mis «perdidas de conciencia»: visioné la vertiente espiritual de la epilepsia, un «viaje» del alma, del espíritu. Un «vuelo».

En el descenso sentí una punzada de dolor. Comprendí que era el de mi descuido del cuerpo: la no escucha, la no mirada, el olvido de sus ritmos. Me sentí conectado a mi cuerpo, recorrido por oleadas de humildad y compasión, recibiendo energías de bendición.

En la última experiencia (un Domingo de Resurrección), desde extrañas sensaciones corporales visioné a aquel sietemesino que se había quedado aferrado a aquella experiencia inicial de contracción y de muerte.

Toda mi vida había estado pegado, apegado a la Muerte. Repentinamente sentí una sacudida en el pecho. Era como si se hubiera dinamitado una losa de mármol y abruptamente, RESPIRÉ. Se me abrió el corazón. Desde la sacudida en el pecho, desde el respirar hondo, me sentí Despertar, Renacer y Tomar la Vida.

De lo más hondo de mi corazón emergió una hermosa sensación de paz y confianza. Se estaba desvelando mi fe. Mi fe en Dios. Y quise gritar a los cuatro vientos: «¡Creo en Dios!», sin esconderme.

Quise gritar a mi madre: «¡Estoy vivo!» Era como si estuviera en medio de una iglesia dorada, transparente, perteneciente a una religión que no necesitaba iglesias. La religión del Amor.

Necesitaba darme tiempo para integrar. Tal vez toda la vida.

6. Mis cincuenta. Las muertes y los duelos

Antes y después del inicio de esta década, algunas hojas del alma familiar fueron desgajándose.

Izpi. El vínculo con mi querido perro resultó muy profundo. Amigo leal, hijo, «padre», «maestro» que me guio en el aprendizaje de misteriosas y «telepáticas» comunicaciones. Incluso en la hora de su muerte me aportó una lección de entrega, desde la íntima conciencia de su organismo de que había llegado el tiempo de partir. Apoyó su cabeza en las piernas de mi hija mayor y se fue. Gracias, queridísimo compañero.

Mi querido *tío Iñaki*, de quien heredé el nombre y la devoción. Lo entregó todo para abrazar a Dios. Gracias por todo y por tu último regalo, las *Obras Completas* de San Juan de la Cruz, de quien sabías tanto.

Mi Padre, Manuel. ¿Qué puedo decir, querido padre? Después de que tu enorme corazón flaqueara, la familia entera pudimos darte lo mejor que teníamos. En la ambulancia y en el hospital, hasta que llegó el resto de la familia, te dije todas las veces que pude, emocionado, cuánto que quería, que eras el mejor padre del mundo, y no paraba de abrazarte. Y tú sonreías, sonreías. No sabíamos que era tu última noche.

Yo había llegado a un lugar en el que pudimos encontrarnos desde un profundo amor, humor y complicidad. Pude mirarte, quererte, admirarte, riendo juntos hasta llorar. Y sentí tu aprecio, valoración, orgullo y, por supuesto, tu amor de padre. Fuiste tú quien me sostuvo cuando con dieciséis años tuve aquella extraña enfermedad.

A la noche siguiente de tu partida, soñé que soñaba. Me veía durmiendo y de repente, abriendo los ojos de par en par, apareció frente a mí una enorme bola luminosa que se quedó quieta. Ahí estuvimos mirándonos, viéndonos. Repentinamente, aquella bola que eras tú, giró, se ladeó hacia mi izquierda, se aproximó a mi mejilla y me dio un beso. Y se enfiló nuevamente para alejarse, cual rayo veloz. Impactado, desperté y lloré. Habías venido a despedirse y me diste un beso luminoso. Gratitud Eterna, querido padre.

Brasil y el amor.

Los misteriosos hilos de la existencia me llevaron nuevamente a Brasil. Después de todo lo que aquel hermoso país me había ofrecido en mi búsqueda espiritual, me fue aportando experiencias de tipo profesional. Y finalmente, un inesperado «regalo»: una hermosa y alegre mujer de cabellos dorados. ¡Qué mujer!

Ya con el baile uno sabe cómo se sintonizan los cuerpos y energías. Quedé impactado por la fluidez, además de la intimidad de las miradas. Simple y llanamente, complicidad. Uno sabe con la voz, con el instinto, las pulsaciones, las respiraciones y las miradas. Había conocido a mi pareja, a mi mujer.

Sentía que en aquel encuentro se abrazaban el corazón y una sagrada sexualidad. Entre lagos, coreografías de aves en el cielo, santuarios de arena y esculturas de piedra, creamos encuentros maravillosos repletos de goce y amor.

Tejiendo la intensidad con la intimidad, dimos paso a una nueva vida.

Tal como vaticinó el vidente hindú, tal como vaticinó mi querido guía y amigo Vilas (vidente cubano y sacerdote yoruba), venía mi segunda paternidad.

Mi segunda paternidad. Reparación y vida.

El impacto, el temor y el entusiasmo fueron entremezclándose dentro de mí. El miedo a lo vivido con mi hija mayor fue emergiendo en forma de una ansiedad *in crescendo* a medida que se aproximaba el parto.

Sucedió que la criatura venía de nalgas y la inquietud emergió. La obstetra se hallaba dispuesta a realizar un parto natural, en el hospital donde trabajaba y la determinación y seguridad de mi mujer generaban en ella una clara sensación de confianza.

El 24 de abril del 2014, mi pareja rompió aguas y nos abrazamos. La excitación dio paso a los nervios y al cabo de unas horas nos hallamos en el hospital. Esa noche, aquel parto resultó para mí una experiencia de reparación y una lección de confianza en la autorregulación del organismo y su sabiduría.

Aquella mujer se estaba entregando completamente a las fuerzas de la naturaleza, desde el instinto y el amor hacia el ser que llevaba en su vientre. Sentí una hermosa rendición ante la mujer y su misterio. Desde la sintonía profunda con el cuerpo, comenzó a hablar lenguajes desconocidos. El espacio se imantó de una electricidad impregnada de desgarro y creación. A lomos de aquellas olas emergió la fase final, expulsiva.

Me sentía en trance, en un estado alterado de conciencia. Aquella experiencia de acompañamiento activo, de sintonía radical, me llevó a una serie de vivencias que se hallan registradas en mí alma, incluyendo la llegada progresiva de mi hija Laila. La vi.

Verla, después tocarla, acariciarla, sentir sus dedos aferrándose en mis pulgares y llevarla donde se hallaba recuperándose la madre me generó una emoción intensa. Mirar a aquella niña, mi adorada criatura, en brazos de su madre, me dejó rendido de tranquilidad. Bienvenida, Laila. Bienvenida a la vida, queridísima criatura de Dios.

Eterno aprendiz

Me siento, cual aprendiz, iniciando una nueva andadura desde una confianza íntima. Creo haber vivido intensamente y quisiera ofrecer lo aprendido.

En un reciente encuentro con Claudio Naranjo, con música y meditación, experimenté un intenso flujo energético, sintiéndome un canal por donde la música transitaba. Sentí que mi corazón se abría con los pasajes musicales y, finalmente, hubo momentos donde me sentí entregado a Dios.

Percibo que he ido abriendo y purificando mi sexualidad, sintiéndola sagrada. Siento que voy aprendiendo a entregarme y a ofrecer mi energía amorosa, mi corazón. Y finalmente, siento que he tenido vislumbres de la espiritualidad, reflejos de lo divino. Esas conexiones me acompañan, me guían.

Con todo, sigo sintiéndome un auténtico aprendiz, inmerso en la realización de retos profesionales: el nuevo centro (el hermoso proyecto de Argian), los cursos en el extranjero (Brasil, Méjico, Chile, Italia, Colombia, Argentina, Perú). Aprendiz en el arte de la amistad-hermandad, en una red de entrega amorosa. ¡Qué suerte de haber encontrado tantos amigos del alma! (los de hace tiempo, los nuevos, los de aquí y los de allá). Aprendiz en la construcción de la pareja (como escuela de vida, donde las luces y las sombras danzan atravesando capas en dirección al «alma»).

Aprendiz en la maravillosa vocación de padre, con mis dos tesoros (que se impulsan hacia la vida desde la vida), y en el amoroso encuentro con mi madre, que me muestra su enorme entrega y religiosidad. En su fase de regreso al origen, puedo manifestarle mi amor y gratitud. Mis queridas hermanas y yo vamos tejiendo, con cariño y alegría, un lecho de cuidados. Al fondo, los reflejos de la presencia bondadosa y la sonrisa de mi querido padre.

Y más al fondo, los vislumbres de Dios. Voy aprendiendo a agacharme. Tengo un excelente maestro pues, desde diversos cauces, Claudio siempre me remite a Él, al «arquitecto supremo».

El misterio, la rendición, la aceptación. «Hágase tu voluntad»

Creo hallarme en una fase de mutación, en cierto modo de iniciación y, desde el fondo de mi alma, de mi ser, emerge un impulso que me ofrece confianza, Fe. Una actitud de rendición ante eso profundamente desconocido e inefable que solo puedo llamar el Misterio.

Desde el hombre que soy agradezco lo vivido. Desde el hombre que soy, solo puedo expresar mi enorme gratitud a mis maravillosos padres, que me dieron la vida. Desde el hombre que soy, expreso mi gratitud a mis queridas hermanas, a las mujeres que me han enseñado, a los amigos que me han acompañado y me acompañan.

Desde el hombre que soy agradezco a mis maestros, a todos ellos y en especial, por todo, de todo corazón, a Claudio Naranjo, por el flujo continuo de su enseñanza, por la confianza depositada en mí, por abrirme la puerta a nuevos horizontes, culturas, hombres y mujeres que me ayudan a crecer. A encontrar almas gemelas.

Y desde el hombre que soy, ¡cómo no!, a mis adoradas hijas, tesoros de mi aportación a la vida; a mi mujer, que me confronta con lo luminoso y sombrío de mi ser.

Desde el hombre que soy, a mí mismo (con las misteriosas señales de mi *cuerpalma*).

Desde el hombre que soy, doy gracias a Dios por estar vivo y poder transitar la maravillosa experiencia de ser humano en la Vida.

APÉNDICE

EQUIVALENCIAS DEL E6 EN EL MUNDO ACADÉMICO: SUBTIPOS CONSERVACIÓN, SEXUAL Y SOCIAL

DSM - Diagnostic and Statistical Manual of Mental Disorders[53]

El DSM, manual de la Asociación Estadounidense de Psiquiatría, describe los criterios para la clasificación y el diagnóstico de los trastornos mentales. Ha llegado a su quinta versión pero aquí hacemos referencia a la versión DSM-IV-TR.

Podemos trazar un paralelismo entre el eneatipos y los trastornos de personalidad del DSM. Estos difieren de los trastornos clínicos en que son egosintónicos, es decir, que la persona considera los síntomas como rasgos de su personalidad.

El concepto de *trastorno* ya está superado. La personalidad se forma desde la infancia a la edad adulta, por lo cual es más correcto hablar de «tipo de personalidad». En cuanto al concepto de *neurosis,* desapareció de las categorías del DSM.

En el modelo de Claudio Naranjo, el *eneatipo* identifica una

53. APA, *Manual diagnóstico y estadístico de los trastornos mentales, DSM-IV-TR,* Masson, Barcelona, 2002.

neurosis caracterial, o un núcleo pasional, que es el fundamento de un tipo de personalidad, más allá de los síntomas patológicos. La *pasión,* en la psicología de los eneatipos, corresponde a un núcleo neurótico básico, y podemos reconocer en un trastorno su extremo disfuncional.

Los rasgos de personalidad reflejan aspectos sobresalientes del modo de percibir, relacionarse o pensar. Un trastorno de la personalidad es un modelo de experiencia interior y de comportamiento que se desvía de las expectativas de la cultura del individuo y que es generalizado e inflexible. Es estable en el tiempo y provoca malestar o invalidez.

Trastorno paranoide

Podemos asimilar los tres subtipos del E6 al *trastorno paranoide de la personalidad*, que forma parte del grupo A: *pacientes raros o excéntricos.* Es un cuadro generalizado de desconfianza y sospecha que lleva a interpretar las motivaciones del prójimo como potencialmente hostiles.

El paranoide lee significados ocultos, humillantes y amenazadores en los reproches; y ante actitudes benévolas tiende a sentirse perjudicado o explotado, dudando de la fiabilidad incluso de las personas afectivamente más cercanas. Las atenciones son a menudo malinterpretadas y es incapaz de olvidar ofensas o injurias, que le generan una gran hostilidad por mucho tiempo.

Específicamente, en el E6 sexual se produce un contraataque veloz y una reacción de rabia ante la percepción de la hostilidad o el insulto.

El paranoide siente celos patológicos y puede imaginar que mantiene el control absoluto de la relación íntima a través de su reconstrucción mental de vínculos de causa y efecto, para que no lo engañen.

Sin confianza en los demás, se pasa de autosuficiente y se siente muy autónomo. Su hipervigilancia de potenciales amenazas le lleva a un comportamiento suspicaz, misterioso y retorcido, llegando a dar una imagen de persona fría y carente de sentimientos tiernos. Si bien parece objetivo y racional, a menudo presenta aversión y terquedad.

Las investigaciones sobre los pacientes paranoides son escasas. Diversos autores sostienen que el trastorno paranoide deriva principalmente de una falta de confianza crónica, vinculada a maltratos familiares.

Cameron[54] subraya cómo estas personas buscan con atención, y acaban encontrando, mínimas señales negativas por parte del otro, para reaccionar entonces en consecuencia, una vez que la amenaza ha sido desenmascarada. Típica de los pacientes paranoides es la constante sensación de amenaza. Estas características son comunes en las historias de vida del E6.

Millon[55] clasifica al paranoide en tres subtipos:

- *paranoide narcisista*. Con un déficit sustancial de habilidad social, se crió en un ambiente que negaba su trastorno, subrayando en modo yatrógeno su capacidad. Asume un estilo de omnipotencia despectiva.

54. Véanse, de N. Cameron: *Personality Development and Psychopathology: A Dynamic Approach*, Houghton Mifflin, Boston, 1963; y «Paranoid Conditions and Paranoia», en S. Arieti, *American Handbook of Psychiatry*, Ebrody Basic Books, Nueva York, 1974.

55. T. Millon, *Personality-Guided Therapy*, John Wiley & Sons, Nueva York, 1999.

- *paranoide antisocial.* Ha vivido en un ambiente amenazador y violento. Rechaza las reglas y el contacto con los demás. Entabla constantes conflictos con las figuras de autoridad o superiores jerárquicos. Este perfil se conecta más con el E6 sexual.
- *paranoide compulsivo.* Son los pacientes que Freud definía como fijados a la etapa anal, que se adhieren a normas rígidas casi torturándose. Pueden ocupar cargos socialmente relevantes y constituyen un tormento para sus subordinados. El E6 conservación o el E6 social podrían reflejarse en este perfil.

Estilo paranoide

El carácter paranoide presenta, en sus límites amplificados, aspectos psicóticos. Shapiro señala dos tipos predominantes: por un lado los *furtivos*, restringidos, aprensivos y suspicaces, y por el otro, los *rígidos arrogantes*, más agresivamente desconfiados.

Hay suspicacia crónica, una desconfianza de base. El paranoide considera al mundo con una expectativa fija y preocupada, y lo percibe con una direccionalidad tensa y rígida, buscando indicios que confirmen sus anticipaciones y le permitan sentirse pues autorizado para acreditar o desacreditar lo que ve. Está confinado a encontrar lo que busca.

La realidad queda distorsionada en cuanto que el desconfiado desdeña lo obvio, considerando que no representa lo esencial. En su persecución de claves atadas a sus suposiciones suspicaces, el paranoide se pierde el mundo tal y como es. Surge un mundo subjetivo, autista, interpretativo, con un interés principal: la captación de motivos escondidos, propósitos subyacentes y significados especiales.

El mecanismo psicológico esencial del paranoide es la proyección, que implica una atribución a figuras externas de las propias motivaciones y tensiones, que repudia internamente. El tema principal de la proyección no es lo evidente y real, sino lo potencial y oculto.

Su estilo conductual y afectivo es la hipervigilancia defensiva, con una intensa intencionalidad investigadora. Así, la espontaneidad y expresividad se ven distorsionadas por su estado policial interno. La emocionalidad queda controlada desde una rígida direccionalidad.

Benjamin[56] y Shapiro[57] consideran que la falta de confianza se desprende de la antigua sensación de estar expuestos a una injusticia, de vivir en un ambiente violento. Los pacientes suelen relatar un desarrollo infantil con progenitores extremadamente inseguros, desconfiados y temerosos del juicio social. El niño aprendería a esperar de los demás comportamientos sádicos, y a reconocer y ampliar cualquier señal de peligro.

Neurosis de angustia

En las últimas elaboraciones de Freud se reconoce en el concepto de *angustia* el significado correspondiente a la pasión del *Miedo*.

Dado que la teoría psicoanalítica se focaliza en los procesos intrapsíquicos, no interpreta el miedo como una emoción que influye en el comportamiento sino más bien en relación a la pulsión libidinal. La fuente de la pulsión es definida por Freud como una «energía» en el límite entre lo psíquico y lo corporal, lo cual implica tanto una dimensión fantasmal como un impulso somático. El

56. L. S. Benjamin, «Interpersonal Analysis of the Cathartic Model», en R. Plutchik y H. Kellerman (eds.), *Emotion: Research and Experience*, 5, Academic Press, San Diego, 1990, pp. 209-229.

57. D. Shapiro, *Neurotic Styles*, Basic Books, Nueva York, 1965.

objeto es lo que permite la satisfacción de la pulsión, cuya finalidad es la relajación a través de la descarga.

Las instancias del aparato psíquico entran en conflicto: el deseo de satisfacción de la pulsión libidinal, impulsado por el *ello*, se ve obstaculizado por la amenaza del *superyó,* a través de la vivencia de la angustia de castración. Esta psicodinámica, que según el psicoanálisis freudiano produce ansiedad, está en la base de lo que una teoría psicológica de las emociones reconoce como miedo.

Tomando como referencia el modelo psicoanalítico de la neurosis, Claudio Naranjo define el eneatipo Seis como el más cercano a la interpretación freudiana de que en la base del comportamiento neurótico subyace una motivación ansiosa.

Hablando del E6, podemos referirnos a la categoría freudiana de las *neurosis actuales* (las que tienen su origen en una disfunción somática de la sexualidad), y más precisamente, a la *neurosis de angustia*, caracterizada por una ansiedad sin objeto específico alguno. Freud habla aquí de represión o desarrollo insuficiente de la sexualidad psíquica. La excitación sexual no encuentra una descarga y no pasa al plano de la elaboración psíquica; queda entonces presente como ansiedad.

La angustia del niño está estrechamente vinculada al fantasma de la castración (*complejo de castración*) y al juego relacional del complejo de Edipo.

El intelectual introvertido

Entre los tipos psicológicos descritos por Carl Jung,[58] reconocemos al E6 en el tipo *intelectual introvertido.*

58. Carl G. Jung, *Tipos psicológicos*, Sudamericana, Barcelona, 1972.

El tipo psicológico es, en Jung, una disposición general que diferencia entre *extravertido* e *introvertido*, según la orientación de la libido, y subdivide también según la función más desarrollada: pensar, sentir, percibir o intuir.

El tipo intelectual introvertido es preso de las ideas que él mismo concibe del mundo y del prójimo. Demostrar la validez de sus ideas y desarmar al adversario es el objetivo principal de su pensamiento, que no nace de la experiencia concreta sino de premisas subjetivas (algo que no reconocerá ni aun cuando su error quede demostrado).

Cuando su producto le parece a él bueno y verdadero, es que tiene que estar sencillamente bien y los demás han de doblegarse ante esa verdad. Suele cerrarse a toda influencia.

«Pienso, luego existo» es su lema. Parecería indicar la búsqueda de sí mismo, pero el resultado es la complicación del propio pensamiento, que lo lleva a empantanarse en la duda. Tiende a complicar sus problemas.

Difícilmente pedirá un favor. Tiene una relación negativa, que va de la indiferencia a la recusación, con el objeto, que es rodeado de medidas de precaución. Jung subraya su intento fundamental de sustraer libido al objeto, como si debiera prevenir su preponderancia. Se defiende de las exigencias externas y crea en sí mismo una posición segura y potente. Su yo aspira a asegurarse toda la libertad, a la independencia, al predominio y a liberarse de los compromisos. Se desapega del objeto con violencia y busca dominarlo para defender una ilusión de superioridad.

Este tipo psicológico revela fantasías de potencia unidas al miedo a los objetos de los cuales se siente víctima. Teme ser sugestionado por las manifestaciones emocionales del prójimo y utiliza mucha energía en defenderse de su influencia. Los objetos tienen cualidades potentes y terribles y se instaura en él una gran desconfianza.

En el ámbito de los sentimientos, el intelectual introvertido desvaloriza en apariencia a los objetos. Silencioso, difícilmente accesible, se retira en modo hipersensible para defenderse ante la brutalidad del objeto. Es hipercrítico y se escuda en juicios negativos, fríos e inflexibles.

W. R. Bion. Estados emocionales básicos

Discípulo de Melanie Klein, este psiquiatra inglés diferenció en el ser humano tendencias volitivas, racionales y progresivas, destinadas al logro de objetivos, contraponiéndolas con vivencias de corte regresivo, irracionales, inconscientes y de fondo psicótico.

En sus investigaciones señaló tres estados emocionales de base que denominó «supuestos básicos», producto de fantasmas inconscientes que generan actitudes vitales. Estos «espejos fantasmáticos» son fantasías de fondo que moran en la psique humana. Constituyen reacciones ante angustias originarias, que se reproducen en el seno grupal.

Tenemos, en primer lugar, el supuesto básico de *dependencia*, donde el líder es idealizado. Se espera de él nutrición, provisión... lo cual genera una posición «oral», pasiva, dependiente.

El segundo supuesto básico es el de *ataque y fuga*. En un universo paranoide emerge el enemigo, del que hay que defenderse. Se da incapacidad para asumir el propio conflicto y para conectarse con los aspectos afectivos, con el núcleo emocional.

El último supuesto básico es el de *apareamiento*. El clima reinante es de expectación «mística». En el futuro, una figura mesiánica salvará al grupo de la desesperanza. Se trata de una idealización, donde el apareamiento puede comportar una relación idílica o una «ínsula salvífica».

Aplicado a los subtipos del E6, el miedoso cálido manifiesta una actitud más pasiva, más dependiente, con una mayor componente emocional. El E6 conservación se correspondería pues con el supuesto de dependencia.

En el E6 sexual emerge con fuerza la vertiente defensiva de ataque o fuga.

En el E6 social, más allá de la componente paranoide, aparece esa vertiente más idílica, de expectación mística, del supuesto de apareamiento. Algo tan representativo de una figura como Don Quijote, que lucha por Dulcineas y por ínsulas que traerán el esperado fruto salvífico.

Erik H. Erikson y la desconfianza básica

Entre los descriptores del carácter temeroso emerge con fuerza la desconfianza. Erikson levanta una sólida teoría evolutiva sobre la base de la analítica freudiana. En su investigación sobre las vivencias del recién nacido, observa:

> El sentido de la confianza básica se convierte en el tema crítico de la primera fase de desarrollo [...] y exige una sensación de comodidad física y una experiencia mínima del temor o la incertidumbre. [...]
>
> Si la confianza ha prevalecido en las primeras experiencias del niño, este se hallará disponible para afrontar nuevas situaciones [...] ese primer intercambio entre la madre y el niño es una fuente de fe.[59]

59. E. H. Erikson, *Infancia y sociedad*, Hormé-Paidós, Buenos Aires, 2009, pp. 39, 43.

La vivencia primigenia de un asidero que ofrezca una base sólida de seguridad genera una íntima vivencia sensorial, emocional y psíquica de confianza y confiabilidad hacia la vida.

Ronald David Laing y la inseguridad óntica

La inseguridad del E6 social no está asociada únicamente a la rumiación dubitativa, la indecisión o la timidez. Sino que es *radical:* hunde sus raíces, más allá de lo psicoemocional, en el inframundo existencial.

En su libro *El yo dividido, un estudio sobre la salud y la enfermedad,*[60] R. D. Laing disecciona la locura y los procesos de desestructuración desde una perspectiva existencial. Aborda la ruptura con la realidad (externa) partiendo de dos posiciones existenciales básicas: *seguridad ontológica* e *inseguridad ontológica.* La carencia de anclaje segurizante genera un crónico resguardarse ante la angustiosa «invasividad» del entorno. Más allá de la cuestión afectiva de la aceptación o el rechazo, esta vivencia interna de amenaza hunde sus raíces en una fragilidad identitaria con «pérdida de ser».

En el frágil umbral de seguridad ontológica, el sujeto vive la realidad de un modo persecutorio, amenazante, aplastante y por todo ello despersonalizador. Laing afirma que «la persona paranoica experimenta no la ausencia del otro, sino la ausencia de su propia presencia [...] El otro está ahí pero ella no está para la otra persona».[61]

60. R. D. Laing. *El yo dividido. Un estudio sobre la salud y la enfermedad,* Fondo de Cultura Económica, México, 1975.

61. Ibíd.

Tras la hipervigilancia y los bucles de ansiedad, tanto de corte paranoide como confusional, esa insignificancia de base, ese sentimiento de insustancialidad, marca la construcción del carácter.

Como señala el doctor Claudio Naranjo, al finalizar su excelente exposición sobre el carácter E6:

> Del mismo modo que es cierto que, en el nivel psicológico, el individuo del eneatipo Seis abandona su poder ante la autoridad, también es posible afirmar que es el propio sentido de ser lo que abandona mediante su proyección hacia los individuos, sistemas o ideas dotados de una importancia o sublimidad mayor que la vida.[62]

El temor asociado a esta inseguridad va más allá de cuestiones meramente fóbicas y evitativas vinculadas al ámbito social. Se aproxima a un pánico enterrado bajo los escombros del ser derruido. Es un horror al vacío y la sensación de ser «nada», de «nadeidad», de nulidad de ser, de anulación y enajenación.

El vínculo. Una base segura

John Bowlby explicita lo esencial que es la provisión de una base segura, en los primeros meses de vida, por parte de ambos progenitores:

> una base segura a partir de la cual un niño o un adolescente puede hacer salidas al mundo exterior y a la cual puede regresar sabiendo con certeza que será bien recibido, alimentado física y emocionalmente, reconfortado si se siente afligido y tranquilizado si se siente asustado.[63]

62. C. Naranjo, *Carácter y neurosis*, La Llave, Barcelona, 2013.

63. J. Bowlby, *Una base segura. Aplicaciones clínicas de una teoría del apego*, Paidós, Barcelona, 1989. p. 24.

Para Bowlby, la proximidad y accesibilidad materna generan una confiabilidad y una capacidad cognitiva que permite a la mente infantil conservar a la madre incluso en su ausencia, en el segundo semestre de vida. Así, esa vinculación de *apego seguro* va configurándose como un sistema homeostático que incluye toda la trama de las motivaciones humanas básicas.

Cuando las pautas de apego «segurizantes» se ven alteradas por separaciones físicas, enfermedades, muerte, carencias afectivas, ansiedades o inseguridades de los progenitores, aspectos depresivos... se genera una pérdida de confiabilidad y reacciones emocionales como la rabia, ansiedad, desvitalización, vivencias depresivas, desapego, frialdad, rechazo y retirada afectiva o energética.

Bowlby señala dos posiciones vitales básicas de apego ansioso. En primer lugar, el *apego ansioso resistente*, donde la vivencia de incertidumbre e inseguridad marca una propensión al aferramiento, que inunda de ansiedad crónica la actitud del niño o niña.

En la posición de *apego ansioso elusivo* predomina la desconfianza. Genera un repliegue emocional, en un intento de volverse emocionalmente autosuficiente.

Autores como M. Ainsworth o Main y Solomon introducen las tipologías de *apego evitativo* (por intolerancia a la frustración, inhibe conductas de intimidad afectiva), *apego inseguro ambivalente* (cauteloso, con dificultades para la calma y respuestas impredecibles) y *apego desorganizado* (con conductas incoherentes).

No sería exacto asimilar los caracteres descritos por Claudio Naranjo a estilos específicos de apego. Y autores contemporáneos han desarrollado la teoría del apego, llegando a describir muchas más variantes. Pero podemos decir que el E6 se puede reconocer más en el apego evitativo, por su actitud a retirarse ante la relación íntima, aunque el subtipo calor revela una búsqueda de contacto, y el sexual, una mezcla de apego evitativo y ambivalente, con actitudes más explícitas de retirada y ataque.

Es verdad que, nuclearmente, todos los eneatipos mentales (5, 6 y 7), ante la frustración afectiva prefieren retirarse en su propia autosuficiencia y renunciar, a diferencia de los caracteres emocionales, que buscan impulsivamente la relación, en una ambivalencia más o menos consciente entre aferramiento y odio hacia la figura afectiva amada.

Actitudes de estos modelos están presentes en los tres subtipos del E6. Encontramos un aferramiento dependiente en el eneatipo Seis «cálido». Y una posición contradependiente y tendente a la autosuficiencia, en el contrafóbico, El subtipo social presenta actitudes ambivalentes y tendencia al apego inseguro de corte evitativo, con mecanismos como la negación y el hipercontrol de la afectividad y, sobre todo, un aporte de cuidado compulsivo. El E6 social necesita que le necesiten, para evitar una posición de fragilidad y el contacto con su necesidad; con una enorme dificultad para recibir.

Organización fóbica

En el modelo cognitivista, el E6 puede incluirse en la categoría de la *organización fóbica*. Esta se mueve entre dos polaridades: la necesidad de protección de un mundo percibido como peligroso, y la necesidad de libertad e independencia.

Apego y separación se consideran antitéticos, en vez de ser considerados comportamientos interdependientes que se desarrollan en paralelo y que coexisten. En el fóbico, uno excluye a la otra.

Los fóbicos presentan una marcada tendencia a responder con miedo y ansiedad a cualquier perturbación afectiva que implique pérdida de protección o de libertad.

La infancia se caracteriza por una gran limitación del comportamiento explorador por parte de un progenitor amenazador frente a los intentos de autonomía del niño. Estas amenazas pueden llegarle al pequeño por una represión directa o por el miedo a ser abandonado (el progenitor puede asustar con amenazas de suicidio, enfermedades...).

El niño aprende así a contener su ansiedad con un gran autocontrol de las sensaciones y emociones; de este modo pierde el acceso a su elaboración cognitiva y no logra establecer un proceso adecuado de diferenciación emocional.

Los progenitores de un niño fóbico suelen utilizar la fragilidad del niño para justificar el propio miedo al desapego. El niño cree en su debilidad y la acepta como un hecho.

En cuanto al tipo fóbico descrito por Freud, que se caracteriza por una gran limitación en el comportamiento, se corresponde con el eneatipo Seis conservación.

Caracteres psicopático, esquizoide y fálico-narcisista

En su libro *Análisis del carácter*,[64] Wilhelm Reich sostiene que cada individuo posee una índole caracterial con que se defiende del mundo externo o del propio inconsciente, y que limita su movilidad psíquica, imposibilitándole realizar plenamente su propia naturaleza.

---

64. W. Reich, *Análisis del carácter*, Paidós, Barcelona, 1974.

La coraza caracterial consiste en varios estratos, a modo de líneas de defensa inconscientes ante los impulsos que la sociedad no tolera, y que se estructuran rígidamente, formando modelos estereotipados de conducta.

Esta adaptación al ambiente comprende diversos tipos de defensa corporal, en especial una grave limitación de la función respiratoria. La estructura del carácter es una estrategia eficaz durante la infancia pero tiende a cristalizarse y, de adultos, reproducimos inconscientemente a nuestro alrededor las condiciones deficitarias y amenazadoras que la hicieron necesaria.

En la tipología caracterológica de Reich, se puede reconocer al E6 sexual en el carácter *fálico-narcisista*. Esta persona vive la sexualidad más como expresión de potencia que como unión con el otro. Se presenta con gran seguridad en sí misma, arrogante y con un cuerpo fuerte y atlético. Cuanto más fuerte es el sentimiento de debilidad interna, más busca la fuerza y más necesita demostrarla. Se siente atacada y es por esto que se defiende atacando. Los hombres (mayoría en este tipo) hacen ostentación de la virilidad y de la competencia masculina. En las mujeres se puede observar una homosexualidad activa y una sexualidad clitoridiana; también en ellas se manifiesta la búsqueda de la fuerza y, a veces, de la belleza física.

Lowen, creador de la bioenergética, define el carácter[65] como un

> *patrón fijo de conducta*, como la manera especial en que el individuo administra su búsqueda de placer. Está estructurada en el cuerpo en forma de tensiones musculares crónicas y generalmente inconscientes, que bloquean o limitan los impulsos hacia afuera. [...] El carácter es además una *actitud psíquica*, protegida por su sistema de negaciones,

65. A. Lowen, *La bioenergética*, Sirio, Málaga, 2011.

racionalizaciones y proyecciones, y polarizada hacia un ego ideal que afirme su valor.

Lowen define cinco caracteres, de los que el *psicopático* es el que más similitudes presenta con el eneatipo Seis, aunque hemos de precisar que los caracteres de bioenergética no coinciden exactamente con los eneatipos. Algunas características fenomenológicas pueden ayudar a describir un eneatipo o subtipo pero con mucha cautela a la hora de hacer diagnósticos o asociaciones.

El carácter psicopático se fija durante la *fase fálica* del desarrollo (desde los dos años y medio hasta los tres y medio o cuatro). El conflicto se establece entre *ser fuerte y seducir* para mantener el poder (podemos reconocer a los subtipos sexual y social pero también al E3), *o ser débil, seducido y anulado,* donde reconocemos el subtipo conservación. Este conflicto lleva a una percepción de sí mismo en la que ser fuerte se confunde con ser duro, y ser tierno, con ser débil.

El carácter psicopático se estructura en torno a la *necesidad de obtener y conservar un sitio de poder a través del logro de una meta, sin estar nunca seguro de conseguirlo*, ni mucho menos de poder mantenerlo. Lo mismo podemos decir del E6.

Justifica su *fobia a la debilidad y al contacto íntimo* en la transferencia al otro del temido enemigo seductor y tramposo. Los demás tienen la «culpa» de su angustioso miedo a ser manipulado y sometido, al tiempo que siente la exigencia de mantenerse *alerta* para defenderse de posibles ataques, en una vivencia dual del mundo: o amigo o enemigo.

EL SUBTIPO DE CONSERVACIÓN

Trastorno por dependencia

Además de rasgos del trastorno paranoide, el E6 conservación presenta aspectos comunes con el cuadro típico dos desórdenes recogidos en el DSM IV: el *trastorno de la personalidad por evitación* y el *trastorno de la personalidad por dependencia.*

El *trastorno de la personalidad por dependencia* (TPD) describe más bien al eneatipo Nueve, pero en algunos rasgos podemos reconocer al subtipo fóbico. Una necesidad generalizada y excesiva de ser cuidado determina un comportamiento sumiso y dependiente, con miedo a la separación y búsqueda de contacto cálido.

Al dependiente patológico le cuesta tomar decisiones cotidianas sin recibir consejo y palabras tranquilizadoras, y necesita que los demás asuman la responsabilidad en la mayoría de ámbitos de su vida. Tiene dificultades para expresar su desacuerdo, por miedo a perder el apoyo o la aprobación, y para iniciar proyectos o llevar las cosas para adelante con autonomía.

Se siente incómodo o indefenso cuando se encuentra solo, por un miedo exagerado a ser incapaz de ocuparse de sí mismo. Cuando termina una relación estrecha, busca con urgencia otra que sea fuente de cuidados y sostén. El E6 conservación persigue constantemente la protección de figuras a las que atribuye autoridad y fuerza, para instaurar con ellas una relación de dependencia.

La noción de *trastorno por dependencia* como entidad nosográfica es reciente, si bien Kraepelin[66] ya había descrito una personalidad «incapaz» y receptiva a las influencias externas. Sch-

66. E. Kraepelin, *Psychiatrie: ein Lehbruch für Studierende und Ärtze,* Bart, Leipzig, 1913.

neider[67] hablaba de voluntad débil. Abraham[68] y Fenichel,[69] en clave psicoanalítica, describían a estos sujetos con «personalidad oral» como poco determinados, proclives a las influencias externas y en busca constante de figuras capaces de recrear el ambiente seguro creado por la madre durante la lactancia. Todos ellos subrayaban la excesiva demanda de ayuda y de seguridad. Millon[70] señala en estos pacientes una gran evitación, caracterizada por la docilidad, la falta de asertividad, la necesidad de cuidados y la evitación de las responsabilidades adultas, con la consiguiente sumisión en las relaciones interpersonales, y por una autoimagen de ingenuidad, con sentimientos de inadecuación e ineptitud.

Birtchell[71] considera la dependencia en los adultos el equivalente del apego en los niños[72] y señala cómo la dependencia es normal en algunas situaciones como las enfermedades invalidantes o durante la niñez, mientras que el dependiente patológico es incapaz de establecer una identidad propia, separada de las figuras de referencia.[73]

---

67. K. Schneider, *Klinische Psychopathologie*, Thieme, Stuttgart, 1958.

68. K. Abraham, «The Influence of Oral Erotism on Character Formation», en C. A. D. Bryan y J. Strachey, eds., *Selected Papers on Psycho-Analysis*, Hogart Press, Londres, 1927, pp. 393-406. [Hay versión castellana: «La influencia del erotismo oral sobre la formación del carácter», en K. Abraham, *Psicoanálisis clínico,* Hormé, Buenos Aires, 1980.]

69. O. Fenichel, *Teoría psicoanalítica de las neurosis,* Paidós, Buenos Aires, 1966.

70. T. Millon, *Personality-Guided Therapy*, John Wiley & Sons, Nueva York, 1999.

71. J. Birtchell, «Personality Set within an Octagonal Model of Relating», en R. Plutchik, y H. R. Conte, eds., *Circumplex Models of Personality and Emotions*, American Psychology Press, Washington D.C., 1997.

72. J. Bowlby, op. cit.

73. J. Birtchell, y G. Borgherini, «A New Interpersonal Theory and the Treatment of the Dependent Personality Disorder», en J. Derksen, C. Maffei, y H. Groen, eds., *Treatment of Personality Disorders*, Plenum, Nueva York, 1999.

La dependencia puede considerarse una actitud de adaptación etológicamente apropiada en algunos contextos, que impulsa a la búsqueda de la protección por parte de otro considerado más fuerte; pero puede determinar, en algunas situaciones clínicas, un grave déficit del funcionamiento personal y social.[74] Los síntomas fóbicos tendrían también el objetivo de minimizar la separación.[75]

Según Stone,[76] la demanda constante de ser tranquilizado, la imposibilidad de expresar el desacuerdo y el prestarse a realizar tareas desagradables son modalidades cuya finalidad es el mantenimiento de la dependencia de las figuras significativas.

Trastorno por evitación

Algunas características del E6 conservación se reconocen también en el *trastorno de la personalidad por evitación* (TPE) del DSM. Encontramos una inhibición social generalizada y sentimientos de inadecuación e hipersensibilidad a la crítica en distintos contextos: el laboral, cuando implica un importante contacto interpersonal; con personas a las que no está seguro de agradar; las relaciones íntimas (con miedo a ser humillado o ridiculizado); las situaciones sociales en que teme ser rechazado; y las situaciones interpersonales nuevas.

El individuo se considera socialmente inepto, con escaso

74. G. Nicolò, y A. Carcione, «Disturbo Dipendente di Personalità: ipotesi per un modello clinico», *Psicoterapia Cognitiva e Comportamentale*, 3, (1996), 81-91.

75. R. F. Bornstein, «Dependency», en C. G. Costello, ed., *Personality Characteristics of the Personality Disorders*, John Wiley & Sons, Nueva York, 1996.

76. M. H. Stone, *Abnormalities of Personality, Within and Beyond the Realm of Treatment*, W. W. Norton & Company, Nueva York, 1993.

atractivo personal o inferior a los demás. Es reacio a correr riesgos o a implicarse en nuevas actividades porque pueden ser engorrosas. La timidez típica del E6 conservación se entiende en este sentido como constante evitación de la implicación y de las situaciones en que su valor puede ponerse en duda, sin la garantía de un logro aceptable.

En el umbral del contacto con los demás, el evitador patológico se siente inadecuado y se inhibe con una ansiedad y vergüenza típicamente fóbicas.[77] Desarrolla un sentimiento de extrañamiento en las relaciones de a dos, así como de exclusión en los grupos, y no logra un pleno y satisfactorio sentimiento de pertenencia y de intercambio con los demás.[78]

El TPE podría definirse como un *trastorno de la intimidad,* en que es fuerte el deseo de establecer relaciones estrechas, de las cuales, sin embargo, uno se siente excluido. Los evitadores vinculan su sensación de inadecuación a la expectativa de ser rechazados o juzgados negativamente; de ahí la tendencia a rehuirla. El deseo de afecto se acompaña de un miedo constante al rechazo, con lo que el individuo se refugia en una soledad vivida con tristeza.

Este trastorno nace como entidad diagnóstica gracias a Millon,[79] que lo diferencia de la personalidad esquizoide: dolorosamente inhibido en el contacto social el primero, desapegado el segundo. El evitador desea involucrarse socialmente y tiene una gran sensibilidad hacia los demás, mientras que el esquizoide

77. S. Akhtar, «Differentiating schizoid and avoidant personality disorders» (carta al director), *American Journal of Psychiatry*, 143, (1986), 1061-1062.

78. M. Procacci, y A. Semerari, «Il senso di non appartenenza e non condivisione in alcuni disturbi di personalità: modello clinico ed intervento terapeutico», *Psicoterapia*, 12, (1998), 39-49.

79. T. Millon, *Modern Psychopatology: A Biosocial Approach to Maladaptive Learning and Functioning*, WB Saunders, Filadelfia, 1969. [vers. cast.: *Psicopatología moderna,* Salvat, Barcelona, 1981.]

prefiere la soledad y es indiferente a la aceptación o al rechazo. Según Millon, la evitación es una elección activa con que el individuo se defiende de un ambiente que percibe como rechazador. Con la evitación se va cerrando socialmente; excepto de la familia, que puede ser vivida en modo conflictivo pero siempre con una fuerte dependencia.

Sus historias manifiestan dependencia de unos núcleos familiares compactos y cerrados. El niño podía hasta ser objeto de bromas y humillaciones continuas pero la familia es representada como la principal fuente de soporte, el único lugar seguro en un mundo de personas rechazadoras.[80]

El humor deprimido le lleva a pedir cuidados. La tendencia al retraimiento y al aislamiento incrementa la vulnerabilidad a la depresión.[81] Las fases depresivas expresan el fracaso de las estrategias de afrontamiento habitualmente empleadas, y el espacio creado por la evitación social se vuelve intolerable. Son frecuentes los derrumbamientos de la autoestima, lo cual intensifica la ansiedad con que vive las relaciones.

Una emoción central en el trastorno por evitación es la vergüenza. Los individuos con TPE pueden avergonzarse de muchos aspectos de sí mismos.[82] Las situaciones sociales deben evitarse porque es ahí donde sus aspectos inadecuados se exponen a la vista de todos.

---

80. L. S. Benjamin, *Interpersonal Diagnosis and Treatment of Personality Disorders*, 2ª ed., Guilford, Nueva York, 1996; y L. S. Benjamin, «An Interpersonal Theory of Personality Disorders», en J. F. Clarkin, y M. F. Lenzenweger eds., *Major Theories of Personality Disorder*, Guilford, Nueva York, 1996.

81. R. Alnaes, y L. Torgersen, «Personality and personality disorders predict development and relapses of major depression», *Acta Psychiatrica Scandinavica*, 95, (1997), 336-342.

82. L. Wurmser, *The Mask of Shame*, John Hopkins University Press, Baltimore, 1981.

La ansiedad por pérdida del vínculo afectivo

La ansiedad por pérdida del vínculo afectivo aparece en la reconstrucción de la historia de muchos E6 conservación que empiezan terapia. A un nivel de conciencia superficial, la figura materna ha sido construida como presente y atenta, pero una revisión detallada pone en primer plano su discontinuidad y ambivalencia, que expusieron al niño o niña a una gran ansiedad de separación. Los ataques al objeto interiorizado llevan a la dinámica de la autoacusación, típica de la depresión, que constituye un punto central en la psicodinámica del E6.

Solo en 1926, a la edad de setenta años, Freud se dedicó sistemáticamente al estudio de la ansiedad de separación, un tema del que se había ocupado solo en dos ocasiones: en 1905, en los *Tres ensayos sobre teoría sexual*, y en 1917, en la *Introducción al psicoanálisis*. Fue la publicación del libro de O. Rank, *El trauma del nacimiento*, lo que le llevó a reexaminar el problema de la angustia:

> Solo muy pocos casos de la manifestación infantil de angustia nos son comprensibles. A ellos habremos de atenernos. En total son tres: cuando el niño está solo, cuando se halla en la oscuridad y cuando encuentra a una persona extraña en el lugar de la que le es familiar (la madre). Estas tres situaciones se reducen a una sola condición; la de advertir la falta de la persona amada y anhelada. La angustia surge así como reacción al hecho de advertir la falta del objeto [...] La situación de insatisfacción [...] es para el niño de pecho análoga a la experiencia del nacimiento [...] El peligro es ahora la ausencia de la madre, y en cuanto el niño la advierte, da la señal de angustia antes que llegue a establecerse la temida situación económica.[83]

83. S. Freud, *Inhibición, síntoma y angustia,* http://www.tuanalista.com/Sigmund-Freud/2919/CXLVI-INHIBICION,-SINTOMA-Y-ANGUSTIA-1925.htm.

Freud llega así a la conclusión de que la ansiedad vendría a ser una «señal de alarma» experimentada por el yo con el objetivo de anunciar un peligro. Y entre estos, la pérdida del objeto ocupa un lugar primordial. La ansiedad es pues una reacción al peligro de perder el objeto, el sufrimiento constituye una reacción a dicha pérdida, y los procesos defensivos protegen al yo contra las exigencias instintivas que podrían surgir ante la ausencia del objeto.

Anna Freud se ocupó de la ansiedad de separación durante la segunda guerra mundial, mientras trabajaba con lactantes y niños internos en la guardería Hampstead. A propósito de los niños de entre uno y tres años, la autora, en un ensayo escrito junto a Dorothy Burlingham, observa:

> Durante esta época de la vida las reacciones del niño a la separación son especialmente violentas [...] Su nueva capacidad de amar es privada de los objetos sobre los cuales habitualmente se ejercitaba y, en consecuencia, las necesidades afectivas quedan insatisfechas. La nostalgia por la madre se hace intolerable y deja al niño en un estado de desesperación [...] Para superar el sentimiento de culpa, el niño manifiesta en modo exagerado todo el afecto que ha sentido por sus progenitores.[84]

D. W. Winnicott vincula la ansiedad del bebé con la inseguridad provocada por deficiencias en la respuesta materna a sus demandas, es decir, en el sostén. Lo que se observa en el adulto deprimido es un conjunto de defensas organizadas a partir de una depresión originaria. C. Geets sostiene:

> Para Winnicott el miedo al derrumbamiento está causado por experiencias precoces en que el individuo, durante las primeras fases del desarrollo, ha debido enfrentar la inconstancia de su ambiente [...] La

84. A. Freud, *El psicoanálisis infantil y la clínica,* Paidós, Buenos Aires, 1977.

> inmadurez del yo infantil eran tales que el niño no pudo integrar esas experiencias en el ámbito de la omnipotencia personal. Por ello esta «agonía primitiva» no ha podido dejarse en el pasado, pues no pudo ser completamente advertida cuando se verificó. Y por ello persiste como un «tormento» proyectado en el futuro.[85]

El derrumbamiento puede ser el único modo de experimentar en el presente la experiencia pasada, inaccesible a la memoria consciente porque, cuando se verificó, el sujeto no se había formado como persona integrada, y no pudo por tanto encontrar su espacio psíquico. Y puesto que el vacío crea abatimiento, el paciente se defiende organizando un «vacío controlado», que a nivel clínico se expresa como miedo a la muerte.

---

85. C. Geets, *Winnicott,* Armando, Roma, 1983. [vers. cast.: *Donald Winnicott. Pediatría, juegos y psicoanálisis,* Almagesto, Buenos Aires, 1993.]

EL SUBTIPO SEXUAL

Teoría psicoanalítica

El carácter 6 sexual se podría fijar en la *fase fálica* del desarrollo sexual infantil, según Freud.[86] En esta etapa, tanto el niño como la niña toman en consideración solo el órgano genital masculino (no es aún la *fase genital,* que daría lugar a un desarrollo sexual «adulto»): la libido es de naturaleza masculina, tanto en el hombre como en la mujer.

La angustia del niño está estrechamente vinculada al fantasma de la castración (complejo de castración) y al juego relacional del complejo de Edipo. El niño estará condicionado por la amenaza de castración por parte del padre potente, gracias a su interés en el propio pene, que experimenta como parte de sí, mientras que la niña desarrollará la llamada *envidia del pene*, con la consiguiente conflictividad con la madre, por haber sido esta la causa de la herida narcisista, y la identificación con el padre, en un intento por recuperar la potencia del pene.

En la tríada madre-padre-niño, este último muestra una marcada ambivalencia al tratar de seducir a la madre (en rivalidad con el padre) manifestando al mismo tiempo actitudes tiernas hacia este, que Freud asume como componentes homosexuales.

En esta elaboración freudiana podemos observar el nexo con la definición de «caracteres masculinos» de Claudio Naranjo respecto a los eneatipos 5, 6 y 7 (caracteres esquizoides).

En el E6 contrafóbico, el investimento libidinal (narcisista) en el falo está relacionado con su típica ambivalencia en la esfera

---

86. Véase S. Freud, *Obras completas,* Biblioteca Nueva, Madrid, 1997.

sexual: el marcado conflicto entre la pulsión a la sexualidad y el sentimiento de culpa, que a menudo esconde el miedo a cometer un error fatal que conlleve castigo (castración). El deseo sexual debe habérselas con un superyó potente/castrante que el eneatipo Seis sexual trata de neutralizar: por una parte, con la inhibición de las propias pulsiones; y por la otra, con el desafío a este superyó perseguidor (figura parental autoritaria y punitiva). Pero queda reiteradamente prisionero del conflicto entre la necesidad de amor y la de combatir al progenitor para liberar las propias energías sexuales. En las mujeres esto vuelve común la competición con el hombre, la dificultad de asumir un rol pasivo (acogedor) en la relación sexual y el miedo de entregarse a la ternura.

En las elaboraciones psicoanalíticas posteriores, la angustia de castración se ha desvinculado de un referente concreto, para asumir un valor más simbólico, en términos de pérdida del amor y miedo al castigo.

Melanie Klein[87] habla de «posiciones»: modalidades de relación objetal infantiles que pueden cristalizarse. La posición esquizo-paranoide se caracteriza por el mecanismo de escisión de un objeto que presenta un carácter persecutorio. En los primeros meses de vida, el niño entra en relación con imágenes parciales de la madre (aún no la experimenta como un conjunto complejo). El objeto de amor es parcial, y el niño lo vive en su ambivalencia como bueno o malo (peligroso). El niño trata de resolver la angustia (miedo) provocada por esta ambivalencia separando en modo neto lo que es «bueno» y lo que es «malo», introyectando y proyectando esta doble variable del objeto. Proyecta su amor sobre el objeto «bueno» y su agresividad sobre el «malo», mientras introyecta el objeto «bueno» y el «peligroso».

87. M. Klein, *El psicoanálisis de niños,* Paidós, Barcelona, 1994.

En 1935, Klein introduce el concepto de *posición depresiva*, que se instaura en el segundo semestre de vida, cuando la madre es percibida como única. Si el niño no logra pasar a la posición depresiva, donde descubre que la persona que ama y que odia es la misma, permanece en la ambivalencia y en la angustia persecutoria.

Klein, evocando la distinción freudiana entre *ansiedad objetiva* (provocada por un peligro externo) y *ansiedad neurótica* (peligro interno), observa

> [...] la completa dependencia del niño con respecto a su madre para la satisfacción de sus necesidades y el alivio de la tensión. La ansiedad que surge de esta fuente puede llamarse ansiedad objetiva. La otra fuente importante de ansiedad deriva del temor del bebé de que la madre amada haya sido destruida por sus impulsos sádicos o esté en peligro de serlo, y este miedo —que podría denominarse «ansiedad neurótica— [...] contribuye a la sensación del bebé de que nunca volverá. [...] En cuanto extraña a su madre, se comporta como si no fuera a verla nunca más.[88]

Podríamos decir que el E6 sexual trata de resolver la angustia a través de la *agresividad omnipotente reactiva*, que tiene como fin controlar al objeto persecutorio (amado). Proyecta todo lo malo en el exterior con la ilusión de preservar lo bueno en sí mismo; de aquí podemos entender el mecanismo de *acusación* típico de este carácter.

En la descripción de la neurosis de Karen Horney,[89] se reconoce al E6 sexual en el marco de la solución de los conflictos definida por ella como *renuncia*, y específicamente en los tipos

88. M. Klein, *Sobre la teoría de la ansiedad y la culpa*, en *Obras Completas II*, RBA, Barcelona, 2006, p. 49.

89. K. Horney, *La neurosis y el desarrollo humano*, Psique, Buenos Aires, 1955.

neuróticos renunciantes y abiertamente rebeldes. El *neurótico renunciante* presenta una notable restricción del campo de las acciones vinculadas a los deseos y un modo de existir como «espectador de sí mismo y de la propia vida».

Puede renunciar a las ambiciones de éxito porque implican un gran esfuerzo y el peligro, además, de quedar prisionero de las expectativas que los demás depositan en él, con la responsabilidad que esto conlleva. Prefiere cultivar una intensa actividad imaginativa, alimentando un alto ideal de sí mismo, pero posterga la acción que permita concretar, o se olvida fácilmente de los compromisos asumidos. En realidad, los compromisos le ponen frente a la ansiedad de responder al prójimo y de sentirse dentro de una relación coercitiva.

Está a menudo convencido de perseguir lo que desea, pero en realidad no sabe lo que quiere y pierde el sentido de la orientación de la acción porque no tiene contacto con el deseo y las implicaciones emocionales que este conlleva. Esta ausencia de deseo le lleva a un estado tal de desapego que puede entrar en una fuerte inercia, no solo en el plano de la acción realmente efectiva, sino también en el de los sentimientos y la sexualidad. La ansiedad de fundirse y perderse en el otro es demasiado fuerte y, por tanto, mantiene cautamente una distancia segura. Dice Horney:

> En el matrimonio puede demostrarse premuroso con el cónyuge, pero no hacer confidencias sobre sí; insistirá sobre su derecho de ser patrón de la mayor parte de su tiempo y de poder viajar solo, y podrá también limitar la relación a breves periodos de vacaciones o viajes.[90]

El renunciante rebelde está, en definitiva, extremada y neuróticamente preocupado por las influencias, coacciones y lazos.

90. Ibíd.

Quienquiera que manifieste deseos hacia él representa un peligro porque le obligará a someterse a sus intereses. Es evidente el mecanismo proyectivo por el que pone en los demás sus actitudes de coacción y hostilidad, en lugar de reconocer sus dificultades reales para ser «libre», es decir, «él mismo».

El E6 contrafóbico es de aquellos que no ceden totalmente a la inercia, paralizando todos y cada uno de los aspectos de su vida, sino que mantienen una cierta energía vital y reconocen en sí mismos determinados recursos personales. Puede, por tanto, tener ambiciones y una cierta coherencia en su lucha contra la falsedad o el autoritarismo. Pero permanece el estado de angustia de base, que alimenta un mundo fantasmal omnipotente, que no revela una auténtica posición de independencia ni tampoco de acción resolutiva.

Con la rebeldía, el eneatipo Seis sexual no hace sino mantener neuróticamente una defensa a ultranza de su mundo interior. Es típico el desafío que acompaña su rebelión, a menudo *contra* y no *por*. No se trata de un desapego auténtico; es más bien el miedo a acabar esclavo de las necesidades e interferencias del prójimo. Horney, hablando de la infancia del renunciante rebelde, subraya la presencia de un progenitor egocéntrico, autoritario, o extremadamente «lunático», hacia el cual el niño no ha podido desarrollar la confianza y el sentimiento de ser reconocido en su individualidad profunda. Ha sufrido tantos abusos y maltratos que su interés principal es proteger su integridad.

El contrafóbico percibe al prójimo como violento y amenazador, y fabrica armas para defenderse, en una actitud belicosa contra cualquier tipo de corrupción y poder. En definitiva, esconde la profunda inercia de su mundo interior con un movimiento desafiante y abiertamente rebelde.

Fobia adolescente

En la descripción de Guidano[91] de la organización fóbica en la fase adolescente se puede distinguir claramente al carácter contrafóbico. Aumenta la tendencia hacia la autonomía y el adolescente debe hacer frente a un mundo que experimenta como peligroso. En este punto, el autocontrol se percibe como un sentimiento de sí dirigido a vencer la debilidad. El adolescente se identifica con la necesidad de libertad y está obligado a excluir cualquier sentimiento de inseguridad. Así satisface la necesidad de sentirse autónomo respecto de la presencia física del prójimo.

La autoestima y capacidad personales se identifican con el control ejercido sobre la constante modulación interna proveniente del miedo. En vez de ser consciente de este autocontrol sobre las emociones, el adolescente se percibe autónomo e independiente. «Dado que debe excluir toda la gama de emociones que mostrarían la dependencia del prójimo, el fóbico tiene grandes dificultades para reconocer como propio un compromiso emocional significativo con una figura afectiva.»[92]

Específicamente en el contrafóbico, mientras que la rebeldía es un intento de diferenciarse, a nivel emocional —como decía Jung— no logra separarse con acciones eficaces que lleven a la autonomía afectiva, manteniendo en la ambivalencia la polaridad separación/individuación (que se excluyen recíprocamente).

---

91. Vittorio F. Guidano, *La complessità del sé*, Bollati Boringhieri, Turín, 1988.

92. Ibíd.

EL SUBTIPO SOCIAL

Estilo obsesivo-compulsivo

Entre los «estilos neuróticos» que desarrolla David Shapiro, podemos ver claros reflejos del eneatipo Seis social en el *obsesivo-compulsivo.*

Ya Wilhelm Reich describió los caracteres compulsivos como «máquinas vivientes».[93] Partiendo de esta descripción, Shapiro apunta, como esencial del obsesivo-compulsivo, la *rigidez*: en una tiesa postura corporal, en un curso de acción controlado y en un estilo de pensamiento obstinado, dogmático y oposicionista, que implica una restricción de la atención.

El foco de atención del obsesivo es intenso y selectivo y se concentra en el detalle, lo cual implica estrechez de miras y encorsetamiento cognitivo. La experiencia afectiva se ve retraída. La actividad se concentra lo laboral y se desarrolla con tensión, incluso en los aspectos lúdicos. Hasta la diversión es una actividad esforzada.

Deliberación penosa y premeditación son recurrentes en el obsesivo-compulsivo, que funciona emitiendo órdenes y advertencias. Su máxima es «yo debo…». Voluntarioso con toda el alma, su poder reside en su poder de voluntad.

Su autoconciencia es de severo inspector. Sujeto a la necesidad de cumplir expectativas y amenazado por las críticas, funciona como un autómata laborioso.

A nivel afectivo, una severidad restringe de cuajo la espontaneidad, con temor ante situaciones que impliquen una eventual pérdida de control.

93. Véase W. Reich, *Análisis del carácter,* Paidós, Barcelona, 1974.

La estrechez de la atención distorsiona la realidad. Confinado a normas e indicadores, sufre pérdida de las proporciones y una restricción de los matices de la vida. Pierde también convicción, con lo que emergen la duda y una tendencia compensatoria al dogmatismo. Ambas impiden un contacto directo con la vida, en tanto que defensas ante ella, mientras la conducta ritualista proporciona una mecánica seguridad.

Trastorno obsesivo-compulsivo

El trastorno obsesivo-compulsivo de la personalidad, tal como es diagnosticado en el DSM IV, le corresponde más bien al E1, pero el eneatipo Seis social presenta también algunos de sus rasgos.

El patrón general es de preocupación por el orden, el perfeccionismo y el control mental e interpersonal, a expensas de la flexibilidad, la espontaneidad y la eficiencia.

La preocupación por los detalles, las normas, las listas, el orden, la organización o los horarios llega a hacerle perder de vista el objeto de la actividad. El perfeccionismo interfiere con la finalización de las tareas. Trabaja demasiado, con exclusión de las actividades de ocio y las amistades.

Rígido y obstinado, es escrupuloso e inflexible en asuntos de moral. E incapaz de tirar los trastos gastados o inútiles, aunque no tengan valor sentimental. Es reacio a delegar, a no ser que el otro se someta exactamente a su manera de hacer las cosas. Avaro, considera el dinero como algo que hay que acumular con vistas a catástrofes futuras.

Yo ideal

Estamos acostumbrados a resaltar cuadros diagnósticos desde una perspectiva sintomatológica. Abordaremos finalmente la comprensión psicodinámica del eneatipo Seis, el miedoso, desde una perspectiva estructural, con la instancia del *superyó* y la «topografía» del psiquismo de Hugo Bleichmar.

Este psicoanalista remite de forma directa a la atmósfera de la conciencia del eneatipo Seis y en especial, del subtipo social, que tiene un ideal imperativo (kantiano) de inmediata y precisa obediencia. Se respira un clima judicial. El superyó es un tribunal donde un juez, ojo ideal de abrumadoras expectativas, sostiene un código repleto de certezas.

Como señala Bleichmar:

> *Las normas y los ideales serían como el código ante el que el juez (la conciencia crítica) dicta sentencia* [...] La actividad del superyó activa toda una vigilancia del cumplimiento de las normas asociadas a los ideales, ejemplifica una de las escisiones del sujeto, que [...] se amenaza, se disculpa, se castiga... se provee de satisfacciones.[94]

Bleichmar encuentra en los recovecos del superyó mandatos de corte moral y otros de corte narcisista. Los morales, de los que se ocupó sobradamente Freud, vinculan el superyó a una culpabilidad ante el caudal instintivo y el mundo emocional. En las vivencias de corte narcisista, los ideales se vinculan a la polaridad desvalorización (inferioridad)/ sentimiento de superioridad.

Diferente del ideal del yo (aspiraciones del yo), el *yo ideal* son las *creencias matrices* que devienen imperativos omniabarcadores.

94. H. Bleichmar, *Avances en psicoterapia psicoanalítica*. Paidós, Barcelona, 1997, pp. 278-280.

Constelaciones normativas de poderoso magnetismo, podemos imaginarlas como pulpos con innumerables normas y principios que caen como tentáculos sobre el psiquismo de este carácter.

BIBLIOGRAFÍA

Abraham, Karl, «The Influence of Oral Erotism on Character Formation», en C. A. D. Bryan y J. Strachey, eds., *Selected Papers on Psycho-Analysis*, Hogart Press, Londres, 1927. [Hay versión castellana: «La influencia del erotismo oral sobre la formación del carácter», en K. Abraham, *Psicoanálisis clínico,* Hormé, Buenos Aires, 1980.]

Akhtar, S., «Differentiating schizoid and avoidant personality disorders» (carta al director), *American Journal of Psychiatry*, 143, (1986), 1061-1062.

Alnaes, R., y L. Torgersen, «Personality and personality disorders predict development and relapses of major depression», *Acta Psychiatrica Scandinavica*, 95, 1997.

APA, *Manual diagnóstico y estadístico de los trastornos mentales, DSM-IV-TR,* Masson, Barcelona, 2002.

Arendt, Hanna, *Eichmann en Jerusalén, un estudio sobre la banalidad del mal*, Lumen, Barcelona, 2000.

— *Eichmann y el Holocausto,* Taurus, Madrid, 2012.

Beck, A. T., A. Freeman, D. D. Davis y otros, *Terapia cognitiva de los trastornos de personalidad,* Paidós, Buenos Aires, 2005.

Benjamin, Jessica, *Soggetti d'amore*, Raffaello Cortina, Milán,

1996. [vers. cast.: *Los lazos de amor: psicoanálisis, feminismo y el problema de la dominación*, Paidós, Buenos Aires, 1996.]

BENJAMIN, L. S., «Interpersonal Analysis of the Cathartic Model», en R. Plutchik y H. Kellerman (eds.), *Emotion: Research and Experience*, 5, Academic Press, San Diego, 1990.

— *Interpersonal Diagnosis and Treatment of Personality Disorders*, 2ª ed., Guilford, Nueva York, 1996.

— «An Interpersonal Theory of Personality Disorders», en J. F. Clarkin, y M. F. Lenzenweger eds., *Major Theories of Personality Disorder*, Guilford, Nueva York, 1996.

BIRTCHELL, J., «Personality Set within an Octagonal Model of Relating», en R. Plutchik, y H. R. Conte, eds., *Circumplex Models of Personality and Emotions*, American Psychology Press, Washington D.C., 1997.

BIRTCHELL, J., y G. Borgherini, «A New Interpersonal Theory and the Treatment of the Dependent Personality Disorder», en J. Derksen, C. Maffei, y H. Groen, eds., *Treatment of Personality Disorders*, Plenum, Nueva York, 1999.

BLEICHMAR, H., *Avances en psicoterapia psicoanalítica*. Paidós, Barcelona, 1997.

BOWLBY, JOHN, *Una base segura. Aplicaciones clínicas de una teoría del apego,* Paidós, Barcelona, 1989

BORNSTEIN, R. F., «Dependency», en C. G. Costello, ed., *Personality Characteristics of the Personality Disorders*, John Wiley & Sons, Nueva York, 1996.

CAMERON, N., *Personality Development and Psychopathology: A Dynamic Approach*, Houghton Mifflin, Boston, 1963.

— «Paranoid Conditions and Paranoia», en S. Arieti, *American Handbook of Psychiatry*, Ebrody Basic Books, Nueva York, 1974.

CAMUS, ALBERT, *El mito de Sísifo,* Alianza, Madrid, 2006.

Cecchini, G., «La transformación en el E6 sexual», en C. Naranjo, *27 personajes en busca del ser*, La Llave, Barcelona, 2012.

Corneau, Guy, *Hijos del silencio*, Circe, Barcelona, 1991.

De Quincey, Thomas, *Los últimos días de Kant,* Felmar, Madrid, 1975.

Deutsch, Otto Erich, comp., *Schubert. L'amico, e il poeta nelle testimonianze dei suoi contemporanei,* EDT, Turín, 1999.

Descartes, René, *Discurso del método,* Tecnos, Madrid, 2003.

Erikson, E. H., *Infancia y sociedad*, Hormé-Paidós, Buenos Aires, 2009.

Fenichel, Otto, *Teoría psicoanalítica de las neurosis,* Paidós, Buenos Aires, 1966.

Flèche, Christian, *El cuerpo como herramienta de curación*, Obelisco, Barcelona, 2005.

Freud, A., *El psicoanálisis infantil y la clínica,* Paidós, Buenos Aires, 1977.

Freud, S., *Obras completas,* Biblioteca Nueva, Madrid, 1997.

— *Inhibición, síntoma y angustia, Inhibición, síntoma y angustia,* http://www.tuanalista.com/Sigmund-Freud/2919/CXLVI-INHIBICION,-SINTOMA-Y-ANGUSTIA-1925.htm. Fröhlich, Hans J., *Franz Schubert*, Studio Tesi, Roma, 1990. Fromm, Eric, *El miedo a la libertad*, Paidós, Barcelona, 2007.

— *El arte de amar*, Paidós, Barcelona, 2009. Gatto, Agnese, «Franz Schubert ne *Il viaggio d'inverno*», *Viaggi dentro la música*, https://analfabetiere.wordpress.com/2015/06/15 viaggi-dentro-la-musica-agnese-gattofranz-schubert-ne-il-viaggio-dinverno/

Geets, Claude, *Winnicott,* Armando, Roma, 1983. [vers. cast.: *Donald Winnicott. Pediatría, juegos y psicoanálisis*, Almagesto, Buenos Aires, 1993.]

GINGER, S. y A. Ginger, *La gestalt. Una terapia de contacto*, Manual Moderno, México D. F., 1993.
GUIDANO, V., *La complessità del Sé*, Bollati Boringhieri, Turín, 1988.
HORNEY, K., *La neurosis y el desarrollo humano*, Psique, Buenos Aires, 1955.
— *Neurosis y madurez*, Psique, Buenos Aires, 1970.
— *El proceso terapéutico*, La Llave, Barcelona, 2003.
JUNG, CARL, *Tipos psicológicos*, Sudamericana, Barcelona, 1972.
— *Sobre el amor*, Trotta, Madrid, 2005.
KLEIN, MELANIE, *Envidia y gratitud*, Paidós, Barcelona, 1988.
— *El psicoanálisis de niños*, Paidós, Barcelona, 1994.
— *Sobre la teoría de la ansiedad y la culpa*, en *Obras Completas II*, RBA, Barcelona, 2006.
KRAEPELIN, EMIL, *Psychiatrie: ein Lehbruch für Studierende und Ärtze*, Bart, Leipzig, 1913.
KUBACKI, S. R., y P. R. SMITH, «An Intersubjective Approach to Assessing and Treating Ego Defenses Using the MCMI-III», en P. D. Retzlaff, ed., *Tactical Psychotherapy Disorders an MCMI-III-Based Approach*, Allyn and Bacon, Boston, 1995.
LAING, R. D., *El yo dividido. Un estudio sobre la salud y la enfermedad*, Fondo de Cultura Económica, México, 1975.
LOWEN, ALEXANDER, *La bioenergética*, Sirio, Málaga, 2011.
MAHLER, MARGARET S., *On human symbiosis and the vicissitudes of individuation: infantile psychosis*. IUP, Nueva York, 1968, p. 271. [vers. cast.: *Simbiosis humana. Las vicisitudes de la individuación*, Joaquín Mortiz, México D. F., 1972.]
MAITRI, SANDRA, *La dimensión espiritual del eneagrama*, La Liebre de Marzo, Barcelona, 2015.
MENEZES, MARCOS R., «Symphony and Diaphony. A tonal vision of the history of Western music, in the light of

Beethoven's Ninth Symphony musical revelation», en www.claudionaranjo.net.

Mikulincer, M., «Adult attachment style and information processing: individual differences in curiosity and cognitive closure», *Journal of Personality and Social Psychology*, 72, 5 (1997),

Millon, T., *Modern Psychopatology: A Biosocial Approach to Maladaptive Learning and Functioning*, WB Saunders, Filadelfia, 1969. [vers. cast.: *Psicopatología moderna,* Salvat, Barcelona, 1981.]

— *Disorders of Personality: DSM-III, Axis II,* Wiley-Interscience, Nueva York, 1981

— *Personality-Guided Therapy*, John Wiley & Sons, Nueva York, 1999.

Naranjo, Claudio, Conferencia de apertura de las Jornadas del Amor en la Terapia, Barcelona, 17 de noviembre de 2000.

— *El eneagrama de la sociedad,* Barcelona, La Llave, 2007.

— *La mente patriarcal*, RBA Integral, Barcelona, 2010.

— *Carácter y neurosis*, Barcelona, La Llave, 2013.

— *Cosas que vengo diciendo... sobre el amor, la conciencia, lo terapéutico y la solución al problema del mundo*, Barcelona, La Llave, 2015.

Nicolò, G. , y A. Carcione, «Disturbo Dipendente di Personalità: ipotesi per un modello clinico», *Psicoterapia Cognitiva e Comportamentale*, 3 (1996), 81-91.

Paumgartner, B., *Schubert*, Alianza, Madrid, 1992.

Passigli, Andrea, *Notizie su Franz Schubert.* http://www.andreapassigli.it/schubert.htm

Perris, C., *Psicoterapia del paziente difficile*, Metis, Lanciano, 1993.

Principe, I., *Schubert.* http://cronologia.leonardo.it/biogra2/schubert.htm

PROCACCI, M., y A. Semerari, «Il senso di non appartenenza e non condivisione in alcuni disturbi di personalità: modello clinico ed intervento terapeutico», *Psicoterapia*, 12 (1998), 39-49.

REDA, M., *Sistemi complessi e psicoterapia*, Nis, Roma, 1986. [Hay versión castellana: *Sistemas cognitivos complejos y psicoterapia*, INTECO, Santiago de Chile, 1994.]

REICH, WILHELM, *Análisis del carácter*, Paidós, Barcelona, 1974.

ROLLAND, ROMAIN, *La cathédrale interrompue*, Albin Michel, París, 1966. [vers. cast.: *Beethoven. Las grandes épocas creadoras*, t. IV*: La catedral interrumpida (La novena sinfonía. Los últimos cuartetos*), Hachette, Buenos Aires, 1958.]

RUSSANO, NICOLA y ANNA RUSSANO, «Franz Schubert: breve vita di un grande romantico», *Prima Pagina Italiana*, 25 diciembre 2012, http://www.primapaginaitaliana.it/spettacoli/musica-classica/item/6068-franz-schubert-breve-vita-di-un-grande-romantico.html

SÁBATO, ERNESTO, *El túnel*, Cátedra (Letras Hispánicas), Madrid, 1994.

SABLICH, SERGIO, «Segreti sentimenti di Schubert», *Il Giornale della Musica* (1 de diciembre de 1989).

— *L'altro Schubert,* EDT, Turín, 2002.

— «Schubert. La strada verso la grande Sinfonia», *Amadeus* (junio de 2004).

SCHINDLER, A. F., *La vita di Beethoven*, Grunanger, Milán, 1908.

SCHNAKE, ADRIANA, *Los diálogos del cuerpo*, Cuatro Vientos, Santiago de Chile, 2005.

SCHNEIDER, K., *Klinische Psychopathologie*, Thieme, Stuttgart, 1958.

SCHONBERG, HAROLD C., *Los grandes compositores,* Ma non Troppo, Barcelona, 2004.

Shapiro, D. A., *Estilos neuróticos*, Gaia, 2008.

Solomon, M., *Beethoven. Biografía e historia,* Javier Vergara, Buenos Aires, 1983.

Steiner, J., *Refugios psíquicos*, Biblioteca Nueva, Madrid, 1997.

Stone, M. H., *Abnormalities of Personality, Within and Beyond the Realm of Treatment*, W. W. Norton & Company, Nueva York, 1993.

Volpi, Giuseppe, *Uno sguardo oltre l'incompiuta. Note sulla poetica schubertiana*, http://www.cameristica.it/Portals/0/locandine/a2k13/20131109-Franz%20Schubert%20Introduzione%20generale.pdf

Wurmser, L., *The Mask of Shame*, John Hopkins University Press, Baltimore, 1981.